Histoire

681

LE DUC
DE
SAINT-SIMON

L'auteur et l'éditeur déclarent réserver leurs droits de traduction et de reproduction à l'étranger.

Cet ouvrage a été déposé au ministère de l'intérieur (section de la librairie) en février 1874.

PARIS. TYPOGRAPHIE DE E. PLON ET Cie, RUE GARANCIÈRE, 8.

LE DUC
DE
SAINT-SIMON
SON CABINET
ET
L'HISTORIQUE DE SES MANUSCRITS

D'APRÈS

DES DOCUMENTS AUTHENTIQUES ET ENTIÈREMENT INÉDITS

PAR

ARMAND BASCHET

PARIS

E. PLON ET Cⁱᵉ, IMPRIMEURS-ÉDITEURS

RUE GARANCIÈRE, 10

—

1874

Tous droits réservés

PRÉFACE

I

« *Ne vous repentez pas, Français, d'avoir eu chez vous en pleine Cour de Versailles et à même de la curée humaine, ce petit Duc à l'œil perçant, cruel, inassouvi, toujours courant, furetant, présent à tout, faisant partout son butin et son ravage, un Tacite au naturel et à bride abattue. Grâce à lui, nous n'avons rien à envier à l'autre* (1) ».

Voilà ce que, entre tant de choses belles et d'heureuse venue, Sainte-Beuve a dit

---

(1) C. A. Sainte-Beuve, de l'Académie française, *Nouveaux lundis*, tome X, page 263.

du duc de Saint-Simon. J'y joindrai ce mot de Montalembert :

« *A côté de cette suavité primitive et homérique, si justement signalée dans certaines pages, il y en a d'autres frappées au coin d'une sauvage grandeur qui échappe à toute règle comme à toute analyse. Saint-Simon est de toute la littérature française le plus grand des peintres et le plus varié. Pour parler avec Bossuet, il semble rendre la vie plus vivante* (1). »

Ce petit Duc « à l'œil perçant », qui a tant écrit pour l'histoire des autres, échappe à la sienne propre, par bien des côtés. C'est le charme et l'attrait de ceux qui l'admirent de devoir rechercher, pour les réunir et en faire emploi, les matériaux utiles à une histoire de sa vie, tant privée que publique. Je lui ai dû les plus belles

---

(1) « *De la nouvelle Édition de* Saint-Simon », par le Comte de Montalembert (article publié par le *Correspondant*, numéro du 25 janvier 1857).

heures de mes lectures. Des circonstances fortuites, plutôt qu'un projet médité, m'ont amené à lui pouvoir payer mon tribut de reconnaissance par ce travail littéraire tout entier consacré à ses affaires, à ce qui fut son bien, son intérieur, ses domaines, et surtout et plus que tout, à ce que furent ses livres, ses manuscrits et ses papiers.

Ces derniers, — les manuscrits et les papiers, — ont eu des aventures. Pour cette fois, et en attendant mieux, je m'en fais le narrateur. Rien de plus. Mais en raison de l'incertain, de l'inconnu même où le plus grand nombre des manuscrits, sauf celui des *Mémoires*, sont restés jusqu'à ce jour, j'ai cet espoir de répondre, par le résultat de mes recherches alertes et par le piquant de mes rencontres heureuses, à tout l'intérêt que le titre de ce volume ne manquera pas de faire naître dans l'esprit des curieux.

Ne cherchez pas ici des jugements sur Saint-Simon, non plus que l'éloge académique ou l'étude critique de l'œuvre qui a rendu son nom immortel. Je crois, en effet, qu'à cet égard tout a été dit, et que rien n'a été mieux dit, et d'une façon plus ample, plus abondante et plus diverse. Si, par occasion, dans le cours tranquille de l'exposé et du narré de mes menues découvertes, je me laisse entraîner au feu de l'éloge ou que je prenne quelque élan vers l'admiration, je n'aurai sans doute fait que répéter à peu près, sans y prendre garde, ce que d'autres auront incomparablement mieux exprimé avant moi. Et, à cet égard, j'aurai, sans nul doute, été l'écho tout affaibli des Villemain, des Sainte-Beuve, des Montalembert, des Taine, et de tant et tous autres écrivains remarquables qui ont dit leur mot sur ce personnage et son œuvre extraordinaire. Mais pour toutes autres choses qui ne sont ni de critique ni d'appréciation, j'apporte de nouveaux dires.

Des érudits de ce temps-ci, que distingue une sagacité particulière, ont produit, il y a quelques années, de fort curieuses pages qu'ils ont présentées comme étant le fruit d'autant de recherches sur Molière et sur La Bruyère, ces deux héros dans les lettres françaises. Un succès réel a récompensé leurs démarches et leur travail. Je me suis inspiré de leur louable entraînement pour l'appliquer aux choses du duc de Saint-Simon. Je les ai cherchées où on ne s'était que peu encore mis en peine de les demander. Le goût est vif, aujourd'hui, pour ces sortes d'investigations, propres à mettre sur les traces de faits et de souvenirs concernant les grandes figures du passé. C'est, en un mot, de dessus des papiers d'affaires (de ces papiers qu'on pourrait justement appeler *posthumes*, puisqu'ils sont le plus souvent dressés et écrits après décès), que j'ai chassé la poussière du vieux temps qui couvrait et tenait inconnu le détail et le menu de ces choses, sans nul doute intéressantes, lorsqu'elles sont celles d'un duc de Saint-Simon, auteur des grands *Mémoires*. En un mot, le butin que j'apporte ici en partie (je dis en partie, est celui que j'ai fait dans les cartons, registres, dossiers, portefeuilles et minutes des Procureurs, Notaires et Commissaires-Enquêteurs au Châtelet de Paris, des avocats au Parlement, de Messieurs du Parlement eux-mêmes, de messieurs les *Gens du Roi*, du Lieutenant Civil, de l'Exécuteur testamentaire, des fondés de pouvoir des parties intéressées, des syndics, voire des huissiers à verge et à cheval. En un mot, j'ai pris pour informateurs tous officiers ou personnages qui, dès l'heure où eut trépassé Monseigneur le duc de Saint-Simon (ainsi l'appellent-ils avec un respect extrême en leurs utiles grimoires, inventaires et procès-verbaux), eurent pied en ses maisons, biens et affaires, pour y pratiquer chacun selon son mandat et le devoir de sa charge. Pour la première partie de ce livre, ce sont là mes maîtres et seigneurs. Certes, ils ne sont pas des *classiques*, mais, pour les rencontres que je tenais à faire, où trouver gens mieux renseignés et plus autorisés ?

Avec Me Grimperel, Commissaire-Enquêteur-Examinateur au Châtelet, nous voici dans l'hôtel de la rue de Grenelle, au coin de la rue de Bellechasse, où le corps du « petit Duc » qui vient de rendre l'âme est tout chaud encore, et M. le Commissaire nous rend témoins de la mise sous scellé de tout le bien meuble du défunt ; avec Mᵉ Delaleu, notaire dépositaire de la dernière volonté du défunt seigneur, nous voilà chez M. le Lieutenant Civil en son hôtel de la rue Bourtibourg, chez Messire Jérôme d'Argouges, commis à l'ouverture du testament de notre héros. Avec lui encore et Mᵉ Baron son confrère, nous écoutons l'intitulé de l'Inventaire qui va être fait, « *fidel et exact, de tous les meubles meublants, vaisselles d'argent, hardes, effets et renseignements, livres, manuscrits et papiers dudit feu seigneur Duc* », qui sont, d'une part, en cet hôtel de la rue de Grenelle à Paris, et de l'autre, en son château, terre et seigneurie de la Ferté-Vidame au pays du Perche, sa favorite demeure, et où il est à penser qu'après sa retraite de la Cour, il a tracé, de la main magistrale que l'on sait, les souvenirs du temps du Roi dit *le Grand*, et ceux du temps de Monsieur le Régent.

Puis vient la levée de tous les scellés, et successivement la confection générale de l'Inventaire. Mais dans l'opération, un point délicat se présente. On va, en effet, toucher aux *Manuscrits* et *Lettres;* on les veut feuilleter, regarder, explorer, apprécier, priser même. M. l'Évêque de Metz, qui en est légataire, ne le veut pas. Il est de sa nature fort processif. Il réclame, il prend le ton très-haut, il en appelle à M. Daguesseau de Fresne, exécuteur testamentaire. Il prétend que les officiers publics ne sont point gens qu'il faut estimer propres à connaître des *Manuscrits* et *Lettres* du feu Duc, d'un ancien confident de M. le Dauphin, d'un ancien conseiller de Régence de Son Altesse Royale Monsieur d'Orléans. Il va jusqu'à dire que leur prétention vise à l'impertinence. Les Procureurs lui répliquent sans désemparer. Le ton tourne à l'aigreur. M. l'Évêque de

Metz veut un référé de M. le Lieutenant Civil. On va chéz M. le Lieutenant Civil. M. de Metz n'en est pas content. Il lui faut plus encore. Il veut un arrêt de « Nos Seigneurs du Parlement ». Le tout se pratique et se fait ainsi qu'il a voulu, du moins pour la procédure. Voilà la cause au Parlement. L'abbé de Salaberry, conseiller en la Grand'Chambre, est rapporteur. M. le Premier Président tient l'audience. Messieurs les Gens du Roi y sont appelés, car le cas n'est pas commun, puisqu'il s'agit de papiers d'État. M. Joly de Fleury, avocat général, prend la parole. Moreau, bon discoureur, excellent consultant, dresse un mémoire, présente un *factum* pour M. de Metz. Mais, en l'arrêt qu'ils ont rendu, « Nos Seigneurs du Parlement » ont admis certains tempéraments, qui ne sont point du goût du client de Mᵉ Moreau. Il sera donc procédé, de par l'arrêt du 10 mai 1755, à un inventaire, article par article, de tous les *Manuscrits* du feu duc de Saint-Simon !

Tout cela a pris du temps et voulu du

papier. Mᵉ Grimperel, Mᵉ Delaleu, Messieurs les Procureurs, pour l'aliment et la forme de leurs *procès-verbaux*, ont écrit, noté, minuté, rédigé, ainsi qu'il est d'usage. C'étaient ces minutes-là qu'il fallait trouver pour bien voir les choses en leur état et vérité. Ce nous est fortunément échu de les trouver. Ce sont là nos heureuses rencontres, dont, en curieux très-libéral, nous faisons participants tous nos confrères en curiosité pour tout ce qui fut des biens, affaires, manuscrits et œuvres du duc de Saint-Simon.

Ce n'est d'ailleurs pas tout. Après inventaire fait des manuscrits, il s'est trouvé *vingt-neuf paquets de Lettres* du Conseiller de Régence. Nouveaux incidents. Qui décidera de leur sort? Il se peut qu'il y ait là, sous telles enveloppes et à telles enseignes, des choses de confidence auxquelles la succession et les créanciers n'aient, en vérité, rien à voir. Il fallut retourner chez M. le Lieutenant Civil, grand juge ordinaire de ces différends et de ces délicatesses. Nous voyons alors comment il procède à l'ouverture des paquets scellés et comment il répond aux diverses requêtes, comment il en ordonne, et pourquoi il rend dépositaire de tous les *Manuscrits* et *Lettres* renfermés en cinq caisses à trois serrures différentes, M° Delaleu, qui les emporte en son dépôt de la rue Sainte-Croix de la Bretonnerie, au coin de la rue du Puits, paroisse de Saint-Paul. Cela le 2 juillet de l'année 1756.

Et le tout est la matière des quatorze premiers chapitres dont l'ensemble forme la première partie de ce travail de curiosité.

II

Le chapitre XV ouvre la seconde partie où — s'il se peut dire — domine l'élément historique et littéraire des aventures des *Manuscrits* et *Lettres* de l'auteur des *Mémoires*. Nous nous trouvons ici avec des personnages d'un tout autre caractère; car, en quittant le prétoire, les officiers publics et civils et tous les gens du présidial, nous voici venus, pour les besoins de la cause, dans le cabinet politique, chez M. le duc de Choiseul, dans les petits appartements de Madame de Pompadour, et en quelque sorte, à l'Académie, puisque messieurs les historiographes du Roi à qui nous avons affaire, pour les extraits des *Manuscrits* auxquels ils furent commis, l'abbé de Voisenon, Duclos, Marmontel, étaient de cette Compagnie.

L'explication et le commentaire de l'*Ordre du Roi* qui valut en 1760 à la Secrétairerie d'État des Affaires Étrangères tous les *Manuscrits* du duc de Saint-Simon, déposés pendant près de cinq ans chez le notaire Delaleu, sans que personne y ait pu toucher ni en connaître, sont le sujet et la matière d'un récit développé, où les faits se croisent avec les conjectures (1).

---

(1) Voici une preuve toute fortuite de l'authentique prise de possession des *Manuscrits* du DUC DE SAINT-SIMON par le Premier Commis des Affaires Étrangères. Je la pourrais appeler anecdotique. Le sieur Le Dran, premier commis et chef du Dépôt des Archives situé alors au vieux Louvre, dut, conformément aux instructions de M. le duc de Choiseul, se transporter le 21 décembre 1760 chez M⁰ Delaleu, dépositaire depuis cinq ans de tous les *Manuscrits* du feu Duc, et lui présenter l'*Ordre du Roi* pour les lui

PRÉFACE. XVII

Par d'actives recherches, en des recueils peu consultés, nous avons pu enrichir

enlever. Obligé de vérifier sur la minute de l'Inventaire général les termes précis des vacations du 27 juin 1755, consacrées à la description de *cent soixante et onze articles,* il se le fit communiquer. Ce document est un fort gros volume de près de cinq cents pages, à feuilles marquées à 3 et 10 sols, ne comprenant pas moins que l'essentiel de deux cent cinquante-six vacations. Les pages n'en sont pas numérotées, et pour ne s'y point égarer, besoin est de mettre un signe de reconnaissance à la page des articles à voir. Tel fut le cas de M. Le Dran. N'ayant sans doute rien de mieux sous la main que la bande du paquet des GAZETTES DE HOLLANDE qu'il avait reçu ce jour, il marqua la page des Minutes de l'Inventaire à cet endroit descriptif : « *Ensuivent les manuscrits dudit feu seigneur duc de Saint-Simon* ». Or, M. le porteur de l'*Ordre du Roi,* en se retirant, laissa, par mégarde sans doute, la marque de sa visite, et lorsque je lui succédai, il y a quelques mois, en office de curiosité, je la retrouvai telle qu'il l'avait placée cent quatorze ans avant moi, à la même page si intéressante du Document. C'est une preuve à l'appui. La voici dans sa forme et teneur :

Novembre 1760

GAZETTES ÉTRANGÈRES FRANCHES DE PORT

Monſieur le DRAN, *Chef du Bureau des Affaires Étrangères,*

Au Louvre.

de documents piquants, et jusqu'à présent non mis à jour, l'épisode du *Bon* du Roi pour son portrait en pied offert à la maréchale de Montmorency, née Saint-Simon, sœur de l'Évêque de Metz, à l'occasion de la cession des *Manuscrits* du Duc.

Je me suis fort appliqué à « l'historique » du manuscrit des *Mémoires,* comme étant celui qui mérite salut et honneur. Je souhaite qu'on ne me dise pas que je me suis trop étendu sur une affaire qui se pouvait beaucoup plus resserrer. A cela je répondrais avec mon auteur que « les singularités curieuses ont fait couler ma plume », et qu'après tout, peut-être, ce n'est pas un grand péché. N'est-ce point l'un des priviléges attachés au domaine des occupations qui charment? Quelqu'un pourrait-il dire que celles-là ne sont pas d'un bon aloi, et ne pas être d'avis qu'il en faut médire le moins qu'il est possible? C'est donc par le menu et avec un détail, dont l'abondance n'avait pas été connue jusqu'à présent, que j'ai tracé l'histoire de la publicité de l'œuvre magistrale et grandiose de Saint-Simon. Et c'est là que se voient quels incroyables travestissements cette œuvre dut subir, pendant plus d'un demi-siècle, avant de nous apparaître ce qu'elle est véritablement, c'est-à-dire la fresque immense de la dernière période du règne de Louis XIV et celle de toute la Régence, l'une et l'autre traitées, brossées, accomplies avec un talent et un génie tels, que depuis il ne s'en est point rencontré de pareils.

Dans le cours de notre travail, nous avons fait en sorte de reconnaître et de suivre les personnages — *rarissimæ aves* — à qui, au Dépôt des Archives des Affaires Étrangères, les portefeuilles de Saint-Simon, autres que ceux des *Mémoires*, ont été communiqués jadis. Nous nous sommes arrêtés avec eux, le plus qu'il nous a été possible, dans l'intéressante et discrète maison, et nous avons recueilli leurs moindres propos et informations. C'est dire tout l'intérêt qu'ont eu pour nous les quelques lettres du piquant abbé

Fusée de Voisenon, les notes répandues en ses divers écrits par le confiant et sage Anquetil, et les impressions de Lemontey, le plus classique des investigateurs, qui, mort en 1826, est le dernier que l'on puisse, à l'égard de ces *Portefeuilles*, interroger avec fruit.

III

Ici se présente une question délicate qu'il convient d'aborder avec tout le tempérament de la bienséance, sans toutefois rien laisser perdre de ses droits à la vérité.

Il ne faut point douter de l'existence d'un fort grand nombre de manuscrits de Saint-Simon autres que ceux des *Mémoires*. Nous les avons révélés, article par article, sinon par le contenu (hélas)! du moins par le contenant. C'est déjà quelque chose, puisque, auparavant, tout semblait mystère. Nous en avons donc dit les titres; nous en avons fait l'*appel nominal*, grâce aux officiers publics qui, d'après

« l'arrêt du Parlement » du 10 mai 1755, durent en consigner le détail en leurs procès-verbaux. Mettant du prix à ne les pas perdre de vue, nous avons suivi leurs traces, et précisé les mouvements et les déplacements qu'ils ont eus, de commun avec la Secrétairerie d'État des Affaires Étrangères, devenue leur possesseur. Distinguant les *Manuscrits* qui étaient *objets de collection* d'amateur d'avec ceux qui étaient *œuvres propres* de l'auteur, nous avons énuméré séparément ces derniers, pour que, autant que possible, personne n'en ignore plus. Nous avons prouvé que s'il s'en rencontre quelques-uns, au dehors, dans les collections privées ou dans quelque Dépôt public, ce ne peut être que par un grand cas de bonne fortune, et d'ailleurs, en extrême petit nombre. Nous avons établi, sans qu'aucun doute puisse être émis à cet égard, que ce qui fut le CABINET du duc de Saint-Simon enlevé *De par le Roy* en 1760, selon les Instructions données par M. de Choiseul au sieur Le

Dran, premier Commis des Affaires Étrangères et Garde du Dépôt des Archives, ne peut être dans un autre lieu que dans celui du Dépôt actuel du Ministère. Tout ce cabinet — ou pour mieux dire — tout ce recueil de Portefeuilles et de Volumes *manuscrits* du Duc, — fait partie intégrante du Dépôt depuis le 21 décembre 1760. Il en a suivi les différentes mutations d'établissement : en 1763 pour passer de Paris à Versailles dans les charmants bureaux aménagés par M. le duc de Choiseul; en 1796 pour revenir à Paris à l'hôtel de Maurepas; en 1822, pour être portés au boulevard des Capucines près l'hôtel de Wagram, et en 1853, au quai d'Orsay, où l'honorable M. Drouyn de Lhuys installa le ministère et donna sa première signature le 5 septembre. Nous avons admis enfin que, par suite des transformations données aux séries de tous les documents du Dépôt, à une époque relativement récente, il se pouvait que les « papiers de Saint-Simon », ne formant plus, comme auparavant, une collection, un recueil, un cabinet unique, et tel que l'avait composé le Conseiller de Régence, fussent dispersés dans les divers fonds, pièce à pièce, pour les « *Mémoires et Informations sur différents sujets* », feuille à feuille, pour la « *Correspondance* », selon l'objet traité dans chaque écrit. Mais, dans cette hypothèse, qui, par certains indices, nous semble être la vérité, est-ce à dire que, par cette dispersion d'autant de pages dans les séries les plus variées, les papiers de Saint-Simon n'existent plus? Une compagnie peut être dispersée, mais les compagnons, pour cela, peuvent n'être pas disparus.

IV

Or, depuis que j'ai l'âge de curiosité, j'entends dire que les *manuscrits du duc de Saint-Simon* sont non-seulement choses invisibles en leur espèce, nature et détail, mais que même il est ardu et malaisé

(dirai-je impossible) d'en obtenir la seule
et simple énumération, telle que la fit
M. le Premier Commis, lorsque le duc
de Choiseul lui commanda d'y avoir la
main pour en dresser un catalogue. Si ce
dire concernant une difficulté aussi singulière n'était qu'affaire de commérage, l'occasion serait belle pour le mépriser. Mais
le fait est si réel, que ceux qui, à mon
sens, avaient qualité (et plus que jamais
l'ont encore) pour connaître, dans un but
d'intérêt général, les papiers de Saint-
Simon, ont déclaré publiquement quelle
fin de non-recevoir leur est échue. Quoi,
cependant, de plus nécessaire à consulter
pour l'utilité des éditions nouvelles, dont
le nombre est un si sûr témoignage de
succès durable, disons même de succès
national, que tout l'*inédit* de Saint-Simon?
Avec quel bon sens Sainte-Beuve (notre
maître à tous et notre enchanteur) a dit :
« *Quand j'ai entendu toutes les critiques
qu'on peut faire sur Saint-Simon, je me
surprends, malgré tout, à former un dernier vœu : que ne sommes-nous affligés*

d'un Saint-Simon pour chaque période de notre histoire ! » Et c'est d'un écrivain si glorieux pour nous, et qui inspire de tels vœux à un si judicieux et si délicat et si méritant critique, que vous retenez mystérieux encore, des fragments, des carnets, des notes prises au jour le jour, des réflexions, des *Mémoires sur différents sujets,* toutes choses écrites qui, dans son cabinet, ne formaient pas moins que matière à sept volumes ou portefeuilles in-folio ! Et des *Lettres,* dont le nombre avec les réponses serait propre à établir, pour être publiées, une *correspondance générale* avec les gens de Cour, d'État, de bel esprit, d'affaires, en un temps qui se va bientôt traduire par plus d'un demi-siècle et demi d'écoulé !

C'est à un sage et libéral Ministre des Affaires Étrangères qu'il appartient d'en décider. Le présent Ministre que — si j'en crois le sentiment public — ses qualités éminentes de tact accompli, de sens droit, de jugement éclairé, d'esprit tout plein de notions pratiques et dépouillé de préjugés communs, ont désigné au chef de l'État pour mettre en ses mains la belle administration des Affaires Étrangères, peut se faire le grand honneur de condamner ces exclusions par un arrêté formel qui sera définitif. C'est de lui que tous les lettrés attendent cette bonne fortune, je veux dire celle qui nous vaudra la mise en lumière, la communication facile, empressée de tant de choses utiles à la libre et pacifique étude de l'histoire. L'applaudissement à sa détermination si juste, si sensée, si désirée, si honorable, sera universel.

Mais combien serait plus heureuse encore cette réforme tant souhaitée, si elle était appliquée et étendue par le sage ministre dans les habitudes et coutumes de la Direction des Archives des Affaires Étrangères, non pas seulement à tel fait isolé plutôt qu'à tel autre, mais à tout ce qui s'y trouve être d'un usage véritablement suranné ! Il y a beaucoup à dire, à montrer, à démontrer, à faire toucher du doigt! Quel service notable à rendre que de se donner cette besogne pour la faire avec loyauté, droiture, sincérité, indépendance d'esprit, désintéressement absolu, en un mot sans que la vulgaire ambition, les raisons personnelles, les menues passions, toutes choses qui souvent sont de si importants mobiles, aient à paraître! Je voudrais que le tableau en fût fait, la description produite, les nouveautés à introduire indiquées, d'après le procédé des comparaisons. La France n'est pas la seule nation du monde à avoir un dépôt de papiers d'État dépendants de son ministère des Affaires Étrangères. Tous les États ne vivant pas à la mode des quelques Indiens qui sont encore sauvages ou des rares peuplades encore inconnues, ont eu ou ont des Affaires Étrangères et par conséquent des papiers d'État, et des Archives soumises à des formes administratives. Or, en de très-grands pays, depuis dix ans, les règlements qui à cet égard étaient en usage et ressemblaient fort aux nôtres, ont été rapportés, et les ministres qui s'en sont occupés ont émis des considérants singulièrement propres à faire honneur à la libéralité de leur esprit, à l'étendue de leur bon sens, à leur goût déclaré pour aider à la louable pratique et au facile exercice des études historiques. Le lord Granville, secrétaire d'État des Affaires Étrangères en Angleterre, a fait pour le département des Archives de son ministère, — ce département datait du temps de la Reine Élisabeth, sous le nom de *State Papers*, — la plus radicale réforme qui se puisse imaginer, le tout pour l'unique avantage des historiens et l'heureuse utilité de l'histoire. Dans la magnifique innovation dont il a pris la glorieuse initiative, loin de faire réserve d'un seul préjugé commun, il les a tous bannis, comme autant d'embarras et de choses discordantes avec les mœurs et les manières nouvelles. C'est donc comme un bienfaiteur et comme un heureux novateur que serait acclamé le ministre français qui s'honorerait de croire à l'utilité, à la nécessité et au bien véritable de ces réformes d'un genre si paisible.

Aussi, se peut-il croire qu'un ministre, à qui fortunément le temps sera donné d'y attacher sa très-sérieuse attention, et que la disposition de son esprit portera à regarder de fort près au bien qui est à faire, tardera peu à transformer, en leur entier, les règlements servant encore de base à la direction des Archives des Affaires Étrangères, pour la partie des communications et des informations d'un caractère purement historique? Au lieu de ménager l'accès du dépôt par le seul fait d'une grâce, d'une faveur et d'un mouvement de bienveillance, lesquels supposent toujours des démarches et des contre-marches absorbant un temps précieux, et voulant une patience éprouvée, où serait l'empêchement d'en régler le service en vue de l'intérêt de tout studieux, de tout écrivain, de tout curieux recommandable? Le modèle est tout prêt. Regardez aux Archives Nationales, au département des Manuscrits de la Bibliothèque Nationale, où les choses se passent selon les formalités les plus simples, les plus naturelles, les plus ordinaires, et par cela même, les meilleures. Les documents de la diplomatie française sont classés au Dépôt des Affaires Étrangères sous les formes les plus variées, mais sans interruption chronologique depuis le ministère de M. le Cardinal jusqu'à nos jours. Pourquoi ne pas admettre en pratique ordinaire, que la communication de documents de la date la plus ancienne jusqu'à une date déterminée d'après des convenances aussi nécessaires que respectables et sensées, sera faite sans restriction, sans détour ni réserve? Où est l'inconvénient sérieux pour mettre à la disposition des historiens les *Instructions* ordinaires et extraordinaires aux ambassadeurs et autres ministres envoyés au dehors, les *Dépêches* touchant les négociations, les *Mémoires politiques* écrits par les rédacteurs spéciaux et les *Pièces historiques* diverses, depuis le temps de Henri IV jusqu'à celui du premier Empire? N'est-ce point assez

PRÉFACE.

pour ménager toutes les susceptibilités contemporaines? Un secret d'État qui, par les années, a passé la centaine, qu'est-il, sinon un simple article d'un utile emploi dans l'histoire?

« Il n'est pas de secrets que le temps ne révèle. »

Rappelez-vous les paroles si justes de l'illustre Villemain — je voudrais pouvoir dire prophétiques — dans l'un de ses plus beaux discours en Sorbonne, lorsque, se faisant l'écho des sentiments de tout l'auditoire à propos des papiers de Saint-Simon prisonniers d'État, il ne craignit pas de dire :

« *Les Archives de nos Affaires Étrangères ne garderont pas toujours leurs trésors. La censure n'est jamais bonne et surtout bien inutile envers le passé. A la distance d'un demi-siècle et d'une révolution sociale, les indiscrétions et les médisances n'ont aucun danger, et elles renferment souvent une portion de vérité qui n'est plus que de l'instruction sans scandale* (1). »

---

(1) Ces paroles furent couvertes d'applaudissements sur tous les bancs. C'était en mars 1825, en Sorbonne, au

Mieux encore serait-ce que l'initiative même d'une aussi heureuse innovation vînt sur la proposition même de M. le directeur des Archives du ministère. Concevoir et manifester pour lui cette ambition, c'est lui montrer que la vue seule du bien dirige nos mouvements en vue d'une réforme absolue de règlements séniles, dont l'application repose sans cesse sur le caprice le plus personnel. Émanée de la direction même, devenue l'objet d'un rapport motivé par la quantité des raisons admirables qui plaident pour son adoption, cette proposition ainsi produite serait entendue par le Ministre, qui, dans ce cas, nous n'en doutons pas, aurait même d'incomparables éloges pour la conversion du directeur se révélant à lui sous un jour si nouveau. Combien alors la tâche ministérielle serait aplanie en ses aspérités et ses délicatesses!

---

cours de littérature française. Puisse M. LE DUC DECAZES, aujourd'hui ministre des Affaires Étrangères, vouloir en 1874 que M. VILLEMAIN ait été bon prophète en 1825!

Et, ces transformations heureuses une fois accomplies au Dépôt des Archives des Affaires Étrangères, il n'y aura plus à constater d'abord, puis à s'expliquer des anomalies, des bizarreries, des singularités aussi peu croyables que celles qui font que, dans les pièces closes d'un ministère, gisent encore, après cent cinquante ans, des œuvres inédites de Saint-Simon, des écrits signés d'un nom qui représente une des plus grandes gloires françaises. Il n'y aura plus alors à se demander pourquoi c'est chose ardue à des écrivains accrédités et honorés, non-seulement de consulter ces œuvres inédites, mais d'être même informés de quelles matières elles traitent. Alors, en effet, en ces temps nouveaux et désirés, vos réformes excellentes se seront portées jusqu'à nous offrir le répertoire analytique et pratique des documents du Dépôt des Affaires Étrangères. Il y aura un catalogue, ce bras droit des curieux, cette clef précieuse des trésors manuscrits conservés! A ces seuls titres bienfaisants, vous en aurez un pour le service de tous. Et alors à qui sera-t-il possible d'ignorer ce qu'il aurait à connaître, soit à l'article des *Négociations* et des *Mémoires politiques*, soit à celui des *Recueils* formés jadis par des grands seigneurs et gens d'État et que le hasard des temps, la nécessité des circonstances ont joints à vos collections, soit enfin à l'article spécial des papiers de Saint-Simon que certainement vous aurez rétablis, sinon dans leur ensemble, au moins dans leur détail, par les indications admirables que vous en donnerez? Ce sera l'âge d'or. Puisse-t-il m'être donné de le voir en son éclat!

V

Et dans l'espoir et l'attente de tels bienfaits, qu'il me soit permis de me souvenir de ceux dont j'ai été comblé, pour me rendre plus facile la réunion des matériaux qui m'ont été nécessaires. Il n'est démarche que je n'aie faite, questions que je n'aie adressées, lettres que je n'aie écrites, ici pour telle information, là pour telle communication. Si jamais je me suis rendu compte de la disposition de l'esprit public en France à favoriser extrêmement les travaux de recherches, ce fut assurément pendant que je formais les apprêts de cet ouvrage. Je m'étais dressé un répertoire des choses à savoir, et il n'est personne qui n'ait répondu avec la bonne grâce, l'empressement, la bienveillance, l'obligeance et l'aide, à mes questions variées.

Mon devoir principal est de remercier tout le personnel des Archives Nationales, car je crois qu'il n'est pas un chef de section à qui, soit pour un détail, soit pour un autre, je n'aie donné cette peine de s'occuper de moi. Entre autres documents, ce fut là que j'eus communication des *procès-verbaux* du Commissaire Grimperel, qui m'ont été si utiles pour me mettre au fait des aventures des *Manuscrits* de Saint-Simon, et m'initier à l'affaire par trois fois portée chez le Lieutenant Civil et une fois au Parlement.

(Archives. Lettre Y. Liasse 13381.) Quel éloge ne pas donner à l'organisation et à l'administration de ce vaste établissement, l'un des plus utiles et l'un des plus riches qui soient au monde! Longtemps aussi l'accès en fut difficile, les approches tout encombrées, les communications lentes, mais ce temps est passé. On y est bien revenu de ces malencontreuses choses, et les routes, voies et moyens y sont singulièrement perfectionnés. Un catalogue existe à la libre disposition de tous. Honneur à feu M. le marquis de Laborde, qui a inauguré l'ère de ces libéralités si sensées! Hommage à M. Alfred Maury, le directeur actuel, qui, soutenu avec une particulière ardeur par tout le personnel, loin de restreindre les facilités, n'a fait et ne fait que les accroître chaque jour.

Il est de mon devoir de rendre la même part d'éloges et le même tribut de gratitude aux personnes des différents départements de la Bibliothèque Nationale avec qui ce plaisir m'a été donné d'être en rapport. Quel progrès à constater, depuis plusieurs années, dans les services du département des Imprimés, de celui des Manuscrits et de celui des Estampes! Tout y est rendu facile, tout commode, dans la mesure du possible, et il en faut louer M. l'administrateur général Taschereau et tous les conservateurs-directeurs.

Non moins heureuses et bien secondées ont été mes démarches auprès des particuliers. Ce n'est pas d'aujourd'hui que les documents des Notaires, ayant un caractère purement et exclusivement utile à l'histoire des œuvres de l'esprit et à la biographie des personnages illustres, ont été mis à contribution. Feu M. Jal, auteur du « *Dictionnaire de biographie et d'histoire* », a montré, l'un des premiers, jusqu'à quel point les ressources étaient grandes dans les répertoires anciens des actes de toute nature qui sont les éléments des riches *minutiers* de ces Officiers ministériels. La consultation qu'il en a faite l'a mis à même de réparer un nombre infini d'erreurs pour le caractère et l'état des personnes, pour le détail des faits, pour la précision des dates. Les Testaments et les Inventaires peuvent quelquefois être des documents d'un prix inestimable; dans les uns, les pensées morales, dans les autres, les arts, la curiosité, la représentation de la vie par les objets dont on s'est entouré, y ont très-grande part. Il n'est toutefois aucun dépositaire de ces textes qui ne se fasse une stricte obligation de la sage réserve à laquelle l'oblige tout le délicat de sa profession. La sagacité et l'habitude d'observation rapide qui généralement les caractérisent, sont leurs plus sûrs guides pour reconnaître le but immédiat d'une recherche, et si l'objet historique et littéraire peut motiver une réponse empressée. Dans ces questions, on peut généralement dire que si celle de la date, celle du temps écoulé, n'est pas la seule, elle est du moins la plus importante. C'est la pierre de touche pour accueillir et autoriser. J'ai, pour ma part, rencontré dans cet exercice de mes recherches sur la personne et les affaires du duc de Saint-Simon, auteur des *Mémoires,* une bienveillance égale à celle qui, il y a quelques années, accueillit dans les études des notaires, les démarches de M. Eud. Soulié, pour ses investigations sur la personne et les affaires de Molière (1). M. le président Benoît-Champy, que distinguaient des qualités essentielles d'esprit, de tact et de goût, avait particulièrement encouragé la complaisance de messieurs les Officiers ministériels, s'en rapportant à l'avance aux sentiments qu'ils auraient de l'intérêt aussi honorable que louable qui animait le savant et patient informateur. C'est de la façon la plus expressive que je dois ici remercier Me Rouget, successeur médiat de Me Delaleu, dépositaire, en 1755, de la minute de l'*Inventaire* des biens du duc de Saint-Simon. Ce dernier document,

---

(1) Voyez « *Recherches sur Molière et sur sa famille* », par Eud. Soulié, avec la devise de la Compagnie des Notaires pour épigraphe : « LEX EST QUODCUMQUE NOTAMUS » (un vol. in-8º de 385 pages. Paris, Hachette, 1863).

pour l'utilité que j'en ai tirée, n'a d'égal que les *Procès-verbaux* du Commissaire-Enquêteur, conservés aux Archives Nationales. M° Cabaret, à qui j'ai dû d'être introduit chez M° Rouget, voudra bien agréer aussi l'expression de ma reconnaissance. M° Galin m'a bien voulu communiquer la minute de l'*Inventaire* des biens du duc Claude de Saint-Simon, père de l'auteur des *Mémoires*, fait en 1693. J'ai demandé à M° Masson l'*acte de substitution de la grandesse d'Espagne*, dicté par Saint-Simon en 1751 à M° Dutertre, et qui, d'après une plaidoirie de l'avocat Hardoin, en 1774, au Parlement, représentait un acte testamentaire par le fond et par la forme. L'obligeance la plus grande a présidé à mon accueil; mais j'étais venu deux ans trop tard, les incendies qui ont signalé de façon si néfaste l'année 1871 dans l'histoire de Paris ayant anéanti tous les actes de l'étude de M° Masson depuis 1636 jusqu'en 1760. J'ai dû ma présentation à ces messieurs et leurs marques bienveillantes à l'honorable M. Froyez, référendaire au Sceau. Il a mis tant de bonne grâce à me seconder, que je dois supposer que l'esprit de Saint-Simon s'était emparé de lui pour l'y pousser.

Le lecteur remarquera que, dans les chapitres xv, xvi et xvii, je me suis parfois porté à quelques courts aperçus touchant le Dépôt des Affaires Étrangères. Je m'y suis arrêté dans les limites que m'imposait mon sujet, c'est-à-dire celui des *Manuscrits* de Saint-Simon. J'ai dû la précision du détail, l'exactitude des dates, aux documents les plus variés. Les papiers de *Clérambault,* les cartons de la *Maison du Roi,* les pièces du *triage des Titres,* et la source féconde des *minutes* de la *Liste civile,* ont été mes sûrs informateurs. C'est à ce propos que je dois remercier M. Gustave Desjardins, l'érudit et affable archiviste du département de Seine-et-Oise, et en même temps, mon savant compatriote M. Eugène de Rozière, inspecteur des Archives de France, qui voulut bien lui recommander ma curiosité.

La rareté des Documents originaux dus à la plume du duc de Saint-Simon, dans les collections particulières de personnages amateurs d'autographes et de pièces historiques, m'était connue. Il était donc inutile que j'entreprisse beaucoup de démarches auprès des possesseurs de ces genres de recueils. Toutefois, une indication bien précise avait éveillé mon attention. L'honorable M. Amédée Lefèvre-Pontalis, dans son *Discours sur la vie et les œuvres de Saint-Simon,* que l'Académie française honora d'un prix d'éloquence en 1855, avait dit à cette époque : « *On a conservé dans les collections particulières plusieurs* « *Mémoires* » *composés pour le duc d'Orléans par Saint-Simon, annotés quelquefois par le Prince et destinés au Roi, principalement dans les affaires d'Espagne en* 1714. » Je me mis en quête sur ce très-précieux dire, et je fus bientôt instruit que l'auteur des *Causeries d'un Curieux* se trouvait en être devenu l'heureux possesseur. Avec l'obligeance qui lui est habituelle, M. Feuillet de Conches s'est empressé de m'ouvrir ses portefeuilles et de mettre à ma disposition de précieux documents. Le lecteur les trouvera reproduits au chapitre XVIII : « *De l'intérêt que pourrait offrir la publication des Œuvres inédites,* etc... » Sans ces pièces, ce chapitre n'aurait été, puis-je dire, que la froide expression d'une série de vœux stériles; avec elles, c'était apporter des preuves, donner le souffle et la vie. J'en dois la bonne fortune tout entière à M. Feuillet de Conches. Mentionner ainsi l'excès de sa libéralité, c'est dire toute l'obligation que je lui ai.

Je viens à M. Gallien. Que l'honorable bibliothécaire de la Cour de cassation me permette de lui exprimer tout le gré que je lui sais pour la part d'intérêt si active qu'il a prise au bon résultat de mes démarches et de mes recherches. Esprit délicat, nature très-lettrée, son goût, dès sa jeunesse, l'a porté à s'occuper de la vie et des écrits des grands maîtres du dix-septième et du dix-huitième siècle. Le fruit de ses études, le recueil, la rédaction et le classement de ses notes les plus diverses, lui représentaient, en 1871, un travail de vingt années. Il s'était tout spécialement attaché à honorer la mémoire de Saint-Simon, et, entre autres témoignages, il avait publié en articles « *Variétés* » de piquantes découvertes, des aperçus ingénieux, qui lui avaient mérité le très-haut suffrage d'écrivains illustres, admirateurs de son héros. Mais les incendies encore, les désastres de l'année fatale, ont détruit tout ce que la patience, l'ingéniosité, l'attrait pour l'étude, lui avaient fait amasser. Des portefeuilles de son cabinet, il ne lui est pas resté même un débris. Lorsque je fus lui parler de Saint-Simon, il me fit part de ses recherches d'autrefois et du sort malheureux qu'elles avaient eu. Je connus par lui les entrevues intéressantes que ses découvertes littéraires lui avaient valu avec Sainte-Beuve, Villemain et de Montalembert. Il me fit entendre qu'après une si cruelle épreuve que celle qui lui était échue en 1871, il se plaisait plutôt au souvenir de ses bonnes fortunes antérieures qu'il n'avait le désir d'en tenter de nouveau l'aventure. Sa conversation, pleine d'intérêt à cet égard, m'avait entraîné à lui demander le récit écrit de ses souvenirs pour la part qu'il avait réservée à ses travaux sur Saint-Simon. C'est avec une grâce parfaite qu'il a écouté mon appel. Sa lettre est tout l'appendice de cet ouvrage, pour lequel cependant elle n'avait pas été écrite. Mais je l'ai trouvée si instructive et si bien appropriée au cadre de mon travail, que je n'ai point hésité à la présenter au lecteur telle que je l'ai reçue (1). La modestie de l'honorable M. Gallien en sera peut-être surprise, mais en ne

---

(1) Je dois toutefois faire une réserve sur les vœux trop ambitieux et trop bienveillants pour moi que M. Gallien veut bien former et exprimer aux dernières lignes de sa lettre. Il espère qu'après avoir eu ce bonheur de pouvoir mettre à jour le détail des *œuvres inédites* de SAINT-SIMON, après en avoir reproduit l'incontestable inventaire, je porterai mes efforts à en connaître les textes pour les publier. Telle n'est point mon ambition. Ce n'est point à moi que doit échoir ce soin glorieux. Il y a de légitimes devanciers pour cette entreprise. Tous les droits moraux me paraissent leur être acquis. Que ceux qui ont mis en lumière le *manuscrit original* des *Mémoires*, que ceux qui ont publié

f

considérant que mes intentions, elle me pardonnera, j'en suis sûr, toute la liberté que je prends. Le lecteur jugera, par l'ensemble des détails et par la qualité de la diction, tout ce qu'il y a d'attrait littéraire et de sens judicieux dans l'esprit de mon honorable et érudit correspondant.

VI

Mes honorables éditeurs ont pensé qu'une représentation de l'ancienne demeure féodale de l'auteur des *Mémoires* serait un haut ornement pour cet ou-

---

l'œuvre du DUC DE SAINT-SIMON, publient maintenant les *œuvres, toutes les œuvres* du maître. C'est mon vœu personnel. Qu'ils se tournent donc de nouveau vers le centre de réunion de ces papiers, vers le DÉPÔT DES AFFAIRES ÉTRANGÈRES, puisque, désormais, ils ne peuvent plus ignorer le titre de ceux qui devront entrer dans la publication des ŒUVRES COMPLÈTES, qu'il faut bien croire que nous verrons un jour. J'ai cherché à répandre quelque lumière sur cette mystérieuse histoire des manuscrits et œuvres d'un très-grand homme; j'ai voulu mettre à profit, dans l'intérêt public, ce que j'avais pu apprendre; si j'y ai réussi, ma tâche est absolument accomplie.

vrage. C'est à l'habile et heureux burin de M. J. Mollard que nous devons de pouvoir rendre ainsi vivant cet intéressant souvenir du château où Saint-Simon a passé tant d'années, pour y faire trêve avec les passions des partis, les menées des cabales, et y chercher le repos presque magique qu'il y trouvait toujours. Tel était le manoir où le fécond peintre des mœurs du règne de Louis XIV et de la Régence a écrit la plus grande partie de ces innombrables pages, qui ont fait sa gloire et font notre admiration. Que de temps avait-il vécu là, même avant l'époque de sa retraite décidée et de son existence solitaire, à la suite d'événements où par intermittences, ne respirant que l'éloignement de la cour et résolu d'en abandonner les idées, il avait cru voir fermées pour lui toutes les avenues de la fortune? Que d'heures tranquilles n'y avait-il pas vues s'écouler et fuir, occupé au rassemblement de tous les souvenirs que lui avaient fournis non-seulement ses facultés personnelles d'observation profonde, mais en-

core les confidences de tant de personnages
« très-principaux » qui, à tous instants,
dans les appartements du Roi, dans le
cabinet des Ministres, dans le sanctuaire
même de madame de Maintenon, n'avaient
eu « ni les yeux ni les oreilles fermés ».
C'est en pensant au chef-d'œuvre que cet
homme a produit, à l'abri de ces antiques
murailles, sous ces vieux donjons, que la
représentation du château de la Ferté-
Vidame est émouvante, et c'est à ce titre
que nous avons tenu à en offrir la pittoresque image (1).

28 janvier 1874.

---

(1) Cette vue du château de la Ferté-Vidame, au temps de Saint-Simon, est l'une des quatre que M. E. Lefèvre, publicateur de l'*Annuaire d'Eure et-Loir*, avait prié M. Auguste Deroy de lui dessiner, en 1851, d'après le document authentique conservé au domaine actuel.

LE DUC
DE
SAINT-SIMON

I

L'APPOSITION DES SCELLÉS EN L'HÔTEL, A PARIS, DE FEU MONSEIGNEUR LE DUC DE SAINT-SIMON PAR LE COMMISSAIRE AU CHATELET, ET L'OUVERTURE DE SON TESTAMENT PAR MONSIEUR LE LIEUTENANT CIVIL.

Le dimanche 2 mars 1755, à sept heures du matin, Mᵉ Grimperel, Avocat au Parlement, Conseiller du Roi et Commissaire au Châtelet de Paris, fut requis de se rendre en l'hôtel de la rue de Grenelle, où Mgr le duc de Saint-Simon, qui y avait établi sa demeure depuis le 23 mai de l'année 1750, venait de mourir.

Étant monté à l'appartement du premier étage, le Commissaire au Châtelet fut introduit dans la cinquième pièce, éclairée de deux croisées, donnant sur le jardin, tendue de tapisseries à grands et petits personnages, et ornée de huit grands tableaux peints sur toile représentant des portraits de famille.

Sur un lit à bas piliers, tendu de grands rideaux de damas jaune, bordé et galonné de galons d'argent par compartiment, lui apparut, — selon qu'il le dit en son procès-verbal, — *un corps mort qu'on lui dit être celui de Mgr le duc de Saint-Simon*[1].

M° Grimperel avait été ainsi requis pour l'exercice de sa charge, c'est-à-dire pour procéder à l'apposition des scellés sur les coffres, commodes et armoires, étant de la succession du défunt, et faire description sommaire de tout ce qui se trouverait en sa demeure. Les requérants, présents en l'hôtel au moment où y arriva M° Grimperel et comparaissant par-devant lui, dans la chambre mortuaire, étaient le

---

(1) ARCHIVES NATIONALES : *Minutes des Commissaires au Châtelet de Paris*, rangées dans l'ordre alphabétique des noms des titulaires au moment de la suppression de ces charges. « *Procès-verbal du scellé* après le décès de M. le duc de Saint-Simon, du 2 mars 1755 ». (Liasse Y, 13381.)

sieur Marc-Antoine Dathose, ancien Commissaire des guerres, demeurant rue du Bacq, au nom et comme ayant charge (ainsi qu'il a dit) de dame Charlotte de Rouvroy de Saint-Simon, veuve de Charles-Antoine d'Alsace, Prince de Chimay, habile à se dire et porter héritière et créancière de Louis, duc de Saint-Simon, pair de France, grand d'Espagne de première classe, son père, et Charles-Maurice Grimaldi de Monaco, comte de Valentinois, à cause de dame Marie-Christine-Chrétienne de Rouvroy de Saint-Simon de Ruffec, son épouse, commune en biens, ladite dame aussi habile à se dire et porter héritière dudit seigneur Duc, son aïeul paternel (1).

Mais avant de procéder, et comme pour marquer un plus grand respect à la dépouille mortelle de l'illustre personnage, en évitant la description de ce qui était dans la chambre, M⁰ Grimperel fit transporter le corps mort du défunt Duc dans une salle donnant sur la cour, qui était dite la *salle du Daiz*, où, entre autres

---

(1) ARCHIVES NATIONALES : *Idem, ibidem.*

tentures, étaient des tissus d'or représentant une partie de l'histoire d'*Aman et Mardochée* (1), et, entre autres ornements, onze tableaux, portraits du *Roi Louis Treize*, de l'*Abbé de Rancé*, du *Maréchal* et de la *Maréchale de Lorges*, de *Mgr de Saint-Simon*, *Évêque de Metz*, du *Duc de Saint-Simon*, des *Maréchaux de Choiseul* et *de Boufflers*, de *Philippe V, Roi d'Espagne*, de la *Reine Élisabeth Farnèse* et de *Madame la Princesse des Ursins*. Un petit lit de camp à rideaux, ciel de lit et dossier en damas cramoisi, fut dressé, sur lequel fut ainsi déposé, une heure après qu'il avait rendu l'âme, M. le duc de Saint-Simon (2).

Après quoi, le Commissaire au Châtelet apposa les scellés dans le premier *cabinet à livres*, précédant la chambre du défunt, dans la *grande galerie* servant de

---

(1) Le Duc de Saint-Simon parle de cette tapisserie au chapitre x du tome XIII de ses *Mémoires* (à propos de la visite que lui fit Pontchartrain, après une séance du Conseil de Régence et pendant que La Chapelle, Secrétaire du Conseil de marine, se trouvait chez lui), pages 202 à 205. « Dès qu'il fut sorti, je rappelai La Chapelle, et lui montrant une pièce de tapisserie de l'histoire d'Esther, tendue où nous étions, je lui présentai *Aman et Mardochée*... »

(2) ARCHIVES NATIONALES : *Procès-verbal du scellé*, etc.

bibliothèque, dans la *petite chapelle* étant en retour et donnant sur le bout de la terrasse, dans la *salle de compagnie* donnant sur la cour, où il y avait plusieurs tableaux, principalement de l'école italienne, dans la *salle du Daiz*, où le corps a été transporté, dans la *grande antichambre* des serviteurs, dans une chambre étant dans le corridor, appelée le *chartrier*, bref, dans les différentes pièces qui servaient de logement aux diverses personnes attachées au service du feu Duc, entre autres au sieur Foucault, son chirurgien, au sieur Laudier, son secrétaire. Pendant qu'il procédait, madame la Princesse de Chimay, qui habitait l'hôtel, le fit avertir de passer dans l'appartement qu'elle occupait au rez-de-chaussée, où, s'étant aussitôt rendu, elle lui fit les déclarations nécessaires, relativement aux quelques meubles et objets qui appartenaient à la succession, parmi lesquels un tableau représentant *Madame de Pontchartrain*.

Ce même jour, M⁰ Grimperel fut aussi requis de se transporter, le plus tôt que faire se pourrait, au *château de la Ferté-*

Vidame, appartenant au défunt Duc, et situé en la province de Perche, aussi à l'effet d'y apposer les scellés sur les meubles, titres et *papiers* étant audit château et dépendances. Cette vaste résidence et seigneurie était distante de vingt-huit lieues de Paris. Le Commissaire s'y rendit le lendemain même, en compagnie du sieur Pierre-André Gauzen des Artaux, Avocat au Parlement et Intendant des noms, maisons et affaires de M. le comte de Valentinois, et il y procéda aux devoirs que lui imposait sa charge dans cette circonstance.

M. le duc de Saint-Simon avait fait un testament olographe, le 26 juin de l'année 1754, qu'il avait confié au curé de Saint-Paul, pour, après sa mort, le remettre ès mains de Mᵉ Guillaume-Claude Delaleu, Conseiller du Roi, Notaire au Châtelet (1). Aussi, à la date du même décès,

---

(1) « GUILLAUME-CLAUDE DELALEU, Écuyer, Conseiller Secrétaire du Roy, Maison, Couronne de France et de ses finances, notaire à Paris, demeurant rue Sainte-Croix de la Bretonnerie, paroisse Saint-Paul. » Je le trouve signant ainsi sur l'extrait mortuaire de François de Montmorency-Luxembourg, le 20 juin 1764.

voyons-nous M⁰ Delaleu, accomplissant les formalités d'usage, se rendre chez M. le Lieutenant civil et lui présenter le testament du défunt pour qu'il en fasse ouverture. C'est ce qu'il résulte de l'acte original, ainsi libellé, que nous trouvons juxtaposé audit testament olographe :

« L'an mil sept cent cinquante-cinq, le deux mars, à une heure de relevée, en l'hôtel, pardevant nous, Jérôme Dargouges, chevalier, seigneur de Fleury et autres lieux, Conseiller du Roy en ses Conseils, Maître des Requêtes honoraire de son hôtel, Lieutenant civil de la Ville, Prévôté et Vicomté de Paris, est comparu M⁰ Guillaume Claude Delaleu, Conseiller du Roy, Notaire au Châtelet, qui nous a dit que le Sʳ Curé de Saint-Paul vient de luy remettre un pacquet cachetté dont la suscription annonce qu'il contient le testament de M. le Duc de S. Simon, décédé ce matin sur les six heures, lequel pacquet il nous apporte pour estre ouvert. Avons trouvé ledit pacquet composé d'une enveloppe cachettée d'un costé d'un seul cachet en cire d'Espagne noire, qui nous a paru sain et entier; et de l'autre costé sont écrits ces mots : *Sous cette enveloppe est mon testament,* olographe avec la signature : Louis Duc de S. Simon. Et ayant ouvert laditte enveloppe sans endommager ledit cachet, nous y avons trouvé une feuille de grand papier dont les trois premières pages sont entièrement écrittes, et dix lignes sur la quatrième et dernière, et le tout contient le testament olographe dudit deffunt, des vingt-six juin mil sept cent cinquante-quatre, commençant au haut de la première page par les mots : *Au nom du Père,* et finissant à la dixième ligne de la quatrième page, par : *Ce jour que dessus,* et au-dessous est la signature : Louis Duc de S. Simon. Avons observé qu'au bas de chacune des trois premières pages, il y a en forme de paraphe deux F. Dans la première page, le dernier mot de la troisième ligne est effacé, et le septième mot de la quarante-unième est rayé. Dans la seconde page, le dernier mot de la vingt-deuxième ligne est rayé; dans la troisième page, le quatorzième mot de la trente-unième ligne est surchargé. Avons paraphé ladite enveloppe et les quatre pages écrittes, et remis le tout audit M⁰ Delaleu, qui s'en est chargé pour le mettre au rang de ses minutes et en délivrer des expéditions à qui il appartiendra; et a signé à la minute. »

Dargouges (1).

---

(1) Copié sur le document original annexé au Testament du duc de Saint-Simon en l'étude de M⁰ Rouget. Voir aussi Archives Nationales : *Minutes des Référés* du Lieutenant civil, en son Hôtel. (Liasse Y, 8040.)

II

LEGS PARTICULIERS DE MGR LE DUC DE SAINT-SIMON A DIVERS PERSONNAGES QUI SE TROUVENT PARTIES INTÉRESSÉES DANS L'HISTORIQUE DE SES *Manuscrits :* LA MARÉCHALE DE MONTMORENCY, — CHARLOTTE DE SAINT-SIMON, PRINCESSE DE CHIMAY, — LA COMTESSE DE VALENTINOIS, — M. L'ÉVÊQUE DE METZ, — LE Sr LAUDIER, — M. DAGUESSEAU DE FRESNE.

La publication du testament dont il est ici question a été faite, par le très-docte M. Chéruel, dans le vingtième volume des *Mémoires* du duc de Saint-Simon : il ne nous appartient donc pas de le reproduire (1). Il nous suffira, dans l'intérêt et

---

(1) L'original du *Testament* se trouve parmi les *minutes* de Me Rouget (Louis-Edmond), notaire à Paris, successeur médiat de Me Delaleu, chez lequel il fut déposé le 2 mars 1755. Il a été fait trois expéditions de ce document : la première le 7 février 1777; la seconde en sept rôles, le 19 avril 1856; la troisième en huit rôles, le 6 août 1858.

pour l'intelligence de l'épisode que nous rapportons, d'extraire les quelques articles où se rencontrent les noms des personnages que nous verrons figurer comme acteurs à divers titres dans cette étude en quelque sorte judiciaire, dont la poursuite nous a si heureusement amené à connaître et à pouvoir faire connaître l'inventaire incontestable des Manuscrits laissés par l'immortel auteur des *Mémoires* les plus vivants et les plus héroïquement écrits qui soient au monde.

En suivant l'ordre même admis par le testateur dans l'exposé de ses volontés, les extraits les plus propres à retenir notre attention se rapportent à madame la maréchale de Montmorency, cousine du feu duc de Saint-Simon; à madame la Princesse de Chimay, sa fille; à madame la comtesse de Valentinois, sa petite-fille; à M. l'Évêque de Metz, son cousin, légataire de tous ses *papiers;* au sieur Laudier, son secrétaire, et à Monsieur Daguesseau de Fresne, son exécuteur testamentaire.

« . . . Je prie Madame la Mareschale de Montmorency de vouloir bien recevoir comme une marque de ma vraye amitié la croix de bois bordée de métail avec laquelle le saint abbé Réformateur de la Trappe a esté béni, que depuis sa mort j'ay toujours portée, les choses qui luy ont servi qui me restent de luy, quelques reliques que j'ay toujours portées, un portrait de poche de ma très-chère épouse qui n'est jamais sorti de la mienne depuis nostre mariage, quoyque beaucoup moins bien qu'elle n'estoit alors, et ses tablettes que j'ay toujours portées depuis que j'ay eu l'affreux malheur de la perdre (1). »

---

(1) LA MARÉCHALE DE MONTMORENCY était née Marie-Élisabeth *de Rouvroy de Saint-Simon*, fille de Titus-Eustache de Saint-Simon, seigneur de Fulvy-sur-Somme, mort le 1ᵉʳ septembre 1712, et de Dame Claire-Eugénie d'Hauterive de Villesecq, morte le 31 juillet 1725. Elle était sœur de l'*Abbé de Saint-Simon*, depuis *Evêque de Metz*, et du Bailly de Saint-Simon, Général des Galères de la Religion. Mariée en 1722 à Guy-Claude Rolland de Montmorency-Laval, depuis Maréchal de France, Grand Chambellan du Roi de Pologne, Gouverneur de Béthune, etc., la Maréchale fut veuve en 1751 (novembre), ayant deux enfants : Pierre-Joseph de Montmorency, Comte de Laval, Colonel du régiment de Guienne-Infanterie, marié à une Maupeou, et Louise de Laval de Montmorency, mariée au Comte d'Helmstadt. La Maréchale mourut à Paris, en son hôtel de la rue Saint-Dominique, le 4 janvier 1762. Elle était tutrice des enfants mineurs laissés par son fils défunt : Messire Guy-René-Marie de Montmorency, Marie-Louise-Anne-Josèphe de Montmorency, Blandine-Anne de Montmorency. Ce fut avec elle que M. le Duc de Choiseul eut à traiter en 1760 pour faire valoir le plus légitimement possible, au Dépôt des Affaires étrangères, la prise de possession de tous les papiers du feu Duc de Saint-Simon.

Voir ARCHIVES NATIONALES : « *Minutes* de Gilles-Pierre

« ... Je laisse à ma fille la Princesse de Chimay la bague d'un rubis où est gravé le portrait de Louis Treize que je porte à mon doigt depuis plus de cinquante ans, une autre bague de composition où est le mesme portrait, les pieces de monnoyes de Varin et les medailles que j'ay de ce grand et juste Prince qui à jamais nous doit estre si cher, et une bourse de cent jettons d'argent où il est représenté, et ce que j'ay de mignatures peintes par ma mere, et les portraits de sa chambre (1).

« ... Je donne et substitue à ma petite-fille et unique heritière, la Comtesse de Valentinois, tous les portraits que j'ay à La Ferté et chés moy à Paris, qui sont tous de famille, de reconnoissance, ou d'intime amitié. Je la prie de les tendre et de ne les pas laisser dans un garde-meuble (2).

Chenu, Avocat au Parlement, Conseiller, Commissaire du Roy en son Châtelet de Paris. *Procez-verbal du scellé* apposé à l'hôtel de feu la Maréchale de Montmorency, etc. Y, 11571. » Son testament est du 15 mars 1759, et les codicilles, des 28 août, 12 octobre 1760 et 2 mai 1761.

(1) CHARLOTTE DE SAINT-SIMON, fille du Duc et pair, née le 8 septembre 1696, mariée le 16 juin 1722 à Charles-Louis-Antoine-Galéas de Hennin-Bossu, Prince de Chimay. Veuve sans enfants le 30 février 1740, morte le 29 septembre 1763. Elle renonça à la succession du Duc son père par acte passé devant Mᵉ Baron, notaire à Paris, le 4 septembre 1755. Son unique héritière fut sa nièce, Marie-Christine-Chrestienne de Rouvroy de Saint-Simon de Ruffec, comtesse de Valentinois.

(2) MARIE-CHRISTINE-CHRESTIENNE DE ROUVROY DE SAINT-

« . . . Je donne à mon cousin M. de S. Simon Evesque de Metz tous mes manuscrits tant de ma

---

Simon de Ruffec, petite-fille du Duc et fille unique de Jacques-Louis de Saint-Simon, duc de Ruffec, Pair de France, mort le 16 juillet 1746, et de Dame Catherine-Charlotte-Thérèse de Gramont, veuve en premières noces de Philippe-Alexandre, Prince de Bournonville. Née à Paris le 7 mai 1728; mariée le 30 novembre 1750 à Charles-Maurice Grimaldi, comte de Valentinois; nommée Dame pour accompagner Madame le 30 octobre 1762; Dame d'atour de Madame, Comtesse de Provence, le 1er mars 1771; Dame d'honneur le 24 décembre de la même année. Morte le 4 juillet 1774 à Paris, en son hôtel de la rue de Bourbon, sans enfants. Avec elle finit la ligne directe du duc de Saint-Simon, auteur des *Mémoires*. Son testament porte ces mots au commencement : « En reconnoissance des bontés que j'ai reçues de Madame depuis que j'ai l'honneur d'estre à elle, je la supplie de recevoir une tabatière garnie de diamants que le Roi m'a donnée où est le portrait de Sa Majesté. » Elle était Grande d'Espagne de première classe par Lettres patentes du Roi (février 1766) qui lui en confirmèrent le titre, et Grande-Croix de l'ordre de Malte. Pour l'hérédité de la Grandesse d'Espagne, il s'engagea au Parlement, en la Grand'Chambre (1777), un procès qui a fait le plus grand bruit. Quant aux prétendants à se dire habiles à hériter, il ne s'en rencontra pas moins de sept, qui furent: Antoine, duc de Gramont, pair de France, souverain de Bidache; Louis, marquis de Saint-Simon, demeurant en son château de Faye près de Barbezieux, se disant habile à se dire et porter seul héritier de la feue Comtesse, de la ligne de Saint-Simon; Louis de Durfort, duc de Lorges; Jacques-Charles, marquis de Fitz-James; le comte de Valentinois, stipulant comme mari de la feue Comtesse dont il était séparé de biens; Charles-François, comte de l'Aubespine; Louis-Gabriel, marquis de Saint-Simon, seigneur de Villexavier, Chartuzac, Turgerac, Roustignac en Lartic, demeurant au château de Villexavier, province de Saintonge. (J'ai tiré ces notes précises des *Minutes* de Me Delaleu, possédées aujourd'hui par Me Rouget.)

main qu'autres et les lettres que j'ay gardées pour diverses raisons desquelles je proteste qu'aucune ne regarde les affaires de mes biens et Maison (1).

---

(1) L'Évêque de Metz est pour nous, parmi ces divers légataires, le plus important et le plus intéressant, ayant été déclaré légataire de tous les *Manuscrits* du duc de Saint-Simon, son cousin. Il avait accompagné le Duc à cette fameuse ambassade d'Espagne au récit de laquelle l'auteur des *Mémoires* a consacré un si remarquable chapitre (voyez les tomes XVIII et XIX des *Mémoires* de l'édition Hachette). Je trouve cette note le concernant dans les papiers généalogiques à la Bibliothèque nationale (*Manuscrits*) :

« Le Roy a nommé à l'évêché de Metz, suffragant de Trèves, vacant du 28 novembre 1732 par le décès de Henri-Charles de Comboust, duc de Coislin, pair de France, l'évêque-comte de Noyon, Claude de Saint-Simon, né le 20 septembre 1695, à la charge de 10,300 l. de pension, lequel fut nommé Abbé commendataire de l'abbaye de Jumiéges, ordre de Saint-Benoît, diocèse de Rouen, le 20 janvier 1716, et Évêque-comte de Noyon, pair de France au mois de juillet 1731. Il fut sacré le 15 juin 1732 dans l'église du Noviciat des Dominicains, à Paris, par l'Archevêque de Rouen, assisté des Évêques d'Uzès et de Bayeux. Il prêta serment et prit séance au Parlement de Paris en qualité de Pair de France le 12 janvier 1733. Il est fils de feu Titus-Eustache de Saint-Simon, seigneur de Fulvy-sur-Somme, Capitaine au régiment des gardes françaises et Brigadier des armées du Roy, mort le 1er septembre 1712, âgé de 58 ans, et de Dame Claire-Eugénie d'Hauterive de Villesecq, morte le 31 juillet 1725. M. le Bailly de Saint-Simon, Général des galères de la Religion, Ambassadeur auprez de Charles de Bourbon, Roy des Deux-Siciles, en 1733, est frère de l'Évêque de Metz. » Cette branche, du reste, de la famille de Saint-Simon était très-nombreuse, Eustache-Titus, qui en était le chef, ayant laissé neuf enfants. L'Évêque de Metz eut de très-vifs froissements avec le Parlement de cette ville, d'où il advint

« . . . Je lègue quatre cents francs par an, leur vie durant chacun, à Lodier (1) qui a soin de mes livres et qui a dejà un legs de ma chere espouse, à Piat mon officier...., etc.

« . . . Je prie Monsieur Daguesseau de Fresne, Conseiller d'Estat ordinaire, duquel, ainsy que de sa famille, j'ay toujours receu beaucoup de marques d'amitié, de vouloir bien m'en donner cette dernière, d'estre l'Executeur de ce mien testament olographe, et de le faire executer et accomplir de point en point, selon sa formule et teneur, me demettant entre ses mains de tous mes biens et de tout ce que j'ay en ce monde pour cet effet. Je le supplie en mesme temps de vouloir bien accepter un de mes plus beaux et plus agreables tableaux de Raphaël, qui représente la Sainte Vierge assise

---

qu'il résida aussi peu que possible en son évêché. Il dut y retourner définitivement après la déclaration du Roi qui donnait ordre aux Évêques de se retirer dans leurs diocèses en 1756. « Dimanche, 19 de ce mois (décembre) », dit l'avocat Barbier dans son *Journal*, « M. de Saint-Simon, « Évêque de Metz, se fit présenter par le premier gentil-« homme, et fit une grande révérence au Roi pour pren-« dre congé de Sa Majesté. Le Roi lui tourna le dos et ne « lui dit pas un mot. » Il mourut à Metz le 29 février 1760.

(1) Le Sr LODIER (et LAUDIER), secrétaire et bibliothécaire du duc de Saint-Simon, n'apparaît qu'une fois dans le cours de notre récit, mais la circonstance dans laquelle on le fait venir de la Ferté pour donner son témoignage à propos des *Manuscrits* laissés par le duc de Saint-Simon, est des plus curieuses et intéressantes. Voyez plus loin le chapitre XIII, journée du 28 juillet 1755, et l'extrait du *Procès-verbal* du Commissaire Enquêteur.

tenant Notre-Seigneur Jésus-Christ son divin Fils sur ses genoux, que je luy legue » (1).

---

(1) DAGUESSEAU (JEAN-BAPTISTE-PAULIN), Chevalier, seigneur de Fresnes, Conseiller d'État ordinaire, l'un des quatre fils de Henri-François Daguesseau, qui fut Chancelier de France, et d'Anne Lefèvre d'Ormesson. Voir les *Lettres patentes* de Maître des requêtes honoraire à M. Daguesseau de Fresnes, 21 février 1740. ARCHIVES NATIONALES: *Grand Conseil* (U, 658). Il épousa en premières noces demoiselle Anne-Louise-Françoise Du Pré De la Grange-Blesneau, et en secondes noces mademoiselle Le Bret, fille du premier Président de Provence. Sa fille du premier lit, Henriette-Anne-Louise, épousa Jean-Paul de Noailles, qui fut Duc d Ayen. La terre de FRESNES, dont le fils du Chancelier avait pris le nom, faisait partie de la Brie champenoise, Diocèse et Élection de Meaux, Parlement et Intendance de Paris. On y comptait quarante-huit feux. L'abbé d'Expilly parle de la beauté du château de Fresnes, situé à très-petite distance de la Marne, avec une chapelle du plus noble aspect, ouvrage de Mansart.

III

EMBARRAS FINANCIERS.

Le duc de Saint-Simon formule ainsi le second point de son testament : « *Je veux que mes dettes soient payées le plus promptement que faire se pourra.* »

L'énoncé de cette volonté du défunt exige quelques commentaires, qui seront une explication aux embarras, aux difficultés, aux réquisitoires, aux ordonnances et aux arrêts, qui ont été autant d'obstacles à la simple et prompte exécution de l'article *douzième*, par lequel le testateur donnait à l'Évêque de Metz tous ses manuscrits, « tant de sa main que autres ».

Le duc de Luynes, dans ses très-utiles *Mémoires* sur la cour de Louis XV, ne se trompait guère lorsqu'il écrivait : « M. de Saint-Simon est l'homme du monde le plus incapable d'entendre les affaires d'intérêt, quoique cependant il soit extrêmement instruit sur toute autre matière (1). » Depuis que le duc de Saint-Simon avait perdu la duchesse sa femme (2), sa position, en effet, n'avait fait que croître en embarras, au point qu'il en avait été amené, pour assurer le repos de ses dernières années, à se mettre en direction et syndicat, par un abandon de cent vingt et un mille trois cent treize livres de rente, à compter du 1er octobre 1749. Du consentement des intéressés, il s'était réservé une somme de rente très-suffisante et honorable pour la conduite de sa maison et la nécessité de ses affaires

---

(1) *Mémoires du duc de Luynes sur la Cour de Louis XV* (1735-1758), publiés par MM. L. Dussieux et E. Soulié (17 volumes in-8°. Paris, Didot, 1865).

(2) Dame MARIE-GABRIELLE DE DURFORT DE LORGES, morte le 11 mai 1743, laissant trois enfants de son mariage avec le duc de Saint-Simon : 1° Jacques-Louis de Saint-Simon, duc de Ruffec; 2° Armand-Jean de Saint-Simon, marquis de Ruffec; 3° Charlotte de Saint-Simon, Princesse de Chimay. Il faut lire l'admirable et touchante page que le duc de Saint-Simon a consacrée au souvenir de la feue duchesse sa femme, qui pour lui avait toujours eu « le don du plus excellent conseil ».

courantes. Les *minutes* de Mᵉ Delaleu, son notaire, conservées et possédées aujourd'hui par Mᵉ Rouget, successeur médiat, ainsi que les *papiers* des affaires particulières jugées par *commissions extraordinaires* au Conseil d'État, représentent fidèlement le tableau des embarras financiers du Duc et Pair.

Il nous suffira, pour n'en donner qu'un aperçu sommaire, de reproduire la requête adressée à « Messieurs les Commissaires du Conseil, députez, par arrest du Conseil d'Estat du 31 août 1748, pour juger en dernier ressort toutes les contestations nées et à naître entre M. le duc de Saint-Simon et ses créanciers, tant au sujet de la liquidation de ses dettes, que de l'homologation du contrat passé entre lui et ses créanciers, le 9 juin 1748 et jours suivants. »

A Messʳˢ les Commissaires du Conseil, députez par arrest du Conseil d'Estat du 31 août 1748 pʳ juger en dernier ressort, etc.

Mʳᵉ Louis, Duc de S. Simon, Pair de France, Comte de Rasse, Grand d'Espagne de la première classe, chevalier des Ordres du Roy, expose que, pour parvenir au payement de ses dettes et de celles de ses père et mère, il auroit, par acte passé devant M⁰ Delaleu et son confrère, Notaires à Paris, le 9 juillet 1748 et jours suivants, quitté, délaissé et abandonné à ses créanciers les revenus de tous ses biens et terres exprimez audit contrat, aux charges, clauses et conditions y portées, ensemble les bois taillis extraordinaires et de haute futaie dépendants du Comté de La Ferté-Vidame, que le contrat étant signé de plusieurs des créanciers de l'exposant, il se seroit pourvu conjointement avec les syndics et directeurs de ses créanciers nommés par le contrat au Conseil d'Estat de Sa Majesté, et auroient obtenu arrêt le 31 août 1748, par lequel Sa Majesté estant en son Conseil a évocqué à soy et à son Conseil toutes les contestations nées et à naître entre ledit Sʳ Duc de S. Simon et ses créanciers, en quelques tribunaux qu'elles soient pendantes ou puissent être portées, tant au sujet de la liquidation des dettes dudit Sʳ Duc de S. Simon que de l'homologation du contrat passé entre luy et ses créanciers le 9 juillet 1748 et jours suivants, et icelles circonstances et dépendances renvoyées par-devant vous, Messieurs, pour les juger deffinitivement et en dernier ressort sur simples mémoires et sans significations.

Et d'autant qu'il est de l'interest non-seulement dudit Duc de S. Simon, mais mesme de tous les créanciers que ledit contrat du 9 juillet soit homologué incessamment pour estre exécuté en tout son contenu selon sa forme et teneur, ledit Sr Duc de S. Simon a esté conseillé de se pourvoir pardevant vous, Messieurs, par la présente requeste.

Ce considéré, Messieurs, il vous plaise ordonner que ledit contrat dudit jour 9 juillet 1748 et jours suivants, sera homologué avec ceux desdits créanciers qui l'ont signé pour être exécuté selon sa forme et teneur, et qu'à l'égard de ceux qui ne l'ont pas signé, la présente requeste leur sera communiquée pour fournir des réponses dans le délai du règlement sur simples mémoires et sans signification, conformément audit arrest du 31 août dernier, sinon qu'il sera fait droit, et ferez justice (1).

Louis, Duc de S. Simon.

Notre intention n'est pas de disserter sur les affaires proprement dites de M. le duc de Saint-Simon, bien que les papiers que nous avons rencontrés dans le cours de nos recherches suffiraient, à cet égard,

---

(1) Archives nationales : *Conseils du Roi,* Commissions temporaires, Affaires particulières jugées extraordinairement, dix-septième et dix-huitième siècles, V⁷, 485 (carton). Voir *Commission de M. le duc de Saint-Simon* (1749) : Minutes de jugement; Texte du contrat du duc de Saint-Simon passé avec ses créanciers du 9 au 29 juillet et du 2 au 28 août 1748; Jugement qui homologue le contrat d'union, etc., 14 mars 1749.

pour donner matière à un ouvrage de jurisconsulte. Aussi ne nous étendrons-nous pas au delà des limites les plus nécessaires à l'explication de l'intervention des créanciers, représentés par un Procureur, aux vacations successivement remplies pendant près d'un an pour l'exécution de l'inventaire considérable des biens meubles, titres et papiers du Duc et Pair. Les actes notariés, cités au répertoire des minutes de M⁰ Delaleu, portent cette mention fréquente : « *Les Directeurs et Syndics des créanciers de M. le duc de Saint-Simon.* » Cela seul permet de supposer que la compagnie de ces derniers devait être nombreuse, et qu'à la mort du débiteur il se produirait plus d'une contestation propre à retarder toutes conclusions, au grand détriment d'un chacun (1). Il en fut ainsi. Et c'est là seulement qu'il faut chercher

---

(1) Il convient de remarquer qu'un mois seulement avant qu'il mourût, les affaires du duc de Saint-Simon devaient être liquidées. On le voit par le jugement des Commissaires nommés par le Roi, du 4 février 1755. Dans la quinzaine qui suivit sa mort, il y eut « assemblée générale des sieurs et dames créanciers dudit Sʳ duc de Saint-Simon convoqués par billets en la manière accoutumée et receue par le Sʳ Delaleu et son confrère le 24 mars 1755 ». (ARCHIVES NATIONALES : *Id., ibid.*)

l'explication de l'énigme du temps si long qui s'est écoulé entre la date de la mort du duc de Saint-Simon et celle de la délivrance de ses *Manuscrits;* retenus qu'ils furent comme « des prisonniers au masque de fer », c'est-à-dire hermétiquement enfermés et invisibles, depuis le jour où, inventoriés un à un, puis portés en des caisses confiées au Notaire, de par l'ordonnance du Lieutenant civil, en 1755, ils en furent tirés pour être remis au mandataire de M. le duc de Choiseul, *de par l'ordre du Roi.* Nous en verrons d'ailleurs l'histoire, et puisque nous suivons le cours des faits en cette matière, c'est aux procédures suivies pour la levée des scellés, et à la « description de ce qui se trouvera sous iceux », qu'il nous faut assister.

IV

LA PREMIÈRE VACATION. — INTITULÉ DE L'INVENTAIRE EN L'HOTEL DE LA RUE DE GRENELLE, OU ÉTAIT MORT MGR LE DUC DE SAINT-SIMON.

Ce fut le 11 mars, au lendemain même du jour où la cérémonie de l'exhumation du corps de M. le duc de Saint-Simon avait été faite, selon ses dernières volontés, à la Ferté-Vidame (1), que

---

(1) « ... Je veux que de quelque lieu que je meure, mon corps soit aporté et inhûmé dans le caveau de l'église paroissiale dudit lieu de la Ferté, auprès de celuy de ma tres chere espouse et qui soit fait et mis anneaux, crochets et liens de fer qui attachent nos deux cercueils si etroitement ensemble et si bien rivés qu'il soit impossible de les séparer lun de lautre sans les briser tous deux... » (Testament.)

M. JAL, dans son *Dictionnaire critique de biographie et d'histoire* (Paris, Plon, 1867), article SAINT-SIMON, rapporte l'acte de convoi et transport de la dépouille mortelle de Louis, duc de Saint-Simon, de Paris à la Ferté-Vidame. Pour la cérémonie de l'inhumation en l'église de la Ferté, son exécuteur testamentaire, M. Daguesseau de Fresne, Conseiller d'État ordinaire, commença d'accomplir à Paris la mission qu'il avait acceptée.

Dès le 8, en effet, il avait présenté requête à M. le Lieutenant civil, qui avait

---

voir dans l'*Annuaire statistique, administratif et historique du département d'Eure-et-Loir*, tome XII, année 1851, suite de la *Description du pays de Thimerais*, un travail très-intéressant sur le canton de la Ferté-Vidame, par M. E. Lefèvre.

Voici l'acte d'inhumation :

« L'AN MIL SEPT CENT CINQUANTE-CINQ, LE DIXIÈME JOUR DU MOIS DE MARS. Est décédé en la paroisse de Saint-Sulpice à Paris, à l'âge de quatre-vingts ans et un mois environ, le deux mars de la présente année, après avoir reçu le sacrement de pénitence et du saint Viatique de Notre-Seigneur Jésus-Christ, très-haut et très-puissant seigneur Monseigneur Louis, Duc de Saint-Simon, Pair de France, Grand d'Espagne de la première classe, Chevalier des Ordres du Roy... Vidame de Chartres... Comte de la Ferté-Vidame, de Beaussart et autres lieux, Seigneur de cette paroisse, veuf de haute et puissante Dame Marie-Gabrielle de Durfort de Lorges. Son corps a été déposé en la paroisse de Saint-Sulpice, le cinq mars de la présente année, et a été apporté dans cette paroisse par Maître Claude-Désiré Lallemant, prêtre chapelain du Collége de Bourgogne, Aumônier de mondit Seigneur le Duc de Saint-Simon, paroisse de Saint-Côme de Paris, et a été inhumé dans le chœur de cette paroisse par mondit Maître Claude-Désiré Lallemant, en présence et du consentement de Messire Jean Duhan, desservant de cette paroisse..... Ladite inhumation a été faite en présence de Me Allard La Coudraye, Procureur fiscal de la Comté; Jean-Jacques-Léonard Talbot, Capitaine des chasses dudit Monseigneur le Duc de Saint-Simon; de Me André Girot, greffier contrôleur, Notaire du Comté, lesquels ont signé, etc.... »

aussitôt répondu par une Ordonnance portant permission de faire lever les scellés par le Commissaire Grimperel qui les avait apposés après le décès dans l'hôtel de la rue de Grenelle. L'Ordonnance portait en outre qu'ils seraient levés en présence des intéressés, qui seraient expressément appelés, et, en cas d'absence, en présence d'un des deux substituts de M. le Procureur du Roi (1).

En conséquence, le mardi 11 mars, comparut M° Boudot, Procureur au Châtelet de Paris et de messire Jean-Paul-Paulin Daguesseau, chevalier, seigneur de Fresne, comte de Compans, Conseiller d'État ordinaire, au nom et comme exécuteur du testament déposé à M° Delaleu. Il dit à M° Grimperel que ledit messire de Fresne, désirant faire procéder à la reconnaissance et levée des scellés, et en ayant obtenu permission de M. le Lieutenant civil, il le requérait de lui délivrer présentement son Ordonnance, ainsi que l'ex-

---

(1) Nous empruntons tous ces détails aux *Minutes* du Procès-verbal de la levée des scellés, dressé par le commissaire Grimperel. (ARCHIVES NATIONALES : *Commissaires au Châtelet*. Liasse Y, 13381.)

trait des opposants auxdits scellés, afin de les faire assigner à tel jour et heure qu'il lui plairait vaquer pour être présents à ladite reconnaissance et levée. Sur quoi M. le Commissaire au Châtelet délivra aussitôt au Procureur de messire Daguesseau ladite Ordonnance et l'extrait des opposants, à l'effet de les faire assigner à comparoir le jeudi suivant, 13 dudit mois, deux heures de relevée, en l'hôtel du défunt, pour être présents, tant à la reconnaissance et levée qu'à l'inventaire, description, prisée et estimation de ce qui se trouvera sous iceux et en évidence, par les officiers que M° Boudot nommerait à cet effet.

Le jeudi 13 mars, ainsi qu'il avait été dit, les intéressés, soit héritiers directs, soit créanciers unis, représentés par un Procureur délégué, l'Exécuteur testamentaire, les deux Notaires au Châtelet, le Commissaire Enquêteur, l'huissier priseur et les gardiens du scellé, se réunirent à l'hôtel où était mort le duc de Saint-Simon. Acte ayant été donné aux Parties comparantes de leur comparution par M° Grimperel, il fut à l'instant procédé à la rédaction de l'intitulé de l'Inventaire, par Mᵉ Delaleu, qui en fit la minute, et par Mᵉ Baron, son confrère.

Le texte même de cet *intitulé*, par les détails minutieux qu'il énumère, par le personnel qu'il représente, avec tous les titres y attachés, par la mise en scène (pour ainsi parler) qu'il expose aux yeux du lecteur, mérite d'être reproduit en sa teneur. Cette reproduction est peut-être un peu longue et diffuse, mais, en tout cas, elle nous évitera d'avoir ainsi à revenir, dans la suite de ces pages, sur des énoncés assurément nécessaires dans la rédaction d'actes judiciaires, mais, par contre, fastidieux et intolérables, dans un mémoire dont le but, que s'est proposé l'auteur, est de nature exclusivement historique.

« L'an mil sept cent cinquante-cinq, le jeudy treize mars, deux heures de relevée, à la requête :

« 1º De très-haut et puissant seigneur *Jean-Baptiste Paulin Daguesseau,* chevalier, seigneur de Fresne, Conseiller d'Estat ordinaire, demeurant à Paris en son hôtel rue du Grand-Chantier, paroisse

Saint-Jean-en-Grève, Exécuteur du *Testament* et ordonnance de dernière volonté du très-haut et puissant seigneur Monseigneur Louis Duc de S. Simon, Pair de France, Comte de Rasse, Grand d'Espagne de la première classe, chevalier des Ordres du Roy, Gouverneur pour Sa Majesté des Ville, Citadelle et Comté de Blaye, Grand Bailly et Gouverneur de Senlis, Capitaine du Pont Saint-Maxence, Vidame de Chartres, Marquis de Ruffec, Comte de la Ferté-Vidame, Baron des Baronnies d'Aytic, Ampurec, Martreuil et Verrières, Seigneur des Vitrezais, du Marais de S. Simon en Guyenne et autres terres, fait à Paris olographe le 26 juin mil sept cent cinquante-quatre, clos, cacheté et ouvert après son deceds par Monsieur le Lieutenant Civil au Châtelet de Paris, et déposé de son ordonnance à Mᵉ Delaleu l'un des Notaires, soubz le deux du présent mois et an, suivant le procez verbal de ladite ouverture, fait en l'hôtel de mondit sieur le Lieutenant Civil, controllé à Paris par Blondelet, et vu au Greffe des Insinuations dudit Châtelet par Levacher pour Thierry, le six dudit présent mois et an, ainsi qu'il est apparu par l'expédition dudit Testament représenté à cet effet et à l'instant rendu.

« 2º De très-haute et très-puissante Dame Madame *Charlotte de S. Simon*, Veuve de très-haut et puissant seigneur Monseigneur Charles Louis Antoine Dalsace, Comte de Boussu, Prince de Chimay et du S. Empire, Grand d'Espagne de la première classe, chevalier de la Toison d'or, Lieutenant général des armées du Roy et premier Pair du pays et Comté de Haynault, demeurant à Paris, rue de Grenelle, quartier Saint-Germain des Prez, paroisse de Saint-Sulpice. Ladite Dame Princesse de Chimay, de son chef habile à se dire et porter héritière pour moitié dudit feu seigneur Duc de S. Simon son père et créancier de sa succession.

« 3° Et de très-haut, très-puissant et très-illustre Monseigneur *Charles Maurice Grimaldi de Monaco,* Comte de Valentinois, Sire de Matignon, Comte de Rasse, Grand d'Espagne de la première classe, Comte de la Ferté, Vidame de Chartres, Baron de Saint-Lo, seigneur de Condé-sur-Noireau, Beaucorps, Saint-Cast et autres lieux, mestre de camp de cavalerie, sous-lieutenant des gendarmes de Bourgoigne, chevalier de l'Ordre Royal et militaire de Saint-Louis, Lieutenant général pour le Roy en la province de Normandie, Gouverneur des villes et châteaux de Cherbourg, de Granville, de Saint-Lo et des isles de Chausey, au nom et comme mary et maître des droits et actions mobiliaires et possessoires de très-haute et très-puissante Dame Madame *Marie Cristine Crestienne de S. Simon de Ruffec,* son épouse, avec laquelle il est commun en biens, demeurant à Paris, en son hôtel, quay des Théatins, paroisse Saint-Sulpice. Ladite Dame *Comtesse de Valentinois,* par représentation de deffunt très-haut et très-puissant seigneur Monseigneur Jacques Louis de S. Simon son père, Duc de Ruffec, Pair de

France, chevalier de la Toison d'or, fils aîné dudit feu seigneur Duc de S. Simon, habile à se dire et porter héritière pour l'autre moitié dudit feu seigneur Duc de S. Simon son ayeul, et créancière de sa succession, et sauf à elle à prendre par la suite telle autre qualité qu'elle jugera à propos.

« A la conservation des droits des parties et de tous autres qui appartiendra va estre par les Conseillers du Roy, Notaires à Paris, soussignez, fait *Inventaire* fidel et exact de tous les *meubles meublans, ustancils d'hôtel, livres, vaisselles d'argent, deniers comptans, habits, linge, hardes, effets* et *renseignemens* estans et dépendans de la succession dudit feu seigneur Duc de S. Simon, trouvez en un hôtel qu'il occupoit à Paris, siz rue de Grenelle, appartenant à M. l'abbé Desmarets (1), dans lequel il est décédé, le deux du pré-

---

(1) Nous avons dit que le duc de Saint-Simon habitait cette maison ou plutôt cet hôtel depuis le mois de mai 1750. Il l'habita cinq ans environ. L'acte du bail fut passé pardevant Me Delaleu, le 20 février 1750, dans les termes suivants :

« BAIL A LOYER : Fut présent Messire Pierre Desmaretz, Prestre du diocèse de Paris et Bachelier de Sorbonne, Abbé commendataire de l'abbaye de Saint-Bénigne de Dijon et de celle de Saint-Nicolas aux Bois en Picardie, Conseiller nez au Parlement de Dijon, baron et seigneur de Saint-Ange, seigneur et prieur de Thimer, demeurant à Paris, rue du Pot-de-Fer... lequel a par ces présentes donné à loyer pour cinq années un mois et huit jours consécutifs qui commenceront du 23 mai prochain... à très-haut et très-puissant seigneur Monseigneur Louis, duc de Saint-Simon... demeurant à Paris, rue du Cherche-Midi... une grande maison, size à Paris, rue de Grenelle, appartenant audit sieur abbé Desmaretz et qu'il occupoit ci-devant, sans

sent mois et an, sur la représentation qui va estre faite desdits effets par Eustache Raimbault (1), valet de chambre dudit deffunt, et par Joseph Bro-

---

aucune chose en excepter ny réserver, de plus grande description de laquelle mondit seigneur Duc de Saint-Simon a dit n'estre besoin pour l'avoir veue et visitée et la bien connoître. » Le prix du bail fut de 4,800 livres par an.

L'honorable et savant bibliothécaire de la Cour de cassation, M. GALLIEN, alors qu'il était rédacteur en chef de la *Gazette des tribunaux*, a publié dans ce journal, en articles *Variétés*, une série d'études aussi intéressantes que bien pensées et bien écrites touchant la personne, l'esprit et les œuvres du Duc de Saint-Simon (Voyez les numéros des 19 et 26 septembre, 1er, 6, 7 octobre 1856, 16 octobre 1858). Dans ce dernier article, M. GALLIEN a pris soin d'indiquer les différentes demeures que l'auteur des *Mémoires* avait occupées à Paris. Saint-Simon est né le 16 janvier 1675 dans l'hôtel de la rue des Saints-Pères qui porte aujourd'hui le n° 48 et est habité en partie par le savant professeur au Collége de France, membre de l'Institut, M. Eugène de Rozière. Il s'est marié, le 8 avril 1695, à l'hôtel de Lorges, rue Neuve-Saint-Augustin, en face de la rue Gaillon, hôtel disparu en 1780. A l'époque du Conseil de Régence, il habitait rue Taranne, puis, en 1716, rue Saint-Dominique, près des Jacobins. Ce fut à cette époque qu'il habita une grande maison de cette rue, vis-à-vis le couvent de Bellechasse, maison qu'il vendit en 1739. Il habita alors la rue du Cherche-Midi, puis, en 1750, l'hôtel de la rue de Grenelle, où il mourut en 1755.

(1) Le duc de Saint-Simon faisait grand cas du Sr Raimbault, son valet de chambre. Il lui légua quatre cents francs par an sa vie durant : « Je lègue à Raimbault, mon valet de chambre, outre ce que je luy ai légué cy dessus, ma garderobe, ma montre d'or, mes tabatières, mes croix d'or du Saint-Esprit et de Saint-Louis, excepté le reste de l'argenterie de ma garde-robe, avertissant qu'il faut rendre mon collier du Saint-Esprit et la croix qui y pend au grand trésorier de l'Ordre, et la croix de Saint-Louis que le Roy m'a donnée, au bureau de la Guerre. »

liet, suisse dudit deffunt, gardiens des scellez cy-après mentionnez, après serment par eux fait ez mains dudit Mᵉ Delaleu, Notaire, son confrère présent, de tout montrer et enseigner sans en rien cacher, sequestrer ny détourner soit avant, soit depuis le deceds dudit feu seigneur Duc de S. Simon, et aussy après serment fait par Sʳ Étienne Laudier, secrétaire dudit deffunt; Antoine Foucaud, chirurgien; Claude Montfort, cuisinier; Claude Catenot, laquais; Guillaume Laurent, garçon d'office; Jean Claude Richard, frotteur, et Pierre Martinet, garçon de cuisine, tous domestiques du feu seigneur Duc de S. Simon, demeurant audit hôtel, à ce présens, ez mains dudit Mᵉ Delaleu, Notaire, son confrère présent, qu'ils n'ont rien caché ny détourné, ny sequestré, vu ny fait cacher, détourner ny sequestrer, soit avant, soit depuis le deceds dudit seigneur de S. Simon, sous les peines de droit à chacun d'eux, expliquez par lesdits Notaires qu'ils ont dit bien entendre.

« Les meubles et autres choses sujets à prisée le seront par Mᵉ Jacques Paul Poton, huissier, Commissaire priseur, demeurant rue Bouresbourg, paroisse de Saint-Paul, à ce présent, eu égard au cours du temps présent, après que les scellez apposez par *Mᵉ Michel Martin Grimperel, Conseiller du Roy, Commissaire Enquesteur Examinateur au Châtelet de Paris*, auront estez par luy reconnus sains, entiers et levez en conséquence de l'ordonnance de mondit sieur le Lieutenant civil, estant au bas de la requeste à luy présentée à cet effet, le tout demeuré joint à la

minutte du procès-verbal dudit Sr Commissaire;
et ont signé aux Réserves, Réclamations et Protestations portez au procès-verbal dudit Sr Commissaire, tant en la présente vacation, que lors de l'apposition des scellez et que les Parties réitèrent.

Daguesseau de Fresne,   Raimbault.
    Le Comte de Valentinois,   Brolliet.
Ch. de S. Simon, Princesse de Chimay,
                                  Laudier.
       Foucaud.   Monfort.
   Richard.   Laurent.   Poton.
      Catenoz dit Contois.
                Martinet.
Baron.   Laleu.

« A l'instant, mondit seigneur Daguesseau de Fresne, Madame la Princesse de Chimay et mondit seigneur le Comte de Valentinois, ont fait et constitué leurs procureurs généraux et spéciaux, sçavoir mondit Sr Daguesseau de Fresne, Me Étienne Edme Boudot, Procureur au Châtelet, Madame la Princesse de Chimay, Sr Marc Antoire Dathose, ancien Commissaire des Guerres, et mondit seigneur Comte de Valentinois, Me Pierre André Gauzen des Artaux, avocat en Parlement, auxquels ils donnent pouvoir de, pour eux et en leurs noms et dites qualités, assister à la reconnaissance et levee desdits scellés apposés après deceds dudit feu seigneur Duc de S. Simon, sur les biens et effetz par luy delaissez tant à Paris qu'au château de la Ferté-Vidame, ensemble à l'inventaire, prisée et description desdits effetz et à la vente qui pourra estre faitte du tout ou parties desdits meubles ou effets durant le cours desdits scellés, inventaire et vente, faire tels dires, réquisitions, protestations et prester les consentemens que lesdits seigneurs Procureurs jugeront à propos nommer et convenir, d'experts, gardiens et dépositaires, et généralement faire tout ce que le cas requerra; et ont signé..., etc.

Cette première journée, qu'on pourrait appeler celle des *préliminaires du congrès* pour les Affaires de M. le duc de Saint-Simon, ne se passa pas sans orage; orage de procureur, il est vrai, qui n'eut d'autre inconvénient que de prolonger la vacation jusqu'à six heures.

Au moment, en effet, où les Parties, venant de donner pouvoir et procuration sur ledit Inventaire, s'étaient retirées, comparut tout à coup M⁰ Pierre Bréhier, Procureur au Châtelet, parlant au nom d'un sieur Duhamel, qui, en vertu d'un jugement du 4 août 1745, prétendait s'opposer à la reconnaissance et levée des scellés pour sûreté conservatoire de sa créance, et en avoir payement. A quoi s'opposa Mᵉ François Gérardin, Procureur des créanciers du défunt, spécialement autorisé, par délibération prise en l'assemblée des créanciers unis, et homologuée par jugement de Messieurs les Commissaires nommés par Sa Majesté pour juger en dernier ressort toutes les contestations nées ou à naître entre le défunt et ses créanciers par des arrêts datés et énoncés. Il fit valoir, par des motifs longuement développés et appuyés de raisons excellentes, qu'étant le seul représentant de l'union des créanciers, on devait procéder à la reconnaissance et levée des scellés et à la confection de l'Inventaire *en sa présence seule,* se réservant, dans le cours de l'ouvrage, à faire, dire, requérir ce qu'il appartiendra pour l'intérêt desdits créanciers; et il ajouta qu'en cas de contestation de la part de Mᵉ Bréhier, il requérait qu'il en fût référé à M. le Lieutenant civil.

Mᵉ Bréhier, malgré le beau dire de Mᵉ Gérardin, soutint qu'il persistait dans le sien, requit de rester comme Procureur des créanciers opposants au scellé de Mᵉ Grimperel, et, en cas de contestation, requit aussi qu'il en soit référé. Sur quoi le Conseiller du Roi, commissaire, etc., se voyant ainsi requis, renvoya les Procureurs contestants, avec toutes les Parties, en l'hôtel, devant M. le Lieutenant civil, pour le lendemain vendredi 14 mars. Mais à l'instant où il allait dresser acte de ce renvoi, Mᵉ Bréhier, soit qu'il eût réfléchi, soit qu'il eût été persuadé, se prit à dire honnêtement que, par considération de M. le duc de Saint-Simon et de messire Daguesseau de Fresne, exécuteur de son testament, qui avaient paru désirer que Mᵉ Gérardin restât, suivant le vœu des créanciers, comme Procureur plus ancien des opposants, il se désistait de la réquisition par lui faite à fin de référé là M. le Lieutenant civil. Cette déclaration ayant apporté la paix dans la compagnie, il fut décidé que la reconnaissance des scellés et la confection de l'Inventaire suivraient leur cours et seraient reprises dès le lendemain.

V

SUITE DE LA DESCRIPTION DE L'INVENTAIRE EN L'HÔTEL DE LA RUE DE GRENELLE. — LES TABLEAUX DE FEU MGR LE DUC DE SAINT-SIMON.

Le vendredi 14 mars, à deux heures de relevée, fut commencé l'Inventaire proprement dit. Nous n'en reproduirons pas le détail article par article, car, ce faisant, nous serions amené à des énoncés aussi puérils que ceux des menus meubles des cuisines, chambres d'office, cabinets des serviteurs, lingerie, et autres objets bons pour la prisée de M⁰ Poton, mais inutiles et malséants ici. Les stations qu'il nous appartient de faire, pour répondre à une curiosité bien justifiée, ne sauraient avoir d'autre objet que les vacations qui furent remplies par l'inventaire de ces sortes de choses, dont la mention révèle surtout les goûts, les inclinations, les habitudes, l'humeur, tout ce qui représente la vie morale, tout ce qui sert à établir *la caractéristique* d'un personnage.

Jusqu'au 20 mars, notre attention n'a lieu d'être retenue que par l'énoncé de quelques objets, tels que le portrait de feu *Madame de Pontchartrain*, en sa bordure de bois doré, dans l'appartement de madame de Chimay; huit aunes de tapisserie de Flandre à grands personnages, un portrait de feu *Madame de Berry*, dans la pièce occupée par le sieur Laudier, secrétaire du défunt; un portrait de feu le *Maréchal de Lorges*, dans la chambre du Sr Foucault, son chirurgien; vingt-huit aunes de grande tapisserie à personnages travaillés en or, et beaucoup d'autres, tant à personnages qu'à verdures et pastorales, dans le garde-meuble.

Le duc de Saint-Simon paraît avoir eu toute sa vie grand goût pour les tableaux des maîtres italiens. Et par l'énumération que nous fournit l'Inventaire, il y a lieu de penser qu'il avait une galerie, bien peu considérable, il est vrai, mais d'élite. L'examen et l'arrangement en furent faits le 20 mars, sous la direction d'un sieur Gabriel Cornu, professeur de l'Académie de Saint-Luc, nommé par les Parties pour donner son avis, en son âme et conscience, sur la prisée et l'estimation desdits tableaux, au nombre desquels ne parurent point les nombreux portraits de famille qui ornaient les murs des appartements particuliers et des salles de cérémonie. L'Inventaire en fut dressé le lendemain 21 mars, dans l'ordre suivant :

Nº 1. *Vertumne et Pomone.* Original de Melzius Milanais ou de Léonard de Vinci, dans sa bordure de bois doré. . . . . 1,000 l.

Nº 2. *Une Forge de Chaudronniers.* Original de Jacques Bassan, id. . . . . 800 l.

Nº 3. *Vierge avec Enfant Jésus.* . . . 875 l.

Nº 4. *L'Adoration des Rois*, de Bassan . . . . 600 l.

Nº 5. *Jésus-Christ insulté par les soldats.* Bassan. . . . . 600 l.

Nº 6. *Marsias puni par Apollon.* Original d'Aless. Véronèse. . . . 200 l.

N° 7. *Saint Pierre pénitent.* Original de Guerchin. . . . . 100 l.

N° 8. *Sénèque au bain, mourant.* Original de Jordans . . . . 200 l.

N° 9. *S. Jean dans le Désert.* Original de Scalberge (?). . . . . . 70 l.

N° 10. *Combat naval.* Original de Tasse . . . . 200 l.

N° 11. *Trois Génies,* de Laurent de La Hyre. . . . . 120 l.

N° 12. *Platon.* . . . . 70 l.

N° 13. *Une Vierge de douleur.* Guide. 300 l.

N° 14. Portrait du *Connétable de Montmorency*. Titien . . . . 150 l.

N° 15. *Jésus-Christ insulté par les soldats.* Bassan. . . . . 100 l.

N° 16. *Transfiguration de Notre-Seigneur,* par le chevalier Josépin. 200 l.

N° 17. *Sainte Catherine,* par l'Espagnolet. . . . . 150 l.

N° 18. *Deux Amours,* par Léonard de Vinci . . . . 200 l.

N° 19. *L'Ange exterminateur.* Palme le jeune. . . . . 30 l.

N° 20. *Sainte Famille.* (De la main de Michel-Ange). . . . . . 100 l.

N° 21 *Sainte Agathe.* (Aless. Véronèse) Sur marbre. . . . . . 300 l.

N° 22. *Madeleine pénitente.* (Corrège). 150 l.

N° 23. *Sainte Justine.* (Carlo Caliari, fils de Paul Véronèse) . . . . 100 l.

N° 24 et 25. *Deux Batailles*, de Tempesta. . . . . 150 l.

26. Portrait de *Gaston de Foix*, (sur bois). . . . . 72 l.

27. *Christ avec des Anges*, par Le Brun . . . . 150 l.

N° 28. *Une Chasse* et *Deux Vues* (de peu de valeur) (1). . . . . . . 30 l.

---

(1) L'Évêque de Metz (Claude de Saint-Simon) se porta sans doute acquéreur de plusieurs des tableaux désignés ici, car en examinant l'inventaire qui fut fait de son hôtel à Paris, en mars 1760, par Mᵉ Boulard, Notaire au Châtelet, nous les avons retrouvés sous la même désignation.

VI

INCIDENTS DE LA DIX-HUITIÈME ET DE LA DIX-NEUVIÈME VACATION. — DÉPLACEMENT DES PAPIERS. — COMPARUTION ET RÉQUISITOIRES DE M. L'ÉVÊQUE DE METZ, LÉGATAIRE DES MANUSCRITS ET LETTRES DE MGR LE DUC DE SAINT-SIMON.

Le 25 mars eut lieu la vacation où, pour la première fois, il fut question des *Papiers* de M. le Duc de Saint-Simon.

Mᵉ Boudot, en effet, Procureur au Châtelet et fondé de pouvoir de Messire Daguesseau de Fresne, requit, avant toutes choses, qu'il fût procédé par le Commissaire Enquêteur à la reconnaissance et levée des scellés qu'il avait apposés sur les *Chartriers* pour faire transporter tous les *Titres* et *Papiers* étant en iceux, dans une des salles de l'appartement du feu Duc, pour en faciliter l'examen, l'arrangement et l'inventaire. En conséquence, Mᵉ Grimperel fit descendre dans la *grande salle* qui faisait suite à la *salle du Daiz*, c'est-à-dire dans la *salle de compagnie*, la masse des *Papiers* qui étaient dans le *Chartrier* d'abord, puis tous les cartons, dont les *grandes armoires* du *cabinet* voisin de la chambre du chirurgien du feu Duc étaient remplies. Or, pendant qu'on s'occupait, en la seconde vacation de la journée, à séparer, autant que faire se pouvait, les *Papiers concernant les affaires* d'avec les *Manuscrits*, pour les remettre ensuite sous des scellés différents, comparut tout à coup M. l'*Évêque de Metz* (Messire Claude de Saint-Simon, Prince du Saint-Empire), demeurant habituellement à Metz, et présentement à Paris en son hôtel rue Saint-Dominique. Il était assisté de Mᵉ Pierre Popot, son Procureur. Prenant la parole, M. de Metz exposa qu'en conséquence du testament du défunt Duc, il avait intérêt de veiller à la conservation de tous ses *Manuscrits*, tant de sa main que autres, ainsi que des *Lettres* que M. de Saint-Simon avait gardées, et que lui-même a déclaré ne point regarder les affaires de ses biens et maison : tous *Manuscrits* légués à lui Évêque de Metz. Il termina en faisant deux réquisitoires : le premier, que les *Manuscrits* et *Lettres*, à mesure qu'ils se trouveraient sous les scellés du Commissaire, seraient par lui remis dans un même endroit séparément et distinctement des Titres et Papiers et autres effets de la succession; le second, que lorsque les *Manuscrits* seraient réunis et mis de nouveau sous scellés, ceux-ci ne pussent ensuite être levés qu'en sa présence, après avoir été dûment appelé, ou en la présence de M. l'Exécuteur testamentaire, s'il le jugeait à propos (1).

Les sieurs Dathose et Gauzen des Artaux, fondés de pouvoir, l'un de Madame de Chimay et l'autre de M. le Comte de Valentinois, ne répondirent autre chose à ce réquisitoire de M. l'Évêque de Metz, sinon qu'ils consentaient à tout ce qui était de règle et s'opposaient à tout ce qui y était contraire, s'en rapportant à justice en cas

---

(1) ARCHIVES NATIONALES : *Minutes* des Commissaires au Châtelet, *Procès-verbal* de Mᵉ Grimperel, mars 1755, déjà cité.

de contestation. On ne pouvait mieux parler.

Mᵉ *Gérardin* n'eut point tant de condescendance pour le Requérant. Il dit qu'en son nom de Procureur des Syndics directeurs des droits des créanciers du défunt Duc et des créanciers unis, il était de l'intérêt de toutes les Parties, et singulièrement des créanciers, que les *Manuscrits,* tant ceux de la main du défunt que les *Manuscrits étrangers* qui lui appartenaient, fussent mis en bonne et sûre garde comme effets dépendants de sa succession, pour ensuite procéder à l'estimation desdits *Manuscrits,* cela pour la conservation des droits des créanciers. Mais il fut d'avis qu'à l'égard du réquisitoire de M. l'*Évêque de Metz,* qui tendait à ce que les scellés apposés par le Commissaire au Châtelet ne pussent être levés qu'en sa présence, lui dûment appelé, il ne pouvait en sa qualité y acquiescer. M. l'*Évêque de Metz,* à ses yeux, n'avait aucune qualité pour être présent tant à la levée des scellés qu'à la confection de l'Inventaire. S'il est vrai que M. l'*Évêque de Metz* est légataire des *Manuscrits,* il ne voit en cela aucun droit pour lui d'être présent aux opérations en question, d'autant plus que tous les droits et actions des Légataires résident en la personne de l'Exécuteur testamentaire, qui est présent et qui veillera à leurs intérêts et à la conservation des droits. Bref, M⁰ Gérardin s'opposa très-vivement au réquisitoire de M. l'Évêque de Metz.

« Et par mondit Sʳ Évêque de Metz a été répliqué qu'ayant dans les armoires où sont les Manuscrits, et sous les mêmes scellés, des *Lettres* que mondit défunt Sʳ Duc de S. Simon lui a légué par confiance ainsy que plusieurs *Mémoires personnels et domestiques* qu'il n'a pas eu intention que personne vît, il persiste à s'opposer à ce que lesdits scellés soient levés, sinon en sa présence ou luy duement appelé, et en cas de contestation requiert qu'il en soit référé ; et a mondit Sʳ Évêque de Metz signé :

« Cl. de S. Simon, Év. de Metz. »

M⁰ *Gérardin* répliqua, disant que ce ne serait que par un examen des *Papiers* qui se trouveraient sous les scellés que l'on pourrait connaître ceux appartenant sans conteste à la succession d'avec ceux qui n'ont aucun objet ni aucune valeur pécuniaire. Il assurait que l'on mettrait, à part les *Papiers* et les *Lettres* qui, par leur nature, ne pourraient rien produire à la succession et aux créanciers, et qu'ils seraient remis à qui de droit, à la fin de la confection de l'Inventaire. Il soutint avec énergie que les Parties intéressées et les Officiers désignés étaient seuls en droit d'assister et d'être présents à l'examen des *Papiers*; qu'en conséquence il priait M. l'Évêque de Metz de se vouloir bien retirer. Mᵉ Gérardin ajouta qu'au cas où M. de Metz persisterait en sa prétention, il protesterait au nom de ses mandataires pour que le Requérant supportât à sa charge personnelle les frais de référé et tous les autres frais qu'il aurait occasionnés.

Sur ce, et sans approuver aucunement les dires et réquisitoires de M. l'Évêque de Metz, en présence des Parties et sans préjudicier aux droits respectifs d'icelui, Mᵉ Grimperel, Commissaire Enquêteur, reconnut et leva les scellés appliqués sur les ouvertures et entrées de clefs des *armoires* qui étaient dans la *salle du Daiz*, fit transporter dans la *Bibliothèque* les *livres imprimés* qu'il trouva, et apporter les *Papiers* qui étaient dans le *bureau* du *petit cabinet à livres* ainsi que dans les *armoires* proches de la galerie, et réapposa les scellés. A dater de ce jour donc, tous les *Manuscrits* proprement dits de M. le duc de Saint-Simon se trouvèrent réunis dans les grandes armoires de la *salle du Daiz*.

« Et à l'instant, mondit Évêque de Metz a dit qu'attendu le transport et la réunion de la plus grande partie des Manuscrits dans les armoires de la salle, et que bien qu'il n'y a dans lesdites armoires aucuns autres papiers que des *Manuscrits* et *Lettres,* il croit ses réquisitions cy-dessus dans l'ordre; néantmoins, pour ne point retarder les opérations de l'Inventaire, il se désiste de son réquisitoire à fin de référé, pourvu que la levée des scellés sur lesdites armoires ne soit faite qu'en la présence de Messire Daguesseau de Fresne personnellement, n'entendant par le présent consentement préjudicier à ses droits; et a mondit S^r l'Évesque de Metz signé :

« CL. de S. SIMON, ÉV. de METZ. »

Me *Gérardin* ne répondit autre chose sinon que ce ne serait que par l'examen des *Papiers* renfermés dans lesdites armoires que l'on pourrait connaître en quoi ils consistaient. C'était déclarer dans une forme ingénue qu'il persistait à vouloir cet examen, objet, du reste, de la plus grande importance pour notre curiosité. Il requit acte du désistement de M. de Metz, et fit toutes réserves et protestations contraires.

Le lendemain 26, eurent lieu la vingtième et la vingt et unième vacation; elles furent en partie employées à la pesée et distinction de la *vaisselle d'argent* par l'huissier Poton, assisté du Sr André Balmon, marchand orfévre joaillier à Paris. La pesée fournit 725 marcs 6 onces 2 gros tant en vaisselles plates que montées et en jetons, et l'estimation fut de 34,611 livres 5 deniers (1). Mais en conséquence « des dires et déclarations du Roy », qui permettaient aux héritiers présomptifs, sans prendre qualité, de retirer la vaisselle

---

(1) La description de la vaisselle d'argent se trouve en l'Inventaire, article par article. Voyez au sujet de sa grande vaisselle d'argent ce que dit Saint-Simon au chapitre xii du tome VII de ses *Mémoires*, page 222 à 226.

d'argent en substituant de l'argent à la place, la Princesse de Chimay et le Comte de Valentinois, représentés par leurs Procureurs, requirent la remise de cette riche vaisselle, aux offres qu'ils faisaient de payer ès mains de l'un des Notaires la somme estimée. A quoi Mᵉ Boudot, procureur de l'Exécuteur testamentaire, consentit aisément.

La seconde des vacations de cette journée a pour nous encore cette importance qu'il y fut procédé à l'examen de quelques *Papiers* étant dans le *cabinet à Livres,* après lequel examen lesdits *Papiers* furent mis dans une armoire à gauche de l'embrasure de la porte qui communiquait de ce Cabinet à la Galerie.

Ici finit le premier épisode des aventures que les *Manuscrits* et *Papiers* de M. le duc de Saint-Simon devaient courir depuis la mort de celui qui les avait formés et réunis. Nous en retrouverons la suite, après le voyage des Procureurs et du Commissaire au château de *la Ferté-*

Vidame, voyage dont ils avaient déterminé la date, avant de se séparer ce même jour...

« Et pour procéder à l'Inventaire des effets de la succession étant au château de la Ferté-Vidame et dépendances, l'assignation a été prise et continuée entre lesdites Parties à mercredi 2 avril prochain, à l'effet de quoy lesdites Parties ont requis lesdits Notaires et Officiers de partir en poste dès le mardy premier dudit mois d'avril, à l'effet de se trouver ledit jour audit château de la Ferté; et ont signé, aux réserves et protestations cy-devant faites (1). »

---

(1) *Minutes* de l'Inventaire dressé par Mᵉ Delaleu : détail de la vingt et unième vacation, 26 mars 1755.

VII

L'INVENTAIRE AU CHATEAU DE LA FERTÉ-VIDAME,
RÉSIDENCE ET SEIGNEURIE DE MGR LE DUC DE
SAINT-SIMON AU PAYS DU PERCHE.

Les Notaires, Procureurs et autres Officiers désignés arrivèrent au château de la Ferté-Vidame le mardi 1er avril, à dix heures du soir. La compagnie se composait des conseillers du Roi notaires à Paris Maîtres Delaleu et Baron, de Me Grimperel, Commissaire enquêteur, de Me Boudot, procureur, de Me Poton, huissier priseur, et du Sr Gauzen des Artaux, fondé de pouvoir du comte de Valentinois. Me André Girot, notaire et contrôleur des Actes à la Ferté, y demeurant, agissant au nom de Madame de Chimay, reçut cette compagnie. Le lendemain même, dès huit heures du matin, fut commencée l'opération de la reconnaissance et levée des scellés, ainsi que celle de l'Inventaire.

Nous avons justifié, dans l'une des pages de la préface de cet écrit, l'intérêt que pouvait et devait présenter la description par le menu des pièces qui composaient la résidence de la Ferté et des objets qui ornaient et meublaient cette grande demeure. Être à la Ferté, à cette époque, c'était — pour ainsi parler — être bien plus encore *chez le duc de Saint-Simon* que l'on ne pouvait y être dans l'hôtel où il était mort à Paris. Le vieux manoir avait été sa résidence intime, et c'était là que tant de fois il était venu pour reposer son âme et son esprit agités et passionnés par les événements et les circonstances de la Cour. Nous n'en dirons donc pas davantage à cet égard pour faire valoir la représentation des choses que nous devons de connaître au procès-verbal des Notaires du Roi, nous contentant de renvoyer vers l'original ceux dont la curiosité ne serait pas absolument satisfaite par la brièveté de nos extraits (1).

---

(1) La terre de LA FERTÉ était une châtellenie du ressort

C'est d'abord du château neuf dont il est question. La *grande salle à manger* a vue sur la cour et sur le parc : la table est de chêne, une grande fontaine de

---

de la Coutume et du Bailliage royal de Châteauneuf en Thimerais, baronnie qui faisait partie du domaine du Roi de Navarre. Le premier seigneur de cette seigneurie dont le nom soit connu est Hugues, sous Lothaire, en 985, De 1116 à 1129, on trouve aux Croisades un Guillaume de la Ferté. La terre fut cédée en 1374, par Étienne de Dreux dit Gauvain, Chevalier, Sire de Baussart et de Senonches, à Robert de Vendôme, Vidame de Chartres, et elle demeura dans cette maison jusqu'à la mort de François de Vendôme, sans postérité, en 1560. Toutefois, Jean de la Ferrière, Seigneur de Maligny, avait épousé Louise de Vendôme, fille de Charles de Vendôme et tante de François. Elle recueillit la succession comme principale héritière. Jean de la Ferrière devint ainsi le Vidame de Chartres et possesseur des terres et seigneuries de la Ferté. Il eut trois enfants, Jean, comme lui, qui fut Vidame et mourut en 1585 sans postérité; Étienne, tué à Montreuil en 1569, et Béraude, mariée en 1560 à Jean de la Fin, Seigneur de Pluviers, devenu par ce mariage Vidame de Chartres; cette qualité passa avec la seigneurie et le domaine dans la famille de Saint-Simon, qui l'acquit en 1632 au moyen d'un bail judiciaire que la Comtesse de Soissons, veuve de Charles de Bourbon, fit à Claude de Saint-Simon, par actes des 17 et 21 avril 1632, devant Ferrand, notaire à Saint-Germain en Laye, et qui comprenait :

Le fief du vidamé de Chartres;

La seigneurie de la Ferté;

La châtellenie de Beaussart.

C'était le siége d'un bailliage présidial, d'une maîtrise des eaux et forêts, généralité d'Alençon, élection de Verneuil au Perche.

Le domaine fut accru par le nouvel acquéreur, Claude de Rouvroy de Saint-Simon, Marquis de Ruffec, chef de la quatrième branche de la famille de Saint-Simon, Gentilhomme ordinaire de la Chambre, Grand Louvetier de

cuivre rouge avec son couvercle tranche sur le fond bruni des boiseries, ainsi que les seaux à rafraîchir, qui sont en cuivre de couleur. Le grand tableau peint

---

France, etc., créé Duc et Pair en janvier 1635, marié en secondes noces le 17 octobre 1672 à Charlotte de l'Aubespine, d'où Louis de Saint-Simon, né dans la nuit du 15 au 16 janvier 1675, à Versailles, et qui fut le célèbre auteur des *Mémoires*. Louis de Saint-Simon entra en possession des fiefs, seigneuries et châtellenies à la mort de son père, le 11 mai 1693. Il fit à la Ferté de fréquents séjours. C'était son domaine favori et le lieu de sa retraite pour ses méditations historiques et politiques et pour l'*assemblage* de ses souvenirs. Madame de Valentinois, seule héritière, vendit le domaine de la Ferté, par contrat des 9 et 14 novembre 1766, à M. de Laborde, qui fit démolir le vieux manoir et le vendit tout reconstruit sur des plans nouveaux au duc de Penthièvre. C'est ainsi qu'après des vicissitudes en confiscations et restitutions subies par les biens de la famille d'Orléans, le domaine de la Ferté-Vidame appartient encore à cette maison. Mais il ne faut plus compter y trouver les traces de la demeure du duc de Saint-Simon. On peut dire que le vieux manoir féodal, qui avait traversé huit siècles, disparut avec lui, puisqu'en 1766, onze ans après la mort du plus illustre de ses possesseurs, le goût à la mode, par les mains très-riches des Laborde, remplaça les vieux murs, abattit les grosses tours, combla les fossés profonds du manoir où avaient résidé les Vendôme, Vidames de Chartres, et les Saint-Simon. Lorsque mourut l'auteur des *Mémoires*, en 1755, le château de la Ferté formait encore une enceinte rectangulaire flanquée à ses angles de trois tours rondes et de deux grosses tours carrées garnies de machicoulis. Le principal corps de logis occupait la façade septentrionale derrière laquelle on apercevait les sommets coniques de deux tours semblables à celles de l'ouest : le tout entouré de fossés larges et profonds. Nous empruntons ces détails intéressants à l'excellente Notice sur le canton de la Ferté en Thimerais que M. E. Lefèvre a publiée en 1851 dans l'*Annuaire historique du département d'Eure-et-Loir* (t. XII de la collection).

sur toile encadré au-dessus de la cheminée représente *Louis Treize* (1). Seize tableaux peints sur toile représentant divers portraits de Dames et de Seigneurs (2) sont encadrés dans la boiserie, qui est à filets de bois doré. Étant portraits de famille, ils n'ont pas été inventoriés.

Dans une *antichambre* ayant vue tant sur la cour que sur le parc, sont trois banquettes, six chaises de moquette gaufrée, un paravent de six feuilles de satinade flambée, une longue table en chêne, cinq coffres à bois de chêne fermant à grands crochets, un lustre à quatre branches, et un dais de velours vert à franges d'or et d'argent faux.

Dans la *salle de compagnie,* ayant même vue : les chaises sont couvertes de velours à la Reine cramoisi, les tabourets de satin

---

(1) Le Duc de Luynes, dans ses *Mémoires,* dit de M. le duc de Saint-Simon : « Il conserve une reconnaissance infinie pour la mémoire de Louis XIII, duquel sa maison a reçu beaucoup de grâces, et entre autres l'érection du duché. Il n'a pas un appartement à la ville, à la Cour, à la campagne, *où il n'y ait le portrait de Louis XIII.* » La suite de cet inventaire à la Ferté-Vidame prouve combien M. le duc de Luynes disait vrai au sujet de ces portraits.

(2) Les noms des personnages, hommes et femmes, ne sont malheureusement pas désignés dans la description de l'Inventaire.

à fleurs et de velours aussi à la Reine, par bandes, cramoisi; les meubles de velours vert à cartouche d'étoffe de soie et à fleurs d'or fin; une table de jeu de berlan; des miroirs garnis de bras dans leurs bordures de cuivre en couleur; les tableaux représentent Reines et Dauphins, et les portraits de *Louis XIII* et de *feu M. le Duc d'Orléans Régent* sont seuls encadrés dans la boiserie. Dans le *petit cabinet* pratiqué à côté de la salle et ayant vue sur le parc seulement, est une estampe représentant *Louis XIII,* et voici le jeu de tric-trac garni de ses dames et cornets. Dans la salle qui fait suite, onze tableaux sur toile qui sont portraits de Dames et de Seigneurs non inventoriés; une grande pendule sonnant les heures dans sa boîte de marqueterie, avec ornements de cuivre sur son pied de bois sculpté doré.

Dans une *chambre à coucher,* ensuite, les housses du lit en impérial sont en étoffe de soie travaillée en or fin garni de grands galons d'or fin, les ployants de velours cramoisi, les écrans de noyer garnis de feuilles de vieux damas blanc dont un à fleurs d'or; un tableau sur cuivre représente des *fruits* ; un autre, sur toile, *M. le duc de Lorges*. Au-dessus de la grande glace, *Louis XIII*.

Ce sont ensuite les deux *cabinets de travail* du duc de Saint-Simon; et c'est là qu'il a tracé en caractères devenus ineffaçables tant de ces pages qui lui ont acquis une admiration presque universelle. On ne saurait être ici trop précis : Table à écrire de bois de merisier avec dessus de maroquin noir; une petite table en cabaret garnie de son plateau; un petit bureau garni de sept tiroirs de bois de placage avec dessus de maroquin noir; un grand bureau à sept tiroirs et pupitre à livres; un grand tapis de drap vert à franges d'or; deux tableaux en estampes dont un représentant M. le *Cardinal de Fleury*; le portrait de *Louis XIII* peint sur bois; six portraits d'hommes et femmes peints sur toile et encadrés dans la boiserie; trumeau de cheminée d'une glace de 29 pouces de haut sur 32 de large encadré dans la boiserie avec tableau au-dessus, qui est le portrait de feu *Madame la duchesse de Saint-Simon*.

La chambre à coucher était séparée

d'un grand *cabinet en Bibliothèque* par un *petit cabinet* à gauche où étaient deux portraits peints sur toile : *Madame de Gamache* et la *Princesse de Conty*. Au-dessus de la cheminée : le portrait de l'*Abbé de la Trappe* (1) et deux médaillons de marbre, dont l'un « *Notre-Seigneur* » et l'autre « *la Vierge* ». Puis « *la Représentation de Louis Treize en buste, dont la teste est de cire avec ses ornemens, cordons, couronne de cuivre en couleur sur son piedestal de bois d'Hollande sculpté et verni avec une inscription* (la glace estant encadrée et servant de porte à la représentation de Louis Treize). »

Dans un *grand cabinet en Bibliothèque* ensuite : trois tableaux sur toile. Portraits de M. le *Cardinal de Noailles,* M. le *Cardinal de Gualterio* et feu *Mgr le Duc*

---

(1) Peut-être celui qu'il avait fait faire de M. DE LA TRAPPE (l'abbé de Rancé) par l'admirable peintre en portraits Rigaud. Il faut lire à propos de ce portrait les premières pages du chapitre XXIV du tome Ier des *Mémoires*, page 380, édit. Hachette. « Il y avoit longtems que l'attachement que j'avois pour M. de la Trappe et mon admiration pour lui me faisoient désirer extrêmement de pouvoir désirer sa ressemblance après lui, comme ses ouvrages en perpétueroient l'esprit et les merveilles, etc. »

d'Orléans Régent, encadrés dans la boiserie; puis celui de *feu Madame la Duchesse de Saint-Simon,* peint en ovale; un bureau de bois de placage à quatorze tiroirs avec son dessus de maroquin noir; une petite table à écrire de bois de merisier garnie de ses encrier, poudrier et porte-éponges de cuivre; deux autres petites tables à écrire garnies de leurs tiroirs; une petite table à livres; quarante-sept tables généalogiques de différentes grandeurs; quatre fauteuils, deux chaises, quatre tabourets de moquette cramoisie; une grande estampe représentant *Louis Treize;* deux bras de cheminée avec branches de cuivre; un trumeau de cheminée de 48 pouces de haut sur 44 de large encadré dans la boiserie.

L'Inventaire porte ensuite ces mots, aussi caractéristiques que curieux lorsqu'on se rappelle quelles flagellations a données au Cardinal Dubois la plume de l'auteur des immortels *Mémoires :*

« Dans une petite chambre à côté servant de *garde-robbe, chaise percée* à dossier de velours cramoisi, et un *tableau en estampe* sous verre blanc représentant *le Cardinal Dubois!* (1) »

Dans une *chambre à coucher* ensuite, le portrait de *Louis Treize* sur toile, et onze tableaux qui sont des *Portraits de famille.*

Dans une pièce que précédait une vaste antichambre, un billard de douze pieds de

---

(1) Je veux croire que le duc de Saint-Simon aura donné une aussi étrange place à l'image gravée du Cardinal Dubois, le même jour qu'il a tracé l'extraordinaire *esquisse* du Premier Ministre dans l'un des derniers chapitres des *Mémoires.*

« Son esprit étoit fort ordinaire, son savoir des plus communs, sa capacité nulle, son extérieur d'un furet, mais de cuistre, son débit désagréable, par articles, toujours incertain, sa fausseté écrite sur son front, ses mœurs trop sans aucune mesure pour pouvoir être cachées; des fougues qui pouvoient passer pour des accès de folie, sa tête incapable de contenir plus d'une affaire à la fois, et lui d'y en mettre ni d'en suivre aucune que pour son intérêt personnel; rien de sacré, nulle sorte de liaison respectée, mépris déclaré de foi, de parole, d'honneur, de probité, de vérité; grande estime et pratique continuelle de se faire un jeu de toutes ces choses; voluptueux autant qu'ambitieux; voulant tout en tout genre, se comptant lui seul pour tout, et tout ce qui n'étoit point lui pour rien, et regardant comme la dernière démence de penser et d'agir autrement. Avec cela, doux, bas, louangeur, admirateur, prenant toutes sortes de personnages, et souvent contradictoires, pour arriver aux différents buts qu'il se proposoit, et néanmoins très-peu capable de séduire. »

On conçoit qu'après avoir écrit en de tels termes ce qu'il pensait de M. le Cardinal Dubois, M. le duc de Saint-Simon ait trouvé l'effigie de Son Éminence fort propre à mettre au cabinet.

long, et dans cette *antichambre* : sept *portraits* de Dames et Seigneurs, un dais à pentes en dedans et dehors, de damas cramoisi avec franges or et argent.

Dans une *chambre à coucher* ayant vue sur la cour : *Louis Treize couronné de lauriers.* Lit d'étoffes de soie travaillé argent et soie, garni de franges crépine et galon d'or et d'argent : les grands rideaux en taffetas vert, et trois portières en six parties de velours vert galonné de franges d'or.

Dans deux autres *chambres à coucher* : les portraits de *Louis Treize.*

Dans un salon percé de quatre côtés : « Six tables de jeu de picquet, cadrille, berlan et tric-trac. A l'égard de la *Représentation de Louis Treize en fonte, peint et couronné,* il n'a point été icy prisé comme encadré au-dessus de la cheminée dans la boiserie dudit sallon, mais seulement tiré pour mémoire. »

Dans une *chambre* au premier étage ayant vue sur le parc : Cinq tableaux sur toile, et dans une autre dont on fit l'inventaire le même jour que celui de la chapelle du château : Un portrait du *feu duc de Saint-Simon* encadré dans la boiserie ainsi qu'un autre de la *feue Duchesse*.

Le samedi 5 avril on reconnut les scellés qui avaient été apposés sur les *Papiers du Chartrier* dans la *grosse Tour,* et on se transporta au presbytère chez le Prieur Curé du bourg de la Ferté, où se trouvaient quelques meubles appartenant à la succession. Il faut, pour ce qui est des *Papiers*, reproduire le texte même du procès-verbal de M° Grimperel :

« Avons ensuite reconnu sains et saufs les scellés par nous apposés sur les bouts et extrémités de deux bandes de papier appliquées sur les deux portes du chartrier étant dans la Tour. Examen fait de tous les papiers étant dans ledit chartrier, il s'en est trouvé plusieurs concernant les comptes des recettes et dépenses des revenus de la terre, lesquels papiers nous avons fait mettre dans une caisse, avec différentes *lettres* et *autres papiers* qui se sont trouvés dans une armoire étant dans une petite chambre au-dessus de l'appartement de feu Monsieur le Duc de Saint-Simon et dans le tiroir d'un bureau étant dans le cabinet doré de Madame la Duchesse de Saint-Simon, après quoy avons fait assurer ladite caisse avec des clouds, avons fait assurer ladite cassette avec une corde entourant ladite caisse, et sur les deux bouts de ladite corde avons apposé nos scellés ensemble de nos armes en cire d'Espagne rouge, et quant aux autres papiers dudit chartrier qui se sont trouvés à consister en aucuns titres, aucunes minutes de greffe et tabellionage de ladite terre, ils ont été du consentement des parties laissés dans le chartrier...

Quant à la caisse, elle a été laissée ainsy que lesdits scellés à la garde et possession dudit Sr Poton, huissier-priseur, qui s'en est chargé comme dépositaire pour représenter lesdits scellés sains et entiers en l'hôtel de mondit deffunt Duc de Saint-Simon à Paris lors de la première vacation qui a été remise et continuée audit hôtel en la ville de Paris à jeudy prochain, 10 du présent mois, deux heures de relevée (1)...

Et ne s'étant plus rien trouvé au château de la Ferté et dans ses dépendances à comprendre au présent Inventaire, lesdites Parties et Officiers décidèrent qu'ils partiraient dès le lendemain matin en poste pour s'en retourner en la ville de Paris et y arriver le soir. Ce qu'ils firent, en effet.

---

(1) ARCHIVES NATIONALES, *Minutes* des Commissaires au Châtelet (*liasses* de Me Grimperel, mars 1755).

VIII

CONTINUATION DE L'INVENTAIRE EN L'HOTEL DE LA RUE DE GRENELLE, OU ÉTAIT MORT MGR LE DUC DE SAINT-SIMON.

Le jeudi 10 avril, les mêmes Parties et les mêmes Officiers se retrouvèrent à l'hôtel de la rue de Grenelle. Il s'agissait de donner suite à la reconnaissance des scellés et à la confection de l'Inventaire. Cette opération fut interrompue par une nouvelle comparution de M. *l'Évêque de Metz*. Nous en donnerons le récit au chapitre que nous réservons à la continuation et fin de l'histoire des aventures des *Papiers* du feu Duc. Cet épisode fut même le plus important de tous ceux qui ont traversé la besogne de Mᵉ Grimperel et des Notaires au Châtelet Delaleu et Baron, car il eut pour conséquence de suspendre les opérations, par cela même que M. le Lieutenant Civil en son Hôtel, d'abord, et Messieurs de la Grand'Chambre du Parlement, ensuite, eurent à intervenir. Pour le moment, et afin de n'avoir plus tard à ne nous occuper que des *Livres,* des *Papiers* et des *Manuscrits,* revenons au détail de l'Inventaire concernant les meubles et objets de l'hôtel de la rue de Grenelle.

Ce jeudi, furent inventoriés et décrits l'*antichambre* au premier étage ayant vue sur la rue, la *salle du Daiz* et la *salle de Compagnie* ayant vue sur la cour : dans la seconde de ces pièces était un double de ce fameux portrait de *Monsieur de Rancé,* abbé de la Trappe, œuvre de Rigaud, auquel le duc de Saint-Simon a consacré dans ses *Mémoires* une page remplie d'un si particulier intérêt (1).

Le mercredi 16 avril nous amène à la description des pièces ordinairement habitées par le personnage qui nous inté-

---

(1) Saint-Simon dit lui-même (tome Ier, page 386) qu'il commanda à Rigaud plusieurs copies de ce grand portrait.

resse. Nous sommes dans les appartements intimes, dans ceux où depuis l'année 1750 vivait M. le duc de Saint-Simon, lorsqu'il n'était pas à la Ferté-Vidame.

« Dans une pièce servant de *Cabinet* audit deffunt Duc de Saint-Simon : Deux chenetz, pelle, pincette, tenaille, et un tizonnier avec deux bras de cheminée à deux branches. Un bureau à l'antique de bois de placage, garni de tiroirs et guichets fermant à clef avec son dessus de maroquin et une petite table en écritoire à un tiroir fermant à clef; un pupitre aussi de bois de noyer sur son piveau de fer poli avec son fauteuil; une commode de bois de violette à trois grands et deux petits tiroirs garnis de mains et entrées de serrures en couleur avec son dessus de marbre; quatre fauteuils de damas jaune et bordé d'un grand et petit galons d'argent fin; rideaux de fenêtre de taffetas jaune; deux écrans garnis de leur feuille couverts de damas; un petit coffre couvert de cuir de Russie dans lequel se sont trouvés huit soucouppes et une petite jatte de porcelaine; un petit déjeuné de porcelaines garni de ses supports et carderons d'argent; un petit tableau mignature représentant *feu Madame de Lauzun* (1) sous glace dans sa bordure de bois doré; un tableau

---

(1) Sœur de feu la duchesse de Saint-Simon.

peint sur toille représentant *feu M. de Pontchartrain;* un tableau peint sur cuivre représentant *Louis Treize* dans sa bordure de cuivre; un petit coffre de maroquin noir garni d'un tiroir portant encrier et poudrier de cuivre; une autre petite écritoire de maroquin garnie de ses encriers et poudriers d'argent et charnières et fermetures aussi d'argent; une épée à garde d'argent poignée de filagrane...

Dans l'un des tiroirs du bureau de ce cabinet se trouvaient quelques objets précieux :

Une tabatière en gondolle d'argent; une boëte d'or; une montre à répétition; un étuy d'or avec cachet au bout gravé aux *armes de Saint-Simon;* une petite boëte propre à mettre portraits; des médailles d'or et d'argent; trois cordons bleus garnis chacun de deux croix de différente grandeur, émaillées, montées en or, l'une du Saint-Esprit et l'autre de Saint-Louis; un petit portefeuille en tablettes avec son aiguille d'or; un portrait en mignature représentant le *père de feu mondit Seigneur;* un cadre d'or émaillé entouré de trente-neuf diamants karats servant de cadre au portrait; une petite épée d'acier damasquiné à poignée de filagrane d'argent; une bague en or portant un portrait de femme; trois petits *portraits mignature* pour servir de bracelets, montés en or; un autre tableau mignature représentant *Louis Treize,* un autre *Madame de Budos,* un autre l'une des *sœurs de feu M. le Duc;* un tableau mignature représentant feu la *duchesse de Saint-Simon;* deux autres représentant feu *Monseigneur* et *l'épouse de M. de l'Aubespine,* et un autre peint sur cuivre dans son cadre de cuivre de couleur représentant *feu M. de l'Aubespine de Châteauneuf;* une petite croix de bois émaillée par derrière, entourée de karats, attachée à un petit chapelet de bois séparé par des petits karats montés en or; une petite boëte reliquaire encadré d'argent...

Dans une *chambre où est décédé le feu duc de Saint-Simon :*

Une couchette à bas piliers, trois couvre-pieds de satin vert piqué, la housse du lit composée d'une impériale à pentes au dedans et au dehors, grand dossier et champ tourné, deux bonnes grâces, grands rideaux, courtepointe et soubassement de damas jaune bordé et galonné de galons d'argent par compartiment ainsi que les quatre pommes du lit, les grands rideaux en housse de serge aussi jaune. Six aulnes de cours de tapisseries à grands et petits personnages; une petite pendule à répétition dans sa boëte en œil-de-bœuf de cuivre en couleur; un Christ d'ivoire sur sa croix de bois de palissandre; un trumeau d'une glace de 62 poulces de haut sur 41 de large; huit tableaux peints sur toile étant *portraits de fa-*

mille; six tableaux en estampes dans leur bordure dorée représentant *portraits* et *décorations,* et dans un petit cabinet à côté, quelques tableaux sur toile et trois estampes représentant la *perspective de la Ferté-Vidame* (1).

L'inventaire des meubles de la *Bibliothèque* (non les livres, qui ne seront décrits que plus tard) et celui de la *petite chapelle* qui était à l'extrémité de la galerie, furent l'objet de la dernière vacation concernant le mobilier proprement dit du feu duc de Saint-Simon. Les Livres, les *Manuscrits,* les *Papiers de famille* et les Titres de propriété furent désormais seuls à occuper les Officiers, dans leur opération de la reconnaissance des scellés et de la description de tout ce qui s'y rencontra.

---

(1) Ces trois estampes représentant la *perspective de la Ferté-Vidame,* qu'il serait si intéressant de connaître, doivent être bien rares. Elles n'existent pas au *Cabinet des Estampes* de la Bibliothèque nationale, si riche d'ailleurs et si bien dirigé et gouverné. Je les ai vainement cherchées au dehors, dans les collections des amateurs les plus connus.

IX

ÉPISODE DU TRANSPORT DES PAPIERS DU CHATEAU DE LA FERTÉ-VIDAME A PARIS. — INCIDENTS NOUVEAUX PRODUITS PAR M. L'ÉVÊQUE DE METZ AU SUJET DES *Manuscrits* ET *Lettres*. — ORDONNANCE EN RÉFÉRÉ DU 15 AVRIL, DE M. LE LIEUTENANT CIVIL. — LA CAUSE EST PORTÉE AU PARLEMENT. — ARRÊT DE LA COUR DU PARLEMENT DU MERCREDI 16 AVRIL, POUR QUE « LES CHOSES RESTENT EN L'ESTAT ». — PRODUCTION D'UN *Mémoire* OU *Consultation* POUR M. L'ÉVÊQUE DE METZ. « ARREST DE NOS SEIGNEURS DE LA COUR DE PARLEMENT », DU SAMEDI 10 AVRIL, QUI ORDONNE LA CONTINUATION DE LA RECONNAISSANCE DES SCELLÉS ET INVENTAIRES.

Nous reviendrons maintenant à quelques jours en arrière pour reprendre le récit des péripéties qui font que la réunion des *Manuscrits* et des *Papiers* du duc de Saint-Simon, avant qu'on en soit arrivé à la possibilité de les inventorier, a une histoire particulière.

Il y eut un incident au retour de la

Ferté à Paris. Le lecteur n'a sans doute pas oublié que les derniers moments de la confection de l'Inventaire fait à *la Ferté-Vidame* furent consacrés aux *Papiers* qui étaient dans le *Chartrier*. Après reconnaissance faite de ces papiers, les Officiers avaient mis à part, dans une *caisse scellée* qu'ils avaient confiée à Poton l'huissier-priseur, différents *paquets de Lettres* et *autres Manuscrits* qui s'étaient trouvés dans une petite chambre au-dessus de l'appartement du feu Duc et dans le tiroir d'un bureau du cabinet doré de feu la duchesse de Saint-Simon. Le S^r huissier-priseur avait eu charge de les emporter à Paris pour les présenter à la prochaine vacation au Commissaire-enquêteur, et les joindre aux autres *Manuscrits* mis sous scellés dans les armoires de la *salle du Daiz*. Or, passant en poste non loin du château de Saint-Aubin, près Neauphle, le Sr Poton s'aperçut que la caisse, par le cahotage de la berline dans laquelle il était avec le Sr Gauzen des Artaux, Me Gérardin et Delaleu, neveu et clerc du notaire de ce nom, s'était fracturée en plusieurs endroits de manière qu'elle ne pouvait plus soutenir le restant du voyage sans risquer la perte des *Papiers*. Les postillons durent faire prendre le pas à leurs chevaux jusqu'au relai de Neauphle, et comme le cas requérait célérité, pour prévenir le péril le Sr Poton se vit dans l'obligation de les tirer de la caisse pour les verser dans un sac de toile rattaché sur la berline. A peine arrivé à Paris, sur les neuf heures et demie du soir, du dimanche 6 avril, « en l'hostel de nous Conseiller du Roy, Commissaire susdit, où étoient aussy ledit Me Boudot, lesdits Mes Baron et Delaleu, Notaires, et un instant après nostre arrivée à Paris du château de la Ferté, est comparu ledit Sr Jacques-Paul Poton, huissier-priseur », lequel fit tout le récit de l'aventure et présenta le sac de toile pour qu'il fût pourvu par Me Grimperel à la sûreté des Papiers, « dont ce de quoy il requit acte ». Le Commissaire y apposa le scellé, et le 10 avril, jour de la reprise des vacations, les *Papiers* apportés du château de la Ferté furent déposés auprès des autres *Manuscrits* dans la salle de l'hôtel de la rue de Grenelle (1).

---

(1) ARCHIVES NATIONALES, *Minutes* des Commissaires au

Ce même jour, et peu d'instants après que M° Poton avait représenté les *Papiers*, et pendant que l'on procédait à la reconnaissance des scellés apposés sur la salle où avaient été renfermés les *Manuscrits*, se présenta de nouveau M. l'*Évêque de Metz*, « qui nous a dit qu'il désiroit faire un dire sur notre présent procez-verbal en voulant nous mettre en devoir de le recevoir à l'instant ». Mais cette fois M. de Metz ne fut pas aussi commodément accueilli que lors de sa première comparution, car la Compagnie fut unanime pour s'opposer à lui, jusqu'à ce qu'il se fût expliqué verbalement sur l'objet de son nouveau dire et sur la qualité en laquelle il entendait le faire. A la vacation du 25 mars, il avait déduit les causes de son réquisitoire; si donc il n'avait pas un objet nouveau qui pût autoriser un nouveau dire, la Compagnie ne voyait point qu'il y eût lieu à le recevoir présentement. Cela fait, M. de Metz voulut répondre par écrit, et, ayant refusé de s'expliquer

---

Châtelet. (*Liasses* de M° Grimperel, mars 1755, déjà citées.)

verbalement, il requit pour qu'il en fût référé à M. le Lieutenant Civil. Il déclara en outre qu'un des objets de son réquisitoire était à ce que les *paquets cachetés* mis sous les scellés du Commissaire au Châtelet fussent portés à M. le Lieutenant Civil pour en être fait ouverture, puis il se retira sans vouloir attendre les réponses des Parties, ni l'indication du jour et de l'heure du référé qu'il avait requis. Les Parties augurèrent de cette retraite de M. l'Évêque de Metz qu'il se désistait tacitement de son référé. En conséquence, elles requirent pour qu'il fût procédé à la continuation des opérations sans s'arrêter au réquisitoire. M⁰ *Gérardin* fut assez dur pour M. de Metz. Il dit entre autres choses que « considérant que les *paquets cachetés* étoient en sûreté et qu'à mesure qu'on lèveroit les scellés, les Officiers ne manqueroient pas de faire « ce qui est de règle » en les portant sur-le-champ au magistrat, considérant encore que M. l'*Évêque de Metz* n'avait aucune qualité pour être présent et faire des réquisitoires qui ne servaient qu'à suspendre les opérations, occasionner le trouble et augmenter les frais, les Parties et lui, M° Gérardin, protestaient de répéter contre M. de Metz le montant en tous dépens, dommages et intérêts.

Sur quoi le Commissaire, après avoir donné acte aux Parties des dires et comparutions, les renvoya pour le mardi, 15 du mois, et par-devant M. le Lieutenant Civil en son hôtel. De son côté, du reste, à la date du 14, M. l'*Évêque de Metz* envoyait une sommation par exploit de Grignard, huissier-priseur et commissaire aux ventes du Châtelet.

L'Ordonnance de M. le Lieutenant Civil fut peu à l'avantage du Requérant, car, tout en renvoyant les Parties à l'audience, il ne lui reconnut pas qualité pour assister à l'inventaire du duc de Saint-Simon afin d'y réclamer les *Manuscrits secrets* (1). M. de Metz ne se tint point pour battu, fut très-actif, et, le soir même du jour où M. le

---

(1) J'aurais voulu trouver le texte même de l'Ordonnance et je l'ai cherché, sans succès, dans les Recueils manuscrits des « Actes faits par le Lieutenant Civil en son Hôtel », *Référés*, *Procédures et actes concernant l'état des personnes*, ARCHIVES NATIONALES (liasse Y, 4755, 4756, 8040).

Lieutenant Civil avait rendu son Ordonnance, il adressa requête à Messieurs du Parlement, en la Grand'Chambre. Voici l'Arrêt du Parlement sur le rapport de l'abbé de Salaberry (1), Conseiller.

Conseil du 16 avril 1755.

Vû par la Cour la Requête à elle présentée par Claude de Saint-Simon, Évêque de Metz, Légataire particulier du Duc de Saint-Simon, des *Manuscrits tant de sa main qu'autres* et *Lettres secrettes*, à ce qu'il fût reçu appellant d'une Ordonnance de M. le Lieutenant Civil du 15 avril présent mois, rendue au nom des créanciers dudit Sr Duc de Saint-Simon, par laquelle en renvoyant les parties à l'audience, il a par provision exclu le supliant de pouvoir assister à ses frais à l'inventaire du Duc de Saint-Simon pour la réclamation particulière desdits *Manuscrits secrets*, tenir l'appel pour bien relevé, permis d'intimer audience, et cependant, attendu le refus fait par le commissaire

---

(1) L'ABBÉ DE SALABERRY (Louis-Charles-Vincent) était déjà Conseiller de Grand'-Chambre en 1737; BARBIER, avocat au Parlement, le cite à cette époque, disant : « M. l'abbé de Salaberry, Conseiller de Grand'Chambre, qui n'a pas quarante ans, est chef du Conseil de M. le duc de Penthièvre, fils du comte de Toulouse, mort le 1er décembre. » L'abbé de Salaberry, devenu Conseiller d'État d'Église, mourut le 20 janvier 1761, en sa demeure de la rue Sainte-Anne, à Paris.

Grimperel de délivrer ladite Ordonnance, ainsi qu'il est justifié par la sommation du 15 du présent mois, il fut ordonné que ledit commissaire Grimperel seroit tenu de délivrer dans vingt-quatre heures ladite Ordonnance, en conséquence que les Parties en viendraient tel jour qu'il plairoit à la Cour indiquer, toutes choses demeurantes en état.

Vû aussi les Pièces attachées à laditte Enquête signée *Gilles,* Procureur, conclusions du Procureur général du Roy.

Ouï le Rapport de M. Louis Charles Vincent de Salaberry, Conseiller, tout considéré, la Cour reçoit le suppliant appellant, tient l'appel pour bien relevé, lui permet de faire intimer qui bon lui semblera sur ledit appel, sur lequel les Parties auront audience au premier jour, ordonne que le commissaire Grimperel sera tenu dans les vingt-quatre heures de la signiffication du présent arrêt, de délivrer au suppliant ou à son procureur l'Ordonnance dont est question, en payant les frais de l'expédition, et sur le surplus de la Requête ordonne que les Parties en viendroient à l'audience avec les Gens du Roy, au mercredy 23 du présent mois d'avril, toutes choses jusqu'à ce demeurantes en état (1).

Ainsi, d'après l'Arrêt, toutes choses devaient demeurer en l'état, jusqu'au jour

---

(1) ARCHIVES NATIONALES, *Registres du Parlement, Conseil,* X, 4194, pages 116 *(verso)* et 117.

où les Parties, appelées à l'audience du 23 avril, feraient plaider l'affaire devant Messieurs de la Grand'Chambre, et par le fait, toutes les opérations relatives à la reconnaissance des scellés et à la continuation de l'Inventaire furent suspendues pour n'être reprises que le lendemain du jour où l'Arrêt définitif du Parlement fut rendu, ce qui eut lieu le 10 mai.

Il eût été d'un grand intérêt pour nous de pouvoir connaître et reproduire, du moins en partie, les plaidoiries des Avocats des défendeurs et des demandeurs, ainsi que l'exposé des conclusions du Procureur Général. Il n'est recherches que nous n'ayons faites dans les Registres et les Minutes du Parlement, pour arriver à découvrir et le texte des requêtes et les résumés de l'audience (1). Les premiers

---

(1) Ces recherches sont d'une pratique difficile et le plus souvent fastidieuse, en raison du nombre énorme des Registres de toute nature qui composent les « *Archives du Parlement de Paris* ». Pour arriver à nos fins et à la rédaction, assez peu nourrie cependant, de ce seul chapitre, nous avons cru devoir consulter les Documents suivants du Parlement, se rapportant à l'année 1755, et qui sont conservés aux ARCHIVES NATIONALES :

Jugés, Lettres et Arrêts;
Conseil;

mois de l'année 1755 présentent des lacunes dans les collections du *Greffe civil* du Parlement qui sont conservés aux Archives nationales. Les registres seuls des *Arrêts* et ceux des *Plaidoiries* font mention de l'affaire, mais sans contenir aucune de ces pièces, dites *Annexes*, qui contribuent à la formation du dossier d'un procès. Ce n'est que par la lecture de l'*Arrêt* rendu le 10 mai, que l'on se rend un compte, assez exact d'ailleurs, de ce qui s'était requis et plaidé.

Il y eut trois audiences consacrées à l'affaire de *M. l'Évêque de Metz*. Toutes les Parties étaient demanderesses en requête, la princesse de Chimay, le comte de Valentinois, par exploit du 22 avril, les créan-

---

Plaidoiries (matinées);
Enregistrement des pièces déposées au greffe des Dépôts du Parlement;
Registres des procès d'instance appointés au Conseil;
Instances évoquées au Conseil distribuées en la Grand'-Chambre pour y être rapportées;
Distribution de procès à différents Conseillers et notes tenues par leurs Sécrétaires;
Plaidoiries en minutes;
Oppositions;
Conclusions des Procureurs Généraux.

En réalité, les seuls registres du *Conseil* et des *Plaidoiries* nous ont été d'une grande et sérieuse utilité.

ciers-syndics et directeurs des droits des autres créanciers, par exploit du 24 avril; messire Daguesseau de Fresne, par exploit du 28 avril, et de plus en requête judiciaire faite sur le barreau; et M. l'Évêque de Metz l'était deux fois, appelant d'abord de l'Ordonnance du Lieutenant Civil, et demandeur en requête, par exploit du 28 avril aussi. Me Moreau plaidait pour M. de Metz, Me Martin pour les directeurs et syndics, Me Duvandier pour les héritiers présomptifs, Me Doutremont pour messire Daguesseau de Fresne. M. Joly de Fleury était l'avocat général.

De tous leurs dires, raisons, énoncés et motifs, il ne nous a été donné de connaître que ceux qui ont été produits dans un *Mémoire* très-curieux de l'avocat Moreau pour M. l'Évêque de Metz. La bonne diction de l'auteur, la place que déjà il s'était faite parmi les avocats au Parlement, les quelques pensées élevées qu'il émet à l'endroit du grand défunt dont il plaide en quelque sorte la cause en interprétant un article principal de ses volontés dernières, rendent cette pièce des plus curieuses. M. le duc de Luynes l'a signalée à l'attention des chercheurs dans son *Journal* si exact et si consciencieux, quand il dit à la date du 9 mai 1755 : « Il paroît depuis quelques jours un Mémoire de M. de Metz contre les héritiers et créanciers de M. le duc de Saint-Simon. » Nous nous sommes mis en peine de retrouver cette pièce devenue si rare, et nous en avons eu la communication sous ce titre : « *Mémoire par M. l'Évesque de Metz, Pair de France, Prince du Saint-Empire, appelant et demandeur, contre les créanciers de feu M. le Duc de Saint-Simon, intimés et défendeurs, et encore contre ses présomptifs héritiers, intervenans, en présence de M. Daguesseau de Fresne, Conseiller d'État, intervenant* (1). »

---

(1) Petit in-4° de onze pages, imprimé à Paris, en 1755, « chez P. G. Simon, imprimeur du Parlement, rue de la Harpe, *à l'Hercule.* » J'ai été longtemps sans pouvoir rencontrer ce *factum*, que je crois être une pièce des plus rares : j'avais pensé le trouver dans la très-riche et très-précieuse collection des « Documents imprimés » qui sont aux Archives nationales, dans l'admirable *série* AD, aux articles des « *Parlements* ». Je ne l'y ai pas trouvé. Mais que de rencontres intéressantes en cherchant cette pièce! J'en ai dû la communication à la parfaite obligeance de l'un de Messieurs du Bureau des Imprimés à la Bibliothèque na-

Nous ne reproduisons pas les onze pages de ce très-intéressant factum, mais seulement les points qui nous ont paru les plus propres à tenir place dans le cadre de ce récit. L'avocat entre fort convenablement en matière. Il est simple et précis :

« Une demande, dit-il, que le Procureur des créanciers de feu M. le Duc de Saint-Simon et les gens d'affaires de ses présomptifs héritiers veulent faire regarder comme l'effet d'une inquiétude déplacée, n'est dans M. l'Évêque de Metz qu'une suite des devoirs que lui impose la confiance

---

TIONALE (M. Thierry), à qui je présentai mon *desideratum*. Il me procura la réponse par la communication de l'objet même tiré de la division : JURISPRUDENCE, *Factums*. Les collections de pièces de ce genre sont aussi intéressantes que précieuses et rares. On y attachait peu de prix au moment où elles paraissaient, comme étant feuilles volantes, discours du jour, propos passagers, articles que toujours on se croit à même de retrouver au besoin. Rien de plus rare, au contraire, que ces rapides et fugitifs « Imprimés », rien de moins facile à retrouver, après un certain laps de temps. Honneur aux gens aussi prudents, aussi bien avisés, aussi prévoyants, que le furent RONDONNEAU, ancien Garde des Archives de la Chancellerie, GUEULLETTE, Substitut du Procureur du Roi au Châtelet, LE MARIÉ D'AUBIGNY, Avocat général à la Chambre des Comptes, MOREL DE THOISY, SAINT-GENIS et autres, — je les voudrais tous nommer, — qui ont consacré tant de soins à la formation de pareils Recueils. Honneur aussi à ceux qui, dans les grands Dépôts publics, ont été chargés du classement de ces pièces. Il n'y a que le public studieux qui se puisse rendre compte de ces utiles travaux, qui trop souvent sont méconnus.

dont M. le Duc de Saint-Simon l'a honoré. L'incident qui arrête les opérations de l'Inventaire présenté sous son véritable point de vue, ne devoit pas faire la matière d'un léger différend, moins encore devoit-il donner lieu à une contestation qui exigeât un Arrêt de la Cour. »

Venant à ce qu'il appelle le *point de fait,* le rédacteur de cet écrit si curieux, dans le fragment qui suit, dit en fort bons termes et très-dignes pour la mémoire du feu Duc :

« Quiconque a vécu avec feu M. le Duc de Saint-Simon a toujours reconnu dans son caractère et cette sorte de génie qui le rendoit capable des plus grandes affaires, et cet esprit de citoyen qui lui faisoit rapporter au bien public ses études, ses recherches et jusqu'à ses liaisons, et cette liberté de penser et d'écrire qui le mettant au-dessus du vulgaire, l'a souvent obligé de cacher au public des idées grandes et utiles qu'il ne confioit qu'à ses plus intimes amis. Il est entré en différens temps dans les secrets du Gouvernement; tout le monde sçait qu'il a eu même part au Ministère, et ce que l'on sçait encore, c'est que, comme il mettoit tout à profit pour la Patrie, il a employé son loisir à rappeler dans des *Mémoires secrets* les événements qui s'étoient passés sous ses yeux, et dont il avoit été plus à portée que personne de pénétrer les ressorts et les causes. Il a même conservé la plupart des lettres importantes qu'il recevoit. Elles forment dans la succession un objet précieux, mais hors du commerce, et qui ne peut être mis qu'à côté de ces excellens manuscrits, fruits de son travail et de ses méditations (1). »

L'avocat consultant fait ensuite ressortir que l'intention du testateur est clairement marquée par les termes de sa disposition. Il estime que fixer nettement l'objet de la demande de l'appelant, c'est en démontrer la justice. L'Ordonnance de M. le Lieutenant Civil, au principal renvoie les parties à l'audience, et par provision permet que l'Inventaire soit continué hors de la présence de M. l'Évêque de Metz et sans que besoin soit de l'y appeler. Or, M. de Metz ne demande à Messieurs du Parlement que de lui reconnaître ce droit essentiel d'assister à la levée des scellés

---

(1) Ce fragment du *Mémoire* de M. l'Évêque de Metz présente un intérêt particulier. C'est la première fois, en effet, qu'il a été fait mention publique de *Mémoires* écrits et laissés par celui qui avait été le plus intime en même temps que le plus sage confident des pensées et projets du Duc d'Orléans d'abord et du Régent ensuite.

réapposés sur les armoires de la salle du Daiz et sur la porte du petit cabinet où travaillait M. le duc de Saint-Simon. Parlant spécialement de *douze paquets cachetés* et contenant des *lettres* qu'il est peut-être de raison d'État d'enlever à la curiosité des gens d'affaires, et de créanciers dont l'inquiétude présente déjà le legs particulier à M. de Metz comme un objet de cinquante mille écus, il dit :

« De qui sont ces *Lettres?* Quelles raisons ont obligé le testateur à les garder? C'est un mystère qu'il est important que nul autre que son légataire ne puisse pénétrer. La Cour a parfaitement senti combien ce secret importoit à la police publique, puisque, en recevant M. de Metz appelant à l'ordonnance du Lieutenant Civil, elle a voulu que l'on en vînt à l'audience avec MESSIEURS LES GENS DU ROI (1).

---

(1) MESSIEURS LES GENS DU ROI n'intervenaient au Parlement qu'en des occasions toutes particulières. Lorsqu'ils venaient en la Grand'Chambre sans y être mandés, c'est qu'ils étaient porteurs des *Ordres du Roi* et de *Lettres de cachet*. Dans ces cas, on les voyait s'avancer, ainsi que l'avocat Barbier le remarque non sans malice, « avec cet air modeste et composé qu'ils ont toujours ». Pour la cause présente, on a vu par le texte de l'arrêt du 16 avril qu'ils seraient mandés aux audiences; je n'ai pu découvrir s'ils ont eu lieu de prendre la parole dans l'une des trois audiences qui ont été consacrées à l'affaire de M. l'Évêque de Metz.

Il représente aussi que si la fortune du feu duc de Saint-Simon appartient à ses enfants et à ses créanciers, une collection aussi intéressante de *papiers* et *manuscrits* n'est ni le patrimoine des uns ni le gage des autres. Le feu Duc a donc voulu se choisir un dépositaire; il a jeté les yeux sur M. l'Évêque de Metz, et le legs qu'il lui a fait par son testament est moins une libéralité qu'une marque de confiance. Présent à la levée des scellés, M. l'Évêque de Metz rassurera les créanciers sur leurs intérêts; il sera en état d'indiquer les papiers qui peuvent être décrits et ceux qui ne doivent passer que sous les yeux du Magistrat. M. de Metz veut-il enlever, spolier? Non : il ne lui faut que des yeux, encore ne s'arrêteront-ils que sur le dépôt confié à sa prudence. Il en écartera d'autres regards téméraires et indiscrets, car, selon lui, il est contre l'ordre public que les réflexions et les correspondances de M. le duc de Saint-Simon passent sous les yeux d'une multitude d'officiers et de gens d'affaires nécessaires à la confection d'un Inventaire. On doit rassurer leur intérêt, mais non satisfaire leur curiosité (1).

---

(1) Ce *Mémoire* est signé :

Monsieur Joly de Fleury, Avocat général;
Me Moreau, Avocat;
Gillet, Procureur.

Joly de Fleury (Jean-Omer) était fils de Guillaume-François Joly de Fleury, ancien procureur général au Parlement, mort le 25 mars 1756 dans la plus grande réputation d'homme profond, de savoir, d'esprit, de belles-lettres et de politique, et qui laissa trois fils, l'aîné, Procureur général, le second, qui est le signataire du *Mémoire* pour M. de Metz, Avocat général, et le troisième, Intendant de Bourgogne.

Moreau, Avocat, second signataire du *Mémoire*, me paraît être le même Moreau (Jacob-Nicolas) que le maréchal de Noailles désigna à l'intérêt et à l'attention du ministre Rouillé, Secrétaire d'État pour les Affaires étrangères en 1755, qui l'employa aussitôt à la rédaction de Mémoires et Factums politiques nécessités par les circonstances.
Il fut l'auteur des Lettres livrées au public sous la signature de M. Van *** à M. H***, « l'*Observateur hollandais* ». Il reçut une pension sur les Affaires étrangères en 1756, et finit par acquérir une réputation d'homme très-érudit. Son grand honneur fut d'avoir établi sous la direction du Chancelier le Dépôt de Législation et le Cabinet d'Histoire et de Droit public dont il a développé la composition, l'usage et les ressources dans un Mémoire imprimé au Louvre en 1782, et qui a pour titre : « *Plan des travaux littéraires ordonnés par Sa Majesté pour la recherche, la collection et l'emploi des monuments de notre Histoire.* »

L'usage des *Mémoires à consulter* tendit à prendre une telle extension qu'il en vint aux abus. Tous n'avaient pas ce ton très-digne et modéré dont le *Mémoire* pour M. de Metz est un heureux spécimen. En 1774, une Déclara-

Le 10 mai, ainsi que nous l'avons dit, le Parlement rendit son Arrêt, dont nous ne reproduirons ici que les articles absolument propres à la cause des *Papiers* et *Manuscrits*.

Du samedy dix mai mil sept cent cinquante-cinq (Du matin.) (1).

Monsieur le Premier Président,

Entre Claude de Saint-Simon, Évêque de Metz, Légataire particulier de feu M. le Duc de Saint-

---

tion au Roi fut enregistrée au Parlement le 26 mars, portant règlement des *Mémoires à consulter*. « Les abus, y est-il dit, qui n'ont que trop souvent résulté de l'usage qui s'est établi de faire imprimer des Mémoires, Consultations et autres Écrits pour l'instruction des Consultations qui s'élèvent entre nos sujets, ayant été portés à un excès qui n'est pas moins contraire au bien de la justice qu'à la tranquillité des familles et à l'honneur du Barreau, nous avons jugé nécessaire de renouveler les dispositions des anciennes Ordonnances et des règlements intervenus sur cette matière..., etc. »

(1) Il y avait au Parlement les audiences et plaidoiries dites *Matinées* et celles dites *Après-Dinées*.

La Grand'Chambre, en laquelle se plaida l'affaire de M. l'Évêque de Metz, était composée de huit Présidents du Parlement, de dix Conseillers clercs et de dix-huit Conseillers laïques. Elle était divisée en deux Chambres, dont l'une retenait le nom de *Grand'Chambre* et l'autre s'appelait *Tournelle*. Le premier et les trois plus anciens Présidents après lui servaient dans la Grand'Chambre avec les dix Conseillers clercs et les neuf laïques. Les audiences du jeudi étaient particulièrement destinées pour les Affaires de Régales et les Requêtes civiles. Les petites audiences

Simon, des Manuscrits tant de sa main qu'autres et Lettres qui ne concernent point les affaires de sa maison et biens, appelant d'une Ordonnance du Sr Lieutenant civil au Châtelet, du 15 avril dernier, demandeur aux fins de la Requête insérée en l'arrêt de la Cour du seize dudit mois d'avril, d'une part, et les créanciers syndics et directeurs des droits des autres créanciers de feu M. le Duc de Saint-Simon, intimés et défendeurs, d'autre part;

. . . .

---

se tenaient régulièrement les mercredis, vendredis et samedis. Celles des mercredis et des samedis étaient destinées aux Affaires provisoires et d'Instruction, Oppositions aux Arrêts, Requêtes à fin de défenses et autres qui requéraient célérité, etc.

Quant au plan de la GRAND'CHAMBRE, fort rajustée en 1720, il se peut voir dans le tome XI des *Mémoires du Duc de Saint-Simon*, chapitre XVII, page 352 (édition Hachette, in-8°): « *Explication du plan ci à côté de la Grand'Chambre du Parlement de Paris.* » Tout le chapitre XVII de ce volume des *Mémoires* est consacré au PARLEMENT, mais beaucoup plus sous le rapport politique que sous celui de ses fonctions judiciaires. Saint-Simon, Duc et Pair, était d'avis que le Parlement devait être uniquement compétent du contentieux entre particuliers. Il ne l'aimait pas voir préparer et présenter des remontrances.

Sur les usages, coutumes, personnel du Parlement de Paris, voyez entre autres documents le manuscrit des Mélanges de Clairambault, n° 346, à la BIBLIOTHÈQUE NATIONALE, *Manuscrits*.

M. le Premier Président, à l'époque dont nous parlons, époque déjà bien orageuse au Parlement de Paris, était RENÉ-CHARLES DE MAUPEOU, né en 1688, déclaré Premier Président en octobre 1743. Il donna au Roi la démission de sa place le 22 septembre 1757, et le PRÉSIDENT MATHIEU-FRANÇOIS MOLÉ fut déclaré Premier Président du Parlement.

Après que Moreau, avocat de Claude Saint-Simon, Duvandier, avocat de ladite Chimay et autres, Doutremont, avocat de Daguesseau de Fresne, et Martin, avocat des syndics et directeurs des créanciers du Duc de Saint-Simon, ont été ouïs pendant trois audiences, ensemble Joly de Fleury pour le Procureur général du Roy.

La Cour donne acte à la partie de Doutremont de la déclaration par elle faite qu'elle a toujours entendu appeler la partie de Moreau à la levée des scellés sur les armoires de la salle du Daiz, ensemble sur l'armoire en embrazure dans laquelle sont renfermez les *Papiers* dont le triage a été fait à la vacation du vingt-six mars, pour y assister personnellement et sans ministère de Procureur; donne pareillement acte aux parties de Martin et Duvandier de ce qu'elles consentent que ladite partie de Moreau soit présente personnellement et sans ministère de Procureur à la levée des scellés apposés sur lesdites armoires, le tout sans pouvoir faire aucun dire ny réquisitoire au procez-verbal desdits scellés et d'inventaire; en conséquence, faisant droit sur l'appel, a mis et met d'appellation et ce dont est appel au néant, émendant, évoquant le principal et y faisant droit, *Ordonne que ladite partie de Moreau assistera personnellement et sans ministère de Procureur à la levée des scellés apposés sur les armoires dont est question et à l'inventaire des pièces y renfermées,* sans pouvoir par luy faire aucuns dires ny réquisitoires sur le surplus des demandes, met les parties hors de cause, dépens compensés entre toutes les parties, que celle de Doutremont pourra employer en frais d'exécution testamentaire et celle de Martin en frais de direction (1).

En somme, M. l'Évêque de Metz avait gagné sa cause devant Messieurs du Parlement. En dépit du Procureur hostile, son adversaire, il pourra être présent à la reconnaissance et levée des scellés qui avaient été apposés sur les *Manuscrits* du duc de Saint-Simon, et il constatera la description de chacun d'eux. D'observations, toutefois, de *dires*, de réquisitoires, il n'en pourra faire. C'est la seule clause qui, dans l'énoncé de l'Arrêt, dut ne le pas pleinement satisfaire. Nous retrouverons donc M. de Metz aux journées des 25 et 27 juin, qui furent celles où, par double vacation, il fut procédé à l'intéressante description.

---

(1) Archives nationales, *Registres du Parlement*, Reg. n° 7778 (pages 336 à 371), Plaidoiries du 30 avril au 12 mai. Voir aussi les *Minutes d'arrêts*, X^{1b}, n° 8058 (du 3 au 26 mai), carton.

X

REPRISE ET CONTINUATION DE L'INVENTAIRE EN L'HOTEL DE LA RUE DE GRENELLE. — BIBLIOTHÈQUE DU DUC DE SAINT-SIMON. — INDICATION SOMMAIRE DES DEUX CENT SOIXANTE-TROIS LOTS FORMÉS ET CLASSÉS PAR LE LIBRAIRE EXPERT.

Le vendredi 16 mai, donc, à deux heures de relevée, à la requête du seigneur de Fresne, de la princesse de Chimay et du comte de Valentinois, tous représentés comme auparavant, en conséquence des sommations faites par exploit de M⁰ Poton, l'Inventaire, qui avait été interrompu pour les causes que nous avons dites, fut repris et continué.

On en était à la vingt-sixième vacation. Elle fut employée à mettre en ordre les livres imprimés qui formaient la bibliothèque proprement dite du feu Duc. La bibliothèque occupait une salle assez vaste, sévèrement meublée de sept fauteuils de vieux damas cramoisi garni de franges d'or, de dix rideaux de fenêtres en deux parties de même damas; ici un petit paravent de quatre feuilles couvert de papier rouge, là un prie-Dieu, plus loin une table à écrire de merisier; deux tableaux seulement, peints sur toile et représentant, l'un *Louis XIII,* et l'autre *Feu M. le duc d'Orléans, Régent.* Plus de six mille volumes de tout format composaient la bibliothèque. Le Sr Rombault, libraire expert appelé pour l'apprécier en détail, l'ayant divisée en beaucoup de lots, composés d'un nombre plus ou moins restreint de volumes, dont il ne marque le titre que d'un seul, il se trouve que l'inventaire est très-incomplet et laisse beaucoup à désirer. La description complète de la bibliothèque du duc de Saint-Simon ne serait possible que d'après le *catalogue* qu'il en a dressé lui-même et qui doit exister parmi les *manuscrits* qu'il a laissés. On peut juger toutefois, d'après les ouvrages que l'expert a mentionnés pour reconnaître chacun des groupes, que cette bibliothèque avait un caractère essentiellement historique. Tous les livres pratiques et utiles pour l'étude de l'histoire universelle y paraissent représentés. Nous mettons les curieux à même d'en bien juger, par l'extrait considérable d'ailleurs de l'Inventaire de la Bibliothèque qui fut décrit pendant les vacations du 23, du 26 et du 30 mai, dans la forme et sous le titre suivant :

« *Ensuivent les livres prisés par ledit Me Poton, de l'avis de Sr Rombault-Devitz, libraire à Paris, demeurant quay des Augustins, paroisse de Saint-André des Arts, à ce présent, qui a promis donner son avis en son âme et conscience.*

Vingt et un volumes in-folio, dont *Illustrations Gaulle-Belgique*.

Quatorze volumes in-folio, dont *Historiæ Anglicanæ Scriptores*.

Dix-neuf volumes in-folio, dont le *Vieux Théâtre d'honneur*.

Vingt-trois volumes in-4°, dont *Histoire de Philippe de Mornay*.

Trente et un volumes in-4°, *Il Mercurio* (Gazette), par Vittorio Siri.

Vingt-quatre volumes in-4°, dont la *Guerre civile*, en vers burlesques (Loret).

Vingt-trois volumes in-4°, dont *Jugement contre le Cardinal Mazarin*.

Quarante volumes in-12, dont *Des Affaires d'État, de Finance et du Prince*.

Trente-quatre volumes in-12, dont *Mémoires* de l'Étoile.

Quatorze volumes in-folio, dont les *Mémoires* de Castelnau.

Treize volumes in-folio, dont *Description générale de l'Afrique*, par Daorty.

Neuf volumes in-folio, dont *Histoire de la Chine*.

Vingt-deux volumes in-folio, dont la *Bibliothèque* de Viguier.

Seize volumes in-folio, dont l'*Histoire de la Maison de Courtenay*.

Quinze volumes in-folio, dont *Voyages* de Corneille.

Seize volumes in-folio, dont *Histoire universelle des Indes*.

Quatorze volumes in-folio, dont Gregorii Agricolæ *De Re metallica*.

Vingt et un volumes in-4°, dont *Mémoires* de Feuquières.

Vingt-neuf volumes in-4°, dont l'*Histoire des Secrétaires d'État*.

Vingt et un volumes in-12, dont *Les Ambassades* de M. de la Boderie.

Vingt-trois volumes in-8°, dont *Mercure françois*.

Cinquante-deux volumes in-12, dont *Mémoires sur la Régence de Marie de Médicis*.

Trente-trois volumes in-4°, dont *De l'Immortalité de l'âme*.

Vingt-deux volumes in-4°, dont *Histoire civile ecclésiastique*, par le comte d'Évreux.

Vingt volumes in-4°, dont *Mémoires* de Lamberty.

Douze volumes in-folio, dont *Commentaires* de Mathiole.

Douze volumes in-folio, dont *Métamorphoses* d'Ovide.

Trente-huit volumes in-folio, dont *Thesaurus Græcorum antiquitatum*. Auctore Grænovii.

Quinze volumes in-folio, dont *Antiquités* de Montfaucon (grand papier).

Sept volumes in-folio, dont Spanhemii *Dissertationes : De Præstantia*.

Dix-huit volumes in-4°, dont la *Nouvelle Maison rustique*.

Quatorze volumes in-4°, dont l'*Histoire de l'Académie des sciences*.

Trente-quatre volumes in-4°, dont *Plaidoyer* de Lemaître.

Trente-trois volumes in-4°, dont *Principes d'architecture*, par Félibien.

Quarante-quatre volumes in-12, dont *Mercure d'Estat* ou *Recueil divers d'Estat*.

Quarante-neuf volumes in-12, dont *Histoire du Cardinal Mazarin*, par Aubry.

Treize volumes in-folio, dont *Traité de la Police*, par La Mare.

Treize volumes in-folio, dont *Œuvres* de Jean Chenu.

Quatorze volumes in-folio, dont les *Hommes illustres*, par Perault.

Huit volumes in-folio, dont *Ordonnances des Rois de France*, par de Laurière.

Dix-sept volumes in-folio, dont *Codes* de Henri III.

Dix-sept volumes in-folio, dont *Ordonnances des Rois*, par Fontanon.

Quatorze volumes in-folio, dont les *Essais* de Montaigne.

Trente-quatre volumes in-4°, dont la *Coutume de Senlis*, par Ricard.

Quarante-six volumes in-4°, dont *Édits, Déclarations et Arrests du Conseil*.

Quarante-six volumes in-4°, dont *Journal du Palais*.

Quarante-six volumes in-12, dont *Mémoires* du Cardinal de Retz.

Vingt-huit volumes in-12, dont *Actes et Mémoires de la Paix de Nimègue*.

Trente-sept volumes in-12, dont la *Vie de Philippe d'Orléans*.

Vingt-neuf volumes in-12, dont *Mémoires politiques pour servir à l'Histoire de la Paix.*

Vingt-sept volumes in-12, dont *Lettres Provinciales.*

Treize volumes in-folio, dont *Histoire de la Bible* de Mortier.

Quinze volumes in-folio, dont Sirmondi *Opera.*

Seize volumes in-folio, dont *Concilia Generalia* de Studio Labbei.

Vingt-deux volumes in-4°, dont les *Œuvres morales* de saint Grégoire.

Vingt et un volumes in-4°, dont la *Morale de Jésus-Christ.*

Vingt-cinq volumes in-4°, dont le *Devoir de la Vie monastique.*

Vingt-six volumes in-4°, dont l'*Histoire de l'Église,* par Cousin.

Dix-huit volumes in-4°, dont *Histoire du Concile de Pise.*

Treize volumes in-4°, dont *Histoire du Concile de Trente.*

Treize volumes in-folio, dont *Ancienne et nouvelle Discipline de l'Église.*

Dix volumes in-folio : *Mémoires* du Clergé.

Quinze volumes in-folio, dont *Histoire des Juifs,* par Arnauld d'Andilly.

Dix-neuf volumes in-folio, dont *Histoire de l'Église,* par Basnage.

Seize volumes in-4°, dont *Histoire ecclésiastique,* par Fleury.

Vingt-trois volumes in-4°, dont *Histoire des Variations,* par Bossuet.

Quarante-six volumes in-8°, dont *Bibliothèque ecclésiastique,* par Du Pin.

Dix volumes in-folio, dont *Dictionnaire* de Richelet.

Treize volumes in-folio, dont *Dictionnaire historique* de La Martinière.

Huit volumes in-folio, dont *Dictionnaire* de Moreri.

Dix volumes in-folio, dont *Dictionnaire* de Bayle.

Seize volumes in-folio, dont *Annales de la Monarchie françoise.*

Seize volumes in-folio, dont *Historiæ Francorum Scriptores,* par Du Chesne.

Treize volumes in-folio, dont la *Monarchie françoise.*

Trois volumes in-folio, dont *Histoire de France,* par Mézeray.

Dix-neuf volumes in-folio, dont *Histoire de France,* par Daniel.

Huit volumes in-folio, dont *Histoire de France,* par Mathieu.

Sept volumes in-4°, dont la *Sainte Bible* de Sacy.

Vingt-trois volumes in-4°, dont *Bible* de Calmet.

Dix-huit volumes in-4°, dont la *Vie de saint Ambroise.*

Huit volumes in-4°, dont *Histoire des Ordres monastiques.*

Seize volumes in-4°, dont *l'Abbaye de Saint-Denis.*

Vingt-cinq volumes in-4°, dont *la Sainteté chrestienne.*

Quatorze volumes in-4°, dont *Histoire de l'Édit de Nantes.*

Vingt-neuf volumes in-12, dont *Méthode pour étudier l'Histoire.*

Vingt-six volumes in-12, dont *Histoire de Cicéron.*

Vingt-huit volumes in-12, dont les *Vies des Hommes illustres.*

Dix-neuf volumes in-12, dont *Quint-Curce,* par Du Ryer.

Dix volumes in-folio, dont *Chronique* de Monstrelet.

Vingt et un volumes in-folio, dont *Mémoires* de Castelnau.

Vingt-quatre volumes in-folio, dont *Triomphe de Louis le Juste.*

Vingt-sept volumes in-folio, dont le *Cérémonial françois.*

Vingt-sept volumes in-4°, dont·les *Voyages* de Pietro della Valle.

Vingt-trois volumes in-4°, dont les *Voyages* de Jean Struys.

Douze volumes in-4°, dont *Histoire générale des Voyages*.

Dix-neuf volumes in-4°, dont *Histoire de la Conquête du Mexique*.

Douze volumes in-4°, dont *Histoire de la Nouvelle-France*.

Quarante-six volumes in-12, dont *Histoire de Constantinople*.

Quarante-neuf volumes in-12, dont les *Délices de l'Italie*.

Treize volumes in-folio, dont *Antiquités de Paris*.

Seize volumes in-folio, dont *Histoire du Berry*.

Quinze volumes in-folio, dont *Histoire de saint Denys*.

Dix-huit volumes in-folio, dont *Histoire du Languedoc*.

Vingt-neuf volumes in-folio, dont *Historia Byzantina*.

Vingt volumes in-folio, dont *Histoire des Turcs*.

Dix volumes in-folio, dont *Mémoires de Nevers*.

Seize volumes in-4°, dont les *Arts de l'Empereur Julien*.

Vingt et un volumes in-4°, dont *Histoire Romaine*, par P. Catron.

Quarante-huit volumes in-4°, dont *Histoire de l'État présent de l'Empire*.

Trente et un volumes in-4°, dont *Histoire de la Révolution d'Espagne.*

Onze volumes in-4°, dont *Histoire d'Allemagne.*

Vingt-deux volumes in-folio, dont *Histoire des Papes.*

Quatre volumes in-folio, dont *Histoire généalogique de Savoye.*

Dix volumes in-folio, dont *Germaniæ Historicorum Illustrium.*

Vingt et un volumes in-folio, dont *Histoire de la maison d'Autriche.*

Trente et un volumes in-4°, dont *Histoire d'Angleterre.*

Trente volumes in-4°, dont *Histoire de France,* par Mézeray.

Trente-six volumes in-12, dont l'*État du Siége de Rome.*

Vingt-huit volumes in-12, dont le *Mémoire* de Henry de Lorraine, Duc de Guise.

Trente-huit volumes in-12, dont l'*État de France.*

Trente volumes in-4°, dont *Recueil des Traités de paix.*

Trente volumes in-4°, dont *Mémoires* du baron de Villars.

Trente-deux volumes in-8° et in-12, dont *Mémoires* de Philippe de Comines.

Vingt-cinq volumes in-12, dont *Histoire des Guerres civiles de France.*

Quarante volumes in-12, dont la *Bibliothèque choisie* de Euler.

Seize volumes in-folio, dont *Mémoires concernant les Pairs de France.*

Six volumes in-folio, dont *Recueil de cent Estampes du Levant.*

Dix-sept volumes in-folio, dont *Ballet du Temple de la Paix.*

Trente-trois volumes in-12, dont les *Délices de l'Italie.*

Dix-neuf volumes in-folio, dont *Catalogue des Chevaliers.*

Vingt-six volumes in-4°, dont *l'Ambassadeur et ses fonctions,* par M. de Wicquefort.

Vingt-cinq volumes in-4°, dont *Ordonnances de Louis XII.*

Trente volumes in-4°, dont les *Œuvres* de Sarrazin.

Vingt-trois volumes in-4°, dont *Aminta* di Torquato Tasso.

Vingt-neuf volumes in-4° et in-12, dont *Recueil des Gazettes.*

Quarante volumes in-4°, dont *Recueil des Gazettes.*

Cinquante-huit volumes in-4°, dont *Gazette de France.*

Vingt-six volumes in-8°, dont le *Psautier* de David traduit en français.

Trente-deux volumes in-8°, dont les *Sermons* de saint Basile.

Dix-huit volumes in-8°, dont *Traité de Piété*.

Trente-cinq volumes in-8°, dont *Pensées* du Père Bourdaloue.

Trente volumes in-12, dont *Traité des Monoyes*, par Boizard.

Vingt-six volumes in-12, dont *Mémoires de la vie du comte de Gramont*.

Vingt-six volumes in-12, dont les *Vies des hommes illustres*, par le Père d'Avrigny.

Vingt-huit volumes in-12, dont *Histoire des Ducs de Bretagne*.

Vingt-huit volumes in-12, dont l'*État présent de l'Empire*.

Vingt-cinq volumes in-12, dont l'*Histoire du Prince Eugène*.

Vingt-sept volumes in-12, dont *Histoire des Révolutions de Suède*.

Vingt-quatre volumes in-12, dont *Mémoires du Règne de Pierre le Grand*.

Vingt-trois volumes in-12, dont *Mémoires de Jean de Witt*.

Vingt-six volumes in-12, dont la *Vie   ier Cromwell*.

Vingt-cinq volumes in-12, dont *Histoire de Guillaume III*.

Vingt-trois volumes in-12, dont la *Vie de Philippe II*.

Vingt volumes in-12, dont *Voyages du Tour du Monde*.

Vingt-cinq volumes in-12, dont *Recueil de voyages au Nord*.

Vingt-trois volumes in-12, dont *Voyages* du chevalier Chardin.

Vingt-cinq volumes in-12, dont *Journal des voyages du royaume d'Abyssinie*.

Vingt-cinq volumes in-12, dont *Journal du voyage de Siam*.

Dix-neuf volumes in-12, dont *Nouveau voyage de l'Amérique*.

Vingt-six volumes in-12, dont *Histoire des Arabes*.

Vingt-cinq volumes in-12, dont *Voyages du Monde*, de Descartes.

Vingt-trois volumes in-12, dont *Considérations sur les mœurs de ce siècle*.

Vingt-huit volumes in-12, dont la *Mécanique du Feu*.

Vingt-trois volumes in-12, dont *Curiosités de la Nature et de l'Art*.

Vingt-cinq volumes in-12, dont *Nouvelles découvertes sur la Guerre*.

Vingt-six volumes in-12, dont les *Arts d'un homme d'épée*.

Vingt-sept volumes in-12, dont le *Droit public de l'Europe*.

Vingt-deux volumes in-12, dont le *Dialogue des Morts*, par Fénelon.

Trente volumes in-12, dont l'*Homme universel*, par Baltazar Gratien.

Vingt-huit volumes in-12, dont *le Spectateur ou Socrate moderne*.

Vingt-six volumes in-12, dont *Règlements généraux de l'abbaye de la Trappe*.

Vingt-sept volumes in-12, dont *Code des Chasses*.

Vingt-neuf volumes in-12, dont *Nouveau Formulaire du style des Procédures*.

Dix-neuf volumes in-12, dont *la Rhétorique ou l'Art de parler*.

Vingt-quatre volumes in-12, dont *Lettres de Cicéron*.

Vingt-trois volumes in-12, dont les *Comédies de Térence*.

Vingt-six volumes in-12, dont les *Amours de Tibulle*.

Vingt-huit volumes in-12, dont les *Poésies* de Martial.

Vingt-quatre volumes in-12, dont *Œuvres* de Molière.

Vingt-six volumes in-12, dont les *Poésies pastorales* de M. de Fontenelle.

Vingt volumes in-8° et in-12, dont *Travaux de Mars*, par Mallet.

Vingt volumes in-8°, dont *Sermons* de saint Léon.

Dix-sept volumes in-8°, dont *Catéchisme de Grenade.*

Vingt-quatre volumes in-12, dont *Bible* de Sacy.

Trente volumes in-12, dont *Office de la Vierge.*

Vingt-neuf volumes in-12, dont *Testament Spirituel.*

Vingt volumes in-12, dont *Missel Romain.*

Vingt-trois volumes in-12, dont *Office de la Vierge.*

Vingt-huit volumes in-12, dont la *Bible* de Sacy.

Vingt-trois volumes in-12, dont *Histoire du Vieux et du Nouveau Testament.*

Vingt-quatre volumes in-12, dont *Testament démontré.*

Vingt et un volumes in-12, dont *Épîtres et Évangiles pour tous les dimanches.*

Vingt-sept volumes in-12, dont *Analyse de l'Apocalypse.*

Vingt-trois volumes, dont « *Rabelais* ».

Vingt-deux volumes in-12, dont *Œuvres mêlées* de Chevreau.

Dix-huit volumes in-12, dont *Mémoires secrets de la cour de Charles VII.*

Dix-huit volumes in-12, dont les *Amusements de l'Amitié.*

Dix-huit volumes in-12, dont *Démonstrations de l'existence de Dieu.*

Dix-huit volumes in-12, dont *Catéchisme Historique*.

Vingt-deux volumes in-12, dont *Essais de Morale* de Nicole.

Trente-cinq volumes in-12, dont *Recueils de Lettres et Opuscules* de Hamon.

Vingt-quatre volumes in-12, dont *Ducaciana*.

Vingt-quatre volumes in-12, dont *Lettres* de Madame de Sévigné.

Vingt-sept volumes in-12, dont *Apologie pour les Catholiques*.

Vingt-quatre volumes in-12, dont *Traité de Morale* de Malebranche.

Vingt-sept volumes in-12, dont *Conférences de la Rochelle*.

Vingt-cinq volumes in-12, dont *Conférences du diocèse de Lodève*.

Trente-cinq volumes in-12, dont *Lettres de Piété choisies*.

Quarante volumes in-12, dont *Avis d'un Philosophe chrétien*.

Seize volumes in-12, dont *Sermons* de Bourdaloue.

Vingt-huit volumes in-12, dont *Homélies sur les Évangiles*.

Vingt-six volumes in-12, dont *Méditations* de Basé.

Trente volumes in-12, dont *Heures canoniales*.

Trente volumes in-12, dont *Histoire des Droits Public et Ecclésiastique.*

Trente volumes in-12, dont *Histoire de l'origine des Dîmes.*

Vingt-quatre volumes in-12, dont *Histoire des Juifs,* par Bassenage.

Trente volumes in-12, dont *Histoire des Révolutions dans l'Europe,* par Varillas.

Vingt-sept volumes in-12, dont la *Vie de Jean Boutillier.*

Vingt-cinq volumes in-12, dont la *Vie du Pape Sixte-Quint.*

Vingt-quatre volumes in-12, dont *État présent de l'Église de la Chine.*

Vingt-deux volumes in-12, dont *Lettres Édifiantes et Curieuses.*

Vingt volumes in-12, *Pour et Contre.*

Vingt-quatre volumes in-12, dont *Bibliotheca Dulteliana.*

Quatre-vingt-deux volumes in-12, dont *Nouveau Mémoire d'Aisigny.*

Vingt-quatre volumes in-4°, dont les *Contes de France.*

Trente-deux volumes in-4°, dont l'*Action de Dieu sur les créatures.*

Vingt volumes in-4°, dont *Nécrologie de l'abbaye de Port-Royal.*

Dix-huit volumes in-4°, dont *Traité Dogmatique.*

Trente-quatre volumes in-12, dont la *Bibliothèque choisie*.

Trente volumes in-12, dont *Nouveau Testament*.

Trente volumes in-12, dont la *Paix de Clément IX*.

Cinquante et un volumes in-12, dont *l'Autorité du Pape* et *l'Esprit de M. Arnaud*.

Vingt-deux volumes in 12, dont *les Imaginaires*.

Vingt-quatre volumes in-12, dont *Justifications des Réflexions*.

Vingt-quatre volumes in-12, dont *Histoire des Diables de Loudun*.

Vingt-quatre volumes in-12, dont *Mémoire pour servir à l'histoire de Port-Royal*.

Quarante quatre volumes in-12, dont *Abrégé chronologique*.

Seize volumes in-12, dont *Recueil de Pièces*.

Trente-deux volumes in-4º oblong, dont *Télémaque et Calipso,* tragédie en musique.

Six volumes in-folio de *Médailles de Louis XIV*.

Sept volumes in-folio, dont le *Sacre du Roy*.

Cinquante volumes in-4º, dont les *Œuvres* de Colbert (broché).

Trente-cinq volumes in-4º, in-8º et in-12, dont *Histoire (Abrégé chronologique)*.

Quatorze volumes in-folio et in-4º, dont *Histoire d'Angleterre,* par Larey.

Cent quatorze volumes in-8º, dont « *Cassandre* », « *Cléopâtre* », et *les Propos d'Épictète*.

Trente volumes in-12, in-8° et in-16.

Vingt-quatre volumes in-8°, dont *Cirus*.

Vingt-cinq volumes in-12, dont *Traité de l'Amour de Dieu*.

Quarante-deux volumes in-12, dont les *Mille et une Nuits*.

Cinquante-cinq volumes in-12, dont *Sethos*.

Trente-six volumes in-quarto, dont les *Gazettes de France*.

Quarante et un volumes in-4° et in-12, dont *Défense de l'Esprit des Lois*.

En somme, la bibliothèque du duc de Saint-Simon se composait de 870 in-folio, 1,337 in-4°, 3,543 in-12, et 363 in-8°.

XI

« ENSUIVENT LES MANUSCRITS DUDIT FEU SEIGNEUR DUC DE SAINT-SIMON, TANT CEUX DE SA MAIN QUE AUTRES. » — INVENTAIRE ET DESCRIPTION DES PORTEFEUILLES.

Du 2 juin au 2 juillet, il fut procédé à la mise en ordre, à la description et à l'inventaire des *Manuscrits* du feu duc de Saint-Simon. C'est la période la plus importante et la plus intéressante pour nos recherches, dans les *procès-verbaux* du procureur au Châtelet Grimperel, et dans les *minutes* du notaire Delaleu. Grâce aux mouvements et aux exigences de M. *l'Évêque de Metz*, ainsi qu'aux débats habilement soutenus par *Mᵉ Gérardin*, procureur et représentant des créanciers, la description, si précieuse pour nous, de tous les *Manuscrits* (tant ceux de la main de M. le duc de Saint-Simon, c'est-à-dire de *ses œuvres propres,* que les manuscrits étrangers, c'est-à-dire des exemplaires, collectionnés et réunis par lui, touchant différentes matières en histoire), cette description, disons-nous, est ici révélée avec une précision dans le détail telle qu'on n'en saurait demander une meilleure à un archiviste consciencieux. C'est une véritable mise en lumière de ce que de regrettables et inconcevables susceptibilités ont tenu jusqu'à présent dans l'obscurité, au détriment de la plus légitime curiosité qui ait jamais animé des esprits voués au culte des belles-lettres autant qu'à l'admiration de ceux qui les ont illustrées par des œuvres immortelles.

Le seul arrangement des *Manuscrits* exigea l'emploi de quatorze vacations, réparties en sept journées, qui furent celles des 3, 9, 11, 14, 18, 21 et 23 juin.

A la date du 25 juin, le procès-verbal du Procureur au Châtelet porte cette mention :

Et le mercredy vingt-cinq juin au dit an mil sept cent cinquante-cinq, deux heures de relevée,... Voulant procedder à la reconnoissance et levée de nos scellez, est survenu et comparu *Mon-*

sieur Daguesseau de Fresne ès noms et qualités qu'il possède, et assisté de Mᵉ Boudot, son procureur, lequel, sans aucunement déroger à la procuration par luy donnée à Mᵉ Boudot, laquelle il entend subsister en sa force et vertu, a dit qu'il requiert qu'il soit présentement procedé à la reconnoissance et levée de nos scellés étans sur les armoires étant dans la salle du Daiz, même à la reconnoissance et levée des scellez apposés sur l'armoire en embrasure de la porte du *cabinet à livres* à la Bibliothèque ou Gallerie où sont les livres, pour estre procedé à l'examen et à l'inventaire de tout ce qui se trouvera dans lesdites armoires, à l'effet de laquelle reconnoissance *M. l'Évêque de Metz* est cy présent, le tout conformément à l'Arrest de la Cour du dix mai dernier, et ont signé :

DAGUESSEAU DE FRESNE.   BOUDOT.

Les fondés de pouvoir de la princesse de Chimay et du comte de Valentinois adhérèrent à la réquisition de M. Daguesseau.

Et par ledit *Mᵉ Gérardin* a été dit qu'il n'empesche qu'il soit par nous procedé à la reconnoissance et levée de nos scellez étant sur les armoires de la salle du Daiz et sur les armoires en embrasure de la Bibliothèque pour être fait examen des *Manuscrits* et *Papiers* qui y sont renfermez et estre ensemble procedé à l'inventaire des *Manu-*

scrits de toute espèce qui s'y trouveront, même des *Lettres*, si Monsieur l'Exécuteur Testamentaire et les habiles à se dire et porter héritiers le requièrent par rapport auxdites *Lettres* qui ne concerneront point les affaires de la succession de mondit deffunt seigneur le Duc de Saint-Simon, ce pour après l'Inventaire, faire, dire et requérir ce qu'il appartiendra.

En conséquence, *Nous, Conseiller du Roy Commissaire...*, et attendu la présence de *mondit Sieur l'Évêque de Metz*, avons reconnu sains et entiers et comme tels levez et ôtez les scellez par nous apposés sur les bouts et extrémitez de leurs bandes de papier appliquées, sçavoir six bandes sur les ouvertures de six armoires qui ne composent qu'un corps, et deux autres bandes aux deux côtés dudit corps d'armoire et transversantes chacune dudit corps à la muraille, ouverture faitte desdites armoires avec les clefs restées en nos mains, a été proceddé à l'inventaire et paraphphé des *Manuscrits* par lesdits Maîtres Baron et Delaleu, Notaires, le tout suivant et ainsy qu'il se verra plus au long par ledit Inventaire (1).

---

(1) ARCHIVES NATIONALES : Papiers du Châtelet : *Minutes des Commissaires-Enquêteurs au Châtelet de Paris* (liasses de Mᵉ Michel-Martin Grimperel : Y, n° 13381).

C'est ici surtout que pour rendre complet notre travail et disposer notre récit, nous avons dû consulter à la fois et *la minute du procès-verbal* de la reconnaissance et de la levée des scellés par le Commissaire, qui ne se trouve qu'aux ARCHIVES NATIONALES, et *la minute de l'Inventaire* décrit par Mᵉ Delaleu, conservée en l'ÉTUDE de Mᵉ Rouget,

Cela est le protocole du Procès-verbal du Commissaire au Châtelet. Voici maintenant celui des Notaires, pour enfin commencer et ensuite parachever, sans obstacles nouveaux, cette description tant de fois retardée par les comparutions d'ailleurs très-légitimes de M. l'Évêque de Metz.

DUDIT JOUR MERCREDY VINGT-CINQ JUIN MIL SEPT CENT CINQUANTE-CINQ, DEUX HEURES DE RELEVÉE, ÈSDITES REQUÊTES ET PRÉSENCES QUE DESSUS, LE PRÉSENT INVENTAIRE A ÉTÉ CONTINUÉ AINSI QU'IL SUIT :

Ensuivent les Manuscrits dudit feu seigneur Duc de Saint-Simon.

N° 1. Traité historique de la Noblesse, ses Droits et Dignités et ses Mœurs. Un volume in-quarto manuscrit paraphé, sur le premier et sur le dernier feuillet, par les Notaires soussignez.

N° 2. Mémoire général concernant ce qu'un Commissaire doit sçavoir. Un volume in-folio, paraphé sur le premier et sur le dernier feuillet par les Notaires soussignez.

---

son successeur médiat. Ces deux sources se complètent nécessairement l'une par l'autre, en contribuant à la précision, au détail et à la sûreté des informations.

N° 3. Les Histoires de la Terre sainte (en gothique). Un volume in-folio, paraphé, *id*.

N° 4. Un volume in-folio intitulé : « Relations de mes Négociations en Danemark », *id*.

N• 5. Deux volumes in-folio : « Mémoires de Goular », paraphés sur le premier et sur le dernier feuillet de chaque volume par les Notaires soussignez.

N• 6. Cinq volumes in-folio petit papier : « Mémoires de Mademoiselle de Montpensier », paraphés sur le premier et sur le dernier feuillet de chaque volume par les Notaires soussignez.

N° 7. Un volume in-folio intitulé : « Règlement du Conseil », paraphé, *etc*.

N° 8. Un volume in-folio : « Autre Règlement du Conseil », paraphé, *etc*.

N° 9. Six volumes in-folio intitulés : « Séances du Conseil de commerce », paraphé, *etc*.

N° 10. Un volume in-folio intitulé : « Mémoire concernant la Province d'Auvergne en 1698 », paraphé, *etc*.

N° 11. Un volume in-folio intitulé : « Relations de Moscovie en 1731 », paraphé, *etc*., *id*.

N° 12. Un volume in-folio : « État de la généralité de Champagne pour 1689, 1690 et 1691 », paraphé, *etc*.

N° 13. Un volume in-folio intitulé : « Extraits des Mémoires des Généralitez du Royaume », paraphé, *etc*.

N° 14. Un volume in-folio : « Arrêts du Parlement transféré à Tours en 1589, 90, 91, 92, 93 », paraphé, *etc.*

N° 15. Procez criminel du Comte d'Auvergne, M. d'Antrague, Mme du Vernueil et Morgan, en 1609, paraphé, *etc.*

N° 16. Un Portefeuille contenant cinquante-deux cayers d'une ou plusieurs feuilles concernant le « Commerce », *id.*

N° 17. Un autre Portefeuille in-folio contenant soixante-neuf cayers d'une ou plusieurs feuilles concernant le « Commerce », *id.*

N° 18. Un volume in-folio intitulé : « Anoblissement tiré de la Chambre des Comptes de Paris », *id.*

N° 19. Un volume in-4° intitulé : « Recueil de Lettres concernant la Paix des Pyrénées », paraphé sur le premier et sur le dernier feuillet par les Notaires soussignez (1).

---

(1) Il nous paraît inutile de reproduire ici pour chacun des articles les termes mêmes de l'Inventaire au sujet des *paraphés* des Notaires sur les *Manuscrits* décrits. Qu'il nous suffise de faire observer que pour chaque article mentionné « VOLUME », il est dit : « *Paraphé sur le premier et sur le dernier feuillet par les Notaires soussignez* », et que pour chaque article mentionné « PORTEFEUILLE », il est dit : « *Paraphé sur la première page du premier cayer et sur la dernière page du dernier cayer par les Notaires soussignez.* »

DUDIT JOUR MERCREDY VINGT-CINQ JUIN MIL SEPT CENT CINQUANTE-CINQ, SIX HEURES (*deuxième vacation du même jour*), ÈSDITES REQUÊTES ET PRÉSENCES QUE DESSUS, LE PRÉSENT INVENTAIRE A ÉTÉ CONTINUÉ AINSI QU'IL SUIT :

Suite des Manuscrits.

N° 20. Un volume in-folio intitulé : « Mémoires de Montecuculli », paraphé sur le premier et le dernier feuillet.

N° 21. Un volume in-folio : « Préliminaires de la Paix en 1643 », *id*.

N° 22. Un volume in-folio : « Négociations de Munster.

N° 23. Un volume in-folio : « Traité entre les Rois de France et les Ducs de Bretagne.

N° 24. Un volume in-folio : « Traité de Paix, trêve, etc. »

N° 25. Un volume in-folio : « Procédures sur la dissolution du Mariage de Louis douze. »

N° 26. Un volume in-folio : « Pièces sur la régale de Bretagne. »

N° 27. Un volume in-folio : « Procez criminel de 1419. »

N° 28. Un volume in-folio : « Procez criminel du Duc d'Alençon. »

N° 29. Un volume in-4° intitulé : « Manuscrit de Frère Jacques, Religieux Augustin. »

N° 30. Un volume in-4° intitulé : « Mémoire sur l'Histoire de ce siècle. »

N° 31. Un volume in-folio : « Mémoire de Boulainvilliers. »

N° 32. *Trois volumes in-folio intitulés : *Mémoires sur les Ducs et Pairs*, paraphés sur le premier et sur le dernier feuillet de chaque volume par les Notaires soussignez (1).

N° 33. * Un vol. in-folio intitulé : « *Des Pairies de France et d'Angleterre et des Grands d'Espagne* », paraphé, *etc.*

N° 34. Un volume in-folio intitulé : « *Des Pairies de France* », *id.*

N° 35. * Un volume in-folio intitulé : *Duchés et Comtés Pairies, id.*

N° 36. Trente-sept volumes in-folio intitulés :

---

(1) Il est remarquable que sur la *minute* même de l'Inventaire dressé par Me Delaleu, il se trouve un léger signe au crayon posé sur un autre signe de deux tirets à la plume, mis en regard seulement des Manuscrits qui sont *œuvres propres* du duc de Saint-Simon. Le premier numéro dans l'Inventaire des *Manuscrits*, ainsi marqué, est ce numéro 32 : « *Mémoires sur les Ducs et Pairs.* » Il me paraît certain que ce signe de reconnaissance fut apposé ainsi en marge devant le titre de chaque ouvrage de M. le duc de Saint-Simon par M. Le Dran, Garde du Dépôt des Affaires étrangères, lorsqu'il présenta au notaire Delaleu l'*Ordre du Roi* dont il était porteur. (Voyez notre chapitre XV intitulé : « Par l'Ordre du Roi ».) Nous devons faire observer au lecteur que nous avons représenté ici le signe en question par un *astérisque* et indiqué par des *italiques* chacun des Manuscrits signalés.

Mémoires de Dangeau, « *avec des Notes et Réflexions sur des feuilles blanches,* » paraphez sur le premier et sur le dernier feuillet de chaque volume par les Notaires soussignez (1).

N° 37. Un Portefeuille in-fol. contenant dix-huit cayers d'une ou plusieurs feuilles sur les « Trois-Évêchés », paraphé, *etc.*

N° 38. Un autre Portefeuille contenant vingt cayers d'une ou plusieurs feuilles sur la « Généralité de Paris ».

N° 39. Un autre Portefeuille contenant vingt cayers d'une ou plusieurs feuilles sur « la Franche-Comté ou la Duché de Bourgogne ».

N° 40. Un Portefeuille contenant « Vingt cayers sur les Te Deum. »

---

(1) Ce numéro représente le fameux *Journal du marquis de Dangeau* avec les *Annotations* que le duc de Saint-Simon a sans doute dictées à son secrétaire ou qu'il a fait copier par lui sur ses propres notes. Les « *Notes et Réflexions sur des feuilles blanches* » ici mentionnées sont ces mêmes *Annotations* prises en copie, en 1843, par M. Feuillet de Conches, pour être publiées. Il avait été invité à faire ce travail par M. Villemain, Ministre de l'Instruction publique, et approuvé ainsi qu'autorisé par M. Guizot, Ministre Président du Conseil. Les Archives des Affaires Étrangères étaient alors sous la direction de l'illustre M. Mignet. (*Voir* notre chapitre XVI.) Le *Journal de Dangeau* ainsi *annoté*, et si intéressant, a été publié depuis 1853, par MM. Eudore Soulié, Dussieux, de Chennevières, Mantz, de Montaiglon et Feuillet de Conches (librairie Didot), en dix-neuf volumes in-8°.

N° 41. Un Portefeuille contenant « Vingt-huit cayers sur le Te Deum. »

N° 42. Un autre Portefeuille contenant « Vingt-huit cayers sur les Processions. »

N° 43. Un portefeuille contenant « Vingt-quatre cayers sur les Cérémonies ecclésiastiques. »

N° 44. Un portefeuille contenant dix-neuf cayers : « Cérémonies de la Ville. »

N° 45. Un portefeuille contenant neuf cayers sur « les Pairies et Procez criminel. »

N° 46. Un autre portefeuille contenant trente-deux cayers sur « les Hommages et Serments de fidélité ».

N° 47. Un portefeuille contenant « six cayers sur les Rangs et Séances des Souverains ».

N° 48. *Un autre portefeuille contenant « *neuf cayers sur les Officiers de la Couronne.*

N° 49. Un portefeuille contenant treize cayers sur les Sacres et Couronnements.

N° 50. Un portefeuille contenant vingt-six cayers sur « les Pompes funèbres des Rois ».

N° 51. Un autre portefeuille d'une ou plusieurs feuilles sur « les Pompes funèbres des Rois ».

N° 52. Un autre portefeuille contenant trente-six cayers d'une ou plusieurs feuilles sur « les Pompes funèbres des Rois ».

N° 53. Un portefeuille de vingt-cinq cayers sur « les Pompes funèbres des Rois ».

N° 54. Un portefeuille de neuf cayers sur « les Processions. »

N° 55. Un portefeuille de dix-neuf cayers sur les « Pompes funèbres ».

N° 56. Un portefeuille de vingt-deux cayers sur « les Pompes funèbres ».

N° 57. Portefeuille contenant quarante cayers sur « les Pompes funèbres ».

N° 58. Un portefeuille de vingt-six cayers sur « les Pompes funèbres ».

N° 59. Un portefeuille de trente-neuf cayers sur « les Pompes funèbres ».

N° 60. Un volume in-folio contenant « le détail des Cures et Habitants de Rome ».

N° 61. Deux volumes in-folio extraits de « la Réformation de la Noblesse de Bretagne ».

N° 62. Un volume in-folio : « Registre du Parlement de Bretagne. »

N° 63. « Trésor des Chartes de Nantes. »

N° 64. Neuf volumes in-folio : « Extraits des Généralités du Royaume. »

N° 65. Un volume in-folio : « Instructions sur les intendants de Tourenne. »

N° 66. Un volume in-folio : « Mémoires sur les Généralités de Bretagne. »

DUDIT JOUR, VENDREDY VINGT-SEPT JUIN MIL SEPT CENT CINQUANTE-CINQ, HUIT HEURES DU MATIN, ÈSDITES REQUESTES ET PRÉSENCES QUE DESSUS, LE PRÉSENT INVENTAIRE A ÉTÉ CONTINUÉ AINSI QU'IL SUIT :

N° 67. *Quatre Portefeuilles, dont le premier de quarante-quatre cayers; le second de trente-huit; le troisième vingt-sept et le quatrième vingt-un, concernant « Les Pairies ».

N° 68. *Neuf Portefeuilles concernant « Les Érections des Pairies » dont deux intitulés : « Tome six ». Le premier contenant trente-quatre cayers; le deuxième trente-six; le troisième trente-huit; le quatrième trente-quatre; le cinquième trente-huit; le sixième trente-six; le sixième *bis* seize; le septième trente; le huitième vingt-sept.

N° 69. *Un Portefeuille concernant « Les Régences », contenant vingt-deux cayers.

N° 70. Un Portefeuille contenant le « Journal de M. le Cardinal de Richelieu, en 1630 et 1631 », de treize cahiers.

N° 71. Un Portefeuille contenant « Règlement pour la maison du Roy », de trente cahiers.

N° 72. *Un autre Portefeuille contenant onze cahiers au sujet « des Monnoyes ».

N° 73. Unze Portefeuilles contenant des « Traitez de Paix ». Le premier de vingt-trois cahiers; le second de vingt-quatre; le troisième dix-neuf; le quatrième trente-deux; le cinquième vingt-neuf; le sixième vingt-huit; le septième trente-quatre; le huitième vingt-cinq; le neuvième vingt-six; le dixième trente et un, et le onzième et dernier de trente-huit cahiers.

N° 74. Un Portefeuille de seize cahiers sur les titres de « Serenissime ».

N° 75. Un Portefeuille de vingt cahiers concernant « Les Gouverneurs et Ambassadeurs ».

N° 76. Un Portefeuille de vingt-neuf cahiers concernant « Les États Généraux ».

N° 77. Un Portefeuille de quinze cahiers contenant « les Carousels et Tournois ».

N° 78. Un Portefeuille de trente-neuf cahiers concernant « Les Grands officiers de la Couronne ».

N° 79. Un Portefeuille de soixante-six cahiers contenant Les « Ministres, Secrétaires d'État, Maîtres de Requêtes et autres ».

N° 80. Un Portefeuille de trente-trois cahiers sur « les Duels et Cartels ».

N° 81. Deux Portefeuilles concernant « Les Assemblées d'États ». Le premier de vingt-six cahiers; le second de treize.

N° 82. Deux Portefeuilles concernant « les Rangs et Revues ». Le premier de vingt-six cahiers, le second de vingt-sept.

N° 83. Un Portefeuille contenant trente-cinq cahiers concernant « les Audiences aux Compagnies, aux Etats ».

N° 84.*Un Portefeuille de vingt-sept cahiers de Pièces concernant « *La Dernière Régence* ».

N° 85.*Un Portefeuille de trente-huit cahiers concernant « *Les Princes Étrangers* ».

N° 86.*Un Portefeuille de cinq cahiers concernant « *L'Érection des Duchés étrangers* ».

N° 87.*Quatre Portefeuilles concernant « *La Préséance entre MM. les Ducs de Saint-Simon et de La Rochefoucaut* ». Le premier de trente-sept cahiers, le second de vingt-sept, le troisième de vingt-sept et le quatrième de vingt-cinq.

N° 88.*Deux Portefeuilles concernant « *La Préséance entre les Ducs et Pairs et M. de Luxembourg* ». Le premier de quatorze cahiers, et le second de douze.

N° 89.*Un Portefeuille de vingt-trois cahiers concernant « *Les Duchez d'Aiguillon et d'Étoutteville* ».

N° 90.*Un Portefeuille de vingt-trois cahiers concernant « *Le Duc d'Épernon* ».

N° 91. Un Portefeuille de trente-deux cahiers

concernant « les Audiences aux Compagnies ».

N° 92. Un Portefeuille de trente-huit cahiers concernant « Le Clergé ».

N° 93. Quatre Portefeuilles concernant « les Lits de Justice ». Le premier contenant trente-sept cahiers, le second vingt, le troisième vingt-six et le quatrième dix-huit cahiers.

N° 94. Deux Portefeuilles concernant « les Ordres de chevalerie ». Le premier de vingt-deux cahiers et le second de trente-deux.

N° 95. Un Portefeuille de trente-quatre cahiers concernant « les Naissances et Baptêmes ».

N° 96. Trois Portefeuilles concernant « les Sacres et Couronnements ». Le premier de vingt-huit cahiers, le second de vingt-six, et le troisième et dernier de vingt cahiers.

N° 97. Trois Portefeuilles concernant « les Mariages des Rois et Reines ». Le premier de vingt-six cahiers, le second de trente-cinq et le troisième de trente-deux.

N° 98. Trois Portefeuilles concernant « les Entrées ». Le premier de vingt-neuf cahiers, le second de trente-trois et le troisième et dernier de trente-neuf.

N° 99. Un Portefeuille de vingt-six cahiers concernant « les Entrevues des Papes, Empereurs et Souverains ».

N° 100. Deux Portefeuilles concernant « les Pompes funèbres ». Le premier de vingt-deux cahiers et le second de vingt-huit.

N° 101. Un Portefeuille de trente-six cahiers concernant « La Chancellerie ».

N° 102. Un Portefeuille de trente-trois cahiers concernant « Les Parlements et Chambre des Comptes ».

N° 103. Un Portefeuille de vingt-six cahiers concernant « les Monnoyes ».

N° 104. Un Portefeuille de quarante-six cahiers concernant « *Les Princes Légitimés* (1) ».

N° 105. Un Portefeuille de vingt-deux cahiers concernant « les Monnoyes ».

N° 106. Un Portefeuille de quinze cahiers concernant « les Monnoyes ».

N° 107. Un Portefeuille de neuf cahiers concernant « les Vivres des Armées ».

---

(1) Le tome XIII des prétendues « *Œuvres Complètes* » de Louis, duc de Saint-Simon, publiées en 1791 par Soulavie, contient un de ces Mémoires sur *Les Princes Légitimés*, avec cette inscription : *Lu dans le Conseil de Régence.* (Pages 152-163.)

N° 108. Un Portefeuille d'un gros cahier concernant « le Commerce des Hollandais ».

N° 109. Un Portefeuille de trente-cinq cahiers concernant « les Monnoyes ».

N° 110. Un Portefeuille de quarante-six cahiers sur « les Monnoyes ».

N° 111. Un Portefeuille de vingt-cinq cahiers : « Affaires du Parlement de 1715 et 1716 ».

N° 112.*Deux Portefeuilles concernant « *Les Princes Légitimés* ». Le premier de vingt-huit cahiers, et le second de quarante et un.

N° 113. Un Portefeuille de cinquante-trois cahiers concernant « le Nobiliaire de Bretagne ».

N° 114.*Un Portefeuille de douze cahiers concernant « *Les Duchés Pairies* ».

N° 115. Six volumes in-4° : « Recueils de Chansons ».

N° 116. Un volume in-4° : « Brevets sur la Calotte ».

N° 117. Un volume in-quarto : « Cérémonial des Cours de l'Europe ».

N° 118. Un volume in-quarto : « Réflexions de l'Abbé de la Trappe ».

N° 119. Cinq volumes in-octavo : « Réflexions pieuses et Instructions de l'Abbé de la Trappe ».

N° 120. Un volume in-folio : « Traités des Matières théologiques ».

N° 121. Un autre volume in-folio sur pareille matière.

DUDIT JOUR VENDREDY VINGT SEPT JUIN, DEUX HEURES DE RELEVÉE (*deuxième vacation du même jour*), ÈS-DITES REQUÊTES ET PRÉSENCES QUE DESSUS, LE PRÉSENT INVENTAIRE A ÉTÉ CONTINUÉ AINSI QU'IL SUIT :

Suite des Manuscrits.

N° 122. Un volume in-folio de « Mémoires et Factum ».

N° 123. Un volume in-folio de « Lettres et Mémoires des Ministres ».

N° 124. Un volume in-folio de « Lettres, Mémoires, *idem*, en 1718 ».

N° 125.* Un volume in-folio concernant les « *Promotions de l'Ordre* ».

N° 126. Un volume in-folio. « Différentes Pièces fugitives ».

N° 127. Un volume in-quarto contenant « Pièces fugitives ».

N° 128. Un volume in-folio concernant différentes « Remontrances ».

N° 129. Un volume in-quarto relié en papier, intitulé : « Miracle de la Sainte-Épine ».

N° 130. Un volume in-folio en papier concernant « la mort du Père Charny de la Trappe ».

Nº 131.*Onze Portefeuilles intitulés : « *Mémoires de Saint-Simon* », dont le premier contient dix-sept cayers, le deuxième seize, le troisième seize, le quatrième quinze, le cinquième seize, le sixième seize, le septième seize, le huitième seize, le neuvième seize, le dixième seize, et le onzième et dernier douze cayers, paraphés sur les premières et dernières pages de chaque volume par les Notaires soussignez (1).

Nº 132.*Deux Portefeuilles de *Recueils* concernant « *L'Ambassade d'Espagne* ». Le premier de quarante-sept cayers, le second de vingt cayers, paraphés sur les premières et dernières pages de chaque volume par les Notaires soussignez (2).

---

(1) Le numéro 131 est celui de l'important *manuscrit* des « *Mémoires* » si fameux. Ce *manuscrit*, par la grâce du Roi Louis XVIII et pour le bonheur de la République... des Lettres, ne se trouve plus aujourd'hui au Dépôt des Archives des Affaires Étrangères. Par le fait d'un contrat passé avec le marquis de Saint-Simon, à qui le Roi l'avait fait remettre, il appartient présentement à la maison Hachette, qui vient d'en faire usage, une seconde fois, pour une édition véritablement complète. (Voyez, pour les détails relatifs à l'historique des « *Mémoires* », notre chapitre XVI.

(2) Le DUC DE SAINT-SIMON fut déclaré Ambassadeur Extraordinaire de la Cour de France à la Cour d'Espagne le 23 septembre 1721, à l'occasion des mariages. Ses *Instruc-*

N° 133.*Sept Portefeuilles intitulés : « *Mémoires faits et écrits par M. le Duc de Saint-Simon sur différentes matières* », dont le premier contient quarante-un cayers, le deuxième trente-six, le troisième trente-un cayers, le quatrième vingt, le cinquième trente-cinq, le sixième quinze, et le septième et dernier trente-trois, paraphés sur les premières et dernières pages de chaque volume par les Notaires soussignez (1).

tions, en date du 21 octobre 1721, ont été publiées d'abord par Soulavie dans le tome VIII des prétendues « *Œuvres Complètes de Louis, duc de Saint-Simon* » (édition de 1791), pages 229 à 264, et ensuite par F. Laurent, dans le tome VI des *Mémoires* du même DUC (édition de 1818), au chapitre II de l'Appendice, ainsi que les *Lettres de Créance* du Roi au Roi d'Espagne et à la Reine, en date du 4 octobre. Le DUC DE SAINT-SIMON partit de Paris le 23 octobre 1721 pour Madrid, où il arriva le 21 novembre. Son ambassade a duré six mois environ. Il quitta la Cour d'Espagne le 24 mars 1722 et fut de retour à Paris le 20 avril. Les deux « *Portefeuilles* », ici désignés sous le numéro 132, contenaient donc toutes les *pièces manuscrites* de l'ambassade extraordinaire du DUC, c'est-à-dire ses dépêches et ses *petites lettres* au RÉGENT, sa correspondance obligatoire avec le CARDINAL DUBOIS et les documents y relatifs.

(1) On ne pourrait connaître le détail du contenu de ces sept volumes que par la reproduction du « *troisième catalogue* » indiqué plus loin sous le numéro 171, c'est-à-dire : « *Etats faits par Monseigneur sur différentes matières, contenus en sept volumes.* » On sait que le DUC DE SAINT-SIMON avait composé des *Mémoires* sur différentes matières d'État et de Gouvernement, soit pour le DUC DE BOURGOGNE, soit pour le DUC D'ORLÉANS, soit pour lui-même. Il se plaisait fort à donner ainsi cours à ses inspirations politiques. Il écrivit aussi beaucoup pour le CONSEIL DE RÉGENCE.

N° 134. Un Portefeuille de trente cayers contenant copie de différents « Mémoires sans intitulés », paraphés sur les premières et dernières pages de chaque volume.

N° 135. Un Portefeuille de treize cayers intitulé : « Formes de renonciations ».

N° 136.*Un Portefeuille de unze cahiers intitulé : « *Table Alphabétique Génuralle des Mémoires de Saint-Simon* », paraphé sur la première page du premier cayer et sur la dernière page du dernier cayer par les Notaires soussignez (1).

N° 137.*Un Portefeuille de seize cahiers intitulé : « *Table Particulière des Manuscrits de Saint-Simon* », paraphé sur la première page du premier cayer et sur la dernière page du dernier cayer par les Notaires soussignez.

N° 138. Un Portefeuille de quarante-trois cayers intitulé : « Généalogies, Successions du Roy de France et de Maisons ».

N° 139. Un Portefeuille de vingt-un cayers intitulé : « Mémoire des choses passées sous Henry Quatre et Louis Treize ».

---

(1) Il s'agit ici de la table alphabétique, que le DUC DE SAINT-SIMON a composée lui-même pour l'éclaircissement des *Onze Portefeuilles* qui contenaient les cent soixante-douze cahiers de ses propres « *Mémoires* ».

N° 140.* Un Portefeuille de treize cayers intitulé : « *Parallèle* », paraphé sur la première page du premier cayer et sur la dernière page du dernier cayer par les Notaires soussignez (1).

N° 141.* Un Portefeuille de quatorze cahiers intulé : « *Mariage de Monsieur avec Mademoiselle de Montpensier,* 1641 ».

N° 142. Un autre Portefeuille de douze cahiers intitulé : « *Changement à la Dignité de Pair de France* ».

N° 143. Un Portefeuille de trente-quatre cahiers intitulé : « Extraits de Lettres de M. de T. en 1718 ».

N° 144. Un Portefeuille de dix-sept cayers intitulé : « *Idem,* en 1717, etc. » (2).

---

(1) Le titre de ce manuscrit, pour être complet, devrait être : « *Parallèle des trois premiers Rois de Bourbon : Henry IV, Louis XIII et Louis XIV.* »

(2) Les « Lettres de M. DE T..., » ainsi indiquées sous les numéros 143 et 144, sont sans doute des extraits de *Lettres* politiques de ou à JEAN-BAPTISTE COLBERT, MARQUIS DE TORCY, Secrétaire d'État pour les Affaires étrangères, en survivance de son père CHARLES COLBERT, MARQUIS DE CROISSY, dès 1691, et en exercice depuis 1696 jusqu'à la mort de Louis XIV, en 1715, qu'il se retira, gardant la Surintendance des Postes. Sa retraite des affaires politiques ne fut en réalité qu'apparente, et il conserva auprès du RÉGENT une certaine autorité de conseil. Pendant qu'il dirigea les Affaires Étrangères, il a eu cet honneur et ce courage de résister à MADAME DE MAINTENON, qui aurait voulu avoir « la même influence dans les affaires d'État et sur ceux qui s'en mêlaient comme elle l'avait sur les autres

N° 145. Un Portefeuille de quarante-cinq cahiers intitulé : « *Nottes sur les Duchés et Comtés Pairies* ».

N° 146.*Un Portefeuille de trente-huit cayers intitulé : « *Abrégé de tous les Ducs et Pairs vérifiés* ».

N° 147.*Un Portefeuille de quatorze cayers intitulé : « *Parallèle* ».

N° 148. Un Portefeuille de quarante-six cayers sur « l'Ordre du Saint-Esprit ».

N° 149. Un Portefeuille sur « le même sujet ».

N° 150. Un autre Portefeuille sur « la Paix d'Utrecht », contenant quinze cayers.

N° 151.*Autre Portefeuille in-quarto contenant quinze cayers sur le « *Procès du Maréchal de Luxembourg* ».

N° 152. Autre Portefeuille in-quarto de vingt-quatre cayers commençant au trente-troisième, contenant « Différents Mémoires ».

N° 153. Autre Portefeuille in-4° contenant vingt-huit cayers ou « Lettres sur différents sujets ».

---

parties », principalement sur les parties ecclésiastiques, où elle fut si odieuse. Le marquis de Torcy avait épousé Catherine-Félicité Arnaud de Pomponne; aussi Madame de Maintenon, à qui ces noms disaient du jansénisme, n'aimait-elle point ces gens de bien et de réelle vertu.

N° 154. Autre Portefeuille in-4° de vingt-neuf cayers sur « Différents Sujets ».

N° 155. Autre in-folio contenant sept gros cayers de « Différentes Pièces fugitives (1) ».

---

(1) LE DUC DE SAINT-SIMON, dans le cours de ses *Mémoires et Récits*, renvoie fréquemment à ce qu'il appelle les « *Pièces* », c'est-à-dire à une série de documents ou annexes, formant un ensemble séparé du corps des cahiers des « *Mémoires* ». Ce sont de véritables « *Pièces Justificatives* » pour appuyer tantôt les jugements et opinions qu'il émet, tantôt les faits qu'il rapporte. En même temps que le *Manuscrit* des « *Mémoires* » fut remis au général marquis de Saint-Simon, il eût été naturel, judicieux et utile de lui remettre la collection des « *Pièces* », mais..... (Voyez notre chapitre XVI).

Je pense que les six portefeuilles représentés ici par les numéros 155 à 160, et le carton n° 161, renfermaient les « *Pièces* » en question. Le premier renvoi aux *Pièces*, dans les *Mémoires*, est en date de l'année 1697 (t. Ier, p. 437 de l'édition Hachette, in-8°), à propos de la disgrâce en cour de Fénelon, archevêque de Cambrai. Parlant de la lettre de M. de Cambrai au Pape, de la lettre de M. de Meaux au même, et de la réponse du Pape, SAINT-SIMON dit, dans une note : « *Toutes trois se trouveront aux pages 1 et 2 des* PIÈCES. « Pour le second renvoi, à propos d'un curieux sortilége, en 1697 aussi, alors qu'il était à l'armée d'Allemagne sous M. le Maréchal de Choiseul, il dit, dans le corps du récit : « *Cette sottise me fait souvenir d'une histoire si extraordinaire et de telle nature, que, pour ne la pas oublier et pour n'en pas allonger ces Mémoires, je la mettrai parmi les* PIÈCES. » Le troisième renvoi est de l'année 1700, sur le fait de la nouvelle de la mort de l'ABBÉ DE LA TRAPPE, que Saint-Simon reçut au séjour de la Cour à Fontainebleau : « *Ces Mémoires, dit-il, sont trop profanes pour rapporter rien ici d'une vie aussi sublimement sainte, et d'une mort aussi grande et aussi précieuse devant Dieu. Ce que je pourrois dire trouvera mieux sa place parmi les* PIÈCES, *page* 5. » Le quatrième rapporte à la page 10 des PIÈCES une *Lettre du Maréchal de Villeroy au Cardinal*

N° 156. Un Portefeuille in-folio contenant neuf gros cahiers de « Pièces fugitives ».

N° 157. Autre Portefeuille in-4° de dix-sept cayers : « Pièces fugitives (1) ».

N° 158. Autre Portefeuille in-4° de trois cayers de « Pièces fugitives ».

N° 159. Autre Portefeuille in-4° de onze cayers : « Lettres, Pièces fugitives ».

N° 160. Un autre Portefeuille in-folio de huit cayers : « Lettres, Pièces fugitives ».

N° 161. Un Carton de trente-cinq cayers : « Pièces fugitives sur différentes matières ».

N° 162. Un « Journal du Palais de mil sept cent

---

d'*Estrées*, datée de *février* 1702, *sur la journée de Crémone*. Le cinquième indique l'*Éloge de Louis XIII*, que Saint-Simon avait écrit pour accompagner la gravure de la médaille de ce Roi dans l'*Histoire Métallique de Louis XIV*, éloge qui est demeuré inédit. Je crois aussi que l'auteur des *Mémoires* a reproduit parmi les « Pièces » un grand nombre de copies de *Dépêches* dont il dut la communication à Torcy, pour la fin du règne de Louis XIV, au Conseil de Régence et au Duc d'Orléans pour les temps qui suivirent la mort du Roi. Les proportions d'une note ne me permettent pas d'en donner ici la nomenclature, mais il est commode de s'en rendre compte par une étude minutieuse de l'édition des *Mémoires* en vingt volumes.

(1) Il est remarquable qu'à compter du numéro suivant, c'est-à-dire du n° 158, il ne se trouve plus aucun signe à la marge de la *minute* de l'Inventaire en regard de chaque article. (Voyez notre *note*, page 125.)

cinquante-quatre (1) », paraphé sur la première et dernière feuille du Journal.

N° 163. Un Carton de trois liasses de « Lettres de différents Ministres ».

N° 164. Un Carton de « Différents Mémoires », contenant cent deux cayers d'une ou plusieurs feuilles.

N° 165. Un Portefeuille rempli de « Lettres de différentes personnes », paraphé seulement sur le carton par les notaires soussignez.

N° 166. Un autre Portefeuille rempli de « Lettres et Pièces fugitives », paraphé seulement sur ledit Portefeuille.

N° 167. Un autre Portefeuille aussy rempli de « Lettres et Pièces fugitives », paraphé, *id*.

N° 168. Un Portefeuille in-4° de treize cayers de différentes « Lettres et Mémoires », paraphé sur la première feuille du premier cayer et sur la dernière page du dernier feuillet.

---

(1) Sans doute le « *Journal du Palais, ou Recueil des principales Décisions de tous les Parlements et Cours souveraines de France* ». C'est un recueil devenu très-rare. Le plus ancien numéro que je connaisse est de 1672. « Paris, Denis Thierry, à l'*Enseigne de la Ville de Paris*, rue Saint-Jacques, et chez J. Guignard, à l'entrée de la grand'-salle du Palais, *A l'Image Saint-Jean*. »

N° 169. Un autre Portefeuille in-4° de six cayers qui sont « Lettres et Mémoires », paraphé sur la première feuille du premier cayer et sur la dernière page du dernier feuillet.

N° 170. Un autre Portefeuille de « huit pacquetz de Lettres », paraphé sur la première feuille de chaque pacquet.

N° 171 et dernier. « Trois Catalogues » :

Le premier intitulé : « *Manuscrits-Livres* » enfermés dans les Armoires.

Le second, portant le *même titre* et qui paroît être le double du premier.

Et le troisième intitulé : « *États des Mémoires et Écrits faits par Monseigneur sur différentes matières* », contenus en sept volumes, paraphés les uns comme les autres sur le premier et dernier feuillet par les Notaires soussignez.

« Ce fait, après avoir vacqué jusques à six heures sonnés à l'inventaire des *Manuscrits* cy-dessus, ils ont été remis avec ceux, cy-devant inventoriés, sous les scellez dudit sieur Commissaire, laissés en la garde desdits Brolliet et Raimbaut; et les Notaires et Officiers étant sur le point de se retirer, lesdites Parties les ont requis de procéder par double (vacation), et par tant, à heure présente ; ce qui leur a été octroyé : et ont signé auxdites réserves, deffenses et protestations cy-devant faittes, et que lesdites Parties réitèrent.

D<small>ATHOSE</small>.
B<small>OUDOT</small>.   G<small>AUZEN DES</small> A<small>RTAUX</small>.
B<small>ROLLIET</small>.   R<small>AIMBAUT</small>.
B<small>ARON</small>.   D<small>ELALEU</small>.

D<small>UDIT JOUR VENDREDY VINGT-SEPT JUIN MIL SEPT CENT CINQUANTE-CINQ, SIX HEURES DE RELEVÉE, ÈS DITES</small> R<small>EQUÊTES ET PRÉSENCES QUE DESSUS, LE PRÉSENT</small> I<small>NVENTAIRE A ÉTÉ CONTINUÉ AINSI QU'IL SUIT</small> :

La vacation depuis ladite heure, de six jusqu'à celle de neuf sonnée, a été employée à mettre en ordre une partie des *Papiers* (1), lesquels sont restés sous les scellés dudit Sr Commissaire; et *aux dires et réquisitions* portées au Procez-verbal dudit sieur; et pour la continuation du présent Inventaire, la vacation a été remise au jour et heure qui sera indiqué par *M. le Lieutenant Civil,* sur le référé porté au Procez-verbal dudit Sr Commissaire. »

Ainsi, le Cabinet des Manuscrits du feu duc de Saint-Simon, d'après cet inven-

---

(1) C'est-à-dire des *Papiers* dits de la *succession,* tels que ceux relatifs aux biens et possessions, seigneuries et domaines, aux contrats, aux quittances, aux titres personnels et honorifiques, etc. Voyez, à ce sujet, notre chapitre XIV.

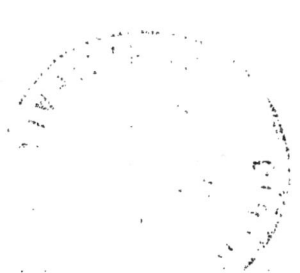

taire authentique, était composé de *cent vingt-trois volumes,* dont cent-trois in-folio, quinze in-quarto, cinq in-octavo, et de *cent soixante-deux portefeuilles,* dont cent cinquante-trois in-folio et neuf in-quarto. A ce nombre, il convient d'ajouter d'une part les trois *cartons* désignés sous les numéros 161, 163 et 164, et, d'une autre, les *quatre cent quatre-vingt-treize pièces de correspondance* représentées par quatre autres numéros inventoriés dont nous n'avons pas encore parlé. L'historique va nous en être donné par M⁰ Grimperel, en son procès-verbal, au sujet de l'Ordonnance nouvelle de M. le Lieutenant Civil.

XII

AUTRE ORDONNANCE DE M. LE LIEUTENANT CIVIL RELATIVE AUX MANUSCRITS DE « MGR » LE DUC DE SAINT-SIMON. — OUVERTURE QU'IL FAIT DE VINGT-NEUF PAQUETS DE LETTRES QUI SE SONT TROUVÉES ÊTRE *Lettres Missives*. — DESTINATION PROVISOIRE DE TOUS *les Manuscrits*. — CINQ CAISSES FERMÉES CHACUNE A UNE SERRURE ET DEUX CADENAS, AVEC CLEFS DIFFÉRENTES.

Les « dires et réquisitions » dont parle M*e* Delaleu en son Inventaire, comme étant, le 27 juin, au procès-verbal du Commissaire Grimperel, sont assez intéressants pour être rapportés. La nouvelle Ordonnance, en effet, du Lieutenant Civil, à la date du 30 juin, qui s'y trouve fort développée, est, en quelque sorte, le dénoûment de la première partie des aventures des *Manuscrits* du duc de Saint-Simon, partie que nous arrêterons à cette journée de décembre 1760, où un « *De par le*

Roy » les fit prisonniers d'État. Passons donc du recueil des *Minutes* de Mᵉ Delaleu, à celui des *Procès-verbaux* de Mᵉ Grimperel, pour y trouver les dires et réquisitions qui y sont mentionnés à la date du vendredi 27 juin, et au moment où il ne restait plus à inventorier de tous les *Manuscrits* du feu Duc que les paquets *de Lettres* et de *différents Papiers* destinés à être soumis à l'examen et à l'appréciation de M. le Lieutenant Civil.

« Et le vendredy vingt-sept juin audit an mil sept cent cinquante-cinq, deux heures de relevée.

« . . Et en procédant, ledit Mᵉ *Gérardin* audit nom a dit que l'hôtel où nous sommes actuellement, qui appartient à Monsieur l'abbé Desmarets, devant luy estre rendu au présent terme de Saint-Jean, et mondit sieur abbé Desmarets ayant prévenu Monsieur Daguesseau en ladite qualité d'exécuteur testamentaire, de trouver bon qu'il fît une sommation de vuider ladite maison et les lieux, et rendre le tout en état de réparations locatives pour le quinze juillet prochain, le Sᵗ Poton huissier-priseur a été chargé de louer un appartement pour y faire transporter et mettre le restant des meubles qui ne sont point vendus, les livres et tous les papiers de ladite succession ; lequel appartement il a trouvé et loué rue de Grenelle, presque vis-à-vis l'hôtel où nous sommes, en une maison dont le Sr Duval, tapissier, est principal locataire, lesquels *Meubles, Livres* et *Papiers* peuvent y être transportez dès le premier juillet prochain aux termes de la location ; que de plus tous les *Manuscrits* et *Lettres* qui étoient renfermés tant dans l'armoire en embrasure, dans la porte du Cabinet à livres donnant dans la gallerie, que dans les armoires de la salle du Daiz, ayant été examinez et inventoriés *en la présence de Monsieur l'Évêque de Metz*, aux termes de l'Arrêt, et remis après l'inventaire d'iceux dans lesdites armoires de la salle du Daiz sous nos scellez, ainsi qu'il est cy-devant dit, il n'est plus question que de pourvoir à leur seureté et à leur dépôt, d'autant plus qu'étant, comme dit est, inventorié, il seroit inutile de les faire transporter dans l'appartement loué, ce qui ne pourroit ne causer que des frais et des embarras ; *qu'ayant été proposé à Monsieur De Fresne de vouloir bien s'en charger,* et ayant déclaré qu'il n'entendoit point s'en charger, il ne reste qu'un party à prendre, qui est de *les faire renfermer dans des caisses fermées à différentes serrures et clefs,* et déposer lesdites caisses entre les mains d'un dépositaire ; poûrquoy par ces considérations ledit Me Gérardin audit nom requiert :

Premièrement.

« Qu'à la conservation des droits desdits créanciers et de ce qui appartiendra, tous lesdits *Ma-*

nuscrits et *Lettres* cy-devant inventoriés soient renfermés dans un ou plusieurs *coffres* ou *caisses* qui seront fermés à *trois serrures* ou *cadenas* et à *trois clefs différentes* dont une clef serait remise à mondit Sr De Fresne en sadite qualité ou à son fondé de procuration pour la luy remettre, une autre aux héritiers présomptifs, et la troisième à luy Me Gérardin pour les créanciers unis, et lesdits coffres ou caisses remis entre les mains dudit Me Delaleu ou de tel autre Notaire qui sera nommé ou dont les Parties conviendront, pour les représenter quand et à qui il appartiendra, sommant et interpellant lesdites autres Parties présentes de consentir à ce que dessus ou à tels autres moyens plus convenables qu'ils aviseront pour le depost desdits *Manuscrits* et *Lettres* et en procurer la seureté, sans préjudice aux créanciers de demander quand et ainsy qu'il appartiendra la prisée desdits *Manuscrits* et sous la réserve de tous les droits et actions à cet égard.

Secondement.

« Qu'il soit par nous porté à Monsieur le Lieutenant Civil les *paquets cachetés* qui ont été remis sous nos scellez pour en être par luy fait ouverture, en présence des Parties, et par luy ordonné ce qu'il appartiendra au sujet des *papiers* qui y sont renfermés.

Troisièmement.

« Qu'il soit par nous pareillement référé à Monsʳ le Lieutenant Civil au sujet du transport qu'il est nécessaire de faire des *Meubles*, *Livres* et *Papiers* qui sont dans ledit hôtel, à l'effet d'être autorisé par lui à faire transporter le tout avec les précautions nécessaires, dans l'appartement loué à cet effet, et pareillement être par luy ordonné ce qu'il appartiendra au sujet du dépôt desdits *Manuscrits* et *Lettres* inventoriés, et qu'il est pareillement nécessaire de faire enlever de ladite maison; et sous toutes réserves et protestations de droit, a signé

GÉRARDIN (1). »

M. Daguesseau de Fresne, de nouveau sollicité par le vœu unanime de toutes les Parties à se faire le gardien des *Papiers* et *Manuscrits*, persista à ne vouloir pas en être chargé; aussi, chacun des fondés de pouvoir fut-il d'avis de s'en rapporter aux décisions de M. le Lieutenant Civil.

---

(1) ARCHIVES NATIONALES : *Minutes* du commissaire au Châtelet, Michel-Martin Grimperel, déjà citées (Y, n° 13,381), et de même pour toutes les autres citations originales (sauf la dernière), que, vu leur importance sous le rapport de l'information et du renseignement, j'ai cru devoir reproduire en ce chapitre.

« Sur quoy nous, Conseiller du Roy, Commissaire susdit, après avoir donné acte aux Parties comparantes de leurs comparutions, dires, réquisitions, réponses et protestations, pour les faire valloir en tems et lieu ce que de raison, en conséquence avons reconnu sains et entiers, et comme tels levé et ôté les scellés par nous apposés..., sur les ouvertures et entrées de clef des *deux tiroirs du bureau* étant dans ladite salle et qui étoit cydevant dans le Cabinet à livres, ouverture desquels tiroirs faite avec la clef qui étoit restée en nos mains, se sont trouvés en iceux *vingt-neuf pacquets cachetés*, lesquels pour éviter la prolixité de la description que nous aurions été obligé de faire des *enveloppes* desdits *paquets*, nous avons, du consentement des Parties et dudit M⁰ Gérardin, mis dāns une *cassette* de bois de hêtre que nous avons fait ficeler autour avec une ficelle, sur chacun des deux bouts de laquelle nous avons apposé nos scellés avec cachets de nos armes en cire d'Espagne rouge, laquelle *cassette* et lesdits scellés, du consentement des Parties et dudit Mᵉ Gérardin, ont été mis en la garde et possession dudit Poton, qui s'en est chargé en dépositaire pour les représenter en l'hôtel de Monsieur le Lieutenant Civil au jour qui sera cy-après indiqué, pour être desdits paquets fait ouverture par Monsieur le Lieutenant Civil, et par luy, après ladite ouverture, ordonné ce qu'il appartiendra : à l'effet de quoy, ensemble pour être statué sur le surplus des dires des Parties, nous disons qu'il en sera par nous référé lundy trente du présent mois en l'hôtel et par-devant M. le Lieutenant Civil, où les Parties et Officiers et ledit Mᵉ Poton ont promis se rendre ledit jour.... »

Le lundi 30 juin, toutes les Parties et Messieurs les Officiers ici désignés se rendirent en l'hôtel de la rue Bourtibourg, qui était celui de M. le Lieutenant Civil. L'huissier Poton présenta la cassette où avaient été renfermés les *vingt-neuf paquets* trouvés en la précédente vacation. Elle fut aussitôt ouverte après que les scellés en eurent été reconnus sains et entiers.

Le texte du procès-verbal du Commissaire Enquêteur, bien que prolixe, diffus et confus à cet endroit, est tellement essentiel à l'historique des fameux Papiers du duc de Saint-Simon, que nous estimons devoir le reproduire en son intégrité. Le chercheur et le curieux en comprendront et l'importance et le particulier intérêt :

« Mondit sieur le Lieutenant Civil a fait ouverture des *vingt-neuf pacquets*, et après avoir examiné les *papiers* y renfermés qui se sont tous trouvés être des *Lettres Missives*, à l'exception d'un seul paquet, dans lequel s'est trouvée une quittance. Monsieur le Lieutenant Civil a distingué et séparé les *Lettres concernant la famille de Monsieur le duc de Saint-Simon* d'avec *celles qui ne regardent la famille ni ses biens*, mais qui sont écrittes tant audit deffunt qu'à différentes autres personnes de considération. Après le triage desquelles *Lettres*, a paraphé la quittance étant dans l'un desdits paquets ainsi que l'enveloppe qui la renfermait, et ordonné que lesdites deux pièces seront par nous représentées et mises au rang des Papiers de la succession, pour être inventoriées.

« *Qu'à l'égard des Lettres concernant la famille, elles seront renfermées dans une boëtte sur laquelle nous apposerons nos scellés, pour être ladite boëtte* et lesdits scellés représentés par le gardien d'iceux à la première ou subséquente vacation, et être lesdites *Lettres jointes aux autres Papiers de la succession*, et quant aux autres *Lettres qui ne concernent ny la famille ny les affaires* dudit deffunt, qu'elles seront mises dans *une autre boëtte*, sur laquelle seront apposés nos scellés, pour être ladite boëtte et lesdits scellés représentés par le gardien à la première vacation et les *Lettres y contenues* mises au rang des *autres*, trouvées dans les armoires de la salle du Daiz, après qu'elles auront été paraphées par les Notaires qui proceddent audit Inventaire, à l'effet de quoy lesdits scellés seront reconnus et levés et le paraphe desdites *Lettres* fait en présence de *Monsieur l'Évêque de Metz*, conformément à l'Arrêt du 10 mai dernier.

« Monsieur le Lieutenant Civil a ordonné en second lieu que sans préjudice aux droits respectifs des Parties, attendu l'Inventorié des *Manuscrits et Lettres* cy-après énoncés, lesdits *Manuscrits* et *Lettres* qui ont été remis sous nos scellés dans les armoires de la salle du Daiz et qui ont été inventoriez seront mis et renfermez *dans des coffres ou caisses fermants à trois serrures ou cadenas et à trois clefs différentes,* de même que les *Lettres* trouvées dans les armoires qui ont été aussy inventoriées et *celles* qui vont être aussi sous nos scellés *ne concernant ny les affaires ny la famille de M. le Duc de Saint-Simon;* qu'une des clefs de chaque coffre sera remise à l'Exécuteur Testamentaire, une autre aux présomptifs Héritiers, et la troisième au Procureur des créanciers, et les *caisses ou coffres* remis ou déposés à Mᵉ Delaleu, Notaire, qui s'en chargera comme dépositaire pour les représenter quand et à qui il appartiendra... Et a signé :

Dargouges (1). »

---

(1) Alexandre-François-Jérôme-d'Argouges, seigneur de Fleury, la Forteresse et autres lieux, Conseiller du Roi en ses Conseils, Maître des requêtes honoraire de son hôtel, Lieutenant civil de la Ville, Prévôté et Vicomté de Paris, était fils de Jérôme d'Argouges, seigneur de Ranes, qui fut Conseiller au Parlement, Maître des requêtes, et Lieutenant civil depuis 1710 jusqu'en 1746, époque à laquelle celui-ci lui succéda, après avoir reçu la charge en survivance depuis 1741. Né le 22 avril 1718, il mourut en son hôtel, rue Bourtibourg, le 10 février 1767. La terre d'Argouges était au bailliage de Caen, en la vicomté de Bayeux.
Avant l'établissement du Lieutenant Général de police,

Ce même jour, séance tenante, et sous les yeux du Lieutenant Civil qui venait d'en ordonner, Me Grimperel se mit en devoir d'exécuter l'Ordonnance, ainsi qu'il en fait rapport de la manière suivante :

« En exécution de la présente Ordonnance, nous Conseiller du Roy, Commissaire susdit :

Avons renfermé dans une moyenne *boëtte* de bois de chesne, les *Lettres concernant la famille de Monsieur le Duc de Saint-Simon,* laquelle *boëtte* nous avons entourée d'une ficelle, sur les deux bouts de laquelle nous avons apposé en cire d'Espagne rouge un scellé au cachet de nos armes ;

Avons renfermé dans une *autre boëtte* plus petite de pareil bois, les *Lettres qui ne concernent ny la famille ny les affaires de Monsieur le Duc de Saint-Simon,* laquelle boëtte a été pareillement entourée d'une ficelle, sur les deux bouts de laquelle nous avons aussy apposé en cire d'Espagne rouge un scellé au cachet de nos armes ;

Lesquels scellés, en exécution de ladite Ordonnance et du consentement desdits sieurs Dathose,

---

par Édit du mois de mars 1667, le Lieutenant Civil avait eu en main les affaires de la police et sûreté de la ville de Paris. Il fut restreint depuis à ne connaître que des requêtes en matière civile, des contestations à juger en référé, des assemblées de parents et conseils de famille, des ouvertures de testaments cachetés, etc.

EXÉCUTION DE L'ORDONNANCE. 157

Gauzen des Artaux et MM. Boudot et Gérardin èsdits noms, ont été laissés en la garde et possession dudit Poton, huissier-priseur, qui s'en est chargé comme dépositaire pour les représenter, sçavoir : la *boëtte* et les scellés apposés sur les *Lettres qui ne regardent point la famille,* mercredy prochain, deux juillet, huit heures du matin.

Quant à la *quittance et enveloppe* paraphée de Monsieur le Lieutenant Civil, en exécution de ladite Ordonnance, ils sont restés en nos mains pour être par nous représentés et être mis au rang des *Papiers de la succession,* dont et de quoy nous avons fait et dressé le présent Procez-Verbal en l'hôtel de Monsieur le Lieutenant Civil, en présence desdites Parties et Officiers. Ce à quoy il a été vacqué depuis trois heures de relevée jusqu'à plus de neuf heures sonnées, et sous les réserves et protestations respectueusement faites par les Parties, et qu'elles réitèrent, ont signé avec ledit Poton :

Poton.   Gauzen des Artaux.
Gérardin.   Dathose.   Boudot.
Grimperel.

Les articles de l'Ordonnance de M. le Lieutenant Civil furent tous exécutés le mercredi 2 juillet. Sommation avait été faite à *M. l'Évêque de Metz* pour être présent personnellement, si bon lui semblait, aux termes de l'Arrêt du Parlement du 10 mai, à la reconnaissance et levée des scellés et autres opérations ordonnées par le Lieutenant Civil. L'huissier à verge De Caix la lui avait remise la veille, et il y était notifié que les scellés à lever étaient ceux de la *boëtte* contenant *quatre liasses de Lettres*. Mais, à onze heures sonnées, M. l'Évêque de Metz ne s'était point encore présenté à l'hôtel, quoique sommé, et les Parties, ayant, de leur côté, sommé le Commissaire de procéder aux opérations, Mᵉ Grimperel y consentit. Voici ce que porte la minute de l'inventaire de Mᵉ Delaleu, à la date du 2 juillet :

« Du mercredy deux juillet mil sept cent cinquante-cinq, huit heures du matin, jour et heure indiqués par Monsieur le Lieutenant Civil, par le référé porté au procez-verbal dudit Sʳ Commissaire, èsdites requêtes, le présent Inventaire a été continué ainsi qu'il suit :

Suite des Manuscrits.

Suivent les *Lettres* contenues dans une *boëte* sur laquelle ledit Sʳ Commissaire a, de l'Ordonnance de M. le Lieutenant Civil, lors du référé à

FIN DE L'INVENTAIRE DES MANUSCRITS. 159

luy fait, aposé ses scellés et dans laquelle *boëte* avaient été renfermées différentes *Lettres* trouvées dans les *pacquets* portés chez M. le Lieutenant Civil, *ne regardant point la famille, la maison et les affaires de M. le Duc de Saint-Simon,* dont le paraphe a été ordonné par M. le Lieutenant civil.

N° 172. Cent vingt-quatre pièces qui sont « *Lettres* et *Enveloppes* », paraphes par lesdits M⁰ˢ Baron et Delaleu, par première et dernière.

N° 173. Quatre-vingts pièces, paraphées par lesdits Notaires, par première et dernière, qui sont « *Lettres* et *Enveloppes.* »

N° 174. Cent soixante-neuf pièces, paraphées par lesdits Notaires, par première et dernière, qui sont « *Lettres* et *Enveloppes.* »

N° 175. Cent vingt pièces, qui sont « *Lettres* et *Enveloppes* », paraphées par première et dernière, par lesdits Notaires (1). »

---

(1) Rien de plus important pour les historiens futurs (et je voudrais dire prochains) de la Vie et des Œuvres du grand auteur des *Mémoires,* que le signalement de ces quatre paquets formant *quatre cent quatre-vingt-treize pièces,* que très-peu de personnes ont connues. Pour nous, il est indubitable que c'est au nombre de ces pièces que se trouvaient et que doivent se trouver les *Lettres du duc de Saint-Simon à M. le duc d'Orléans, avec les réponses,* soit avant, soit pendant la Régence, ainsi qu'un grand nombre de lettres de personnages qui ont le plus marqué dans les affaires politiques, pendant les dernières années de la vie de Louis XIV, pendant la RÉGENCE surtout, et même sous le ministère de M. LE CARDINAL DE FLEURY.

Ainsi fut terminé l'inventaire des Manuscrits, « tant de la main du feu duc de Saint-Simon, que autres », au nombre de *cent soixante-quinze numéros*. Il restait à exécuter le dernier article de l'Ordonnance du 30 juin, c'est-à-dire à renfermer, dans cinq caisses, dont les clefs seraient distribuées aux Procureurs des Parties, *tous les manuscrits*. La cérémonie s'en fit devant les Parties et les Officiers assemblés en l'hôtel du feu Duc, le mercredi 2 juillet, à huit heures de relevée. Mᵉ Poton, gardien de la précieuse boîte où étaient renfermées les *Lettres ne concernant point la famille et les affaires,* comparut avec son important dépôt, et l'ayant remis, en reçut décharge valable. On procéda ensuite au récolement des *Manuscrits* et *Lettres* qui étaient restés dans les armoires de la salle du Daiz, puis au paraphé des *quatre liasses* formées par le Lieutenant Civil. Le tout s'étant trouvé conforme aux numéros de l'Inventaire, fut placé et renfermé dans *cinq grandes caisses fermantes chacune à une serrure et deux cadenas à trois clefs différentes,* puis remis au Notaire désigné, qui les fit porter au lieu de sa demeure, en la rue Sainte-Croix de la Bretonnerie, au coin de la rue du Puits, paroisse de Saint-Paul.

Mᵉ Delaleu, qui en fut le dépositaire depuis ce jour, 2 juillet 1756, *en exécution de l'Ordonnance du Lieutenant Civil*, jusqu'au jour, 26 décembre 1760, qu'il dut les remettre, *en exécution de l'Ordre du Roy*, au sieur Le Dran, commis à cet effet par M. le duc de Choiseul, s'exprime ainsi .

« Il a été vacqué à tout ce que dessus et à remettre tous les *Manuscrits inventoriés* sous les *cent soixante-quinze* numéros cy-dessus, dans *cinq boëtes* fermées chacune de *trois clefs*, depuis ladite heure jusqu'à celle de trois sonnées, par double vacation, à la réquisition expresse desdites Parties, pour accélérer. Ce fait, il a été remis, du consentement de toutes lesdites Parties, une *clef* de chacune desdites *caisses* audit Mᵉ Boudot audit nom, une pareille *clef* de chacune desdites *cinq caisses* audit Mᵉ Gauzen èsdits noms, et une pareille *clef* desdites *caisses* audit Mᵉ Gérardin, procureur plus ancien des créanciers, ét lesdites *cinq caisses,* en conséquence de l'Ordonnance de mondit Sʳ le Lieutenant Civil et du consentement de toutes lesdites Parties, ont été remises en la garde et possession dudit Mᵉ Delaleu, qui s'en est chargé pour les représenter quand et à qui il appartiendra (1).

---

(1) *Minutes* authentiques de Mᵉ Delaleu : Inventaire Saint-Simon, 1755 et 1756. Voir aussi, ARCHIVES NATIONALES, le procès-verbal de Mᵉ Grimperel à la date du mercredi 2 juillet 1755. (*Liasses des Commissaires au Châtelet,* Y, n° 13381.)

XIII

CURIEUX INCIDENT DE LA COMPARUTION DU SIEUR E. LAUDIER, SECRÉTAIRE DU « FEU DUC DE SAINT-SIMON », APPELÉ EN TÉMOIGNAGE AU SUJET DE L'INTÉGRITÉ DU NOMBRE DES MANUSCRITS PRÉSENTÉS A L'INVENTAIRE. — DÉCLARATIONS INTÉRESSANTES DUDIT LAUDIER.

Restaient les papiers proprement dits de la succession, si nombreux et d'un arrangement si difficile, qu'ils exigèrent des mois pour être inventoriés. Mais, avant de chercher parmi eux ceux que nous pouvons à bon droit considérer comme étant d'un relatif intérêt pour l'histoire de la vie du duc de Saint-Simon, nous devons parler d'un fait complétement inconnu jusqu'à présent. Ce fait est d'une particulière importance, puisqu'il lève toute incertitude, non-seulement sur la quantité, mais encore sur le genre des écrits laissés par le grand et illustre écrivain. Après la déposition, en effet, du sieur Laudier, secrétaire et bibliothécaire du feu Duc, nous estimons qu'il n'y a plus à chercher si son maître a produit tel ou tel autre ouvrage que ceux qui se trouvent désignés dans la partie de l'Inventaire ainsi produite : « *Sensuivent les Manuscrits dudit feu Seigneur Duc de Saint-Simon.* »

A la suite de la description des volumes *manuscrits*, il se répandit à Paris des bruits malveillants à cet égard, et qui pouvaient, sinon atteindre, du moins blesser la bonne foi de l'exécuteur testamentaire, l'honorable messire Daguesseau de Fresne. Plusieurs des créanciers, mécontents et se disant déçus dans leur attente, parce qu'ils avaient, sans doute, espéré que l'inventaire en aurait mis à jour un nombre beaucoup plus considérable, s'imaginèrent que peut-être on en aurait enlevé, à leur insu, plusieurs très-importants. M. l'Évêque de Metz lui-même ne se déclarait pas très-satisfait, et, sans doute mû par un sentiment différent, arrivait-il à la même croyance que les créanciers. Quoi qu'il en soit, messire Daguesseau de Fresne eut la pensée de faire comparaître le sieur *Laudier*, se-

crétaire du feu Duc, et de lui donner lieu
de se prononcer devant les Officiers, Procureurs et autres intéressés dans l'opération de l'inventaire. Mᵉ Grimperel, en
fidèle narrateur des incidents et en rédacteur exact des procès-verbaux de chaque
vacation, est le seul qui ait produit et
représenté cet incident si curieux de la
comparution du sieur Laudier, expressément appelé de la Ferté-Vidame à Paris,
et qui ait donné acte de ses intéressantes
déclarations :

« Et le lundy 28 juillet mil sept cent cinquante-cinq, deux heures de relevée :
En proceddant, par ledit Mᵉ Boudot audit nom
(de M. Daguesseau de Fresne), a été dit que,
sur les bruits que l'on a fait courir que *tous les
Manuscrits* de Monsieur le Duc de Sᵗ-Simon ne
s'étoient point trouvés lors de la levée de nos
scellés, l'on a fait venir en cette ville le sieur Laudier, secrétaire et bibliothéquaire du deffunt,
pour faire sa déclaration sur les connoissances
qu'il peut avoir relativement auxdits *Manuscrits*;
en conséquence de quoy, attendu que ledit Sʳ Laudier est à Paris et qu'il s'est présenté pour répondre aux sommations et interpellations, ledit
Mᵉ Boudot audit nom, nous requiert, lorsqu'il se
présentera en la maison où nous sommes, de rece-

voir sur le présent procez-verbal ses déclarations et réponses sur ce qui suit.

Sçavoir *s'il a connu d'autres Manuscrits* que ceux qui ont été renfermez *sous les scellés des armoires de la salle du Daiz*, et au cas qu'il y en ait eu d'autres, en quelles mains ils sont passez et où ils sont actuellement ;

S'il n'a pas été fait par feu Monsieur le Duc de St-Simon et *de sa main* une *Table de ses Manuscrits* ; s'il en a connu une autre que celle étant dans *deux Portefeuilles in-folio* qui étoient renfermez avec autres Portefeuilles dans les armoires de la salle du Daiz,

Et enfin d'expliquer ce qu'il sait concernant lesdits *Manuscrits*.

Lesdites déclarations et explications seront à valloir ce que de raison, et a ledit Me Boudot audit nom signé.

Boudot. »

« Et à l'instant est survenu Étienne Laudier, secrétaire bibliothéquaire de feu Monsieur le Duc de St-Simon, demeurant cy-devant à l'hôtel de St-Simon, depuis à la Ferté-Vidame depuis sa sortie de l'hôtel de St-Simon, et à présent à Paris logé rue Froidmanteau chez le serrurier du Roy, lequel a dit que, sur les avis et ordres qui luy ont été donnés, il s'est transporté du lieu de la Ferté-Vidame au Perche où il s'étoit retiré, et est arrivé à Paris le treize du présent mois, à l'effet de répondre ce qu'il sçait sur les interpellations qu'on a à luy faire;

Que ce qui est à sa connoissance sur le contenu au dire dudit Maître Boudot, est que *tous les Manuscrits* de mondit feu Sr Duc de St-Simon, tant *personnels* qu'*étrangers,* ont été remis et renfermez en sa présence et celle de touttes les Parties intéressées et même de Monsieur l'Évêque de Metz, dans les armoires de la salle du Daiz, sur lesquelles les scellez ont été ensuite réapposés;

Qu'il n'a point connu *d'autres Manuscrits* que *deux petits volumes in-quarto,* concernant *l'Abbé et l'Abbaye de la Trappe* qui étoient et ont dû se trouver au rang des livres de la Bibliothèque, plus quelques *cahiers* qui avoient été prêtés à *Monsieur le Duc de Richelieu* et que le comparant a depuis remis à Monsr l'Évêque de Metz, de l'ordre de feu Mons. le Duc de St-Simon;

Qu'à l'égard de la *Table de tous les Manuscrits,* il n'en a con d'autre de la main de Monsieur le Duc de S^t-Si   on que celle qui étoit jointe à ses ouvrages;

· Que c'est tout ce qu'il sçait relativement auxdits *Manuscrits*

En conséquence de quoy, et de ce qu'il voit que sa présence n'est plus nécessaire, il requiert u'il soit pourvu aux frais du voyage et du séjour qu'on luy a fait faire relativement à ce que dessus, et sous la réserve de tous ses droits et actions, a signé :

É. Laudier. »

Il ressort, toutefois, de cette très-importante déclaration du Secrétaire, de celui dont, en son testament, le duc de Saint-Simon dit : « Le sieur Laudier qui a soin de mes livres, » que M. le maréchal de Richelieu avait eu communication particulière de quelques *cahiers* des œuvres du Duc, et que ces cahiers avaient été remis à M. l'Évêque de Metz, du vivant de leur auteur, et sur son ordre. Quels étaient ces cahiers ? S'agissait-il de fragments des *Mémoires ?* Était-ce quelque essai de « *Mémoires nouveaux* » sous forme de digression, ou formant suite à ceux de la *Régence,* et que, pour plus de sûreté dans les informations, le duc de Saint-Simon avait communiqués au duc de Richelieu ? On peut supposer bien des choses, et par cela n'être aucunement en la vérité. A tous égards, c'est une question que nous soumettons à la curiosité et à l'esprit de recherche d'autrui. Peut-être les Papiers de Claude de Saint-Simon, Évêque de Metz, pourraient-ils répandre une heureuse lumière sur ce point ténébreux.

XIV

papiers dits de la *Succession* et des *Affaires* « du feu
duc de saint-simon ». — l'extrait des vingt-neuf
paquets présentés a m. le lieutenant civil. —
indication d'une correspondance de la duchesse
de saint-simon demeurée inconnue jusqu'a présent. — deux cent cinquante-sixième et dernière
vacation.

Les mois de juillet, août, septembre et octobre furent employés en vacations qui n'eurent d'autre objet que l'arrangement et l'examen des *Papiers* dits *de succession*. Peu d'incidents sont à signaler pendant ce laps de temps. Le 3 septembre seulement, il fut fait inventaire de quelques meubles et effets dans une chambre de l'hôtel de Valentinois, au quai Malaquais, et donnant sur la rue des Petits-Augustins ; cette chambre avait été prêtée au feu Duc pour y mettre le surplus de ses meubles. Le 13 septembre, acte fut donné « au comte de Valentinois, comme mari et maître des actions mobilières et possessoires de ladite dame son épouse, à présent habile à se dire et porter seule héritière dudit seigneur duc de Saint-Simon, son ayeul, au moyen de la renonciation faite à la succession par ladite dame princesse de Chimay, par acte passé devant Baron, qui en a la minute, et son confrère, Notaires à Paris, le 4 des présents mois et an... (1) »

Le mercredi 29 octobre seulement, fut terminée cette longue opération de l'*examen* des *Papiers de succession*. Ce jour aussi, la *description* en fut commencée. Elle se continua jusqu'au mardi 29 janvier de l'année suivante. Aux journées consacrées à la *description* de ces papiers, succédèrent celles du *récolement*. Les vacations arrivèrent ainsi jusqu'à la deux cent cinquante et unième et dernière, le 19 février de l'année 1756. Nous avons attentivement étudié le champ aride de cette longue partie de l'Inventaire, vou-

---

(1) Voir ARCHIVES NATIONALES, le « Procès-verbal de Mᵉ Grimperel déjà cité et la minute de l'Inventaire en l'ETUDE de Mᵉ Rouget.

lant y chercher quelques traces de ces papiers domestiques, estimés aujourd'hui si utiles pour la perfection d'une biographie. Nous n'avons pas eu lieu de regretter cette excursion de curieux en pays étranger, car nous sommes aujourd'hui sur des traces précieuses, qui, nous l'espérons du moins, aboutissant à d'heureuses rencontres, nous permettront de jeter une lumière nouvelle sur la vie, sur les habitudes, sur le caractère et sur les sentiments de l'auteur des *Mémoires*.

Parmi les *Papiers* inventoriés dans cette série particulière, et que, tant pour l'histoire de la famille du duc Louis de Saint-Simon que pour la sienne propre, on pourrait consulter avec fruit, nous devons citer les suivants :

« Provisions de Grand Bailly et Gouverneur de Senlis (neuf pièces), 1er mars 1690.

Provisions de la Capitainerie de Pont-Sainte-Maxence (cinq pièces), 1er mars 1690.

La Grosse en parchemin de l'Arrêt du Parlement du 1er août 1635, qui adjuge audit Sr Duc Claude de Saint-Simon la terre de Beaussart et le Vidamé de Chartres.

Lettre d'érection de la Terre de Saint-Simon et dépendances en Duché-Pairie (janvier 1635), et Arrest de la réception dudit Claude au Parlement à la dignité de Duc et Pair.

Aveu et Dénombrement des Terres de Baussar et de la Ferté-Arnaud (20 juillet 1669).

Le Brevet de Sa Majesté du dix-huit janvier 1685, par lequel le Roy a accordé audit Duc (Claude) de St-Simon une place à bâtir située à Versailles dans la rue des Coches.

Vingt-quatre pièces qui sont Titres Honorifiques en faveur dudit feu Duc de St-Simon.

Le Contrat de mariage du Duc Claude de Saint-Simon avec Hen tte de Budos (7 septembre 1644).

Inventaire fait après deceds de Dianne Henriette de Budos, Duchesse de St-Simon, première femme dudit Claude de St-Simon.

Le Contrat de mariage dudit Sr Claude de St-Simon et de la dame Charlotte de l'Aubespine.

Pièces qui sont anciens Contrats de mariage, Testaments et autres Titres de la famille de Laubespine et Chasteauneuf.

Procez verbal de vente des meubles dudit seigneur Claude de St-Simon, fait à la requête de ladite dame Charlotte de l'Aubépine son épouse, lors de leur séparation de biens.

Foy et Hommage, et Arrest de réception d'icelle à la Chambre des comptes, rendus par Claude, Duc de St-Simon, à cause du fief des Marais de St-Simon.

Les États et Mémoires d'affaires domestiques au nombre de huit inventoriés sous la cotte 116.

Mémoire intitulé : Inventaire du Titre du Domaine du Roy, à Blaye, dont M. le Duc de Saint-Simon doit compte comme donataire de Sa Majesté.

Procès-verbal de levée et apposition de scellés, après l'absence du Sr de Tassé, secrétaire du Duc Claude de St-Simon (28 avril 1692).

L'expédition de l'Inventaire fait à Saint-Simon après le décès de la première femme dudit Seigneur Duc de St-Simon.

Inventaire des meubles de Blaye, Versailles et la Ferté.

L'expédition en parchemin d'un Contrat passé devant Arrouet et son confrère, à Paris, le quatorze septembre mil six cent quatre-vingt-deux, par lequel Dame Éléonore de Vaulvire, Marquise de Ruffec, a vendu à Dame Charlotte de l'Aubespine de Chasteauneuf, sa fille aînée, épouse de Claude, duc de St-Simon, la terre, seigneurie et marquisat de Ruffec, situé en Angoumois, avec ses dépendances au long désigné en ladite vente faitte moyennant la somme de cinq cens mil livres.

Arrest rendu au Parlement de Paris, contradictoirement, le 17 août 1685, qui confirme ladite vente de Ruffec.

Le Contrat de vente fait à Claude, duc de St-Simon, de la terre et seigneurie de Pitou Aubigny Juvigny, située près de la ville de Ham et du Duché de St-Simon.

L'Inventaire des Titres et Papiers du Duché de St-Simon.

Les deux Mémoires intitulés Inventaire des Titres et Papiers des acquisitions faittes à Blaye.

Le Mémoire des meubles de Paris.

Le Contrat de vente des bois de la Ferté.

La Transaction passée entre le S^{gr} Duc de St-Simon et l'Évêque de Chartres au sujet du vidamé de Chartres.

La Foy et Hommage rendue à M. le Duc de St-Simon, comme Seigneur de la Ferté, par

M. Martineau, comme Seigneur de la Fortinière.

Le Registre des Titres et Trésors de la Maison de St-Simon.

Le Registre intitulé : « Journal des principales affaires de la Maison de St-Simon. »

Grosse du procès-verbal d'apposition et levée de scellés après le décès de Claude, Duc de St-Simon, par Me Poiret, Commissaire au Châtelet, daté du 4 mars 1693.

Grosse de partie de l'Inventaire fait après le décès de très-haut et très-puissant Seigneur Monseigneur Claude, Duc de St-Simon, Pair de France, Chevalier des Ordres du Roy, par Le Roy et son confrère, notaires à Paris, du 4 mars mil six cent quatre-vingt-treize, à la requête de très-haute et très-puissante Dame Madame Charlotte de Laubepine de Chateauneuf, Duchesse de St-Simon, avec lequel elle étoit non commune en biens et créancière de la succession, comme aussy à la requête dud. feu Seigneur Louis, Duc de St-Simon, émancipé d'âge, procédant sous l'autorité de Claude-François Cherier, procureur en la Cour, son curateur aux causes, fils unique dud. Seig. Duc de St-Simon et son donataire universel entre-vifs par contrat passé devant led. Le Roy le jeune et son confrère, notaires à Paris, le deux mars mil six cent quatre-vingt-treize.

Expédition délivrée par Mᵉ Charlier, notaire à Paris, le vingt-cinq octobre dernier (1755), comme successeur aux offices et pratiques de Merry, ci-devant notaire, qui l'étoit dudit Mᵉ Le Roy, de la suite dudit Inventaire fait à la requête du fondé de procuration de ladite Dame Duchesse de Sᵗ-Simon et dudit Seigneur Duc de Sᵗ-Simon fi s, et en la présence du fondé de procuration dudit feu Seigneur Duc de Sᵗ-Simon.

L'Extrait Baptistaire du Duc Louis de Sᵗ-Simon.

La Sentence du Châtelet qui entérine les lettres d'émancipation dud. Louis, Duc de Sᵗ-Simon, et nomme ledit Merrier son curateur.

Item. L'expédition en parchemin d'un autre Contrat passé devant ledit Le Roy et son confrère le 11 nov. 1719 duement insinué, portant vente par Dame Marguerite-Thérèse Rouillé, Princesse de Poix, Veuve de Mᵍʳ le Duc de Richelieu, audit feu Seigneur Duc de Sᵗ-Simon, d'une pièce de terre contenant 547 toises et 2 tiers de superficie, situé en la rue de l'Université, à prendre depuis l'hôtel de Richelieu jusqu'au coin de la rue de Bellechasse, et autres circonstances et dépendances dudit terrain aux charges et conditions, exprimez audit contrat et autres, moyennant 54,766 livres 13 sols 4 deniers payé comptant.

L'expédition en parchemin d'un Contrat passé

devant Le Roy et son confrère, notaires à Paris, le onze octobre mil sept cent dix-neuf, duement insinué, portant vente par Monseign^r Marie Chevalier, Marquis d'Hautefort, aud. feu Seig^r Duc de St-Simon, d'une grande maison rue Neuve-Saint-Dominique, vis-à-vis le couvent de Belle-Chasse, circonstances et dépendances à la charge de dix livres de rente foncière et moyennant cent mil trois cent quatre-vingt-quinze livres payées comptant. (Neuf pièces.)

L'expédition en parchemin d'un Acte passé devant Le Roy et son confrère, notaires à Paris, le quatre mars mil sept cent vingt, avec les mentions d'insinuations et publications, par lequel Dame Marie-Anne de Laubespine, veuve de Messire Louis de Harlay, Marquis de Breval, Seig^r de Chanvallon, de Perigny et autres lieux, a fait donation entre-vifs audit feu S^{gr} Duc de St-Simon, sur la recherche de l'usufruit à titre précaire, des terres et seigneuries de Buy en Bourbonnais, de Chanvallon en Bourgogne, entre Joigny et Auxerre, et de Perigny, entre Provins et Pont-sur-Seine, etc., etc.

Expédition en parchemin d'un Contrat passé devant Bellanger l'aîné et son confrère, notaires à Paris, le 30 juin 1739, portant vente par led. feu S^r duc de St-Simon et Mad^e la duchesse son épouse, de luy autorisée, au Sr François Messager, maître menuisier, de 17 toises de profondeur sur toute la face de la rue St-Dominique et faisant l'encoignure de la rue de Bellechasse sur la longueur depuis l'encoignure de lad. rue de Bellechasse jusqu'au mur du jardin de l'hôtel d'Estrées, avec une grande maison à porte cochère rue St-Dominique vis-à-vis ledit couvent de Bellechasse, étant dans ledit terrein, le tout à prendre dans les terreins vendus audit feu Seigneur duc de St-Simon tant par led. feu Seig^r marquis d'Hautefort que par Madame la duchesse de Richelieu, ladite vente faite à la charge des mêmes dix livres de rente foncière dont le feu S^{gr} Duc de St-Simon étoit tenu par son contrat d'acquisition envers l'église paroissiale de Vaugirard et outre moyennant le prix et somme de 56,000 livres en déduction de laquelle ledit Sr Messager a payé auxdits Seigneur et Dame de St-Simon, celle de 4,000 l. et pour les 52,000 l. restantes, il s'est obligé de les payer en acquit dudit S^{gr} et Dame à leurs créanciers déléguez par ledit contrat...

Déclaration faitte au domaine du Roy, passée devant Langlois, notaire à Paris, le 9 juillet 1739, par Louis, Duc de St-Simon, par laquelle il déclare qu'il est possesseur et propriétaire d'un hôtel à Versailles construit sur ladite place.

Lettres patentes accordées par le Roy au S^{gr} Duc de St-Simon en novembre 1731, portant érection des terres, châtellenies de la Ferté-Vidame et Baussar, en titres de Comtés sous le nom de la Ferté-Vidame, les arrêts d'enregistrement au Parlement et à la Chambre des comptes, etc. (88 pièces).

Vingt-trois Pièces, qui sont Lettres et Dons accordés par Sa Majesté à M^{rs} les Ducs de St-Simon, père et fils, du Domaine de Blaye et de la partie de la terre de Vitrezay, et les lettres de renouvellement dudit Don de neuf années en neuf années, etc.

Procez-verbal de mise en possession dudit feu S^{gr} Duc de St-Simon du Don à luy fait du fief de Saint-Louis de la Rochelle.

L'Érection du fief de Saint-Louis de la Rochelle en comté sous le nom de Rasse.

Vingt-sept pièces, qui sont anciens Contrats de mariage et Actes de la famille de St-Simon.

Trente-cinq pièces, qui sont Titres Honorifiques.

Expédition d'un Acte passé devant Doyen l'aîné et son confrère, Notaires à Paris, le 4 mai 1728, par lequel ledit feu Sr Duc de St-Simon a fait donation entre-vifs pour les motifs y exprimez à M. le Marquis de Ruffec son second fils, du Comté de Rasse, situé en la ville de la Rochelle, et de toutes ses appartenances et dépendances mouvantes et relevantes en plein fief, foy et hommage du Roy à cause de son château de la Rochelle, avec réserve la vie durant dudit feu Sr Duc de St-Simon, de l'usufruit dudit Comté, de la réception des foy et hommage des vassaux, de tous proffits de fiefs, droits et revenus casuels et de tous droits honorifiques dudit Comté de Rasse, ladite donation faite à charge de substitution graduelle et perpétuelle en faveur des mâles dudit Sr Marquis de Ruffec et à défaut desdits mâles à ceux de M. le Duc de Ruffec, premier fils dudit S^{gr} Duc de St-Simon, et encore, à deffaut de la ligne masculine desdits deux enfants, à leur fille aînée et à ses descendants mâles, l'ordre de primogéniture observé... (1).

---

(1) Ces pièces-ci ont d'autant plus d'intérêt qu'elles sont en quelque sorte les pièces originaires du grand Procès dit « de la Grandesse d'Espagne », qui fut soutenu au Châtelet d'abord, puis au Parlement, en la Grand'Chambre (1776 et 1777), entre les héritiers collatéraux du feu Duc de Saint-Simon et la maréchale de Fitz-James. Le nom de l'illustre auteur des *Mémoires* y fut souvent rappelé dans les plaidoiries qui y furent soutenues par les avocats Hardouin et Treillard. (Voyez à ce sujet la *Gazette des Tribunaux*, tome II (année 1776), page 37, et tome III (année 1777), page 321.) L'érudit M. Ernest Gallien, aujourd'hui Bibliothécaire de la Cour de cassation, a rappelé dans l'un des très-intéressants articles qu'il a publiés dans la même *Gazette des Tribunaux*, alors qu'il en était le directeur et rédacteur en chef, que le jour où fut rendu, en la Grand'Chambre de la Cour de Parlement, l'Arrêt dans le Procès de la Grandesse d'Espagne pour le nom de Saint-Simon, fut précisément celui où l'empereur d'Allemagne, Joseph II, frère de la Reine, alors en visite à Paris sous le nom de comte de Falkenstein, et curieux de tout voir, fut introduit en la

Cinquante-deux pièces, qui sont Titres Honorifiques et de noblesse.

Cour, durant cette grande et intéressante audience (jeudi, 15 mai 1777).

C'est à cette expédition de l'Acte passé devant Doyen, notaire, en 1728, dont nous rapportons ici l'intitulé, qu'il faudrait joindre, pour rendre complets les documents originaux de l'affaire de la Grandesse d'Espagne et du comté de Rasse, l'acte dont j'ai rencontré le signalement en étudiant l'inventaire après décès des biens de la comtesse de Valentinois. « Acte passé devant Mᵉ Dutertre, notaire à Paris, 1751, contenant que si le marquis de Ruffec, second fils du Duc de Saint-Simon, décédait sans postérité mâle et femelle, et que Madame de Valentinois, sa petite-fille, appelée par ledit acte du 4 août 1721 à ladite substitution, venoit à mourir sans postérité, ledit comté de Rasse et la Grandesse y jointe seroit recueilli en vertu de la nomination, vocation, donation et substitution qu'il en faisoit pour Claude-Anne, vicomte de Saint-Simon, fils aîné de Louis-Gabriel, marquis de Saint-Simon, et pour ses descendants mâles, l'ordre de primogéniture observé... En cas de décés dudit Claude-Anne, vicomte de Saint-Simon, sans enfants mâles, et desdits enfants mâles sans postérité mâle, ledit comté et majorat passeroit à Louis-Charles de Saint-Simon, second fils de Louis-Gabriel, marquis de Saint-Simon, et ses enfants mâles, toujours même ordre de primogéniture observé et successivement, chargeant celuy desdits enfants dudit seigneur marquis de Saint-Simon, descendants ou autres, qui recueilleroient ledit comté de Rasse avec le titre de Grand d'Espagne y joint, de payer à l'héritier du sang la valeur du comté de Rasse sur le pied du denier vingt-cinq du produit comme étant Duché-Pairie. »

Ajoutons que le 28 juin 1873 est mort à Paris, rue Vintimille, n° 17, dans sa soixante-quinzième année, un marquis de Saint-Simon (Jules-Hippolyte), marquis de Montbléru, comte de Rasse, Grand d'Espagne de première classe, sans doute héritier du titre en vertu de l'acte passé devant Mᵉ Dutertre en 1751. Ce marquis de Saint-Simon a laissé trois fils.

Expédition en papier du Testament de Dame Geneviève de Durfort de Lorges, Duchesse de Lauzun, fait à Paris, olographe, le 17 avril 1739, déposé par minute à Bronod, Notaire à Paris, le 19 mai 1740.

Cinquante-sept pièces qui sont Comptes du Sr Cormont, Intendant du feu Sr Duc de St-Simon, depuis le 1er janvier 1719 jusqu'au dernier décembre 1725, desquelles à la réquisition des parties il n'a été faitte plus ample description, mais elles ont été cotées, paraphées par première et dernière par ledit Delaleu...

Quatorze pièces, qui sont Comptes rendus par le Sr Duquenet, depuis le premier janvier mil sept cent vingt-six jusqu'au dernier décembre mil sept cent trente-neuf, desquelles pièces, etc.

Cinq pièces qui sont Comptes du Sr Maubreuil, depuis le premier janvier mil sept cent quatorze jusqu'au dernier décembre mil sept cent dix-huit, desquelles pièces, etc.

Douze pièces, qui sont Comptes dud. Sr Auvray, intendant dudit deffunt depuis le 1er août mil sept cent trente un jusqu'au dernier septembre mil sept cent quarante-quatre.

Huit pièces qui sont Comptes dudit Sr Auvray, depuis le trois juillet mil sept cent quarante neuf, jusqu'au douze juillet mil sept cent cinquante-quatre.

Une liasse de neuf pièces dont la première est un Registre couvert de velours à placque d'argent, contenant en langue espagnolle un décret signé du Roy d'Espagne le 18 juillet 1723, au sujet de la Grandesse d'Espagne, accordé à M. le Duc de St-Simon et à M. le Marquis de Ruffec, avec faculté à M. le Duc de St-Simon, sa vie durant, de placer cette grandesse par son Testament ou autres actes, sur tels de ses fiefs en France qu'il voudra choisir, avec substitution en faveur du Marquis de Ruffec et de ses autres fils ou filles ou des frères et sœurs et descendants d'iceux tel qu'il voudra choisir, ou à leurs deffauts à telles autres personnes ses parentes ou étrangères qu'il voudra choisir.

La seconde est un acte de réception en Espagne de M. le Marquis de Ruffec, du 1er août 1722.

La troisième est un brevet du Roy de France, du 2 avril 1724, qui permet à Mgr le Duc de St-Simon d'accorder la Grandesse.

La quatrième est une donation du 4 mai 1728, par M. le Duc de St-Simon à M. le Marquis de Ruffec, à la charge de substitution du Comté de Rasse situé en la ville de la Rochelle.

La cinquième sont Lettres patentes de mai 1728, contenant approbation de la substitution du Comté de Rasse, et ordonnance que ceux qui recueilleront ladite substitution soient reconnus grands d'Espagne de première classe.

La sixième est un Arrêt du Parlement du 25 février 1730, qui enregistre lesdites Lettres Patentes et ladite donation contenant substitution dudit Comté de Rasse et en ordonne l'exécution.

La septième est un Arrêt de la Chambre des Comptes du 20 février 1730, qui enregistre lesdites lettres et ladite donation. »

Un article de la deux cent vingt-neuvième vacation a particulièrement éveillé notre attention, et c'est à cet article que nous faisions allusion, en parlant de ces traces heureuses sur lesquelles nous pensions être, pour atteindre à un résultat qui, sans doute, serait si fécond en notices jusqu'ici demeurées inconnues, sur la vie du duc de Saint-Simon, nous voulons parler de la *Correspondance de la Duchesse de Saint-Simon avec le Duc, son mari*. M. le Lieutenant Civil, en examinant les *vingt-neuf paquets de papiers* qui lui avaient été présentés en son hôtel pour qu'il en ordonnât, n'avait pas confondu ces *Documents de famille* avec les *Lettres missives*, et il ne les avait pas fait joindre aux *Manuscrits* recueillis et renfermés dans les *cinq caisses* dont M⁰ Delaleu fut le dépositaire depuis le 2 juillet 1755. Cette distinction, due à M. le Lieutenant Civil, a donné lieu, dans la rédaction de l'Inventaire, à cette mention précieuse :

SUIVENT LES LETTRES CONCERNANT LA FAMILLE ET LES AFFAIRES DE M. LE DUC DE St-SIMON QUI SE SONT TROUVÉES ENFERMÉES DANS LES DIFFÉRENTS PACQUETS DONT L'OUVERTURE A ÉTÉ FAITE PAR MONS^r LE LIEUTENANT CIVIL LORS DU RÉFÉRÉ A LUY FAIT PAR LEDIT COMMISSAIRE LE 30 JUIN 1755, ET QUE MONS^r LE LIEUTENANT CIVIL A ORDONNÉ ÊTRE JOINT AUX AUTRES PAPIERS DE LA SUCCESSION.

Item. Une liasse de *cent trente-trois pièces* dont la première est une enveloppe sur laquelle sont écrits ces mots : « *Lettres de Madame la Duchesse de Saint-Simon,* des années 1725, 1726, 1728, 1729, 1731, 1732, 1733, 1734, 1735, 1736, 1737, 1738, 1739 et 1740, et les autres sont lesdites *Lettres,* desquelles à la réquisition desdites Parties il n'a été faitte plus ample description, mais elles ont été cottées, paraphées, par première et dernière par ledit Baron, et inventoriées sur lesdites première et dernière, pour le tout sous la cotte 234.

Item. Une liasse de *soixante et une pièces,* dont la première est une enveloppe sur laquelle sont ces mots : « *Lettres de Madame la Duchesse* », qu'on a pu arranger par années, attendu qu'elles n'y sont pas marquées... Cotte 235.

Une liasse de *sept pièces*, dont la première est une enveloppe sur laquelle sont écrits ces mots ; « *Lettres de Madame la Duchesse* », de 1723, et les autres de 1728. Cotte 236.

Une liasse de *trente et une pièces*, dont la première est une enveloppe sur laquelle sont écrits ces mots : « *Lettres de Madame la Duchesse* », de 1729. Cotte 237.

Une liasse de *vingt-six pièces*, dont la première est une enveloppe sur laquelle sont écrits ces mots : « *Lettres de Madame la Duchesse* », de 1730. Cotte 238.

Une liasse de *vingt-quatre pièces*, dont la première est une enveloppe sur laquelle sont écrits ces mots : « *Lettres de Madame la Duchesse* », de 1731. Cotte 239.

Une liasse de *vingt-quatre pièces*, dont la première est une enveloppe sur laquelle sont écrits ces mots : « *Lettres de Madame la Duchesse* », de 1732. Cotte 240.

Une liasse de *dix-huit pièces*, dont la première est une enveloppe sur laquelle sont écrits ces mots : « *Lettres de Madame la Duchesse* », de 1713. Cotte 241.

Une liasse de *trente-six pièces*, dont la première est une enveloppe sur laquelle sont écrits ces mots : « *Lettres de Madame la Duchesse* », de 1734. Cotte 242.

Une liasse de *huit pièces*, dont la première est une enveloppe sur laquelle sont écrits ces mots : « *Lettres de Madame la Duchesse* », de 1735. Cotte 243.

Une liasse de *cinquante et une pièces*, dont la première est une enveloppe sur laquelle sont écrits ces mots : « *Lettres de Madame la duchesse* », de 1736. Cotte 244.

Une liasse de *quarante-sept pièces*, dont la première est une enveloppe sur laquelle sont écrits ces mots : « *Lettres de Madame la Duchesse* », de 1737. Cotte 245.

Une liasse de *cinquante-deux pièces*, dont la première est une enveloppe sur laquelle sont écrits ces mots : « *Lettres de Madame la Duchesse* », de 1738. Cotte 246.

Une liasse de *cinquante pièces*, dont la première est une enveloppe sur laquelle sont écrits ces mots : « *Lettres de M. le Duc et Madame la Duchesse de Ruffec* ». Cotte 247.

Une liasse de *quarante-quatre pièces*, dont la

première est une enveloppe sur laquelle sont écrits ces mots : « *Lettres de M. le Marquis et une de Madame la Marquise de Ruffec.* » Cotte 248.

Une liasse de *vingt et une pièces*, dont la première est une enveloppe sur laquelle sont écrits ces mots : « *Lettres de M. le Marquis de Ruffec* », de 1734 et 1735. Cotte 249.

Une liasse de dix-huit pièces, dont la première est une enveloppe sur laquelle sont écrits ces mots : « *Lettres de M. l'abbé de St-Simon, depuis Évêque, Comte de Noyon, Pair de France, ensuite Évêque de Metz, Prince du S. Empire.* » Cotte 250.

Le 19 février 1756 fut le dernier jour que les Notaires eurent à consacrer à l'Inventaire, qu'ils avaient commencé le 11 mars 1755. Les biens de Paris et de la Ferté-Vidame étaient inventoriés et prisés, il est vrai, mais il restait encore les biens, meubles et effets dudit Louis, duc de Saint-Simon, à Blaye, à la Cassine, à Ruffec et à Saint-Simon. Aussi les Parties convinrent-elles, avant de se séparer, qu'elles enverraient incessamment leurs procurations pour, à leur requête, faire procéder à ces opérations dans ces différents endroits.

Un certain nombre de pièces de l'inventaire de Claude de Saint-Simon, père du Duc, et les titres honorifiques et de famille, ainsi que ceux de la Ferté, de Rasse, du fief de Saint-Louis de la Rochelle, furent remis au chargé de procuration du comte de Valentinois, Gauzen des Artaux, s'obligeant, devant M⁰ Boudot, fondé de pouvoir de messire Daguesseau de Fresne, à les représenter quand et à ce qu'il appartiendra.

Tous les autres papiers inventoriés, ainsi que les pièces concernant les terres de Blaye, Ruffec et Saint-Simon, Chanvallon et Verrières, qui avaient été jugés inutiles à inventorier, furent remis à M⁰ Delaleu qui, pour les loger, fut autorisé à louer expressément, dans son voisinage, une chambre convenable. M⁰ Delaleu se trouvait ainsi dépositaire de *tous les Manuscrits* d'une part, et d'un grand nombre des *papiers de succession*, remplissant, les uns cinq grandes caisses, les autres dix sacs à avoine et un sac de moindre grandeur.

Et ici, pour faire fin, citons ce dernier extrait des *minutes* de M⁰ Delaleu, qui achève ainsi, avec une grande précision, l'*historique* des différents inventaires des biens, effets et maisons du duc de Saint-Simon :

« Et le douze avril 1756, après midi, est comparu par-devant les Notaires à Paris soussignés, ledit Sr Gauzen des Artaux, Procureur du Comte de Valentinois, lequel a apporté à Delaleu les *Grosses* en papier de trois Inventaires faits à la requête dudit seigneur Comte de Valentinois, à cause de ladite Dame son épouse et dudit seigneur Daguesseau, Exécuteur Testamentaire dudit deffunt seigneur Duc de St-Simon.

Le premier fait le 9 mars dernier par Doaran, Notaire à Blaye, des meubles qu'avoit ledit seigneur Duc dans le *château et citadelle de Blaye.*

Le second fait le lendemain par le Notaire royal héréditaire en Angoumois, Sr Courant, Notaire de la ville et Marquisat de Ruffec, qui en a la minute, des meubles qu'avoit aussy ledit seigneur dans le *château de Ruffec.*

Et le troisième le 11 dudit mois de mars par Desaine, Notaire royal au Bailliage de Vermandois à St-Quentin, y résidant, des meubles qu'avoit ledit seigneur au *château de Saint-Simon,* et a ledit Gauzen requis ledit Delaleu en délivrer la copie nécessaire à qui il appartiendra, ce qui pour luy a été octroyé... »

Aucun de ces grands biens héréditaires ne demeura dans la maison de Saint-Simon. La princesse de Chimay, fille du Duc, avait renoncé à la succession pendant le cours même de l'Inventaire. La comtesse de Valentinois, sa petite-fille, seule héritière, vendit terres et seigneuries qu'elle ne pouvait garder. Messire François Le Scellier, Conseiller au Parlement de Metz, se fit acquéreur de la terre et seigneurie de *Saint-Simon* par contrat passé devant Mᵉ Delaleu et son confrère, le 14 décembre 1756. Charles-François, comte de Broglie, acquit le *marquisat de Ruffec* (1)

---

(1) On peut dire qu'en achetant le marquisat de Ruffec, CHARLES-FRANÇOIS, COMTE DE BROGLIE, acheta le lieu de l'étrange exil où, par un Ordre du 24 septembre 1773, Louis XV envoya le célèbre confident de sa correspondance politique *secrète*, devenue depuis si fameuse. Ce fut, en effet, au château de Ruffec, à cent vingt lieues de Paris, entre Poitiers et Angoulême, qu'à la suite d'intrigues soulevées et dirigées par M. le duc d'Aiguillon, Secrétaire d'État pour les Affaires étrangères, et Madame Du Barry, le Roi donna l'ordre au comte de Broglie de se retirer, tout en lui conservant une confiance sans limite pour la direction du *Ministère Secret*. Chevalier des Ordres de Sa Majesté, Lieutenant général des armées, deux fois Ambassadeur en Pologne, possesseur de secrets d'État de la confidence desquels Louis XV avait exclu Madame de Pompadour elle-même, le comte de Broglie, frère du maréchal Duc de ce nom, est l'un des personnages les plus intéressants par ses qualités et aptitudes et les plus extraordinaires par le caractère politique de ses emplois, qui se puissent rencontrer

par contrat passé devant M⁰ Le Clerc, le 6 décembre 1762. Le comte de Chabanne acheta les terre de *Buq* et seigneurie de *Verrières* en Berry par contrat passé devant M⁰ Bronod, le 21 mai 1763, et Dame Catherine-Madeleine de Jort de Fribois, veuve de Messire René Berryer, Garde des sceaux de France, fut acquéreur des terres situées à *Blaye* et autres désignées au contrat passé devant M⁰⁵ Delaleu et Delage, le 13 mars 1764.

---

dans le cours du dix-huitième siècle. Il faut lire le portrait admirable que Rulhière a fait de lui dans son *Histoire des Révolutions de Pologne*. Les esprits curieux de lectures d'un extrême et sérieux attrait, doivent rechercher, pour bien connaître le comte de Broglie, l'ouvrage excellent publié en 1866 par M. E. BOUTARIC (aujourd'hui l'un des Chefs de section aux Archives Nationales), sous ce titre, qui donne tout ce qu'il promet : *Correspondance Secrète inédite de* LOUIS XV *sur la politique étrangère avec le* COMTE DE BROGLIE, TERCIER, D'ÉON, *etc., et autres Documents relatifs au Ministère Secret*, publiés d'après les originaux conservés aux Archives de l'Empire et précédés d'une *Étude sur le caractère de la politique personnelle de* LOUIS XV. (Deux volumes in-8°; Plon.) Ajoutons que le présent DUC DE BROGLIE, à une époque où la politique lui permettait des loisirs qu'il occupait fort noblement et très-assidûment à des études historiques d'un caractère élevé, a publié en 1867, dans la *Revue des Deux-Mondes*, plusieurs articles d'un grand et particulier intérêt touchant les affaires diplomatiques dont FRANÇOIS-CHARLES, COMTE DE BROGLIE, avait eu la curieuse et piquante direction, en 1758, après la retraite de LOUIS-ARMAND DE BOURBON, PRINCE DE CONTI, qui avait travaillé secrètement avec le Roi depuis la mort du cardinal de Fleury en 1743.

BIENS, TERRES ET CHATELLENIES.

Il ne fut pas jusqu'au manoir, seigneurie, châtellenie et terre de la *Ferté-Vidame*, seule résidence hors Paris que le Duc de Saint-Simon ait habitée, toute remplie des souvenirs de son âme, de son esprit et de son être, mystérieux et unique témoin de l'immense expansion de ses pensées, qui n'ait passé en des mains étrangères, par contrat intervenu devant Mᵉ Duclos, le 21 juin 1764, entre Madame de Valentinois et le financier célèbre, depuis fermier général, Jean-Joseph de Laborde (1).

---

(1) Voyez dans la *Biographie universelle* de Michaud (tome XXII, p. 286), un remarquable et intéressant article de M. PAUL LACROIX (bibliophile Jacob) sur ce chef de la maison des Laborde. On y trouvera des détails sur l'acquisition qu'il fit de la seigneurie de la Ferté et du vidamé de Chartres. Voir aussi l'*Annuaire d'Eure-et-Loir* (tome XI, année 1851), déjà cité dans notre chapitre VII, pages 57 et 58.

L'eau-forte si heureusement exécutée par M. J. Mollard, et placée en tête du livre, représente le château de LA FERTÉ-VIDAME tel qu'il était à la mort du duc de Saint-Simon. Le nouvel acquéreur détruisit entièrement le vieux château, et le reconstruisit dans le style de l'époque.

XV

« PAR ORDRE DU ROI. » — LE 21 DÉCEMBRE 1760.

Il faudrait avoir sous les yeux les écrits particuliers et les papiers d'affaires de M. Daguesseau de Fresne (si toutefois ils ont été conservés), pour connaître exactement, et par le menu, toutes les démarches qui durent être tentées pour une plus prompte libération des manuscrits du feu duc de Saint-Simon. Depuis le jour, en effet, où ils furent déposés chez M⁰ Delaleu (30 juin 1755), jusqu'à celui où ils furent remis aux mains d'un premier commis de la Secrétairerie d'État des Affaires Étrangères (21 décembre 1760), cinq années et demie s'étaient écoulées. Il est hors de doute que M. l'Évêque de Metz, le Procureur des créanciers anciens et nouveaux, l'Exécuteur testamentaire, tous ceux enfin qui étaient parties intéressées, ont dû produire, entretenir et soutenir de très-vifs débats : les uns, en vue de préserver un article de la succession aussi précieux et d'entrer en possession; les autres, afin que vente en fût faite au plus offrant pour contribuer à l'acquittement des dettes. On sait le temps qu'exigent habituellement les affaires mises ès mains des procureurs, et quelles subtilités admirables ils ont en réserve pour donner cours à la chose en la maintenant en état d'expectative. Il est certain que rarement ils ont offert un exemple plus accompli de leur capacité dans ce genre. Au train de procédure dont les Procureurs allaient, tous les Légataires du feu Duc auraient aisément pu rendre l'âme sans avoir reçu aucun legs. Ce fut le cas de M. l'Évêque de Metz, le légataire des *Manuscrits* et *Lettres* et de tous *Papiers n'intéressant ni les biens ni la maison* du feu Duc son cousin. Il mourut au siége même de son Évêché, le 29 février 1760, sans que l'exécuteur testamentaire, M. Daguesseau de Fresne, ait pu donner sinon aucune suite, du moins aucun résultat à la volonté cependant si précise du testateur.

L'Évêque de Metz mort, le Procureur des créanciers, dans le cours de la même année, réunit sans doute toutes ses forces pour les porter sur l'affaire des *Manuscrits;* mais il avait compté sans ce dernier mot du Pouvoir qui, dans l'ancien État de France, faisait qu'il n'y avait plus d'appel lorsqu'il avait été prononcé. Ce mot, cet arrêt soudain, ce jugement sans appel, c'était l'*Ordre du Roi,* autrement dit, le « *De par le Roy* ».

Or, le 21 décembre 1760, Mᵉ Delaleu, dépositaire des cinq caisses aux trois serrures différentes chacune, reçut la visite du sieur Nicolas-Louis Le Dran, premier commis du Dépôt des archives des Affaires Étrangères, réunies et conservées encore à cette époque au donjon du vieux Louvre. Le sieur Le Dran était porteur d'un papier qui avait été ainsi libellé dans les bureaux de M. le duc de Choiseul, Ministre Secrétaire d'État :

PAR ORDRE DU ROI.

Sa Majesté étant informée que les *Manuscrits* trouvés chez M. le duc de Saint-Simon, lors de son décès, la plupart desquels concernent le service du Roi et de l'État, ont été renfermés dans plusieurs caisses, ordonne que sur la simple représentation du présent Ordre, et nonobstant toutes oppositions faites ou à faire, lesdites *caisses* et *manuscrits,* en l'état où ils sont, ensemble les clés desdites caisses, seront remis au S^r Le Dran, premier commis du Dépôt des Affaires Étrangères, et ce, sur la simple reconnoissance qu'il en donnera.

Enjoint au Sr Delaleu, notaire, et à tous autres dépositaires desdites *caisses* et *manuscrits,* de se conformer au présent Ordre.

Fait à Versailles, le 21 décembre 1760.

Louis.

Choiseul (1).

---

(1) Voyez les pièces de l'intéressant procès soutenu devant les diverses juridictions civiles du Tribunal de la Seine au sujet de la propriété des *Mémoires* du duc de Saint-Simon. Nous recommandons surtout la lecture du réquisitoire de M. Sallé, substitut du Procureur Général. Il est rempli de documents exacts et très-curieux. *Gazette des Tribunaux* du 4 février 1857; *Compte rendu de l'audience du 3 février* à la Cour Impériale de Paris, Première Chambre, Présidence de M. le premier président Delangle.

M. le duc de Choiseul, le même jour qu'il avait contre-signé l'*Ordre du Roi*, avait adressé au sieur Le Dran la lettre suivante :

Monsieur,

Les manuscrits trouvés au décès de M. le duc de Saint-Simon ont été renfermés lors de la levée des scellés dans plusieurs grandes caisses et laissés en dépôt au sieur Delaleu, notaire. Comme ils concernent les *Affaires du Roi* et l'*Ambassade d'Espagne* de feu M. le duc de Saint-Simon, je joins ici l'*Ordre du Roi* pour les retirer.

Lorsque ces manuscrits seront au Dépôt, vous me les ferez passer caisse à caisse pour les examiner et prendre une idée de ce qu'ils renferment.

21 décembre 1760.

Duc de Choiseul (1).

Le sieur Le Dran se rendit donc au domicile de M⁰ Delaleu, qui était sis en la rue Sainte-Croix de la Bretonnerie, et reçut les caisses, non toutefois sans s'être

---

(1) Voir les documents produits à l'audience de la Première Chambre par M. le substitut du Procureur Général.

fait communiquer la partie des minutes de l'*Inventaire* qui avait été dressé par les Notaires, à la vacation du 21 juin 1755, sous le paragraphe que nous avons reproduit plus haut et ainsi désigné : « *Ensuivent les Manuscrits dudit feu seigneur duc de Saint-Simon.* » Nous avons représenté dans notre Introduction la trace curieuse que le porteur de l'*Ordre du Roi* avait laissée de son examen, à la page même de la description des *Manuscrits*, sous la forme d'une adresse de gazettes étrangères à lui dirigées : *Novembre* 1760. *Gazettes étrangères (franches de port), M. Le Dran, chef du bureau des Affaires Étrangères. Au Louvre.* Il est donc certain qu'à la fin de l'année 1760, le dépôt du Louvre se trouvait ainsi augmenté et enrichi des *cent soixante-quinze portefeuilles* ou *volumes* ou *cartons* qui avaient formé la collection des *Manuscrits* du duc de Saint-Simon, « tant ceux de sa main que autres ».

Mais qu'était-il arrivé, pour que ce tout-puissant *Ordre du Roi* parût ainsi soudainement, depuis cinq années et plus que les caisses contenant ces importants papiers étaient prisonnières chez un Notaire au Châtelet? Cet *Ordre* était-il le fait arbitraire de l'arbitraire curiosité d'un Ministre, qui trouvait ce moyen fort commode pour s'emparer du bien d'autrui sous le couvert du vouloir du Roi? Fut-il présenté sans aucun avis préalable à l'Officier dépositaire de ces caisses, comme par surprise, et sans qu'aucun des héritiers ait eu avis de ce que le Secrétaire d'État des Affaires Étrangères avait pensé faire? Ou bien l'*Ordre du Roi* couvrait-il une amiable négociation en même temps qu'il la dénouait? C'est à cette supposition qu'il convient de s'arrêter pour être, pensons-nous, dans la vérité, et c'est à ce propos que nous voyons paraître madame la maréchale de Montmorency.

Elle était Saint-Simon, sœur de l'Évêque de Metz, et cousine du feu Duc et Pair, qui, dans son testament, lui avait laissé des marques d'une véritable et sérieuse amitié, et dans ses *Mémoires*, à la date de l'année 1722, avait fait d'elle ce portrait charmant :

« Il se fit peu de jours après un autre mariage chez moi, à Meudon, de la sœur de l'Abbé de Saint-Simon avec le comte de Laval, maréchal de camp alors, et enfin devenu Maréchal de France. Son nom et cette juste récompense de ses longs services dispensent d'en dire davantage. Madame de Saint-Simon avoit pris grand soin de cette jeune personne, et l'eut chez elle tant que je fus en Espagne. Elle étoit fort jolie, et son air de douceur, de modestie et de retenue plaisoit extrêmement. Le dedans étoit fort au-dessus du dehors. De l'esprit, de l'agrément, de la gaieté, une piété et une vertu qui ne se sont jamais démenties et qui n'ont effarouché personne ; fort propre au monde, et une conduite qui a infiniment aidé la fortune de son mari. Il vouloit une alliance et des entours qui le pussent porter. Il eut en se mariant un petit gouvernement et sa femme une pension (1). »

En faveur de qui l'Évêque de Metz, sentant sa mort prochaine, au mois de janvier ou de février 1760, aurait-il pu mieux disposer du legs du feu duc de Saint-Simon, sinon en faveur de la Maréchale, sa sœur à lui, cousine du duc, et qu'il

---

(1) *Mémoires* (édition Hachette, in-8), tome XIX, page 317.

savait être femme d'un esprit éclairé? Où aurait-il rencontré une réciprocité plus certaine et mieux marquée par les bons sentiments, sinon chez cette Maréchale qui, dans la pensée où elle était que M. l'Évêque de Metz, son frère, lui survivrait, lui avait fait en son testament, écrit à Paris le 15 mars 1759, l'honneur de l'article suivant :

« Je prie Monsieur l'Évêque de Metz, mon frère, auquel je dois tout ce que j'ai possédé en ce monde, de vouloir bien exécuter mes dernières volontés et de recevoir le portrait de poche de *madame la duchesse de Saint-Simon*, que son mary m'a laissé par testament, et qui est la seule chose que j'ose luy présenter et qui me paraisse digne de luy. Je l'assure de ma vive reconnoissance et de ma véritable tendresse (1). »

---

(1) Et après la mort de M. l'Évêque de Metz, elle fit un codicille, le 28 août 1750, ainsi conçu : « *Au nom du Père et du Fils et du Saint-Esprit. La succession de M. l'Évesque de Metz, mon frère, me mettant en estat d'augmenter les récompenses de mes gens, portées par le testament que j'ai fait le 15 mars 1759, je vais y joindre le present codicille, que j'ay fait tout exprès le jeudy 28 août 1760, etc.* » Signé : Marie-Élisabeth de Saint-Simon, Maréchale de Montmorency. Elle était alors à Paris, chez sa belle-fille, madame de Laval, mais depuis qu'elle était veuve son domicile était au Mans, à l'abbaye du Pré. Les archives du Comte de Montmorency-Laval étaient en sa résidence de Chaston, située dans le Maine.

Qui, dans la famille, pouvait-il désigner plus judicieusement que la Maréchale, femme de beaucoup de sagesse, de tact et de bon jugement, qualités qui lui avaient valu d'être nommée tutrice des enfants de feu son fils, Guy de Montmorency-Laval, et de feu sa belle-fille, née de Meaupou ? On ne saurait avoir de doute, à tous égards, malgré l'absence de preuves absolues (1), de la transmission des droits de l'Évêque de Metz à sa sœur pour la possession des papiers du feu Duc,

---

(1) Nous nous sommes appliqué à rechercher des documents tels que *lettres particulières, informations de famille*, sur ce sujet. Dans l'espoir où nous étions que l'Évêque de Metz avait laissé quelques papiers, nous nous étions adressé au chef des Archives Départementales à Metz, M. Édouard Sauer. Il a eu l'obligeance de nous répondre par le renseignement suivant, en date du 16 août 1873:

« *Il y a quelques années, il n'y avait parmi les Titres et Papiers du fonds de l'Évêché de Metz déposés dans les Archives Départementales, aucun document sur la famille de M. de Saint-Simon ; mais j'ai retiré, vers 1867, des Archives de la Cour impériale de Metz (Archives de l'ancien Parlement de Metz) un certain nombre d'Actes concernant la succession de cet Évêque. Je n'ai vu dans aucun document la mention du testament qui aurait été fait par Mgr de Saint-Simon.* »

Nous avons acquis, en effet, depuis, la preuve que l'Évêque de Metz n'avait pas laissé de testament; et cela, d'après le détail de la levée des scellés en l'hôtel qu'il avait occupé à Paris, dont nous parlons ci-après.

puisque çe fut avec la maréchale de Montmorency, couvrant la comtesse de Valentinois, sa petite-fille et unique héritière, que M. le duc de Choiseul traita.

À quel propos, pour quel motif? S'il en eût été autrement, Madame la maréchale de Montmorency aurait-elle ainsi apparu soudainement dans cette affaire du legs fait à feu l'Évêque son frère? Il est à supposer que la négociation souterraine de la transmission des *Manuscrits* et *Papiers* de Saint-Simon aux Affaires étrangères avait dû se traiter du vivant même de l'Évêque avec M. de Choiseul, peut-être dès les premiers temps que le Roi l'eut déclaré Ministre Secrétaire d'État. A défaut de cette négociation même, il n'est pas permis de douter qu'il ait délégué la mission de confiance qu'il avait reçue par le testament du duc de Saint-Simon, à la Maréchale sa sœur, soit par une déclaration sous seing privé, soit par une lettre explicite. Cette déclaration, cette lettre, ce document, doivent exister encore, en quelques archives de famille ou en quelque dépôt de papiers où ils demeurent sans doute bien oubliés. Il nous sera permis de présumer qu'ils devaient appartenir aux cotes 267 ou 268 de l'Inventaire des titres qui furent trouvés, après la mort de l'Évêque de Metz, dans l'hôtel de la rue Saint-Dominique qu'il avait loué à vie aux Religieux Jacobins et qu'il avait occupé, pendant ses fréquents voyages et séjours à Paris, depuis l'année 1740. A la requête de la maréchale de Montmorency et de la comtesse de Besse de la Richardie, sa sœur, toutes deux héritières, le scellé avait été apposé le 26 mars 1760, dans l'hôtel de la rue Saint-Dominique, par Mᵉ Levié, commissaire au Châtelet, et l'inventaire avait été commencé par Mᵉ Boulard, notaire. Or, parmi les titres mentionnés, nous avons rencontré ceux-ci, sous les deux cotes ainsi désignées :

« *Item.* Une liasse de six pièces qui sont renseignemens *au sujet du legs fait à mondit seigneur Évêque de Metz par M. le duc de Saint-Simon de ses Manuscrits,* desquelles à la réquisition des Parties il n'a été fait autre description, mais lesdittes *pièces* ont été cottées et paraphées par première et dernière, pour le tout deux cent soixante-sept.

« *Item*. Une liasse de six pièces pouvant servir de renseignemens dans les affaires de ladite succession, desquelles pièces, à la réquisition des Parties, il n'a été fait autre description..., etc. (1).

Ce qui est certain, c'est que dans tout cet historique des *Manuscrits* et *Lettres* du Duc de Saint-Simon, le seul point obscur est celui qui est relatif à la déci-

---

(1) *Minutes* de M⁰ Boulard, qui fit inventaire de tous les biens, meubles meublants, titres, papiers et autres effets et renseignemens étant de la succession de « deffunt Illustrissime et Révérendissime Monseigneur Claude de Rouvroy de Saint-Simon, Évesque de Metz, Pair de France, Prince du Saint-Empire, Abbé commendataire de l'Abbaye Royale de Jumiéges, à la requête : 1º de Marie-Élisabeth Rouvroy de Saint-Simon, Maréchalle de Montmorency, veuve de Guy-Claude-Rolland Montmorency-Laval, demeurant ordinairement à l'Abbaye du Pré, province du Mans; 2º de Jean, Comte de Besse de la Richardie, Seigneur d'Auliat, Baron de Châteauneuf, mari de Dame Françoise-Élisabeth de Saint-Simon de Rouvroy, résidente à Sauxillanges en Auvergne; 3º de Balthazar-Henri de Rouvroy, Comte de Saint-Simon, Mestre de camp de cavalerie, Gouverneur et Grand Bailly de Senlis, maître des droits et actions de Dame Blanche-Élisabeth de Rouvroy de Saint-Simon, son épouse : la Maréchalle, la Dame de la Richardie, sœurs germaines de leur chef, et Blanche-Élisabeth, par représentation de feu Henri de Rouvroy, Marquis de Saint-Simon, son père, Maréchal des camps et armées du Roi, habiles à se dire et se porter seuls et uniques héritiers pour les portions telles que de droit. » La première vacation, du 25 mars, fut employée à rechercher, sous les scellés que le sʳ Commissaire au Châtelet Jean-Charles Levié avait apposés, s'il se trouvait aucun testament du défunt, et il ne s'en trouva point.

sion si tardivement et si inopinément prise dans le cabinet de M. le Duc de Choiseul, de finir l'affaire par un *Ordre du Roi*. Cet épisode est un nid à conjectures. Sans vouloir toutefois manquer aucunement au respect que nous devons à leurs personnes ou à leur mémoire, — nous estimons que Messieurs de la direction des Archives au Ministère des Affaires Étrangères, en l'année 1857, n'étaient pas beaucoup plus éclairés que nous nous trouvons l'être sur cette partie des aventures éprouvées par les papiers de l'immortel auteur. C'est du moins ce qui ressort de la rareté de leurs documents, lorsque à cette époque, contraints par les circonstances d'un procès de librairie qui restera célèbre, ils ont dû fournir à M. le Premier Président de la Cour Impériale de Paris les notes qui nous ont au moins permis de connaître le fait et le texte même de l'*Ordre du Roi*, et nous ont mis, en même temps, sur d'autres voies bienfaisantes, attrayantes et douces pour notre extrême curiosité (1).

---

(1) Une chose même est à noter, c'est que dans ce procès,

Il se pourrait, toutefois, que le peu de lumière qu'ils ont répandu dans ces intéressantes circonstances, n'ait été chez eux qu'excès de réserve, et qu'ils aient voulu donner, une fois de plus, un de ces exemples solennels de discrétion et de retenue propres à les rendre admirables, lorsqu'ils étendent ces vertus jusques à être hésitants devant la propagation d'informations séculaires.

---

chacun, sur ce point historique, paraît avoir fait erreur en mettant *la comtesse de Valentinois* au lieu et place où fut en réalité *la maréchale de Montmorency*. La réponse même, partie du Cabinet de M. de Vergennes, et rédigée sous forme de *Mémoire*, en 1775, à l'adresse de l'Évêque d'Agde et d'un autre Saint-Simon qui réclamaient les papiers du feu Duc comme ayant été injustement spoliés à la famille, fait la même erreur. Le rédacteur attaché à M. de Vergennes, qui fut sans doute en cette circonstance M. Sémonin, alors Garde du Dépôt des Affaires Étrangères, dit entre autres choses, pour justifier le refus du Ministre :

« *Quand même* Madame de Valentinois *n'auroit eu aucun droit aux* Papiers *de son grand-père, elle a pu, du moins, les dénoncer au Gouvernement comme propres à blesser quelques Cours et à inquiéter plusieurs familles, comme inutiles à la sienne, comme intéressant le service du Roi en plusieurs choses; Sa Majesté a dû, en les faisant mettre en lieu de sûreté, prévenir l'abus qu'on pouvoit en faire.* »

C'est ce qu'on appelle parler assez bien pour le grand besoin de la cause, mais c'est en faire trop dire à Madame de Valentinois, qui n'a certainement pas pensé ni si loin ni si haut. Elle était de caractère volage. Les mots « *comme inutiles à sa famille* », appliqués aux *Papiers* du duc de

L'*Ordre du Roi* fut un moyen heureux, en cette circonstance, pour empêcher la criée, la vente aux enchères, la dispersion de ces Manuscrits importants, et en même temps il mettait un terme absolu à toutes les contestations et oppositions des créanciers. L'*Ordre du Roi* était indiscutable, et, bien que parmi les *Portefeuilles* il n'y en eût que très-peu dont la matière justifiât absolument les mots : « *comme ils concernent l'ambassade d'Espagne et les affaires du Roi* », toute prétention se trouvait ainsi renversée et anéantie, et la responsabilité de l'Exécuteur Testamentaire était mise à couvert autant que celle du Dépositaire. Restait l'honneur à satisfaire de la part du Roi à l'égard de la maréchale de Montmorency, héritière de feu M. l'Évêque de Metz, et de madame de Valentinois, héritière du feu Duc de Saint-Simon. Cela s'arrangea

---

Saint-Simon, aux *Manuscrits* de l'auteur des *Mémoires*, par Messieurs du Bureau des Affaires Étrangères, en 1775, sont bien plaisants. On ne peut les voir là sans sourire. Voyez la « *Gazette des Tribunaux* », numéros des 21 et 28 janvier et 4 février 1857. Audiences de la Cour Impériale de Paris, Première Chambre, présidence de M. le Premier Président.

fort aisément, comme nous le verrons tout à l'heure.

Aux termes stricts, en effet, des usages de la politique du Cabinet, lorsqu'un personnage avait rempli des fonctions diplomatiques plus ou moins importantes pour le Ministère, ou qu'il était entré dans la confiance du Roi au point d'avoir reçu de Sa Majesté quelque mission particulière, ou d'avoir été admis à échanger avec Elle des mémoires, des notes, des lettres, ou tous autres témoignages écrits, que se passait-il à son décès ? Il était ordinaire qu'à la levée des scellés qui avaient été apposés, un commis, spécialement désigné, se présentât au lieu de la résidence du défunt avec l'*Ordre du Roi,* contre-signé d'un secrétaire d'État qui avait la *griffe,* et qu'il mît en sûreté les pièces concernant soit les affaires du Cabinet, soit celles particulières à Sa Majesté. Or, à proprement parler, le Ministère ici n'aurait eu d'autres droits à faire valoir que sur les *Portefeuilles* renfermant le double de la *Correspondance diplomatique* d'Espagne de M. le duc de Saint-Simon, ambassadeur extraordinaire à cette Cour depuis septembre 1721 jusqu'en mars 1722, ses *Lettres* au Régent à cette époque, et les *Pièces*, *Mémoires* et *Lettres* se rapportant aux séances du Conseil de Régence, dont le Duc et Pair avait fait partie.

Se vouloir emparer, dans cette circonstance et cette aventure, d'aucun autre portefeuille, et de ceux qui contenaient les cahiers des *Mémoires*, et de tant d'autres qui n'avaient rien de commun avec l'objet ordinaire de la raison d'État; faire plus encore, vouloir se rendre maître d'une série de manuscrits qui n'étaient même pas *œuvres propres* du feu Duc, mais de volumes dont la matière remontait à des temps éloignés ou ne contenait que des choses fort indifférentes au service de M. de Choiseul, qu'était-ce à dire, qu'était-ce à penser?

Et pourquoi, d'ailleurs, si telle eût été la vraie raison, le gouvernement du Roi aurait-il attendu que six années se fussent écoulées, depuis la mort du duc de Saint-Simon, pour mander en l'hôtel où il était décédé le porteur de l'*Ordre* de Sa Majesté? Dans ces circonstances, était-il d'usage de faire tant de façons et de montrer tant de réserve? Sous ce même règne, lorsque moururent M. le maréchal comte de Saxe, la comtesse d'Anhalt-Zerbst, qui tous deux avaient correspondu avec le Roi et les Ministres; M. d'Allion, qui avait servi les Affaires Étrangères en Russie; M. le maréchal de Belle-Isle, M. le maréchal de Lautrec, et enfin le comte de Chavigny, qui avaient été ambassadeurs en divers pays, attendit-on six ans pour la présentation et l'exécution d'un *Ordre du Roi?* Jamais semblable délai ne s'était vu.

Tels auraient pu être bien légitimement exprimés les raisonnements, les arguments des parties intéressées à l'encontre de ce procédé ministériel, s'il eût été possible de raisonner et d'argumenter à l'endroit d'un papier du Roi contenant son Ordre, c'est-à-dire l'expression de la volonté de l'un de ses Secrétaires d'État ayant la *griffe* pour la signer. Et si nous entrons en ces considérations et appréciations minutieuses et particulières, c'est pour qu'aucun détail de l'historique vraiment singulier de ces papiers, mystérieux pour la plupart aujourd'hui encore, ne soit négligé dans cet écrit, tout entier consacré à leur sort.

La vérité, le dernier mot, nous paraissent être ceux-ci, savoir : qu'il y a eu pacte de famille et secret avec M. le duc de Choiseul, qui s'entendait merveilleusement à ces choses. On croit le rencontrer, le regarder, l'entendre, le lire, soit qu'il ait eu à voir la Maréchale pour cela, soit qu'il ait eu à lui écrire.

Quel a été l'instigateur du pacte ? Telle est encore la question. Fut-ce M. le duc de Choiseul, pour faire profiter le Dépôt des Affaires Étrangères d'une si riche acquisition, qui prit l'avance, et s'assura la complaisance de Madame la maréchale de Montmorency par des représentations où la dextérité n'avait d'égale que la grâce ? Fut-ce la Maréchale, qui, instruite par quelques dernières recommandations écrites de l'Évêque de Metz à cet égard, s'adjoignit Madame de Valentinois pour proposer à M. le duc de Choiseul une *cession* tacite de tous les manuscrits ? Tel est le point demeuré obscur dans cette histoire. Ce qui est probable et vraisemblable, c'est que l'*Ordre du Roi* du 21 décembre 1760, émané de la Secrétairerie d'État des Affaires Étrangères le 21 décembre 1760, contre-signé Choiseul, exécuté par le S^r Le Dran, fut le résultat d'un pacte secret pour imposer trêve et silence aux syndics et procureurs des créanciers, jugés, paraît-il, irrespectueux, avec leurs prétentions de connaître des papiers et manuscrits qui ne les concernaient point. Madame la Maréchale fut honorée d'un *Bon* signé Louis XV pour son propre portrait de huit pieds huit pouces de haut, dans un fort riche cadre (1), et Madame de Valentinois reçut en présent une tabatière à cage, en laque rouge garnie de diamants, avec le portrait du Roi, de la valeur de sept mille neuf cent cinquante-sept livres huit sols et neuf deniers, et ouvrage du sieur Jacqmin, joaillier de la couronne. Le portrait du Roi offert à la maréchale de Montmorency a eu aussi son histoire : quant à la tabatière pour

---

(1) Archives nationales, *Maison du Roi; Direction des bâtiments du Roi :* Affaires générales (O¹, 1298, page 88), à la date du 30 décembre 1761 : « *Madame la maréchalle de Montmorency supplie M. le marquis de Marigny, par son mémoire, de vouloir bien faire dire aux peintres et sculpteurs qui doivent faire le cadre et le portrait du Roy qui lui est destiné, que la place où elle doit le mettre a 8 pieds 9 pouces de haut.* »

Madame de Valentinois, nous la suivons jusque dans le testament de la donataire, qui en fait, en ces termes, l'objet du premier article de ses legs particuliers :

« En reconnaissance des bontés que j'ay reçues de *Madame* depuis que j'ay l'honneur d'être à Elle, je la suplie de recevoir une tabatière garnie de diamants que le Roi m'a donnée, où est le portrait de Sa Majesté (1). »

Sur ce point de *cession*, qu'il convient décidément de regarder ici comme étant le fait d'une entente et d'un accord entre la Maréchale et le Ministre, contre les prétentions des créanciers, aucun doute ne sera permis, après lecture faite du

---

(1) Il s'agit ici de Madame la Comtesse de Provence. (Voyez chapitre II, page 13, notre longue note relative à la Comtesse de Valentinois.) Son exécuteur testamentaire fut ce même Mᵉ Étienne-Edme Boudot, Avocat en Parlement, Conseiller du Conseil de Monsieur et au Bailliage royal de la Varenne-du-Louvre, grand Bailly, en Artois et Flandres, des comtés de Vignies et Wahagnies, Procureur au Châtelet de Paris, que nous avons vu paraître tant de fois aux vacations pour l'Inventaire du Duc de Saint-Simon, en qualité de chargé de procuration de M. Daguesseau de Fresne. Parmi les legs laissés par Madame de Valentinois, je remarque celui de sa maison de Passy avec les meubles et glaces à M. de Stainville, celui d'un diamant d'une valeur de cent mille livres à M. de Thiard.

document suivant, que nous avons rencontré dans les cartons de la Maison du Roi, aux *Archives nationales* :

« Votre Majesté fit la grâce de promettre son portrait à Madame la maréchale de Montmorency à l'occasion de la *cession* des manuscrits de M. le duc de Saint-Simon.

La mort de cette dame, arrivée peu après, a fait que ce portrait ne luy a point été délivré. Cependant elle l'a substitué à Madame la comtesse de Saint-Simon et aux aînés de son nom.

Monsieur le prince de Tingry, chargé de l'exécution des volontés de Madame la maréchale de Montmorency, réclame cette grâce en faveur de Madame la comtesse de Saint-Simon.

Votre Majesté veut-elle bien me donner ses ordres à ce sujet (1)? »

Et le Roi a accordé la demande par un *Bon* qu'il a mis de sa main, le 12 mars 1766, c'est-à-dire six ans après que le portrait avait été offert à Madame la Maréchale.

Elle n'avait, en effet, pu jouir de la grâce que le Roi lui avait faite. La com-

---

(1) Archives nationales, *Maison du Roi*, Cartons et Registres de la Direction des bâtiments, O¹, 1300, page 86.

mande du portrait n'avait été donnée à M. Jeaurat, garde des tableaux de la Couronne, par le Directeur général des bâtiments, qu'au mois de décembre 1761 (1), et ce fut à peu jours de là que la Maréchale de Montmorency mourut, à Paris, en son hôtel de la rue Saint-Dominique, le 4 janvier 1762. Elle avait transmis le don du Roi, qu'il lui était bien permis de considérer comme une dette, à une comtesse Blanche-Élisabeth de Rouvroy de Saint-Simon, sa nièce, et femme de M. le grand Bailli de Senlis. La lenteur administrative, qui était déjà chose

---

(1) LE MARQUIS DE MARIGNY A M. JEAURAT. « *Vous aurés agréable, Monsieur, de faire faire un portrait du Roy pour Madame la maréchalle de Montmorency, et d'en ordonner en même tems le cadre. M. le comte de Choiseul, ministre des Affaires Étrangères, payera et le portrait du Roy et le cadre. Observés que la place où Madame la maréchale veut faire mettre ce portrait a 8 pieds 9 pouces de haut. Usés de toute la diligence dont vous êtes capable pour l'exécution de cet ordre. Je suis...*, etc. » ARCHIVES NATIONALES, *idem*. Nous avons rencontré diverses lettres, éparses dans la *Correspondance générale* de la Direction des bâtiments, qui ont été écrites à l'occasion du *Bon du Roi* pour son portrait en faveur de la maréchale de Montmorency, et ensuite en faveur de la comtesse de Saint-Simon. Ainsi, lettre du comte de Saint-Simon, datée de Saint-Simon par Ham, au marquis de Marigny, du 13 août 1762; réponse du marquis, du 24 septembre *idem*; lettre de madame de Saint-Simon au marquis, du 23 mai 1764; ordre du marquis à M. Jeaurat, du 12 juin 1763 (O^1 1298, 1265, 1300).

toute trouvée à cette époque, ne fit d'ailleurs point de façons et ne prit nulle gêne, car le présent de Sa Majesté, promis en l'année 1760, comme s'il devait être remis sur l'heure, ne fut en réalité prêt à être délivré que *neuf ans* après la date du premier *Bon* du Roi !

Le document le plus important et le plus précis que nous rencontrons à ce sujet est une lettre du comte de Saint-Simon, datée de Saint-Simon par Ham, le 13 août 1762, au marquis de Marigny, directeur général des bâtiments. Le lecteur y remarquera l'intervention gracieuse de Madame de Pompadour (1) :

« Je me suis présenté plusieurs fois cet hiver chés vous, Monsieur, pour vous prier de voulloir bien donner vos ordres au sujet du Portrait du Roy en grand par Vanloo, que Sa Majesté a eu la bonté d'accorder pendant le dernier Salon à feue Madame la maréchale de Montmorency. Vous ignorés peut-être, Monsieur, que cette Dame

---

(1) Cette intervention est curieuse à signaler, et le lecteur attentif comprendra l'importance relative qu'elle peut avoir pour l'une des pages du chapitre suivant, où revient le nom de Madame de Pompadour à propos de la communication des Onze Portefeuilles des « *Mémoires* » du duc de Saint-Simon.

avoit obtenu du Roy que cette faveur singulière passeroit à Madame de Saint-Simon, sa nièce, dans le cas où elle ne vivroit pas assés longtems pour en jouir elle-même. Cette grâce, dont Madame de Saint-Simon et moi sommes infiniment flattés et jaloux, a été annoncée à la feue Maréchale *par une lettre de Madame votre sœur* (Madame de Pompadour), qui dans toutes les occasions lui a donné des preuves d'une véritable amitié..... (1). »

Malgré la *cession* des manuscrits, et malgré tous ces beaux dires, nous voyons par des documents incontestables, beaucoup trop nombreux et trop longs pour être rapportés ici, que différentes personnes, honorées de la même grâce, en connurent les effets bien avant la maison de Saint-Simon. Il est vrai que depuis 1764 Madame de Pompadour n'était plus là pour rappeler à son frère qu'elle avait engagé sa bienveillante parole. Il ne fut pas jusqu'à M. l'Apothicaire de Sa Majesté, le sieur Habert, qui ne fût servi auparavant, et de même quelques Tribunaux Souverains, et

---

(1) ARCHIVES NATIONALES, Papiers MARIGNY, *Bâtiments : Correspondance générale* (O¹, 1253-1272).

dans le même temps, Messieurs les Gens du Roi du Châtelet, et M. de Champcenetz, concierge-gouverneur des Tuileries, et M. le comte de Noailles, et M. le prince de Beauvau, et M. de Saint-Priest, et le Parlement de Douai. Ce n'était pas une grâce bien rare depuis 1752 : l'abbé comte de Bernis, M. de Chavigny, M. le maréchal de Belle-Isle, M. le duc de Duras, les Sauvages du Canada (1), en avaient été successivement honorés. Il y aurait un travail curieux et piquant à produire sur l'histoire des *Bons* du Roi pour le don de ses portraits, en recherchant les *comment*, les *pourquoi*, les *par qui* et *par où*, et autres menues choses qui, tout en étant des bagatelles historiques, ont toujours un attrait particulier, et peuvent répandre quelque lumière sur des questions importantes. Enfin, pour en revenir à ce qui nous regarde ici, nous trouvons sur les *Registres* de la Maison Royale que M. le

---

(1) (*Sic.*) Par un *Bon* du 14 mars 1759. Voir aussi les *États des portraits du Roi* de 1752 à 1791. ARCHIVES NATIONALES, *Maison du Roi*; Bâtiments, etc. Je ne puis citer tous les numéros des Cartons et Registres que j'ai examinés, car le nombre en est considérable.

comte de Saint-Simon fit prendre à Versailles, le 10 janvier 1769, le portrait qui lui revenait de droit, après avoir reçu du marquis de Marigny, directeur des Bâtiments, la lettre suivante :

« J'ay l'honneur, Monsieur, de vous informer que le portrait du Roy que Sa Majesté avoit accordé à Madame la maréchale de Montmorency, et après sa mort à Madame la comtesse de Saint-Simon, est en état d'être livré. Si vous voulez bien charger quelqu'un de le retirer du Cabinet des tableaux de la Couronne à Versailles, il lui sera remis par le Garde de ce Cabinet, auquel je viens de donner des ordres à cet effet. J'ai l'honneur d'être très-parfaitement, Monsieur..., etc. (1).

9 janvier 1769. »

Telle est, en sa teneur et vérité, l'histoire de la cession et celle de la prise de possession des Manuscrits et œuvres personnelles du duc de Saint-Simon : tel est en quelque sorte le procès-verbal de leur

---

(1) *A M. le comte de Saint-Simon.* Minute de lettres de M. de Marigny. ARCHIVES NATIONALES, *Maison du Roi*, Bâtiments, O¹ 1119.

sortie du Dépôt de M⁰ Delaleu, notaire au Châtelet de Paris. Essayons maintenant de les suivre et de les accompagner à leur entrée, en l'an de grâce mil sept cent soixante, dans le Dépôt du Louvre, c'est-à-dire celui des Archives de la Secrétairerie d'État des Affaires Étrangères. Faisons connaître l'installation qui leur fut donnée, par quelles mains intéressantes ils ont passé, à quels regards curieux ils furent soumis, puis nous dirons comment les *Mémoires* seuls apparurent dans le monde, et quelles nombreuses et singulières étapes ils eurent à parcourir avant d'être reproduits dans leur admirable intégrité.

XVI

LES MANUSCRITS DU DUC DE SAINT-SIMON AU DÉPÔT DES ARCHIVES DES AFFAIRES ÉTRANGÈRES; A PARIS, AU VIEUX LOUVRE; A VERSAILLES ENSUITE, ET DE NOUVEAU A PARIS. — PERSONNAGES A QUI LES *Mémoires* OU AUTRES PAPIERS ONT ÉTÉ COMMUNIQUÉS. — RÔLE ET FIGURE DE L'ABBÉ DE VOISENON. — DUCLOS ET MARMONTEL, HISTORIOGRAPHES DU ROI. — HISTORIQUE COMPLET DE LA PUBLICATION DES *Mémoires* DEPUIS 1781 JUSQU'A 1873. — AUTRES DÉTAILS SUR AUTRES PAPIERS.

Le Dépôt des Affaires Étrangères était alors au vieux Louvre: très-mal situé, d'un abord difficile, au dernier étage d'un interminable et étroit escalier, au-dessus de la chapelle, en quelque sorte sous les combles. C'était là que, depuis l'année 1711, un Premier Commis, à qui la garde en était confiée, tenait, en aussi bon ordre que le lui permettait le local, tous les Papiers relatifs aux Négociations, fournis par la correspondance réciproque des Secrétaires d'État avec les Ambassadeurs et Ministres du Roi à l'étranger. La création en était due au marquis de Torcy, ministre excellent, soutenu et aidé dans cette tâche et ce soin par le sieur de Saint-Prez (1), l'abbé Le Grand (2) et quelques autres écrivains

---

(1) D'abord Conseiller au Grand Conseil, puis Secrétaire des commandements de la duchesse d'Orléans en 1691. Il avait travaillé, dès 1682, sous les ordres du père du marquis de Torcy, qui à son tour, devenu secrétaire d'État, ayant M. de Saint-Prez en haute estime, le retint auprès de lui. Il le fit directeur d'une Académie politique au Louvre, en même temps qu'il lui confia le Dépôt des Affaires Étrangères. L'abbé Dubois, ambassadeur en Angleterre, puis ministre, usa beaucoup du savoir diplomatique de M. de Saint-Prez, qui lui fournissait mémoires sur mémoires.

(2) L'Abbé Joachim Le Grand, personnage d'esprit, de bonnes lettres, d'un grand savoir, et un véritable curieux en fait de documents historiques. Torcy, Ministre Secrétaire d'État, aimait beaucoup les gens ainsi doués. Legrand avait pris le goût de l'étude sous le patronage et les conseils des Pères de l'Oratoire. C'est tout dire. En 1676, il travailla avec le Père Le Cointe aux *Annales Ecclésiastiques*, et publia en 1688, en trois volumes in-12, son *Histoire du divorce de Henri VIII*. Entré dans la maison d'Estrées en 1690, l'Abbé, ambassadeur de ce nom, l'emmena comme Secrétaire en Portugal. Ce fut par cette porte qu'il prit pied dans les Affaires Étrangères. Il ne les servit du reste, ensuite, qu'à titre de curieux et de rédacteur de Mémoires sur différents sujets, principalement ceux qui concernaient les collections de papiers, la réunion de documents, en un mot, la formation et l'augmentation d'archives historiques. C'est pour ce motif surtout que je le considère et que je me plais à rappeler ici son nom. Le Chancelier D'Aguesseau, qui était un maître homme, lui avait

politiques spéciaux, tous animés d'une véritable passion pour les documents historiques. Toutes sortes de raisons d'État, d'ailleurs fort bonnes, avaient rendu cet établissement nécessaire (1). Le

---

soumis son noble projet pour la formation d'une grande collection des *Historiens de France*; et le Procureur Général, en 1720, lui avait promis sa faveur pour lui donner accès à la Tour du Palais, où se trouvaient alors une fort grande quantité de rouleaux sur parchemin très-peu connus. J'aurais encore à dire beaucoup d'autres bonnes choses de lui, mais l'occasion s'en retrouvera ailleurs. Il mourut, âgé de quatre-vingts ans, le 30 avril 1733.

(1) Le premier document imprimé que nous connaissions relativement à la création du Dépôt des Archives des Affaires Étrangères se trouve dans le *Journal* du marquis de Dangeau, à la date du dimanche 9 mars 1710. Il y eut ce jour Conseil: le Roi y était. Le marquis de Torcy représenta à Sa Majesté l'insuffisance du cabinet qu'il avait à Versailles pour contenir les papiers des Négociations conservées et classées depuis l'année 1662, et qui s'augmentaient tous les jours. Il exposa qu'il ne serait nécessaire de garder auprès de lui que les papiers assez récents pour être utiles aux Premiers Commis, rédacteurs des dépêches courantes. Le Roi accorda au Secrétaire d'État l'établissement qu'il lui demandait, et désigna pour cet objet plusieurs pièces du vieux Louvre. L'opération du transport des papiers des Négociations, de Versailles à Paris, se fit donc dans le courant de l'année 1710. Le Dépôt fut dès lors augmenté d'un très-grand nombre de papiers d'État qui n'avaient point encore figuré au cabinet de Versailles, et au recueil desquels s'employèrent avec une rare activité le sieur de Saint-Prez et l'abbé Legrand d'abord, le sieur Le Dran ensuite. Il est difficile de dire en quel temps précis l'installation se fit au Louvre. Saint-Simon parle d'un pavillon au couvent des Petits-Pères, qui aurait servi, faut-il croire, à une installation provisoire. Je n'ai trouvé trace de ce fait nulle part, sauf dans les papiers de Clairambault que m'a signalés

sieur Le Dran (Nicolas-Louis), que nous avons vu porteur de l'*Ordre du Roi* chez le Notaire au Châtelet dépositaire des *Papiers* de Saint-Simon, y avait en quelque sorte été élevé, éduqué, nourri, et promu à tous les grades que pouvait comporter l'emploi de commis au Dépôt des *Minutes* des Affaires Étrangères (1). Il y était entré en 1711, à l'époque même du transport des documents du cabinet de Versailles au vieux Louvre, à Paris, sous la direction du sieur de Saint-Prez, à la mort duquel, en 1720, il avait partagé ses fonctions avec le sieur Dupuise (2) jusqu'en 1725. Lorsque mourut Antoine Pecquet, ancien premier commis, doué de

---

l'obligeance souvent et utilement éprouvée de M. l'archiviste de la marine, Pierre Margry. Mais Clairambault ne parle du pavillon des Petits-Pères que pour l'installation et la conservation des Papiers de la *Marine*, et non pour ceux des Affaires Étrangères. J'ai lieu de penser qu'un prochain ouvrage de M. A. M. de Boislisle, concernant l'histoire des Papiers du Contrôle Général, répandra incidemment quelque lumière sur ces questions, si intéressantes pour la petite et sage République des Curieux.

(1) On appelait aussi de la sorte le Dépôt de cette Secrétairerie d'État lorsqu'il était au Louvre. J'ai vu des plans de l'architecte Gabriel sur lesquels il était ainsi marqué : « *Les Minutes des Affaires Étrangères* ».

(2) Archives nationales, *Maison du Roi* (Cartons et Registres de 1720 à 1723), *passim*.

LE DÉPOT DES AFFAIRES ÉTRANGÈRES.

grandes qualités (1), on mit la plume de M. Le Dran dans la politique. Il y réussissait médiocrement, et en 1730 il revint au Dépôt du Louvre, qui, mieux que le Cabinet de Versailles, paraissait s'adapter à ses talents, en somme assez restreints. Il y résida de 1730 à 1740, où, par suite de l'aventure de Pecquet le fils (2), il fut

---

(1) Ce titre de Premier Commis, qui n'est plus compris aujourd'hui, était, sous le gouvernement du Roi, avant 1792, tenu dans la plus grande considération. On ne pouvait atteindre à un degré plus élevé dans le service intérieur du Ministère, à moins d'être le Ministre même. Les Premiers Commis ont commencé à paraître sous le Secrétaire d'État des Affaires étrangères Colbert de Croissy, père du marquis de Torcy, son successeur, et élève de Pomponne. L'un et l'autre honorèrent beaucoup les Premiers Commis. Ils étaient peu nombreux et accomplissaient une besogne extraordinaire. Aujourd'hui les Premiers Commis sont des Directeurs. Il y a le Chef du Cabinet et Secrétariat augmenté du bureau du Protocole, le Directeur des Affaires politiques, le Directeur des Consulats et des Affaires commerciales, le Directeur des Archives et de la Chancellerie (c'est-à-dire des affaires dites de Chancellerie), le Directeur des Fonds et de la Comptabilité.

(2) Autre Premier Commis des Affaires Étrangères, de beaucoup de talent, mais inférieur, à mon sens, à celui de son père. Son aventure fut d'être soudainement arrêté et conduit prisonnier à Vincennes sur l'ordre de M. le cardinal de Fleury. Cet épisode très-curieux de la vie politique secrète arriva en septembre 1740. Voyez Barbier, *Journal du règne de Louis XV* (édition Charpentier), tome III, pages 221-223. Ce Pecquet le fils, dont je parle ici, avait précisément fait partie du personnel de l'Ambassade Extraordinaire du duc de Saint-Simon à la Cour d'Espagne, en 1721.

remis dans la politique; mais, comme auparavant, il y fit modeste figure. Ses successeurs immédiats, que par rapport à lui on peut appeler éphémères et intérimaires, et qui personnellement exercèrent à peine leurs fonctions, furent l'abbé De la Ville, un des Quarante, et le sieur de La Porte du Theil, plus tard l'un des signataires du Traité d'Aix-la-Chapelle. Rétabli chef du Dépôt en 1749, le sieur Le Dran s'y trouvait encore en 1760, à la veille, du reste, de le quitter définitivement, lorsqu'il avait été commis par M. le duc de Choiseul, Secrétaire d'État, à la prise des *Manuscrits* de Saint-Simon. Ces sortes de commissions étaient chose familière à M. le Garde du Dépôt. Depuis deux années surtout, les occasions ne lui avaient pas manqué pour s'y rendre expert. Il avait été désigné pour la visite et l'examen des papiers de plus d'un haut personnage, de plus d'une grande dame, qui, de leur vivant, avaient eu la main aux affaires du Roi, dans les relations étrangères (1). Lorsqu'il eut

---

(1) Voir les Papiers des *Commissaires Enquêteurs* au

augmenté le Dépôt du Louvre des *Portefeuilles* du feu duc de Saint-Simon, son devoir fut de prendre connaissance du contenu de chacun d'eux, et de dresser le *Catalogue des pièces* pour le présenter à M. le duc de Choiseul. C'était une manière de les lui faire passer caisse à caisse, ainsi que M. le Secrétaire d'État l'avait ordonné par sa lettre du 21 décembre 1760. Il s'acquitta de ce soin fort rapidement. Si on consulte, en effet, les papiers de Choiseul, on voit que dès les premiers jours de janvier le Ministre avait été mis à même de distribuer le travail d'appréciation, d'examen et de compte rendu qu'il avait projeté de faire exécuter sur les *Manuscrits* de l'ancien témoin de la Cour de Louis XIV et du confident et conseiller du Régent.

C'est dans ce but que M. le duc de Choiseul chargea le sieur Humblot, son secrétaire particulier, de se rendre de

---

Châtelet, qui sont aux ARCHIVES NATIONALES, particulièrement ceux qui ont rapport à des scellés apposés par « *Ordre du Roi* ». Cette recherche est difficile, en ce sens qu'avant de l'entreprendre, il faut connaître les noms de ceux qui ont servi dans les Affaires Étrangères et celui du Commissaire qui a été désigné pour apposer le scellé.

Versailles auprès de M. Le Dran, à Paris, et de lui préciser dans quelle forme il désirait que les extraits des *Annotations* considérables que Saint-Simon avait faites aux *Mémoires de Dangeau* fussent pratiqués et présentés. Si nous ne nous trompons, le premier des rapports de M. Le Dran fut remis à M. le duc de Choiseul en 1761, sous le titre de : *Exposition au sujet des Extraits commencés sur les Mémoires du marquis de Dangeau.* Dans le même temps, le secrétaire eut charge de demander au chef du Dépôt qu'il voulût bien lui remettre certains autres Portefeuilles du feu duc de Saint-Simon, contenant des *Mémoires divers,* certains papiers relatifs à la *Régence,* les *Onze Portefeuilles* contenant les *Mémoires* proprement dits, des *Correspondances personnelles* du feu Duc, principalement celle qu'il avait entretenue (1) avec le duc d'Orléans, Régent.

Mais pour qui étaient ces Portefeuilles des *Mémoires,* ces documents sur la *Régence,* ces *Correspondances* avec M. le

---

(1) Voyez le chapitre XVII.

duc d'Orléans? Le croirait-on? M. le duc de Choiseul les faisait ainsi demander pour être remis et confiés au piquant et allègre abbé de Voisenon, chargé par lui, et pour son compte, de dépouiller ces étonnants écrits, de les lire, d'en faire des extraits et d'en préparer des rapports. Il avait peut-être trouvé trop lourde la plume de M. Le Dran, trop ministériel son style, trop retenues et réservées ses façons. Il le tenait, d'ailleurs, sinon en disgrâce, du moins en peu de faveur. M. de Choiseul n'avait jamais oublié que déclaré ambassadeur à Rome et n'étant encore que M. de Stainville, ayant eu besoin de consulter (c'était bien naturel et cela faisait honneur à sa légitime curiosité) les volumes des Négociations renfermés au vieux Louvre, M. le Garde du Dépôt lui avait montré quelque humeur, l'avait servi difficultueusement, et y avait mis ce peu de grâce qui caractérise un commis ombrageux et zélé jusqu'à l'excès. M. de Choiseul Ministre s'était souvenu du déplaisir de M. de Choiseul Ambassadeur. Il fut même dur pour cet honnête homme, car il ne laissa pas à M. Le Dran, sinon la gloire, du moins le bonheur de présider à l'installation belle et luxueuse, à Versailles, du nouveau Dépôt des Affaires Étrangères, pour laquelle il avait obtenu le consentement et le patronage du Roi, à peu près dans le même temps que le maréchal de Belle-Isle avait songé à l'établissement du nouvel Hôtel et des bureaux de la guerre. M. le duc de Choiseul fit pensionner M. Le Dran, et lui retira le Dépôt quelques mois seulement avant le temps où l'ingénieur Berthier, architecte des nouveaux bureaux des Affaires Étrangères à Versailles, les déclara prêts à recevoir les papiers et minutes de cette Secrétairerie d'État, jusqu'alors conservés à Paris, dans le donjon du Louvre: cela en 1763. A tous égards, le choix de l'abbé de Voisenon pour être commis à l'étude des précieux papiers du duc de Saint-Simon, serait inexplicable s'il n'avait tenu à des menues raisons, telles que bons rapports de Cour, relations personnelles dans un monde agréable, faveurs particulières sentant une galante influence (1).

---

(1) L'Abbé de Voisenon (Claude-Henry de Fusée),

On a dit, en effet, que cette besogne donnée à M. l'Abbé était pour le service

---

Prieur de Maupas, né le 8 juillet 1708, à Voisenon, près de Melun. On le peut dire précoce, puisqu'il écrivit à Voltaire n'ayant encore que onze ans. Il eut pour marraine la fameuse madame Doublet. C'est expliquer comment il fut tôt présenté aux gens de lettres et aux beaux esprits. Il entra dans les Ordres à la suite d'un duel, ayant blessé son adversaire et en ayant conçu quelque chagrin. Il fut essentiellement un bel et agréable esprit. Ce serait faire redite que de raconter toutes ses originalités. Sa société était celle à la mode entre 1740 et 1770. Il fut de l'Académie, succédant à Crébillon père. Il fut fort protégé partout et particulièrement chez madame de Pompadour. En 1771, et avec la bonne grâce de M. le Duc d'Aiguillon, il eut qualité et fonctions à Paris de Ministre du Prince-Évêque de Spire, et, à ce titre, il eut son petit rang parmi les Ministres étrangers. Il mourut le 22 novembre 1775, en sa terre de Voisenon. A cette époque, il avait appartement à Paris en l'hôtel de Turpin, rue de Bondy, et petite maison à Belleville, qu'il avait pris en suite de bail à Favart. Il est vrai de dire qu'il en avait beaucoup aimé la femme, cette comédienne si célèbre, dont il fit faire le mausolée en marbre par le sculpteur Cassini. Son héritier fut son frère, Louis-Victor de Fusée, Chevalier et Comte de Voisenon, Maréchal des camps et armées du Roi. L'Abbé avait la plume heureuse, facile, élégante. Il y aurait à faire un choix agréable dans ses lettres. En voici une qui est tirée du Cabinet de M. Feuillet de Conches; en la lisant, on peut juger du tour épistolaire de son auteur :

« *Belleville, ce 13 juin 1771.*

« *Il m'est impossible, mon illustre Abbé, de vous faire des remerciemens proportionnés au plaisir que m'a procuré une lecture très-attentive de votre ouvrage; il respire l'honnêteté, il fait aimer la vertu, élève l'âme et peint l'homme tel que vous l'êtes et tel que je voudrois être. C'est la destinée des Crillons d'être des modèles dans tous les genres, et c'est la mienne de les admirer et de leur estre inviolablement attaché, mon illustre Abbé, tant que j'existerai.*

« C. de Voisenon. »

de madame de Pompadour. Ce dire n'aurait rien d'invraisemblable, car l'Abbé était d'humeur à avoir bon pied chez la Marquise, et le Ministre savait merveilleusement condescendre aux désirs de la Dame, tant que sa politique et ses vues particulières n'avaient point lieu d'en être contrariées. Un tel désir, d'ailleurs, était propre à faire honneur à l'esprit de madame de Pompadour. En belles-lettres, en pièces d'État, elle était de son naturel très-curieuse : elle les recherchait et les choyait à l'égal des chinoiseries délicieuses, des porcelaines rares, des objets de collection : les inventaires qui, à son décès, furent faits de ses maisons et résidences, en sont les bons garants. Il n'est donc pas surprenant qu'en cette rencontre, M. le duc de Choiseul se soit prêté volontiers à satisfaire la curiosité de la favorite (1), et qu'il ait accepté et accueilli l'agréable abbé pour en être le ministre.

---

(1) Il est pour nous indubitable que Madame de Pompadour a dû être mêlée à toute cette affaire des *Manuscrits* de Saint-Simon, du moins en ce qui concerne l'*Ordre du Roi* pour le notaire Delaleu et la *cession* des papiers aux Affaires étrangères par la maréchale de Montmorency. Le menu

Toutefois, et à distance, rien de plus singulier et de plus piquant que le soin de ce travail, qui exigeait, sur toutes choses, un âpre tempérament d'historien, ait été confié à Claude-Henri de Fusée, abbé de Voisenon, dont l'esprit jusqu'alors avait été plutôt porté vers les petits contes et les faciles comédies. Il était l'auteur des *Folies Roulantes* et des *Regrets des petites rues* (conte), de la *Coquette fixée*, des *Mariages assortis*, de l'*Hôtel garni* (comédies). Il avait eu part au « *Recueil de ces Messieurs* », publié en 1745 ; il avait donné au *Cabinet des Fées* le conte licencieux de *Zulmis et Zulmaïde* ; en fait d'histoire, il avait écrit celle de la *Félicité*. A l'époque dont nous parlons, il venait de faire les paroles de l'opéra de *l'Amour et Psyché* (musique de Mondonville), celles d'*Hylas et Zélis*, pastorale. Néanmoins, il est certain qu'à cette époque aussi M. l'Abbé cherchait à *donner dans le grave*, à prendre le grand air de l'histoire.

---

document que nous avons cité à la fin du chapitre précédent (*Lettre du comte de Saint-Simon au marquis de Marigny*) nous la fait rencontrer personnellement.

Il eut même à cet égard des échappées de style pleines de grandeur. N'est-ce pas lui qui a lancé ce trait remarquable : « *Henri IV fut un grand Roi, Louis XIV fut le Roi d'un grand règne* »? L'Académie était d'ailleurs à la veille de lui ouvrir ses portes. Il fut déclaré l'un des Quarante au mois de décembre 1762, et fut reçu en janvier 1763. L'occasion des *Manuscrits* de Saint-Simon, la faveur du Ministre, l'appui galant de la Marquise lui firent prendre qualité officielle dans l'intérieur des Affaires Étrangères, car dans la même année qu'il eut charge de *connaître* des *Portefeuilles* du feu Duc et Pair et d'en donner rapport, il fut, par décision du Roi du 5 novembre, employé à faire des extraits historiques au Dépôt des Affaires Étrangères, pour servir à l'instruction des Princes, et appointé de six mille livres. Il demeura dans cet office et jouit de ce salaire jusqu'à sa mort, qui advint en novembre 1775.

Les détails fournis par le rapprochement des dates sont ici très-piquants. A la fin de l'année 1761, l'abbé de Voisenon était d'autant mieux en cour chez les Choiseul, qu'il avait accompagné la duchesse en son voyage et séjour aux Pyrénées. Le départ de Paris avait eu lieu en juin, et le retour en octobre. A Cauterets, la plus grande occupation de l'abbé avait été d'avoir de l'esprit pour plaire à la compagnie, et de jouer au cavagnol pour la distraire. Rien de plaisant comme les lettres qu'il adresse, en voyage, à sa *chère petite nièce Pardine*, qu'ailleurs il appelle aussi *Chef-d'œuvre*, et qui n'était autre que la spirituelle et aimable Favart (1). La peine qu'il s'était donnée auprès de la duchesse de Choiseul, pendant un aussi long trajet, l'avait mis en quelque faveur. Il avait d'ailleurs déjà rendu des services familiers, et on se plaisait à l'employer à l'occasion pour le besoin d'un madrigal ou d'un couplet. Le jour même où le sieur Le Dran, porteur de l'*Ordre du Roi* contresigné CHOISEUL, rapportait au Dépôt du vieux Louvre tous les papiers de Saint-Simon, le 21 décembre 1760, la duchesse

---

(1) L'abbé de Voisenon à madame Favart. « Cauterets, 1er août 1761. *Je reviendrai dans le temps des grives, j'en ferai manger à ma chère petite nièce. Vous les effaroucherez, et moi je les tuerai.* »

de Choiseul, qui s'était mis en tête de donner des tablettes à madame de Pompadour avec le mot *souvenir* en exergue, avait demandé à l'abbé de Voisenon deux couplets très-courts afin qu'ils pussent être écrits sur la première page (1). Cela montre s'il était déjà bien vu dans la maison ! L'abbé, que sa faiblesse de tête aurait peut-être laissé embourbé ce jour-là, demanda le service des couplets au comédien et poëte Favart, le mari de *Pardine*. « *J'attends vos couplets*, lui écrivait-il le soir, *je suis intéressé à plaire à tout ce qui est Choiseul ; cela feroit peut-être quelque chose pour que ma petite fortune devienne meilleure...* » Il est certain que tant de complaisance diverses fois éprouvée trouva récompense. Ce fut dans ces temps-là que M. l'abbé fut désigné pour avoir pied au Dépôt des Affaires

---

(1) L'ABBÉ DE VOISENON A M. FAVART. « Paris, 21 décembre 1760. *J'ai recours à vous, mon très-cher ami, pour me tirer d'un pas où la foiblesse de ma tête me laisseroit embourbé : madame la duchesse de Choiseul veut donner des tablettes à madame de Pompadour : le titre sera Souvenir ; elle me demande deux couplets très-courts... il ne faut pas que cela soit fade, et songez que c'est d'égale à égale : le refrain pourroit être Souvenez-vous-en ; vous croyez bien que je vous en ferai l'honneur, la chose est très-pressée...* »

Étrangères, pour en emporter même dans sa demeure les documents utiles à ses rapports. Ses lettres prouvent que dès janvier 1762 il était déjà à la besogne (1). Et c'est en la vérité sans trop d'exagération que madame de Turpin, éditeur de ses Œuvres complètes en 1781 et narrateur de sa vie, a pu écrire en terminant le récit :

« Louis XV avoit imaginé de faire composer des *Essais historiques,* propres en même temps à orner l'esprit et à former le cœur des jeunes Princes ses petits-fils. M. le Duc de Choiseul fit charger l'abbé de Voisenon de ce travail, et obtint pour lui

---

(1) L'abbé de Voisenon a madame Favart. « Voisenon, mars 1762 : *Je vous prie de dire à M. Chevalier* (son secrétaire) *qu'il donne à M. Caillau ce qu'il aura fait sur mes correspondances. Il le cachettera, et le Père Caillau ou me l'apportera ou le laissera chez M. le duc de Choiseul pour m'être rendu. On me presse de travailler. Venez nous voir, mon aimable Commerette, nous sommes de bonnes gens, ma jolie petite nièce Chef-d'œuvre, Pardine.* »

L'abbé de Voisenon a madame Favart. « Voisenon, mai 1762. *Je vous prie de dire à M. Chevalier qu'il passe promptement au mois de mars de l'année 1717, qui est le quatrième volume, et de m'en envoyer les extraits le plus tôt qu'il pourra; je travaille toutes mes matinées et je fais bien peu d'ouvrage parce que les matériaux me manquent, et l'on ne cesse de crier après moi...* »

(Voyez *Mémoires et Correspondances littéraires, dramatiques et anecdotiques,* de C. P. Favart, 3 volumes in-8º, Paris, Collin, 1808.)

de Sa Majesté une pension de six mille livres. Il eut alors le bonheur d'approcher du Monarque : il gagna la confiance et l'amitié de Madame la Marquise de Pompadour... M. le Duc de Choiseul lui ouvrit le Dépôt des Affaires Étrangères pour y puiser des matériaux utiles à l'histoire. Il fit une vaste collection de recherches curieuses, il rédigea des *Mémoires historiques* (1)... »

L'année 1762 fut celle où l'abbé donna corps à ses premiers extraits des Portefeuilles de Saint-Simon et où il exécuta cette fameuse copie de l'extrait particulier des *Mémoires*, les uns disent en *quatre volumes in-4°*, les autres, en *huit volumes petit in-folio*, qui, depuis, a servi de modèle unique pour satisfaire au goût des personnes, soit curieuses, soit lettrées, qui avaient pu en obtenir la reproduction.

Ce fut donc par M. l'abbé de Voisenon d'abord, que, soit dans le cabinet affairé de M. le duc de Choiseul, soit dans les petits appartements de Madame de Pompadour, et par conséquent du Roi, l'on

---

(1) Voyez *Œuvres complètes de* M. L'ABBÉ DE VOISENON, de l'Académie française, 5 volumes in-8°, 1781, Paris.

connut ce qu'étaient les écrits laissés par feu le duc de Saint-Simon, et principalement les *Mémoires*.

Mais, à ce propos, ne faut-il pas admirer par quels étranges ressorts se meuvent, et quelles contradictions incroyables subissent les plus graves affaires humaines! Ainsi, l'âpre, le sublime, l'extrême attrait de ce grand écrit qui s'appelle les *Mémoires* de Saint-Simon, les incomparables jugements, les tableaux saisissants, le mouvement incroyable, la vie, l'énergie des pensées, le coloris introuvable ailleurs, la pénétrante saveur, tout cet ensemble de qualités extraordinaires qui font de cet ouvrage magistral un monument impérissable, se sont trouvés prendre lumière par la grâce de l'affable Pompadour et avec l'aide du léger abbé de Voisenon! Ce fut l'abbé du *Cabinet des Fées*, l'abbé que sa vivacité avait fait appeler si plaisamment par le marquis de Polignac « *une petite poignée de puces* », l'abbé familier de la maison galante du duc de la Vallière sise à Montrouge, l'abbé que Voltaire, en son esprit adorable, traitait de « *Notre grand Aumônier* », de

« *M. l'Évêque de Montrouge* », et qu'il désignait à la reconnaissance de la nation comme le « *conservateur de la gaieté française* », en compagnie du comédien Favart, ce fut cet abbé à qui, par un caprice de ministre volage, devait échoir le soin de présenter de façon frivole, et pour la première fois, les pages de l'historien le plus austère, de l'observateur le plus profond, du peintre le plus grand, « un des génies les plus originaux de notre littérature, le premier des satiriques en prose, qui peint d'un mot comme Tacite; créateur d'une langue tout à lui, et sans correction, sans ordre, sans art, admirable écrivain »; car c'est ainsi qu'en Sorbonne parlait de Saint-Simon l'éloquent et classique Villemain. En vérité, une telle contradiction dans ce jeu du sort est incroyable.

Duclos, chargé par le Roi d'écrire l'histoire de son règne, et qui s'en acquitta avec plus de légèreté que de conscience et de grandeur, eut aussi accès au Dépôt des Affaires Étrangères, au Louvre, et connut les *Mémoires* de Saint-Simon. La mention qu'il en fait dans ses écrits est fréquente, bien qu'à son dire, la manie ducale et l'emportement de l'auteur contre les princes légitimés l'aient souvent importuné. Il était aussi l'un des familiers de Madame de Pompadour, qui n'avait pas peu contribué à lui valoir la faveur du Roi avec le titre d'historiographe de Sa Majesté. Il se connaissait du reste en histoire, et son ouvrage sur la vie de Louis XI lui avait acquis de la considération dans cette partie. Il hantait la bonne compagnie, dînait chez Madame Geoffrin, avait qualité de bel esprit, était de l'Académie, et s'était ménagé, pour ses recherches et sa curiosité, la bonne grâce de plusieurs des ministres Secrétaires d'État qui s'étaient succédé aux Affaires Étrangères depuis 1750, Puysieux, Saint-Contest, Rouillé, Bernis, Choiseul et Praslin. Ce fut ce dernier, le comte de Choiseul, bientôt duc de Praslin (1), et qui avait succédé au duc

---

(1) Le COMTE DE CHOISEUL avait succédé au DUC son cousin à l'ambassade de Vienne. Il fut déclaré Secrétaire d'État pour les Affaires Étrangères le 13 octobre 1761. Le DUC DE CHOISEUL, en quittant le Ministère des Affaires étrangères, prit celui de la Guerre et de la Marine, et pour des raisons d'État très-particulières, continua à être chargé de la correspondance de l'Espagne et du Portugal, relativement aux

de Choiseul (Stainville) dans l'administration des Affaires Étrangères, qui autorisa Duclos auprès du garde du Dépôt, pour y connaître des *Mémoires* du duc de Saint-Simon. Nous croyons toutefois qu'il ignora l'existence des autres *Papiers*. Voici dans quels termes il précise l'accès qu'il eut en différentes Archives :

« Aussitôt que le Roi m'eut nommé son Historiographe, mon premier soin fut de rassembler les pièces qui m'étoient nécessaires. J'ai eu la liberté d'entrer dans les différents Dépôts du Ministère, et j'en ai fait usage longtems avant d'écrire. J'ai lu une infinité de mémoires et les correspondances de nos Ambassadeurs... Les *Mémoires du*

Affaires politiques. Le 8 avril 1766, le DUC DE PRASLIN remit les Affaires Étrangères à CHOISEUL et prit la Marine, ainsi que la présidence du Conseil royal des Finances. Les Papiers du duc de Choiseul sont extrêmement curieux pour cette partie de l'histoire du règne qui comprend les dix années de son ministère. Le duc de Choiseul, son neveu, Pair de France sous le gouvernement du roi Louis-Philippe, a donné un avant-goût de leur attrait, de leur intérêt, de leur piquant, en mettant au jour un certain nombre des documents de la collection. L'histoire du duc de Choiseul, ministre secrétaire d'État, est encore à faire. Elle donnerait lieu aux recherches les plus variées, aux découvertes les plus inattendues. Nous avons déjà dit cela dans notre « *Histoire de la Chancellerie Secrète de la République de Venise* ». Puisse notre conseil être entendu, il attirera honneur et satisfactions bien grandes à qui le voudra et le pourra suivre.

Duc de Saint-Simon m'ont été utiles pour le matériel des faits dont il étoit instruit (1).... »

Duclos fut le dernier studieux que le Garde du Dépot eut à recevoir au Louvre pour y avoir communication des *Mémoires*. Le Dran, en effet, fut mis à la

---

(1) Voyez *Pièces intéressantes et peu connues pour servir à l'histoire et à la littérature,* par M. D. L. P. (Bruxelles et Paris, 1781-1790, 9 vol. in-12, tome Ier, p. 309), et *Mémoires Secrets sur le règne de Louis XIV, la Régence et le règne de Louis XV,* par Duclos, historiographe de France. (Paris, Jules Gay, éditeur. 2 volumes, 1864.)

Duclos (C.), né à Dinan, en Bretagne, le 12 février 1704, fut amené à Paris en 1713, pour y être mis dans la pension fondée rue de Charonne par le marquis de Dangeau, d'où il passa au Collége d'Harcourt, puis prit ses inscriptions pour les écoles de droit sans les suivre. Il fréquentait dès lors le café Procope plus que les répétitions de l'avocat au Conseil, son professeur. Il y connut Fréret, l'Abbé Terrasson, Dumarsais, le Marquis de La Faye, Baron, le célèbre acteur, et entra tout à la fois dans la bonne compagnie et les belles-lettres par les portes de Procope et de Gradot, qui étaient les deux cafés du temps où se réunissaient les beaux esprits. Il connut l'abbé de Voisenon, son collaborateur en couplets, Crébillon fils, Maurepas, Caylus, Surgères et Tessin, qui tous étaient du « *Recueil de ces Messieurs* ». Le voilà auteur, en 1740, de « *la Baronne de Luz* »; en 1742, des « *Confessions du Comte de ...* »; en 1743, des « *Caractères de la Folie* », opéra-ballet; en 1744, d'« *Acajou et Zirphile* », conte; ce qui ne l'empêchait pas de faire des *Mémoires sur les Druides et les révolutions de la langue celtique et française* pour l'Académie des Inscriptions, dont il était depuis 1739. Son *Histoire de Louis XI* parut en 1745. Elle lui valut le salut écrit de Voltaire : « *Bonsoir, Salluste* », l'estime du public.

retraite cette même année 1762, et le Dépôt des Affaires Étrangères fut transporté l'année suivante à Versailles, dans un bâtiment expressément construit à côté de l'Hôtel de la guerre, d'après les plans de l'excellent ingénieur Berthier, approuvés par le duc de Choiseul. Walpole, qui le visita vers ce temps-là, en a fait une description charmante. Ce n'étaient plus le perchoir et le colombier du Louvre, mais une série de salles très-heureusement disposées, avec des vues des capitales de l'Europe formant d'élégants dessus de portes, avec les murs couverts d'armoires à double grillage doré, avec les portraits des négociateurs français les plus justement

---

et une *lettre de cachet* pour supprimer l'ouvrage. Il fut de l'Académie française en 1746, succédant à l'Abbé Mongault, et reçu, le 26 janvier 1747, par l'Abbé de Bernis. Madame de Pompadour s'était mise de la partie pour aider à son élection. Il l'avait connue Madame d'Étiolles. Duclos fut déclaré historiographe de France le 20 septembre 1750, et mit au jour, cette même année, ses « *Considérations sur les mœurs* ». Anobli en 1755, nommé Secrétaire perpétuel de l'Académie, il continua la belle histoire de cette Compagnie que Pélisson et d'Olivet avaient commencée. Il mourut le 26 mars 1772. Ses deux ouvrages, « *Considérations sur l'Italie* » et les « *Mémoires Secrets* », n'ont paru qu'en 1790. (Pour plus de détails, voir la très-bonne *Notice de la vie et des ouvrages de Duclos*, édition Gay.)

célèbres. L'une des salles reçut le nom spécial de *Cabinet des Manuscrits ;* cette désignation était assez impropre, en ce sens que tous les *documents* recueillis et conservés au Dépôt des Affaires Étrangères sont principalement et généralement des *manuscrits,* c'est-à-dire des dépêches, des relations, des mémoires sur diverses négociations, des traités, rangés à leur date sous la rubrique de l'État ou du Pays que ces écrits concernent. Bref, la salle dite des *Manuscrits* était destinée à en contenir de toutes sortes indistinctement, et représentant des écrits dont on pourrait dire, pour les caractériser, qu'ils sont « hors série ». Parmi eux, dans cette salle, furent classés les *Manuscrits* du feu duc de Saint-Simon.

M. Durand (de Diedstroff) avait succédé à M. Le Dran en qualité de Chef ou Garde du Dépôt, et il en inaugura l'ouverture à Versailles en 1763. Mais M. Sémonin, qui était en sous-ordre, remplit, à vrai dire, les fonctions de chef d'emploi, avec l'assistance éprouvée du sieur Poisson, car les qualités diplomatiques de M. Durand l'avaient assez signalé au choix du ministre Secrétaire d'État pour qu'il le chargeât de missions plus ou moins prolongées au dehors, à la Cour de Londres, à la Cour de Vienne, à la Cour de Russie.

Cependant M. le duc de Choiseul avait fait faire une copie probablement complète des fameux *Mémoires* de Saint-Simon. Il en avait eu le temps fort aisément, ayant été le maître dans la place pendant plus de dix ans. Il en faut prendre à témoin l'adorable du Deffand, lorsqu'à la fin de novembre 1770 elle écrit à Walpole :

« De plus, nous faisons une lecture l'après-dînée, les *Mémoires* de M. de Saint-Simon, où il m'est impossible de ne vous pas regretter : vous auriez des plaisirs indicibles (1). »

Et le 9 janvier 1771, la même au même :

« Je suis désespérée de ne pouvoir pas vous faire lire les *Mémoires* de Saint-Simon : le der-

---

(1) *Correspondance complète* de Madame la marquise Du Deffand avec sa famille et ses amis (1739-1780), publiée *pour la première fois sans suppressions*, avec une Introduction et des Notes, par M. de Lescure (deux volumes in-8°). Paris, H. Plon, 1869.

nier volume, que je ne fais qu'achever, m'a causé des plaisirs infinis, il vous mettroit hors de vous. Je ne saurois faire des projets pour l'avenir, mais cependant je veux me persuader qu'il n'est pas impossible que vous les lisiez un jour ; ils sont actuellement à Chanteloup, ils en reviendront peut-être. »

Walpole cependant ne les connut pas, il n'eut pas ces « *plaisirs indicibles* », ces « *plaisirs infinis* », et le « *hors de lui* » si joliment annoncé lui fut ravi par une aventure qui nous est demeurée inconnue. Le 12 juin 1771, en effet, l'aimable femme lui écrivait :

« Vous trouverez les *Mémoires* de Saint-Simon ; l'abbé me mande qu'il en a fait le paquet et qu'ils partiront à la première occasion : me voilà un peu rassurée sur votre ennui. »

Mais le mercredi 25 septembre, voici deux mots qui donnent à penser, sans rien nous apprendre de ce que nous voudrions savoir. Il est évident qu'entre la lettre du 12 juin et celle du 25 septembre, il y en a eu une autre qui devait tout dire :

« Je ne veux point tarder à vous donner du plaisir ; l'affaire de l'armure est en très-bon train, mais après l'aventure des *Mémoires* de M. de Saint-Simon, je n'ose plus compter que sur ce que je tiens. »

Qu'était-il advenu ? M. le duc d'Aiguillon, arrivé aux Affaires Étrangères (1), avait-il fait saisir la copie des *Mémoires* partie de Chanteloup pour Paris ? Ce n'est guère présumable, car, à ce compte, il y aurait eu bien d'autres papiers d'État à faire saisir à Chanteloup ou sur le chemin de Chanteloup. Le paquet fait et annoncé par l'abbé de Barthélemy (car c'était de lui qu'il s'agissait dans la lettre de Madame du Deffand) s'était-il égaré sur les routes de Touraine à l'Ile-de-France ? Tout simplement, au moment de le mander, voulut-on le garder à Chanteloup pour l'agrément *indicible* et l'occupation admirable qu'une

---

(1) Le DUC DE CHOISEUL, disgracié le 24 décembre 1770, remit les Affaires Étrangères au duc de la Vrillière, qui les administra par intérim jusqu'en juin 1771. Le DUC D'AIGUILLON fut alors déclaré Ministre Secrétaire d'État ; il conserva les Affaires Étrangères jusqu'à l'avénement de Louis XVI (mai 1774).

telle lecture pouvait de temps en temps procurer? Que de pages alors qui, dans ce lieu de retraite, tout superbe qu'il fût, mais de retraite *par Ordre du Roi,* c'est-à-dire par le fait amer de la disgrâce, ne pouvaient être mieux comprises, entendues et savourées qu'à Versailles, alors que, dans le faste d'un cabinet de premier ministre, sous le charme, dans l'ivresse, et, disons-le aussi, dans les magiques illusions du pouvoir, on dirigeait les affaires ! De toute façon, il serait curieux de connaître quel fut le sort de cette copie du plus important des *Manuscrit* des Saint-Simon ainsi confiée à Madame du Deffand, et partie pour Chanteloup avec M. le duc de Choiseul exilé (1).

---

(1) L'histoire des *copies* qui furent faites des *Mémoires* de Saint-Simon, entre 1761 et 1775, n'est pas encore bien claire. Ce qui est certain, c'est que l'*original* sortit plusieurs fois du Dépôt des affaires étrangères, sur la permission formelle du ministre. C'est du moins l'Abbé de Voisenon qui le dit, et, certes, il en pouvait savoir quelque chose; et, lorsque j'aurai recueilli toute sa correspondance, et que je connaîtrai le contenu de la cassette qui, après sa mort, fut remise au sieur Emmanuel-Jacques Terresse, avocat au Parlement, le lundi 18 décembre 1755, il me sera commode de revenir sur ce piquant et attrayant sujet, avec bien d'autres détails et nombre d'autres faits nouveaux que je ne doute pas d'y rencontrer. Dans le cours de

L'abbé de Voisenon, — de l'Académie française depuis l'époque où nous l'avons laissé, — est de nouveau celui que nous voyons approcher les *Manuscrits originaux* du feu Duc et Pair, sous le ministère de M. d'Aiguillon. Il y avait pris goût, paraît-il, et y revenait volontiers. L'Abbé était un homme heureux. Rien ne lui fut refusé en 1772 comme en 1762. Il avait tant d'esprit, et savait si bien plaire à son monde! On avait raison de ne se pas montrer cruel, même en si grave maison.

Cependant Voisenon eut un rival: ce fut M. de Marmontel, à son tour fort secondé dans les mêmes travaux et les mêmes recherches par le même ministre, M. le duc d'Aiguillon. Il était historiographe de France, et bien connu du secrétaire d'État, qui en avait présenté le brevet

---

l'intéressant procès qui fut plaidé devant la Première Chambre du Tribunal de la Seine, en janvier et février 1857, il est fait mention d'exemplaires en copie, relativement nombreux. Copie d'importants extraits pour M. DE CHOISEUL par l'abbé de Voisenon; copie pour la DUCHESSE DE GRAMONT. L'INTENDANT même de la duchesse s'en serait aussi procuré une; M. le MARQUIS DE MÉNARS, frère de MADAME DE POMPADOUR, en aurait reçu une autre (sans nul doute comme héritier de sa sœur); M. le COMTE DE VERGENNES une autre en neuf volumes.

à la signature du Roi (1). Il était de toutes les sociétés philosophiques et littéraires de ce temps, et, comme Duclos, il s'occupa de l'histoire de Louis XV ou plutôt de la Régence. Ainsi que pour l'abbé de Voisenon, on peut dire que la libéralité du ministre fut pour lui sans limites, puisqu'elle alla jusqu'à lui permettre de faire sortir du Dépôt le *Manuscrit original* des *Mémoires* de Saint-Simon.

Esprit consciencieux, il s'appliqua à l'histoire, plutôt pour l'acquit de son devoir et l'honneur de sa charge que par

---

(1) LE DUC D'AIGUILLON A MONSIEUR DE MARMONTEL :

« *Je viens, Monsieur, de demander pour vous au Roi la place d'historiographe de France, vacante par la mort de M. Duclos, Sa Majesté vous l'a accordée. Je m'empresse de vous l'annoncer. Venez remercier le Roi.* »

MARMONTEL (JEAN-FRANÇOIS), né le 11 juillet 1723, à Bort, dans le Cantal. Il entra en relation avec Voltaire dans l'année 1743, et vint à Paris en 1745. Sa première œuvre fut *Denys le Tyran*, tragédie représentée en 1748. Il donna ensuite *Aristomène*. Il éveilla l'attention et s'attira la bienveillance de madame de Pompadour par un petit poëme sur l'établissement de l'*École militaire*, en 1750. Il eut en 1758 la direction du *Mercure*, et fut de l'Académie le 22 décembre 1763. Son roman de *Bélisaire*, paru en 1767, eut un succès énorme et rendit son nom presque populaire. Il a contribué pour une grande et glorieuse part à la rédaction de l'*Encyclopédie*, et fut secrétaire perpétuel de l'Académie française. Ses œuvres complètes forment dix-huit volumes in-8°. Marmontel mourut en 1799.

goût et par inclination; aussi réussissait-il mieux à écrire le roman de *Bélisaire* que l'*Histoire de la Régence*. Il lui faut toutefois rendre cette justice, qu'il a été le plus sérieux et le plus actif chercheur parmi ses confrères en études historiques, et qu'avant de se mettre à l'œuvre il tenta, avec succès d'ailleurs, les plus honorables et les plus intelligentes démarches pour approcher des sources nouvelles et sûres, propres à fortifier son récit. Les grands seigneurs l'accueillirent avec un bon vouloir qui devrait être pour tous leurs descendants un perpétuel exemple. Il est une page de ses propres *Mémoires* qu'il a consacrée à cette époque de sa vie, et dans laquelle il mentionne le prêt qui lui avait été fait du manuscrit des *Mémoires*. Elle cadrera fort bien ici :

« Dans ce temps-là, mes occupations se partageoient entre l'Histoire et l'Encyclopédie. Je m'étois fait un point d'honneur et de délicatesse de remplir dignement mes fonctions d'historiographe, en rédigeant avec soin des Mémoires pour les historiens à venir. Je m'adressai aux personnages les plus considérables de ce temps-là, pour tirer de leurs cabinets des instructions relatives au règne de Louis XV, par où je voulois commencer; et je fus moi-même étonné de la confiance qu'ils me marquèrent. Le *Comte de Maillebois* me livra tous les papiers de son père et les siens. Le *Marquis de Castries* m'ouvrit son cabinet, où étaient les *Mémoires* du Maréchal de Belle-Isle; le *Comte de Broglie* m'initia dans les mystères de ses négociations secrètes ; le *Maréchal de Contades* me traça de sa main le plan de sa campagne et le désastre de Milan. J'avais besoin des confidences du *Maréchal de Richelieu,* mais j'étais en disgrâce auprès de lui, comme tous les gens de lettres de l'Académie. Le hasard fit ma paix, et c'est encore une des circonstances où l'occasion, pour me servir, est venue comme au-devant de moi... Ainsi les portefeuilles furent à ma disposition.... J'avais en même temps, pour les affaires de la Régence, le manuscrit original des *Mémoires* de Saint-Simon que l'on m'avoit permis de tirer du Dépôt des Affaires étrangères, et dont je fis d'amples extraits (1). »

Ce fut donc Marmontel qui, le premier de tous les écrivains français, comprit la valeur réelle des *Mémoires* du duc de Saint-Simon, et, le premier aussi, rendit

---

(1) Œuvres de Marmontel, ses *Mémoires*, tome II, page 88 (Paris, 1819).

honneur au nom, à la personne et aux talents de l'auteur par un jugement approfondi. Nous n'avons pu rencontrer cette page dans son *Histoire de la Régence* sans en être heureusement surpris. On voit par elle que ce que l'abbé de Voisenon avait lu, extrait et fait copier pour l'agrément des autres, avait été lu, médité, extrait par Marmontel pour l'utilité de l'histoire (1).

---

(1) Nous voulons parler de ce chapitre de l'*Histoire de la Régence* où l'auteur, recherchant et présentant les principaux Conseillers du Régent, et venant à M. le duc de Saint-Simon, le dépeint ainsi :

« *Enfin le plus considéré des trois, comme le plus digne de l'être, étoit le duc de Saint-Simon. On le voit peint dans ses Mémoires avec ses talents supérieurs, ses défauts et même ses vices ; avec cette éloquence si pleine quelquefois, si véhémente et si rapide, et cette affluence de paroles qui le rend si diffus lorsqu'il est négligé ; avec ce don d'approfondir, d'analyser les caractères, d'en saisir toutes les nuances, de les marquer par des touches si fines et par des traits si vigoureux ; et cette partialité qui exagère tout à ses yeux, et lui fait tout louer ou blâmer sans mesure ; avec cette raison si forte ou cette vanité si foible, avec ce caractère si droit lorsqu'il est calme, mais souvent si passionné ; avec ce sentiment si doux, si pénétrant, qui fait aimer tout ce qu'il aime, et cette bile envenimée qu'il répand à grands flots sur tous les objets de sa haine ou de ses fiers ressentiments ; enfin avec cette ostentation de franchise et de probité, ce zèle ardent pour la justice, cet amour de la vérité qui semble l'animer sans cesse ; cet intérêt personnel qui le domine à son insu, au point de ne lui laisser voir dans la nation que la noblesse ; dans la noblesse que les Ducs et*

On a cru que Voltaire avait connu le manuscrit des *Mémoires*. M. Villemain a dit en termes aussi précis qu'erronés : « *Voltaire presque seul en avait eu connaissance et avait promis de les réfuter* (1). L'auteur de la Vie de Voltaire, de son côté, s'exprime ainsi :

« Il avait formé le projet de réfuter tout ce que le duc de Saint-Simon, dans ses *Mémoires* encore secrets, avait accordé à la prévention et à la haine, dans la crainte que ces *Mémoires*, auxquels la probité reconnue de l'auteur, son art, son titre de contemporain, pouvaient donner quelque autorité, en paraissant dans un temps où personne ne fût assez voisin des événements pour défendre la vérité et confondre l'erreur (2). »

Ces assertions nous semblent peu fondées. Voltaire, à l'époque où les manuscrits du duc de Saint-Simon furent classés par Le Dran dans le Dépôt des Affaires Étran-

---

Pairs; dans les Ducs et Pairs que lui-même ou que leurs rapports avec lui. » (Voyez *Œuvres complètes* de Marmontel, tome XVIII, page 58, édition Verdière. Paris, 1819.)

(1) Villemain, *Cours de littérature française*. Littérature au dix-huitième siècle. Tome Ier, page 242. (Paris, Didier, 1854.)

(2) *Œuvres complètes* de Voltaire, édition Didot, grand in-8º, tome Ier. *Vie de Voltaire*.

gères au vieux Louvre, n'était plus à Paris depuis longtemps déjà. De 1761 à 1778, combien de fois vint-il dans la capitale, et combien de temps y est-il resté? Les dates et les informations s'opposent à admettre que Voltaire ait connu l'œuvre du duc de Saint-Simon autrement peut-être que par la correspondance qu'il entretenait avec l'abbé de Voisenon, avec Marmontel, qui alors lui en auraient fait passer quelques extraits à sa résidence de Ferney. Voltaire a parlé du *Journal de Dangeau*. Il en a même édité, en 1770, quelques fragments présentés par lui sous un jour ridicule et moqués dans les notes avec une sorte de *furia* toute particulière (1). Il l'a cité aussi dans la dissertation qui suit son poëme de la *Henriade*; mais quant aux *Mémoires* de Saint-Simon, c'est vainement que nous avons cherché à rencontrer le titre de l'œuvre et le nom de l'auteur dans aucun écrit de Voltaire.

---

(1) « *Journal de la Cour de Louis XIV*, depuis 1684 jusqu'à 1715, suivi de quelques autres pièces relatives au caractère de ce monarque et aux événements de son règne, *avec des notes intéressantes*. Londres, 1770. » C'est un in-8° de 174 pages.

Dans la première période du règne de Louis XVI, M. l'Évêque d'Agde (Charles-François-Siméon de Saint-Simon de Sandricourt), homme d'un esprit très-nourri dans les belles-lettres et des plus versés dans les recherches historiques (1), s'associa à un sien parent, Saint-Simon aussi, pour la revendication non-seulement du manuscrit des *Mémoires* du feu Duc, mais encore de tous ses autres *Manuscrits* acquis au Dépôt des affaires étrangères, par l'*Ordre du Roi* du 21 décembre 1760. Ils adressèrent une *note* à M. le comte de Vergennes, le nouveau ministre, qui leur répondit par un *mémoire* justificatif de son refus (2), émané de la plume de l'un de Messieurs du Dépôt. Les demandeurs mi-

---

(1) On trouve quelques lettres originales de l'Évêque d'Agde dans le *Manuscrit* de la Collection Moreau, n° 260, à la Bibliothèque nationale. On voit par cette correspondance qu'il contribuait à la formation du Cabinet des Chartes installé à l'Hôtel de la Chancellerie de la place Vendôme.

Il fut de l'Académie des Inscriptions en 1785. C'est lui qui, parlant du Duc, auteur des *Mémoires*, a dit : « *A plus de quatre-vingts ans, son esprit étoit comme à quarante, et sa conversation enchanteresse.* » J'ignore quel fut celui de ses parents qui signa avec lui la requête à M. de Vergennes; peut-être fut-ce Balthazar-Henri, comte de Saint-Simon.

(2) *Gazette des tribunaux*, 1857, compte rendu des *audiences* des 20 et 27 janvier et 3 février, Cour impériale, Première Chambre.

rent en avant le mot de spoliation, et firent valoir leur qualité d'héritiers collatéraux en même temps que celle de parents des plus proches, depuis la mort récente de Madame la comtesse de Valentinois, unique héritière directe, décédée sans enfants. Leur requête, renouvelée en 1782 par la comtesse de Saint-Simon, demeura sans effet, ou plutôt, si elle en obtint, ce fut de rendre fort vigilant l'œil jaloux du ministère sur tous les *Manuscrits* de Louis, duc de Saint-Simon, car il est remarquable que depuis l'action combinée de l'Évêque d'Agde et de son parent auprès de M. de Vergennes jusqu'à l'époque de la Révolution, il est à peine fait mention d'aucune communication de ces *papiers*.

XVII

SUITE DE L'HISTORIQUE DE LA PUBLICATION DES *Mémoires*. — LEUR PUBLICITÉ. — SOULAVIE ÉDITEUR. — ANQUETIL. — NOUVEAUX DÉPLACEMENTS DES *Manuscrits* DU DÉPÔT DES AFFAIRES ÉTRANGÈRES. — LEMONTEY. — ÉDITION FALSIFIÉE DE 1818. — LE GÉNÉRAL MARQUIS DE SAINT-SIMON. — RESTITUTION DU MANUSCRIT ORIGINAL DES *Mémoires*. — ÉDITIONS NOUVELLES ET VÉRITABLES. — PUBLICATION PROJETÉE PUIS EXÉCUTÉE DU *Journal du Marquis de Dangeau,* AVEC LES ANNOTATIONS DU DUC DE SAINT-SIMON. — QUELS PAPIERS SONT RESTÉS INÉDITS.

Si vers 1780 on parle des *Mémoires* du duc de Saint-Simon, si on rencontre quelques traces des *écrits* et *Œuvres* qu'il aurait laissés, c'est en dehors du Ministère, dans des correspondances du genre de celles que Grimm, Favier et autres avaient avec l'étranger. Cela venait des bonnes compagnies. Les gens des *Mercures* et des *Gazettes* en devisaient aussi, mais avec précaution, et ce n'était encore qu'à voix basse qu'il en était question pour la publicité. Les traces sont souterraines, la lenteur y préside. Il semble que les intéressés veuillent tâter, essayer le terrain, faire une reconnaissance. C'est très-curieux. Il semble qu'on ait à redouter Messieurs les Censeurs royaux, qui alors tenaient par plusieurs liens à la Secrétairerie d'État des Affaires Étrangères, patronne elle-même de la *Gazette de France*, de différents *Mercures*, du *Journal politique de Genève*, du *Journal historique et littéraire*. Néanmoins, de 1781 à 1789, l'ère de la publicité commence pour cette partie des papiers du duc de Saint-Simon appelés les *Mémoires*, extraits en 1761 et 1762 par l'abbé de Voisenon, et dont les copies tendaient à se multiplier. Sous quelle forme, avec quelle couverture, par quelle porte apparurent et entrèrent dans le monde du public lettré les fameux *Mémoires*? En quels termes furent-ils signalés à la curiosité, non plus restreinte à celle de Messieurs les historiographes du Roi ou de quelques beaux esprits, hommes ou femmes, des bonnes compagnies du temps? Suivons leur trace, et montrons des preuves. C'est un épisode intéressant.

En 1781, parut le premier numéro d'un petit recueil qui, avec le temps, forma dix volumes, sous le titre de « *Pièces intéressantes et peu connues pour servir à l'histoire* ». A la page 108 on lit ceci : « *Extrait du Mémorial ou du Recueil d'anecdotes de M. Duc.....S. P. de l'A. F. et H. de F.* (1) ». C'est une suite de morceaux détachés, de bribes, de fragments, les uns de douze lignes, les autres de six, séparés chacun par un ornement typographique. Au titre, l'éditeur a joint une note ainsi conçue :

« Ces anecdotes sont tirées du manuscrit original d'un homme de lettres très-instruit, qui a vécu dans le plus grand monde, et qui, par état, avoit intérêt à chercher la vérité des faits servant à l'histoire, et beaucoup plus connu par l'excès de sa franchise que par celui de sa crédulité. »

---

(1) Imprimé à Bruxelles. C'est la publication du sieur de La Place. Le tome Iᵉʳ porte la date de 1781; le tome II, celle de 1784; depuis, et jusqu'en 1790, les tomes ont paru plus régulièrement. Le tome III porte au titre cette mention : « Pour servir à l'histoire et *à la littérature* ». Le tome V porte Bruxelles encore, puis « Et se trouve à Paris, chez Prault, imprimeur du Roi, 1785 ». Voyez sur cette publication le *Dictionnaire* de BARBIER.

Le personnage ainsi présenté mystérieusement et dont il s'agit ici, n'est autre que le duc de Saint-Simon, et les anecdotes qui, en ce premier volume des « *Pièces intéressantes* », s'étendent de la page 108 à la page 196, sont empruntées à ses *Mémoires!* Il en parut une suite en 1784, sous le titre de : *Second extrait du Mémorial, ou Recueil d'anecdotes de M. Duc...* « Monsieur Duc », pour désigner le duc de Saint-Simon, est en vérité charmant !

Deux années plus tard, en 1786, parurent trois volumes de format in-douze, sans indication de lieu, assez compactes, et ainsi présentés : « *La Galerie de l'ancienne Cour, ou Mémoires et anecdotes pour servir à l'histoire des règnes de Louis XIV et de Louis XV* (1). » L'auteur anonyme de la préface, entre autres choses, dit sérieusement ceci :

« Mais, en cherchant à faire penser l'homme

---

(1) Le premier volume a 377 pages, le second 474, le troisième 494. Je crois l'édition assez rare. Voyez : Bibliothèque nationale. (Imprimés, L 29, A. 3. a.)

attentif et réfléchi, on n'a pas perdu de vue une autre classe de lecteurs ; c'est pour me conformer à leur légèreté que j'ai pris le parti d'isoler chaque anecdote et de supprimer les transitions qui pouvoient donner à cet ouvrage un air d'importance et de gravité, et, par là même, effrayer les amateurs d'historiettes (1). »

Et comme s'il avait eu conscience du méfait qu'il accomplissait en parlant de la sorte d'un aussi grand écrit, l'éditeur anonyme de la *Galerie de l'ancienne Cour,* ajoute ce correctif remarquable, qui lui fait quelque honneur :

« Quoique, en général, ce soit par des faits qu'on a esquissé les deux siècles de Louis XIV et de Louis XV, on n'a pas toujours écarté ces traits appelés *bons mots* dans les autres recueils d'anecdotes, et qui, j'ose le dire, sont ordinairement dans celui-ci des saillies de génie, ou les élans d'une grande âme, ou l'explosion d'un sentiment profond et sublime. »

Nous n'hésitons pas à penser que l'édi-

---

(1) *La Galerie de l'ancienne Cour,* etc. Préface, p. 16.

teur et des *anecdotes* publiées dans les
« *Pièces intéressantes* », et des morceaux
de la « *Galerie de l'ancienne Cour* » n'est
autre que Soulavie, un des plus osés,
habiles et singuliers compilateurs et mystificateurs tout ensemble qui aient jamais
été; Soulavie, esprit d'ailleurs plein de
feu, d'entrain et de verve, d'art en fait
de recherches et d'artifice en fait de découvertes, esprit très-curieux à connaître;
Soulavie (1) enfin, qui, en 1788, publia
pour la première fois le nom du duc de
Saint-Simon à propos de Mémoires et
mit au jour trois volumes ainsi déclarés :
« *Mémoires de M. le duc de Saint-Simon,
ou l'Observateur véridique sur le règne*

---

(1) Jean-Louis Giraud-Soulavie, né à l'Argentière, dans le Vivarais, en 1752. Ses études s'étaient d'abord portées vers les sciences et l'histoire naturelle. Il vint à Paris en 1778. La Révolution le trouva partisan des idées nouvelles, et il prit rang dans la compagnie dite des Amis de la Constitution. Il commença à faire bruit en annonçant dans le *Moniteur* du 7 février 1790 la publication prochaine d'une série d'ouvrages qu'il intitula : « *Collection historique des Mémoires du règne de Louis XV.* » La première de ces publications fut « *les Mémoires du maréchal duc de Richelieu* », qu'il arrangea ou plutôt composa avec les papiers que le Duc lui avait communiqués. La chose fit éclat en 1791. Ce qu'il a publié d'ouvrages de ce genre, de 1791 à 1810, est considérable. Il mourut en 1813.

de Louis XIV et sur les premières époques des règnes suivants (1). »

L'avis de l'éditeur est celui-ci :

« L'auteur de cet ouvrage, homme de qualité, attaché à la cour de Louis XIV, avoit des mœurs austères, ainsi qu'une franchise peu commune, qui le rendoient très-sévère dans ses jugements. Son pinceau est toujours ferme, quelquefois brûlant, plus souvent incorrect. Nous ne donnons qu'un extrait de ses *Mémoires*, etc. »

Ce n'était encore qu'un informe extrait, capricieusement disposé par Soulavie, qui, l'année suivante, en 1789, donna aux trois volumes de l'*Observateur véridique* un supplément de quatre autres avec ce titre incroyable : « *Supplément aux Mémoires de M. le duc de Saint-Simon, copié fidèlement sur le manuscrit original, ou l'Observateur véridique sur le règne de Louis XIV et sur les premières époques du règne suivant; pour servir de complément aux trois volumes déjà pu-*

---

(1) Deux éditions de deux formats différents, l'un in-8° et l'autre in-12, ont paru dans le même temps. Quelquefois le tome Ier ne porte pas la mention de « *ou l'Observateur véridique* ».

bliés, avec des notes historiques et critiques (1). » Mais si encore il n'y eût eu que le titre qui, dans cette affaire, eût été incroyable ! Soulavie, en effet, déclare :

« Au reste, nous ne craignons pas de le répéter, ce *Supplément*, copié fidèlement sur le *Manuscrit original*, et bien plus considérable que les trois volumes déjà publiés, complète en entier les *Mémoires de M. le duc de Saint-Simon*, et il en fait nécessairement la suite la plus intéressante, la plus instructive. »

Pour se rendre un compte exact de l'énormité d'une déclaration ainsi rendue publique, il faut comparer l'édition des *Mémoires* telle que nous l'avons aujourd'hui avec celle donnée en 1788, augmentée du supplément de 1789. Le résultat de cette comparaison dépasse, en fait d'invraisemblance littéraire, toutes les limites du possible. Soulavie, du reste, s'est fort tranquillement rendu justice par la curieuse préface que, deux ans

---

(1) Quatre volumes in-8°. « A Londres, et se trouve à Paris, chez Buisson, 1789. » Le dernier tome de ce *Supplément* contient une table générale des matières.

plus tard encore, en 1791, il a mise en tête d'une édition nouvelle des *Mémoires*, édition à laquelle, cette fois sans plus de souci ni de gêne, il donne ce titre : « *Œuvres complètes de Louis de Saint-Simon, Duc et Pair de France, chevalier des Ordres du Roi et de la Toison d'or, etc. Pour servir à l'histoire des Cours de Louis XIV, de la Régence et de Louis XV, avec des notes, des explications et des additions à la fin de chaque volume, extraites des Correspondances et des Portefeuilles de l'auteur et de plusieurs Princes et Seigneurs ses contemporains* (1) ». La préface vaudrait la peine d'être reproduite ici dans son entier ; mais son développement y met obstacle. C'est le récit des difficultés rencontrées pour mettre au jour les *Mémoires* de Saint-Simon, « avant que la liberté de penser et d'écrire ait fait quelques progrès en France » (ce sont les expressions de Soulavie). En voici le début :

---

(1) Édition en treize volumes in-8° : « A Strasbourg, chez J. G. Treuttel, libraire ; et se trouve à Paris, chez Onfroy, libraire, rue Saint-Victor, n° 11. 1791. »

« Le récit naïf de tout ce que le Ministère de France a fait avant la révolution de 1789 pour saisir et arrêter (selon ses admirables expressions) les Œuvres du Duc de Saint-Simon, est le plus beau privilége et l'approbation la plus éclatante dont les éditeurs puissent se flatter. »

Suit alors le « récit naïf », qui n'est pas moins admirable par la vivacité de l'assurance avec laquelle Soulavie affirme que son édition nouvelle contient les *Œuvres complètes*, que par la singularité des erreurs contenues dans l'*Avertissement* qui accompagne la *Préface*. Cette fois, ce sont treize volumes in-octavo, dont on peut dire, pour les juger, que ce sont des pages du duc de Saint-Simon accommodées à la mode de Soulavie. Il y produit des divisions qui auraient sans doute permis au véritable auteur de s'étonner extrêmement que des libertés aussi impudentes fussent prises, de propos délibéré, à l'égard de cette œuvre que, dans une solitude profonde, dans la retraite qui le charmait, pour donner cours au feu de ses pensées, à l'éclat de ses souvenirs, il avait écrite tout d'une haleine. Les *Mémoires* de

Saint-Simon sont ainsi répartis par Soulavie dans les treize volumes : 1° *Mémoires d'État et militaires du règne de Louis XIV,* six volumes; 2° *Mémoires secrets de la Régence,* deux volumes; 3° *Histoire des Hommes illustres des règnes de Louis XIV et Louis XV jusqu'à la mort de l'auteur,* quatre volumes (c'est une sorte de répertoire alphabétique); 4° *Mémoires pour servir à l'histoire du Droit public en France,* un volume. Mais voici qui est plus étrange : nous voulons parler de l'*Avertissement* mis en regard de la *Préface :*

« Au Dépôt des Affaires Étrangères sont onze volumes in-folio de *Mémoires, Manuscrits* ou *Imprimés,* que le Duc de Saint-Simon avait rassemblés et réunis pêle-mêle, et sur lesquels il devait composer les Mémoires de son temps. Les sept volumes in-octavo sont l'extrait, même infidèle, des huit volumes in-quarto qu'avait extraits l'Abbé de Voisenon, et qui étaient un extrait des onze déposés aux Affaires Étrangères, lesquels sont, non les Mémoires originaux, mais les matériaux de ces Mémoires, que nous offrons aujourd'hui au public (1). »

---

(1) Voyez le tome Ier de l'édition de 1791 (treize volumes in-8°).

Il ne se peut rien dire de plus fort ! Et bien mal appris serait celui qui se rencontrerait pour nous dire :

Mon frère, doucement il faut boire la chose.

C'est d'une imposture si grande, que l'esprit en demeure comme révolté ; cependant son assurance est telle, le détail par le menu si vraisemblable, que l'on pourrait s'avouer persuadé, et dire avec Molière :

Je ne sais s'il m'impose,
Mais il parle sur la chose
Comme s'il avait raison.

Les *Mémoires*, en effet, tels que les avait écrits Saint-Simon, formaient onze Portefeuilles qui étaient aux Affaires Étrangères. L'abbé de Voisenon les avait extraits. Cela était vrai. Mais que dire et que penser du reste ? Mais le mensonge et la confusion, combien grands n'étaient-ils pas ! A y regarder de près, il s'est passé là tout un mystère fort singulier, dont nous croyons avoir soulevé le voile en estimant que Soulavie a eu en sa possession les différents papiers de l'abbé de Voisenon, dont Madame de Turpin dit qu'ils n'ont pas été trouvés après sa mort, et qu'on ignore entre les mains de qui ses manuscrits sont tombés (1). Notez qu'elle ne parle ici que des manuscrits historiques, et non des madrigaux, petits contes ou comédies. On a su depuis que Chevalier, secrétaire de l'abbé, qui avait eu large main à la copie, en avait gardé bon nombre. En effet, l'édition donnée par Soulavie des *Mémoires* de Saint-Simon en treize volumes, comportait des appendices qui, entre autres documents, avaient manifestement été tirés des Portefeuilles contenant les *pièces* pour faire suite ou plutôt compagnie au manuscrit original des *Mémoires*, et dont Saint-Simon parle fréquemment dans le cours de son immense récit. Ainsi : « *Mémoires du comte de Bonneval et de ses disgrâces en France.* » Ainsi : « *Pièces relatives au Czar Pierre et à son fils, remises au duc*

---

(1) Voyez « *Œuvres complètes de M. l'abbé* DE VOISENON », Paris, 1781. Cinq volumes in-8º.

de Saint-Simon en 1720. » Ainsi : « *Observations sur la constitution politique du royaume d'Aragon en Espagne* », et d'autres encore, tels que « *Mémoire sur les Princes légitimés* »; « *Mémoire pour servir d'instruction à M. le duc de Saint-Simon, allant en Espagne ambassadeur extraordinaire.* » Or, qui avait eu communication de ces Portefeuilles de *pièces* et autres *écrits de tout genre* du duc de Saint-Simon, en dehors des manuscrits des *Mémoires?* Un seul, et ce fut l'abbé de Voisenon, qui avait copié, extrait, emprunté, selon son bon plaisir et sa commodité. Duclos et Marmontel n'avaient point connu les *pièces,* ni les *lettres,* ni les *écrits divers,* nulle autre chose enfin que les *Mémoires* proprement dits. Soulavie, même à la date de 1791, qui est celle de la dernière édition qu'il a produite, n'avait point encore eu accès au Dépôt des Affaires Étrangères à Versailles, comme il l'a eu depuis, en compagnie de Verninac, après avoir été mêlé à l'affaire des *Papiers du Roi,* sur un ordre de Garat, Ministre de la Justice, faisant par intérim les fonctions de Ministre de l'Intérieur le 17 février 1793. Et si, à la faveur de cet ordre, qui lui permettait de prendre une si grande volée dans ce dépôt considérable et préservé de toute atteinte révolutionnaire, même en 1793; si alors, — ainsi qu'on peut le penser, — il a connu en vérité et en réalité les manuscrits originaux des *Mémoires*, les onze précieux Portefeuilles, de près de trois mille pages de l'écriture la plus compacte qui se puisse rencontrer, quelle alarme n'a pas dû avoir ou sa conscience ou son esprit, en contemplant l'énormité de son peu de scrupule à l'égard du grand moraliste et de l'âpre historien ! Il semblerait qu'il en ait eu conscience, car depuis, il n'a plus parlé publiquement des *Œuvres complètes* (!) du duc de Saint-Simon, que cependant, en 1791, il avait annoncées et mises au jour avec un fracas si grand et des déclarations si risquées.

Dans cet intervalle du temps écoulé entre la publication par Soulavie de l'*Observateur véridique ou Mémoires de Saint-Simon*, en 1788, et celle du *Supplément* en quatre volumes, avait paru un livre intitulé « *Louis XIV, sa Cour et le Régent* », dû au tranquille, modeste et laborieux Anquetil, fidèle et bon serviteur des études historiques, honorables et paisibles (1). Curieux de sources nou-

---

(1) ANQUETIL (LOUIS-PIERRE), chanoine régulier de la Congrégation de France, prieur curé de Château-Regnard, puis curé de la Villette, à Paris; correspondant de l'Académie royale des Inscriptions et Belles-Lettres, élu de la seconde classe de l'Institut, puis de l'Académie française, naquit à Paris, le 21 janvier 1723. Je crois qu'on ne pourrait dire autre chose de lui sinon qu'il a passé toute sa vie dans l'étude de l'histoire. Il fut un temps où son « *Histoire de France* » était la plus répandue et la plus populaire de toutes, sous le titre de « *Histoire de France depuis les Gaulois jusqu'à la fin de la monarchie* ». Paris, 1805, 14 vol. in-12. Anquetil est un des historiens de la fin du dix-huitième siècle qui a le mieux compris tout ce qu'il y avait à tirer des documents diplomatiques originaux pour servir à l'histoire. Il a en quelque sorte inauguré l'ère des recherches en ce genre, et fut très-heureusement secondé dès ses débuts par des grands seigneurs intelligents, qui lui ouvrirent ou firent ouvrir des portefeuilles précieux. Ses « *Mémoires du maréchal de Villars* », publiés en 1784, en 4 volumes in-12, et dédiés au MARÉCHAL DE CASTRIES, ministre secrétaire d'État ayant le département de la Marine, ont été rédigés d'après les papiers aussi considérables qu'intéressants que le maréchal de Castries et le marquis de Vogué, frère de l'évêque de Dijon, qui les tenait par héritage d'un Vogué marié à une sœur du maréchal de Villars, avait mis à sa disposition. Il avait ainsi reçu pour ce seul ouvrage 142 cahiers de Mémoires, 213 feuilles volantes in-folio, et 14 volumes de lettres originales.

Dans le recueil des *Mémoires de l'Institut*, on trouve aussi divers menus travaux d'Anquetil qui dénotent bien les constantes tendances de son esprit investigateur; ainsi:

velles, lecteur assidu d'ouvrages oubliés qui peuvent néanmoins être pleins de qualités et de bon conseil, il s'était mis en quête d'utiles instruments pour ce nouveau travail, qui était une suite naturelle à « *l'Esprit de la Ligue* », paru en 1767 (1), et à « *l'Intrigue du Cabinet* », paru en 1780. Il avait pris l'usage de résumer en tête de ses publications des « Observations » sur les écrits qu'il avait consultés. C'était comme une façon courtoise de présenter à son public les auteurs qui lui avaient rendu service. Le premier article que nous rencontrons est relatif aux *Mémoires* de Saint-Simon, « manuscrit en sept volumes in-4°, contenant 2102 pages». En voici le principal extrait :

1° *Coup d'œil sur les anciennes relations extérieures de la France;*
2° *État de l'Europe avant la paix de Westphalie en 1648;*
3° *Mémoire sur l'État de l'histoire de France, où l'on expose les moyens qui ont été employés à ceux qui restent pour la conduire à sa perfection.*

(1) *L'Esprit de la Ligue*, ou histoire politique des troubles de la France pendant les seizième et dix-septième siècles. La première édition est anonyme (1767) et a paru en trois volumes.

(1) *L'Intrigue du Cabinet*, sous Henri IV et Louis XIII, terminée par la Fronde. La première édition (1780) est en 4 volumes in-12.

« Ce n'est cependant qu'un abrégé ; l'original, beaucoup plus volumineux, est dans le Dépôt des Affaires Étrangères. M. de Choiseul chargea M. l'Abbé de Voisenon de le réduire, et, comme c'étoit un homme de goût, on peut présumer qu'il n'a rien omis de ce qui s'y pouvoit trouver de curieux et d'intéressant : ainsi, on s'est cru dispensé de recourir à l'original, qui n'aurait rien appris de plus important. L'éloignement et des occupations qui exigent résidence ont empêché de profiter de l'offre obligeante qui a été faite de communiquer ce Manuscrit, mais sans le déplacer.

« M. l'Évêque de Senlis, dont on ne sauroit trop louer le zèle pour les sciences et la complaisance pour ceux qui les cultivent, a bien voulu faire copier l'exemplaire dont on s'est servi, et tirer, tant de sa bibliothèque que de celle de ses amis, les livres dont on a eu besoin.....

« Les Mémoires de Saint-Simon commencent à devenir communs. On en a tiré et on en tire journellement des copies. Il pourroit arriver que quelque libraire, voyant cet empressement, les fît imprimer. On en a même déjà donné des morceaux dans des recueils dont ces fragments font le principal mérite. C'est donc le moment de faire paraître un ouvrage où on trouvera tout ce que ces Mémoires renferment de curieux et d'intéressant (1)..... »

---

(1) Voyez l'ouvrage d'ANQUETIL, « *Louis XIV, sa Cour et le Régent* », Paris, Janet et Cotelle, édition de 1789,

ANQUETIL CITE LES « *MÉMOIRES* ». 281

Mais voici qu'au moment où l'ouvrage du sage Anquetil était à la censure, parut l'*Observateur véridique*. L'auteur du livre « *Louis XIV, sa Cour et le Régent* » n'en prit pas pour cela plus d'humeur, et se contenta, dans l'impression de ses pages consacrées aux *Observations*, d'y joindre cette note :

« Ce qu'on avoit prévu est arrivé. Les *Mémoires* de Saint-Simon ont paru sous le titre de : « *L'Observateur véridique* ». Paris, Buisson, rue Hautefeuille, 3 vol. petit in-8. On a gardé tout le désordre du manuscrit. Les lecteurs jugeront, par nos citations, si on en a conservé l'énergie. »

Anquetil était alors à Senlis, où il avait été appelé pour y ranimer les études du collége de la ville. Il résulte de son exposé que M. l'Évêque de Senlis (1) avait aussi sa copie des *Mémoires de Saint-Simon*, calquée, comme toutes les autres, sur

---

4 volumes in-8º, tome Ier, pages 8 à 11, ou l'édition de 1819 de Janet et Cotelle en 2 volumes.

(1) Jean-Armand de Roquelaure, de l'Académie française, où il avait été reçu, le 4 mars 1771, par l'abbé de Voisenon. Évêque de Senlis, Conseiller d'État ordinaire, puis Archevêque de Malines.

36

la copie originelle, unique, celle de M. l'abbé de Voisenon (1). Anquetil, depuis lors, travailla au Dépôt des Affaires Étrangères, où il prit qualité et reçut les appointements de *Rédacteur de Mémoires politiques*. Soit qu'alors les données de son esprit, la direction de ses travaux, principalement l'étude des manuscrits relatifs aux traités, soit que d'autres motifs l'aient détourné de penser à l'examen des *Papiers* du duc de Saint-Simon, il n'en a plus fait mention dans aucun de ses écrits, et nous ne lui devons point à cet égard de ces révélations intéressantes du genre de celles qu'il a rédigées touchant les « Mé-

---

(1) Il faut le redire ici, et pour une dernière fois, cette affaire de la *copie* dite de l'abbé de Voisenon et qui aurait servi de modèle pour toutes les autres, est encore obscure. Hier même (12 décembre), je rencontrais cette observation dans la préface de l'*Histoire de la Régence* par LEMONTEY, parlant de Saint-Simon. « *Les manuscrits de ce Duc sont considérables. Ses Mémoires forment douze volumes in-folio d'un caractère serré et d'une lecture pénible. L'abbé de Voisenon en tira pour l'amusement de Louis XV des morceaux piquants et scandaleux, dont il composa trois volumes in-4°, qui sont restés inédits.* » Or Lemontey écrivait cela en 1816, et il connaissait les papiers des Affaires Étrangères mieux que M. le Garde du Dépôt lui-même. On pourrait peut-être conclure d'après cela que l'abbé de Voisenon avait aussi disposé des extraits spécialement en vue d'intéresser le Roi et de le divertir.

moires et *Manuscrits* » des Affaires Étrangères, dans le cours de son exposé des *Motifs des guerres et des Traités de paix de la France*, adressé par lui en l'an VI « au *citoyen* Talleyrand-Périgord, Ministre des Relations extérieures », vers le Dépôt desquelles nous devons maintenant retourner.

Le personnel du Dépôt des Affaires Étrangères, à Versailles, n'avait pas suivi à Paris le personnel des bureaux proprement dits, après les journées des 4, 5 et 6 octobre 1789, époque à laquelle le Gouvernement et l'Administration, répondant aux impulsions nouvelles, durent abandonner Versailles pour venir se grouper à Paris autour de l'Assemblée toute-puissante. Le Dépôt était demeuré comme isolé du mouvement.

A M. Sémonin, chef depuis l'année 1772, avait succédé, après la journée du 10 août 1792, le citoyen Geofroy, qui avait été nourri, pour ainsi parler, dans le Ministère. Le sieur Poisson (Louis Huet), qui vivait auprès de ces Papiers depuis l'époque du Traité d'Aix-la-Chapelle, c'est-à-dire depuis près de quarante-deux années, s'y trouvait encore en septembre 1795, honoré et respecté, et faisant l'intérim pendant le temps qui suivit la retraite de Geofroy et précéda l'établissement de Resnier, en mission à Genève, au moment où le Ministre Delacroix l'avait désigné pour être le chef du Dépôt (fructidor an III et pluviôse an IV). Ces archives avaient donc rencontré dans leurs gardiens des amis sûrs et fidèles, et dont le naturel paisible, le peu de goût pour se mêler au mouvement des réunions politiques qui alors agitaient tous les districts, une grande prudence enfin, avaient préservé d'aucune atteinte violente les élégantes salles de leur Dépôt édifié par le duc de Choiseul. Seules, — et dans une mesure relativement modérée, si l'on considère la rigueur des ordres donnés à cet égard par le Comité de salut public, — les reliures des volumes des Négociations et des Traités avaient subi des altérations dans le relief du blason du Roi qui les ornait. Ce ne fut qu'à la fin de 1795 que s'effectua le transport à Paris des papiers d'État de tout genre, religieusement conservés et si heureusement sauvegardés à Versailles. L'opération du transport des volumes de la salle dite des *Manuscrits* (ceux du duc de Saint-Simon en étaient) eut lieu au mois de janvier 1796. Ainsi que les Papiers des Négociations, ainsi que les Registres des Traités, ainsi que les Portefeuilles contenant tant de Correspondances aussi curieuses que diverses, ils furent portés à l'hôtel de Galliffet d'abord, où était le Ministère, puis à l'hôtel de Maurepas, expressément aménagé et disposé pour le nouveau Dépôt, qui avec l'opération du triage des titres, c'est-à-dire du versement fait aux Relations Extérieures des Documents d'État, soit en originaux, soit en copies, enlevés à des familles émigrées telles que les Noailles, les Castries, les Bombelles, s'augmenta dans une proportion remarquable.

Pierre-Édouard Lemontey (1) fut le pre-

---

(1) Pierre-Édouard Lemontey, né à Lyon, le 14 janvier 1762. Il fut de l'Assemblée nationale législative, qui succéda à l'Assemblée constituante. Après le 10 août, il fit retour à Lyon, fut hors de France pendant la Terreur, et revint en 1795 à Paris, qu'il ne quitta plus. Il eut l'adresse de

mier et peut-être le seul qui les consulta pendant le long séjour de curieux et de studieux qu'il fit à l'hôtel de Maurepas, depuis l'année 1808, où il entra à ce titre aux Archives du ministère avec l'appui de l'Empereur, jusqu'à l'époque environ où nous verrons paraître sur la scène des *Papiers de Saint-Simon* le général marquis de ce nom, qui leur porta un si heureux et si vigoureux assaut. Lemontey vivait depuis 1795 à Paris, dans le monde des lettres, « où il avait trouvé sa vraie destinée ». La bonne société qu'il fréquentait, la nature de ses écrits, le nom qu'il s'était fait, l'avaient désigné à l'attention de l'Empereur, qui le chargea de réunir un nombre considérable de documents pour servir à une histoire politique du dernier siècle, depuis la mort de Louis XIV (1). « Nul

---

partager tout le temps de sa vie entre les satisfactions et les occupations de l'esprit et l'agrément des bonnes compagnies. Il fut reçu à l'Académie le 18 juin 1819, et mourut le 26 juin 1826. Lemontey excellait dans les *Notices*. La *Revue encyclopédique* en contient plusieurs de lui qui sont des modèles, entre autres celle relative au cardinal de Retz. Ses œuvres complètes en cinq volumes, moins l'*Histoire de la Régence*, qui n'a pu paraître qu'après 1830 et qui forme deux volumes, ont été publiées en 1829, in-8°, chez Sautelet. Les *Éloges historiques* et les *Notices* sont dans le tome III.

(1) « *Il y a environ huit ans* (dit-il au début de la préface

n'avait plus de lecture que Lemontey, a écrit M. Feuillet de Conches, qui l'avait beaucoup connu et avait eu et vu en lui un maître. Il s'était abreuvé avec une infatigable ardeur aux sources historiques. Tour à tour biographe des personnages les plus diversement célèbres, publiciste, historien, romancier, fabuliste, auteur dramatique toujours piquant, toujours spirituel..., du reste, de mœurs douces, de caractère facile, de commerce sûr, il était fort répandu dans le monde, mais ne faisait feu qu'en petit comité (1). » La chute de l'Empire trouva Lemontey dans son tranquille siége de visiteur et d'hôte au Dépôt, où il continua de paraître sous le nou-

---

de son « *Histoire de la Régence* », qu'il écrivait en 1816) *que je fus invité par le gouvernement de l'Empereur à écrire l'Histoire de France sous le règne de ses deux derniers rois. Je demandai les moyens de connaître la vérité et la liberté de la dire : on m'accorda les uns et on me promit l'autre. Plusieurs personnes informées de l'entreprise dont j'étais chargé, s'empressèrent de me communiquer, soit des mémoires inédits, soit une foule de pièces officielles conservées dans leur famille. La richesse et la nouveauté de ces matériaux ont soutenu mon courage contre l'immensité du travail que m'a coûté leur étude.* »

(1) Feuillet de Conches, *Causeries d'un Curieux*. (Retouches du manuscrit. L'auteur a consacré un chapitre considérable au portrait, au jugement et à la mémoire de Lemontey dans son manuscrit nouveau.)

veau règne, sans être autrement tourmenté ou desservi. Son esprit s'était particulièrement arrêté aux documents relatifs aux dernières années du règne de Louis XIV et au temps de la Régence. C'est dire de quel prix dut être pour lui l'approche des papiers originaux du duc de Saint-Simon. Entre autres, il est le premier qui ait signalé les *annotations* qui sont au manuscrit du *Journal du marquis de Dangeau*, et le premier qui en ait divulgué des fragments. Il ne pouvait pas ignorer que ces *annotations* fussent de Saint-Simon, mais pour ne pas éveiller peut-être au dehors une curiosité trop hâtive, ou pour tout autre motif à nous inconnu, il ne prononça pas le nom du fameux Duc et ne désigna l'*annotateur* que sous le nom de « l'Anonyme ».

« Je m'occupe depuis bien des années, dit-il, de la recherche de documents originaux, sur lesquels on puisse écrire une histoire vraie et impartiale des derniers règnes de notre Monarchie. Quelques personnes, informées de ce travail, ont désiré connaître mon opinion sur l'*Abrégé des Mémoires de Dangeau*, publié l'année dernière par Madame la Comtesse de Genlis... Lorsque je compulsai la première fois les divers Manuscrits de Dangeau, j'y remarquai *plusieurs notes assez piquantes* pour entrer dans le recueil de mes matériaux historiques. J'ignorais le nom de l'auteur ou des auteurs de ces additions, car rien ne prouve qu'elles aient une même origine; et je n'ai d'ailleurs reconnu dans le caractère de l'écriture la main d'aucun des personnages à qui nous devons des Mémoires. Il paraîtra seulement certain que *l'Anonyme* a été contemporain de Dangeau, qu'il lui a survécu quelques années, et qu'il est bien instruit de l'intérieur des grandes familles et des événements les plus secrets de la Cour. Il était naturel de restituer à Dangeau imprimé le commentaire de Dangeau manuscrit, et j'ai, en conséquence, laissé sortir de mon portefeuille ces notes, qui y attendaient quelque emploi depuis environ dix années. »

Certes, voilà une note dont la prudence de la diction, la retenue des termes, le soin admirable pour taire le nom du duc et pair, ont dû bien plaire à M. le Garde des archives des Affaires Étrangères en fonctions à cette époque. Mais écoutez encore Lemontey, et demandez-vous s'il ne savait pas aussi bien que M. le Garde du Dépôt lui-même que celui qu'il appelle « l'Anonyme » était M. le duc de Saint-Simon :

« En louant le zèle de *l'Anonyme* pour tout ce qui est honorable, juste et religieux, je crois que son extrême sévérité doit le faire soupçonner d'humeur, de méprises et d'exagération. J'ai publié avec plaisir les exemples de vertu qu'il rapporte ; j'ai quelquefois écarté les tableaux d'un genre opposé ; mais, dans tous les cas, j'ai conservé son style âcre, énergique, incorrect, comme un avertissement au lecteur de mesurer sa confiance pour des faits qui appartiennent à un autre siècle et qui sont entrés dans le domaine de l'histoire. L'union de ce commentaire bizarre et passionné avec les récits fades et flegmatiques de Dangeau, ne peut manquer d'être utile à deux écrivains dont chacun possède les qualités qui manquent à l'autre. Un tel mélange nous rappelle le sage régime des peuples de l'Hindoustan, qui relèvent par d'ardentes épices le riz insipide qui est leur nourriture commune. »

Mais Lemontey n'avait pas seulement connu les commentaires et annotations que l'auteur « bizarre et passionné » avait faits au texte de l'auteur « fade et flegmatique ». Nous pensons qu'il n'avait pas été moins heureux que l'abbé de Voisenon, et qu'il avait beaucoup vu, lu et retenu du Saint-Simon pour les nécessités de l'histoire de la Régence dont il avait fait les apprêts depuis longtemps, avant qu'il entrât à l'Académie, et qu'il avait achevée peu de temps après. Lemontey, de l'Académie française, pensa à publier cette *histoire*. Mais sa bonne intention rencontra un étrange obstacle. L'honorable M. de Barante, qui fut son biographe, dit ceci, dans l'intéressant article qu'il lui a consacré :

« Peu d'années après qu'il avait été reçu à l'Académie (18 juin 1819), il avait achevé l'*Histoire de la Régence,* et il pensait à la publier. Le chef des Archives des Affaires Étrangères, gardien jaloux du Dépôt qui lui avait été confié, se faisait un devoir de tenir indéfiniment cachés les secrets d'État; il prétendit que Lemontey n'avait pas le droit de livrer à la publicité un travail pour lequel il avait eu la permission de prendre communication des Documents conservés aux Archives du Ministère. Lemontey n'aimait point à se faire de querelle avec les puissants. Il avait besoin, pour achever son livre, de conserver accès aux Archives; il ne réclama point, et l'*Histoire de la Régence* n'a pu paraître qu'après la révolution de 1830. »

Les secrets d'État du temps de la Régence! La violation de ces secrets! O comédie! Et cela fut dit par une bouche grave et pensé par un esprit sérieux, entre l'année 1820 et l'année 1826, à l'effet d'empêcher la production de l'œuvre de M. Lemontey, l'un des Quarante, dont le naturel fin et heureux égalait le tempérament mesuré! M. le Garde des Archives ne s'en tint pas même à cette satisfaction déjà bien grande. En 1826, après le décès de l'académicien, curieux des affaires étrangères de l'ancienne France, il fit apposer le scellé du commissaire sur les recueils de notes et copies de l'hôte du ministère, et il obtint du juge qu'ils demeurassent dûment saisis et confisqués. Mais le temps et les circonstances, qui sont parfois de plus grands maîtres que les hommes qui se croient être les mieux avisés, n'empêchèrent pas que cinq ans après parût l'*Histoire de la Régence*, ce dont personne ne se trouva mal (1). Il n'y

---

(1) C'est à l'initiative aussi rare que louable du directeur des Archives des Affaires Étrangères (il est vrai de dire que c'était M. MIGNET) que fut due la restitution du manuscrit de l'*Histoire de la Régence*. Tous les journaux importants de l'époque ont parlé du rapport rédigé à cet effet et adressé par l'illustre M. Mignet au ministre. L'initiative de l'un, en fait d'honneur, de tact et d'esprit de justice, n'a d'égale que la décision de l'autre.

eut peut-être que la mémoire de M. le prince de Cellamare, qui sous la Régence, et bien qu'ambassadeur, s'était mis à conspirer contre M. le Régent, qui en fût un peu meurtrie. Pour ce fait, le trop curieux Lemontey l'avait pris à partie ; il avait répandu sur ses méfaits diplomatiques quelques lumières nouvelles, avec l'aide de M. le duc de Saint-Simon et les révélations des papiers des Affaires Étrangères (1).

En 1818, parut une édition nouvelle

---

(1) Malgré cela, l'Espagne ne nous a pas déclaré la guerre ! Il n'y a pas même eu échange de notes ! Je dis cela pour répondre à l'avance aux arguments de gens d'ailleurs excellents, mais bien timorés, qui estiment que les communications de Papiers d'État sont plus grosses de périls que d'enseignements. S'il en était ainsi, le Gouvernement anglais serait dans un étrange péril, lui qui, se mettant en dehors des préjugés communs, a déclaré et rendu publics tous les documents des Affaires Étrangères, de quelque nature qu'ils fussent jusqu'à l'année 1783, et les a fait porter aux Archives publiques, où ils s'accumulent en copies, de tous les coins du monde, pour l'utilité de l'histoire et pour y être publiés sous forme d'excellents sommaires. Il m'est facile d'en parler avec connaissance de cause et sûreté d'information, puisque, depuis l'année 1869, j'ai cet honneur très-grand de servir la maison pour la partie de l'Histoire de France qui s'étend de la date de 1509 à celle de 1715. Profitons d'ailleurs de cette circonstance pour annoncer un prochain écrit : « *Les Archives Royales d'Angleterre sous l'administration du Maître des Rôles, et du service qu'elles rendent à l'Histoire nationale.* »

des *Mémoires* du Duc. Elle ne le cédait en rien aux précédentes pour le faux, le décousu, et la prétention à une diction meilleure, non moins qu'à une chronologie perfectionnée. Le titre fut celui-ci : *Mémoires du duc de Saint-Simon; nouvelle édition mise dans un meilleur ordre et accompagnée de notes critiques et historiques par M. F. Laurent.* Le piquant est que l'éditeur ne s'était proposé rien moins que ceci, selon son aveu aussi franc qu'ingénu :

« L'éditeur se propose aussi de ranger les différents chapitres de ces Mémoires en meilleur ordre : il y ajoutera des notes critiques, soit pour éclaircir les passages qui auront besoin de l'être, soit pour servir de correctif aux erreurs de fait et de jugement dont le duc de Saint-Simon n'est pas toujours exempt. »

M. Laurent, il faut l'avouer, montrait bien de la bonté pour la mémoire du Duc et Pair, en ne redoutant pas de prendre une peine aussi grande, et l'ombre du magnifique historien et peintre incomparable a dû lui vouloir une étrange reconnaissance. Le nouvel éditeur lui faisait aussi l'honneur de déclarer que ses *Mémoires* ayant été écrits sans ordre chronologique, les faits rapportés sans ordre de temps et selon que le caprice de son souvenir les lui présentait, il avait cru devoir adopter une marche différente; il ajoutait que l'exécution, à la vérité, d'un soin pareil, lui avait offert des difficultés rares, etc. Comme on le voit, jusqu'alors rien n'avait manqué à ce grand homme et à ce magnifique esprit pour être trompé, travesti, et même déshabillé.

A l'époque où cette édition nouvelle paraissait, dix ans devaient nous séparer encore du moment où l'éclat soudain de la lumière la plus brillante ferait enfin justice à l'œuvre du peintre, du moraliste et de l'historien, et où toutes les précédentes productions fallacieuses et mensongères seraient confondues par l'admirable et magique vérité. Pour en dire le fait par le menu, il faut introduire ici, ou plutôt près du roi Louis XVIII, M. le général marquis de Saint-Simon.

En 1819, Henri-Jean-Victor de Rouvroy, marquis de Saint-Simon, avait trente-sept ans. Il était bien petit-cousin du Duc et Pair, l'auteur des Mémoires, et à peine, devant un aréopage, aurait-il pu beaucoup prétendre à se dire seul habile à hériter, le Duc ayant eu sa branche éteinte en la personne de madame de Valentinois, qui avait fait la duchesse de Fitz-James sa légataire universelle. Mais alors ces choses étaient passées depuis longtemps, et le plus clair en cette rencontre, c'est que le marquis était de Saint-Simon, et que, général, il avait bien servi le Roi dans le commandement des deux départements de la Manche et du Loiret. Il l'avait d'ailleurs suivi ou rejoint à Gand, dans un temps qui pour Sa Majesté n'avait été précisément ni celui du bonheur, ni celui du succès. En un mot, Louis XVIII n'avait que de bons souvenirs à l'égard du marquis de Saint-Simon, lorsqu'en 1819 M. le général vint à l'audience de Sa Majesté, un dimanche, à l'issue de sa chapelle. C'était peu de temps avant que le Roi l'eût déclaré Ministre plénipotentiaire pour le Brésil.

« Sire, dit-il, j'ai une grâce à demander à Votre Majesté?

— Monsieur de Saint-Simon, je sais vos récents et bons services, vous pouvez demander ce qu'il vous plaira.

— Sire, il s'agit de la grâce d'un prisonnier à la Bastille.

— Vous voulez rire, je pense, Monsieur de Saint-Simon?

— Sur la Bastille, oui, Sire, mais non sur des manuscrits originaux du duc de Saint-Simon, enlevés en 1760, et prisonniers d'État de Votre Majesté au Ministère de ses Affaires Étrangères.

— Je sais ce qu'il en est, Monsieur de Saint-Simon, et vous aurez ces manuscrits, je vous en donne ma parole. »

Lorsque le marquis de Saint-Simon racontait cela, il prenait à témoignage de l'anecdote et de ce *bon* du Roi, M. le duc Decazes.

Mais là ne finit pas l'histoire. Le Roi avait accordé, et Messieurs du bureau des Archives auraient bien voulu qu'il ne fût point « si bon prince ». De là une lutte sourde et souterraine, des plus vivaces, de la part de M. le Garde du Dépôt. La nouvelle, en effet, du *bon* de Sa Majesté en faveur du général marquis de Saint-Simon avait été loin de plaire à M. le comte d'Hauterive (1), qui tenta, peut-on dire, le possible et l'impossible pour y faire échec. Il ne craignit pas, dans l'étendue de ses moyens, de s'opposer à cette grande marque de la libéralité royale par des obstacles dextrement soulevés pour en arrêter l'effet.

---

(1) Le Comte Maurice-Alexandre Blanc d'Hauterive, né le 14 avril 1754, entra dans la carrière diplomatique par l'ambassade du comte de Choiseul-Gouffier à Constantinople, en 1783, à laquelle il fut attaché. Consul de France à New-York en 1793, il rentra à Paris, pour ne plus quitter le service intérieur du Ministère des Relations Extérieures. Il fut un remarquable chef de division politique. Les Archives l'eurent pour chef intérimaire (pendant l'absence de M. Caillard) en 1802, et il en reçut le titre et la charge à la mort de ce dernier, en mai 1807. M. Artaud de Montor a consacré à la mémoire du comte d'Hauterive un livre qu'il a fait paraître en 1839, sous ce titre prétentieux peut-être : « *Histoire de la vie et des travaux politiques du comte d'Hauterive, comprenant une partie des actes de la Diplomatie française depuis 1784 jusqu'en 1789.* » (1 vol. in-8. Paris, Leclerc.) Si le comte d'Hauterive a eu des préjugés d'Archiviste qu'il est difficile de comprendre aujourd'hui, on ne doit pas moins à son caractère, à son esprit politique, à ses travaux, cette justice de dire qu'ils ont été fort honorés pendant toute sa carrière. Son nom dans le ministère des Affaires Étrangères a acquis une réputation qui a été presque de la célébrité. La signature du Ministre lui a été confiée quatre fois, par intérim de M. de Talleyrand en 1804 et 1806, de M. de Caulaincourt en 1814, de M. de Talleyrand en 1815, et de M. de Richelieu en 1818. Démissionnaire de son titre de Garde des Archives en juillet 1830, il mourut l'année suivante.

Dans l'espoir, heureusement trompé, d'impressionner le Ministre, afin qu'à son tour il en impressionnât l'esprit de Sa Majesté, il produisit son *Mémoire* du 28 avril 1819. Vains furent les efforts officiels de ce peu de libéralité! vains les arguments surannés! Car le 6 mai, à huit jours de date de son *Mémoire*, il eut le déplaisir de devoir écrire sur ses feuilles cette note mémorable :

« Par Ordre de M. le Marquis Dessoles, Ministre des Affaires Étrangères, le Garde des Archives a remis à M. le Marquis de Saint-Simon *quatre portefeuilles* contenant une partie des *Mémoires historiques et politiques* du duc de Saint-Simon (1). »

Cependant le Roi n'avait pas parlé *d'une partie* des manuscrits, il avait dit *les Manuscrits*. Et par le fait de M. le Garde du Dépôt, la restitution se trouvait n'être qu'une demi-grâce. En admettant

---

(1) Voyez ce Document dans le *compte rendu* des audiences de janvier et 3 février à la Cour impériale de Paris, Première Chambre. Documents produits par le ministère public.

même que, dans la pensée du marquis demandeur et du Roi donateur, il n'eût été question que de cette partie des *Manuscrits* appelée les *Mémoires*, restaient encore les *Portefeuilles* contenant la seconde partie de l'œuvre du duc de Saint-Simon, nous voulons dire son récit des huit années de la Régence. Soit que M. de Saint-Simon ne voulût pas engager alors, par respect pour le Roi, une lutte à outrance avec le Dépôt des Affaires Étrangères, soit qu'il ignorât en réalité la nature et l'abondance du trésor qu'il avait réclamé, soit enfin qu'il se dît que, pour le moment et l'occasion, c'était avoir obtenu beaucoup, sauf à reporter l'échéance de la parole royale vers des temps futurs, il paraît alors n'avoir pas élevé le ton des réclamations, sauf dans une circonstance habilement saisie pour prendre publiquement date du don du Roi et porter en même temps un coup redoutable aux éditeurs qui s'éloigneraient du véritable texte dont il était devenu possesseur. En effet, un an après la date de la livraison des quatre portefeuilles, presque jour pour jour, M. le général marquis de Saint-

Simon, devenu pair de France, obtenait l'insertion au *Moniteur* de la lettre suivante, adressée au directeur gérant :

« Paris, le 25 avril 1820.

« Monsieur, il vient de paraître une édition en six volumes des *Mémoires du Duc de Saint-Simon*. L'on sait que cet ouvrage n'a point été mis au jour par son auteur, et que les premières éditions qui en ont été données après sa mort ont été faites sur des *copies infidèles* et des *lambeaux défigurés*, subrepticement extraits des Archives des Affaires étrangères où le manuscrit avait été déposé. Les éditions postérieures à celles que l'on annonce aujourd'hui n'ont pu avoir sur les précédentes d'autres avantages que ceux du classement et du choix des matières ; aucune n'a fait connaître les *Mémoires* du Duc de Saint-Simon.

« Permettez-moi, Monsieur le Rédacteur, d'annoncer au public, par la voie de votre journal, que, descendant de l'auteur des *Mémoires,* et remis en possession de la *totalité de ses Manuscrits*, par une grâce spéciale du Roi, j'en prépare moi-même une édition qui sera conforme à leur texte, sauf les corrections et les retranchements indispensables.

« En publiant cet ouvrage dans sa forme primitive et suivant le plan adopté par l'auteur, je crois remplir un devoir envers sa mémoire, et satisfaire au goût du public exprimé par l'accueil qu'il a fait à chacune des éditions qui lui ont été présentées.

Agréez, etc.

« Le Général Marquis de Saint-Simon,
Pair de France. »

Le département des Affaires Étrangères garda le silence sur cette déclaration. C'était en reconnaître la valeur. Il aurait d'ailleurs, contrairement à ses us et coutumes, fait preuve d'une étrange imprudence s'il avait tant soit peu réclamé à voix haute. Ne se serait-il pas frappé au cœur, s'il avait argumenté sur l'importance de l'expression pleine de portée dont avait usé M. le Pair de France, en se disant donataire de la *totalité des Manuscrits* du Duc son ascendant? Contester la valeur réelle de cette expression si précise, c'eût été de sa part faire double aveu de l'existence de bien d'autres papiers du fameux Duc et de la retenue qu'il en faisait contre le vœu du Roi, au détriment de M. le marquis de Saint-Simon. Le département préféra et silence et mystère. C'était de la politique.

En 1822, nouveau déplacement des bureaux du ministère des Affaires Étrangères et du Dépôt de ses papiers. Quittant les bâtiments de l'hôtel de Galliffet et de l'hôtel de Maurepas, au faubourg Saint-Germain, au mois de juin, ils furent établis dans cette partie de la ville qui tendait depuis longtemps déjà à devenir le nouveau Paris, à l'un des points les plus fréquentés du boulevard, en l'hôtel de Wagram, aujourd'hui détruit, dont l'emplacement embrassait l'espace compris entre la rue Neuve-des-Capucines et la rue Neuve-Saint-Augustin. Les Archives eurent, selon l'usage introduit par le duc de Choiseul, leur Hôtel séparé des Bureaux. Celui qu'elles occupèrent avait été l'hôtel des anciens Lieutenants généraux de police, qui était contigu à l'hôtel de l'ancien ministre d'État Bertin sous le règne de Louis XV, hôtel devenu celui de Wagram sous le premier Empire.

C'était, pour les *Manuscrits* de Saint-Simon comme pour les autres documents du Dépôt, la quatrième étape qu'ils faisaient depuis leur premier classement au Dépôt du vieux Louvre. Mais en 1828, un nouvel incident se produisit pour quelques-uns des *Portefeuilles*. M. le comte d'Hauterive, en recevant en 1819 l'ordre de remettre au général marquis de Saint-Simon les *Mémoires* dont il est ici question, avait avisé de retenir, pour le secret des archives (secret de près de cent ans d'âge!), la seconde partie du manuscrit de ces *Mémoires*. Le général de Saint-Simon, soit par réserve, discrétion ou prudence, peut-être aussi pour des raisons que lui seul aurait pu motiver, n'avait fait tout d'abord, ainsi que nous l'avons dit, aucune réclamation. Puis, deux ans après, en 1821, ayant eu à déployer le caractère de ministre du Roi à la Cour de Danemark (1), où il resta plusieurs années,

---

(1) Le général marquis de Saint-Simon avait été désigné par le Roi pour l'ambassade au Brésil le 9 novembre 1819. Il fit de somptueux apprêts, qui n'eurent pas de suite, le Roi ayant renoncé à cette ambassade. Nommé ensuite en Danemark, M. de Saint-Simon arriva à Copenhague en avril 1821, et demeura titulaire du poste jusqu'en octobre 1830. Il fut envoyé à Stockholm en juin 1832 et rappelé la même année. Il fut ensuite nommé gouverneur de Pondichéry, et sous le gouvernement de l'Empereur, fut déclaré sénateur. Il est mort le 19 mars 1865, âgé de quatre-vingt-quatre ans.

il avait sans doute trouvé l'heure peu favorable pour mettre en avant ses prétentions, si légitimes qu'elles fussent. Toutefois, s'il réclama à plusieurs reprises pour que, par la simple et nette exécution du bon vouloir du Roi, justice lui fût faite, elle ne lui fut rendue que tardivement. L'honneur de cet acte, d'ailleurs fort légitime, appartient au très-loyal comte de la Ferronays, ministre des Affaires Étrangères sous le roi Charles X (1).

Le 26 janvier 1828, la lettre suivante partait du cabinet du Ministre, à l'adresse de M. le Garde du Dépôt des Affaires Étrangères :

« Je prie Monsieur le comte d'Hauterive de vouloir bien remettre à Monsieur le comte de Saint-Simon les trois volumes qui complètent la collection des *Mémoires* de Saint-Simon que le Roi a permis qu'on lui restituât. »

Cela fut le mot *officiel*, assez froid,

---

(1) M. le comte de la Ferronays fut déclaré Ministre le 4 janvier 1828, et accepté démissionnaire avec le Cabinet Martignac, le 22 août 1829.

comme on le voit, ainsi qu'il convient à un mot officiel, mais il y eut, en même temps, le mot *officieux*, charmant, courtois et fin tout ensemble. M. le comte d'Hauterive était en effet un serviteur vénérable des Affaires Étrangères. Il s'était fait un nom très-honorable chez elles et par elles. M. le comte de la Ferronays, son ministre en 1828, tout en désapprouvant sa mauvaise humeur bien connue dès qu'il s'agissait de demander quelque chose aux Archives, était trop galant homme et trop « bon seigneur » pour ne pas se faire un devoir de ménager le caractère de ce personnage si justement considéré.

« Allons, mon cher Comte, et malgré la peine que vous en éprouvez, achevons de nous exécuter, et donnons à l'héritier du Duc de Saint-Simon les trois ou quatre volumes de la partie historique de ses ouvrages qui manquent encore au sacrifice que vous avez déjà fait.

« Comte de la Ferronays. »

C'était adorable et par la politesse et par l'urbanité; c'était faire preuve tout à la fois du plus fin et du plus piquant ménagement.

Ainsi furent libérés des clôtures, sévères jusqu'à l'excès, du Dépôt qui les renfermait encore en 1828, les *Manuscrits originaux* d'un des ouvrages les plus extraordinaires qu'ait écrits une plume admirable : ainsi furent enlevées à des ténèbres beaucoup trop traditionnelles et bien trop durables, les pages les plus nécessaires à lire pour la connaissance des hommes et pour l'étude des caractères, pendant une des plus imposantes périodes de la vie politique en France. Une fois aux mains du nouveau possesseur, plus de doute que ce grand œuvre dût aller vers la lumière, malgré tous les obstacles que prendrait encore soin de combiner, par des notes difficultueuses, M. le garde du Dépôt pour en retarder l'éclat. Et lorsque se fut produite cette lumière glorieuse, par l'apparition d'une édition enfin complète de ce grand œuvre, l'applaudissement fut universel. M. le comte d'Hauterive vécut assez pour en être témoin.

Il est à croire que des faits nouveaux dans la publicité des *Mémoires* avaient ému M. le marquis de Saint-Simon, et l'avaient décidé à agir auprès du roi Charles X à cette époque, pour que Sa Majesté invitât son ministre des Affaires Étrangères à acquitter le *bon* du feu Roi son frère. Dans le même mois, en effet, où M. de Saint-Simon reçut les derniers Portefeuilles des *Mémoires*, le libraire Hivert avait fait annoncer à la date du 3 janvier 1828, par le *Journal des Débats*, la prochaine publication d'une édition nouvelle. La rédaction de cette annonce était des plus curieuses, en ce sens que le rédacteur en avait réglé le ton sur la mode, qui, alors, était de combattre à outrance et narguer avec excès les Pères de la Compagnie de Jésus. Voilà donc Saint-Simon mis à un autre genre de contribution, celle d'attiser le feu d'une réclame à la mode, de donner le piquant à une annonce véritablement bien vulgaire :

« Quoi de plus divertissant (disait le Rédacteur) que l'histoire du chocolat des Jésuites? Le siècle de Louis XIV, si différent du nôtre sous divers rapports, s'en approche sous quelques autres. Les Jésuites, qui régnaient alors sous le nom du grand Roi, aspirent de nos jours à reconquérir leur influence; ils voudraient, comme au temps de Saint-Simon, exploiter à leur gré le pouvoir et la fortune publique. Que d'anecdotes sur ces bons Pères!.... »

C'était être presque coupable de donner ce travesti d'un autre genre à l'œuvre du duc de Saint-Simon et d'en faire un pareil emploi pour un appel aussi vulgaire au public. A cette annonce de l'édition nouvelle, qui d'ailleurs ne devait être que la répétition de l'édition mensongère de 1818, M. le marquis de Saint-Simon eut beau jeu pour répondre. Il le fit avec sang-froid, et tira parti de l'occasion pour annoncer de nouveau qu'il était en possession du *Manuscrit original*, à la publication duquel il se préparait. Le *Moniteur* du 14 janvier 1828 contient sa réponse à M. le Directeur du *Journal des Débats* :

« Monsieur,

« Vous avez annoncé, dans votre numéro du 3 de ce mois, une nouvelle édition des *Mémoires de Saint-Simon,* par M. F. Laurent, mise en vente chez Hivert, rue des Mathurins Saint-Jacques (1). Cette annonce est faite pour induire le public en erreur. L'éditeur, en cela, avance un fait dont il m'est facile de démontrer la fausseté.

« Ces Manuscrits, qui m'ont été rendus par le feu Roi, comme propriété de famille, plusieurs années avant sa mort, ne sont sortis des Affaires Étrangères que pour passer entre mes mains, et, loin de les avoir communiqués à qui que ce soit, je me dispose à donner incessamment une édition complète et entièrement conforme aux Manuscrits du Duc de Saint-Simon.

« Les éditeurs illégitimes de 1789 et de 1791 ont exploité à leur profit la curiosité publique en promettant du scandale sur la Cour; celui d'aujourd'hui veut l'exploiter en en promettant sur les Jésuites. Mais son succès est plus que douteux lorsque le chef de la famille du Duc de Saint-Simon proteste contre toute nouvelle édition prétendue augmentée ou rédigée d'après les Manuscrits, et déclare qu'elle ne pourrait être qu'une

---

(1) Cette édition doit être la même que celle annoncée en 1826 par la même librairie, augmentée de toutes ces belles promesses sur le prospectus : « Nouvelle édition mise dans un ordre chronologique, accompagnée de notes, collationnée sur *plusieurs manuscrits autographes* (!!) et précédée d'une notice historique sur la vie et la famille du duc de Saint-Simon, suivie d'un appendice contenant les pièces justificatives, d'une table pour chaque volume et d'une table générale des matières, par M. F. Laurent. » L. F. Hivert, libraire-éditeur, 1826.

réimpression de ce que contiennent les deux précédentes, qui elles-mêmes sont autant de larcins faits à la propriété de la famille.....

« Le Marquis de Saint-Simon,
« Pair de France (1). »

Ainsi la lettre du libraire Hivert était du 3 janvier 1828; la réponse du marquis de Saint-Simon, du 6 janvier, fut rendue publique le 14. Enfin, le 16 janvier, parut une nouvelle lettre du libraire au *Moniteur*, dans laquelle il parlait d'un *Manuscrit* « extrêmement précieux », provenant de la famille de La Rochefoucauld, et qui, selon son dire, le mettait à même de se passer aisément de la volumineuse collection dont M. le marquis de Saint-Simon assurait être en possession. Ces rapprochements de dates sont intéressants, car ce fut le 26 du même mois que M. le comte de la Ferronays, Ministre des Affaires Étrangères, commanda formellement à M. le Garde des Archives, qui s'y opposait, de donner satisfaction

---

(1) Voir le *Moniteur universel*, année 1828, numéro du 4 janvier, et le *Journal des Débats*, janvier, *idem*.

au marquis de Saint-Simon, en lui remettant les autres Portefeuilles des *Mémoires*. Il est manifeste que le mouvement imprimé à la publicité par M. Hivert dans cette circonstance avait mis en nouvel émoi M. de Saint-Simon, qui alors avait pris la résolution de presser l'accomplissement de la grâce à lui concédée par le Roi, et il est manifeste aussi que bien lui en prit, puisqu'il y réussit.

C'est à dater de cette époque que le marquis de Saint-Simon s'occupa de la publication réelle des *Mémoires véritables* du Duc et Pair. Le 10 juillet 1828, il céda au libraire Bossange, qui en fit cession pleine et entière au libraire Sautelet, le droit de publier le Manuscrit (1). Et dans cette même année 1828 encore, par l'organe du *Moniteur*, il fit annoncer comme très-prochaine l'apparition du livre. On y lit ceci à la date du 28 novembre :

---

(1) D'où il sortit du reste un procès qui fut plaidé et jugé en mars 1830. Voyez le *Moniteur* du 28 mars et les *Journaux judiciaires*. (Affaire des Mémoires. Procès Sautelet, Bossange, Pietri) La *Gazette des Tribunaux* donne à ce procès l'importance d'une question neuve de littérature légale. (Numéros des 15 et 16 mars 1830, Audiences des 12 février et 12 mars.

« Le Roi a donné la Collection tout entière à l'héritier de cet homme célèbre, à M. le Marquis de Saint-Simon, Pair de France, qui l'a lui-même confiée à des éditeurs, sous la condition expresse que le texte en serait religieusement respecté... »

Les deux premiers volumes de l'œuvre annoncée parurent au mois de mai 1829. L'œuvre entière, qui devait n'avoir que huit livraisons de deux volumes chacune, dépassa ce nombre, et en comprit vingt et un, dont le dernier, renfermant les tables, fut publié dans le cours de l'année 1830. Tel en fut le titre : « *Mémoires complets et authentiques du duc de Saint-Simon sur le siècle de Louis XIV et la Régence, publiés pour la première fois sur le manuscrit original entièrement écrit de la main de l'auteur, M. le marquis de Saint-Simon, pair de France* (1). » A quelques erreurs de texte et à quelques menus retranchements près, nous avions enfin

---

(1) Chez A. Sautelet et Cⁱᵉ, libraires-éditeurs, Paris, 1829-1830. L'avis de l'éditeur contient une sorte d'historique du manuscrit des *Mémoires*, que M. de Saint-Simon n'aurait certainement pas laissé imprimer s'il avait connu nos documents, car cet historique est gros d'erreurs.

les « *Mémoires de Saint-Simon* ». C'est alors que Villemain, cet éloquent et pur critique, cet esprit admirable, cet homme qui portait jusqu'à la perfection la conscience du bien et du beau, put confirmer d'autant plus le jugement si noble et si sûr que, quatre ans auparavant, il avait prononcé sur Saint-Simon, aux applaudissements de la Sorbonne :

« A la même époque, au dix-huitième siècle, écrivait, dans la langue et l'esprit du dix-septième, un des génies les plus originaux de notre littérature, le premier des satiriques en prose, inépuisable en détails de mœurs et qui peint d'un mot comme Tacite; créateur d'une langue à lui, et, sans correction, sans ordre, sans art, admirable écrivain.

« Cet homme est le Duc de Saint-Simon, avec son ardente curiosité, sa fièvre de Cour et sa justesse de coup d'œil dans le feu de la passion... Il se trompe souvent quand il agit, quand il conseille; mais quel connaisseur des hommes quand il ne faut que les peindre! De Fénelon jusqu'à Dubois, que de caractères du vice et de la vertu ! que de contrastes, que de nuances admirablement saisis! Que de surprises faites à notre nature ! Comme il se complaît, comme il se dilate dans l'approfondissement d'une âme humaine ! »

Dès lors, les éléments de succès pour

le grand travail de Saint-Simon n'ont cessé de croître. L'auteur a pris le rang le plus élevé dans les lettres françaises, au point que l'Académie lui a rendu cet hommage de proposer son éloge pour le prix d'Éloquence (1). Les éditions volumineuses se sont produites et succédé rapidement jusqu'aujourd'hui, où il en paraît une nouvelle, représentée comme répondant si exactement à l'absolue vérité du travail original, qu'on la pourrait dire calquée plutôt que copiée sur les propres pages tracées par l'auteur (2). Feu M. le marquis de Saint-Simon, par

---

(1) Voir à la Bibliothèque de l'Institut, *Mémoires. Académie française* (tome XV, 1854 à 1857). Institut impérial de France. Séance publique annuelle du jeudi 30 août 1855, présidée par M. le duc de Noailles. Voir le discours de M. Villemain, secrétaire perpétuel, rendant compte des prix d'éloquence décernés par l'Académie. Deux discours, sur quatorze qui avaient été offerts à l'examen de l'Académie, furent couronnés : *Discours sur le duc de Saint-Simon, sa vie et ses écrits*, par Eugène Poitou ; *Discours sur la vie et les écrits du duc de Saint-Simon*, par M. Amédée Lefèvre-Pontalis.

(2) Les éditions successives des *Mémoires complets* de Saint-Simon, depuis celle publiée par Sautelet et Cie (c'est-à-dire Mesnier, Paulin et Renouard), et les publications en volumes de fragments de ces Mémoires, sont les suivantes :

En 1835 : *Mémoires complets du Duc de Saint-Simon sur le siècle de Louis XIV et sur la Régence*, publiés par

un contrat passé avec la maison si notable qui en 1856 a produit l'édition en

---

M. le marquis de Saint-Simon, Pair de France. Collationnés par l'éditeur sur le manuscrit autographe. Paris, Eugène Renduel. Le prospectus est signé Louis de Maynard. Il n'a paru qu'un volume in-8° de 488 pages. Cette édition interrompue a donné lieu à un procès. Voir *Gazette des Tribunaux*, 15 juillet 1836. Affaire d'arbitrage volontaire; Renduel et Saint-Simon; Deuxième Chambre.

EN 1840 : *Mémoires complets et authentiques du* DUC DE SAINT-SIMON *sur le siècle de Louis XIV et la Régence*, publiés sur le manuscrit original entièrement écrit de la main de l'auteur par le marquis de Saint-Simon, Pair de France. Nouvelle édition, revue et corrigée, en 40 volumes in-12. Paris, H. L. Delloye, éditeur. (En 1842, il y eut une réimpression des tomes Ier à XVI de cette édition.)

EN 1846 : Extraits des *Mémoires de* SAINT-SIMON *en ce qui touche la Régence*; avec avant-propos et notices, par M. F. Barrière. Paris, F. Didot, 1846, un volume in-18.

EN 1853 : *Mémoires complets du* DUC DE SAINT-SIMON, en 40 volumes in-18. Paris, Garnier frères.

EN 1853 : *Louis XIV et sa Cour*, portraits, jugements et anecdotes extraits des *Mémoires authentiques du* DUC DE SAINT-SIMON, 1694-1715. Paris, L. Hachette, 1853, un volume in-16 (avec un avertissement de 32 pages.)

En 1853 : *Le Régent et la Cour de France sous la minorité de Louis XV*, portraits, jugements et anecdotes extraits des *Mémoires authentiques* du DUC DE SAINT-SIMON. 1715-1723. Paris, L. Hachette, 1853, in-16.

EN 1856-1858 : *Mémoires complets et authentiques du* DUC DE SAINT-SIMON *sur le siècle de Louis XIV et la Régence*, collationnés sur le *manuscrit original*, par M. Chéruel et précédés d'une notice, par M. Sainte-Beuve, de l'Académie française, avec un portrait authentique de l'auteur et un spécimen de son écriture. Édition en 20 volumes

ÉDITIONS SUCCESSIVES. 317

vingt volumes in-octavo, désormais épuisée, l'a rendue possesseur du *Manuscrit original,* dont, par l'organe aussi lettré que piquant de M. le Bibliothécaire Gallien, le lecteur a vu la description dans le cours de la lettre jointe à notre préface. « Mémoires de Sainct-Simon », y est-il dit au titre, qui est celui de l'auteur, et rien de plus.

Voilà pour l'historique de cette partie

---

in-8º. Paris, L. Hachette et Cⁱᵉ. Cette même édition a été tirée à *cent exemplaires* numérotés sur grand papier, qui ont été promptement épuisés.

En 1856 : *Mémoires de* Saint-Simon précédés d'une notice sur l'auteur, par Émile de La Bédollière. 20 volumes in-8º. Paris, G. Barba. Même année: *Mémoires de* Saint-Simon. (Nouvelle édition conforme au *manuscrit original,* collationnée avec soin sur l'édition Sautelet, avec une nouvelle table alphabétique des matières, rédigée avec le plus grand soin, par M. Bourgogne. 5 volumes in-4º avec 612 gravures. Paris, G. Barba. (*Les deux éditions* ont donné lieu, en 1856 et 1857, à l'extraordinaire procès que nous avons rappelé diverses fois dans le cours de ce chapitre, et elles ont été saisies par suite de l'arrêt rendu en Cour Impériale de Paris. Voir la *Gazette des Tribunaux* du mois de juin 1856 et des mois de janvier et février 1857.

En 1864-1865 : *Mémoires de* Saint-Simon. Édition en 13 volumes in-12. Paris, L. Hachette et Cⁱᵉ.

En 1873 : *Mémoires du* Duc de Saint-Simon publiés par MM. Chéruel et Adolphe Régnier fils, et collationnés de nouveau pour cette édition en 20 volumes sur le manuscrit autographe, avec une notice de M. Sainte-Beuve. (Tomes I à VIII, in-12, publiés jusqu'à ce jour, 31 décembre 1873). Paris, L. Hachette et Cⁱᵉ.

des œuvres du duc de Saint-Simon. L'épisode en a été long. Mais, parmi tous ceux qui sont amis déclarés des belles-lettres et des études de l'histoire, en sera-t-il un qui aura pu voir sans peine ou sans surprise l'incroyable espace de temps, les fatigues, les intrigues, les marches, les contre-marches qu'il a fallu subir, traverser ou faire pour arriver au but! Voyons maintenant ce qu'il advint à propos des autres *Manuscrits,* et pour cela, tournons-nous encore vers le Dépôt des Affaires Étrangères.

Le manuscrit seul des *Mémoires* avait été remis à M. le général marquis de Saint-Simon, Pair de France. Savait-il ce qu'il lui restait encore à désirer et à recevoir, si comme il l'a dit, et en particulier et en public, le Roi Louis XVIII lui avait assuré la restitution ou la donation (peu importe le vocable) de la totalité des manuscrits de l'ancien Conseiller de Régence? Lui seul pourrait répondre et donner à cet égard des éclaircissements. S'il ignorait la quantité précise des articles qui formaient le recueil contenu dans les cinq caisses reçues par Le Dran, sur la présentation de l'*Ordre du Roi* du 21 décembre 1760, il ne pouvait ignorer qu'à la suite des Onze Portefeuilles des *Mémoires*, il y avait aussi ceux contenant les « *Pièces annexées* », puisque Saint-Simon en parle en divers et nombreux endroits de son œuvre. Ces mots « *Voyez les Pièces* », tant de fois tracés de la main de l'auteur, n'avaient pu échapper à sa qualité d'éditeur dont il avait pris le titre. Avait-il connaissance que le Portefeuille des *Tables* dressées par Saint-Simon lui-même existait aussi? Peut-on admettre encore qu'après 1830 il n'avait pas été mis au fait de l'existence des *Correspondances personnelles* du duc de Saint-Simon avec les gens d'état, de lettres et de qualité, indiquées avec une précision incontestable par l'historien Lemontey, dans sa préface de l'*Histoire de la Régence?* Les relations qu'il dut nécessairement avoir avec les lettrés pour les éditions successives qui ont paru chez Renduel, Delloye, Garnier, et en dernier lieu chez Hachette, n'avaient pu manquer de l'en informer. A-t-il tenté de nouvelles démarches ? Ce que l'on peut affirmer, c'est que sous le règne de l'empereur Napoléon III, qui l'avait fait entrer au Sénat dès la formation, M. de Saint-Simon parla souvent de l'intention où il était de demander à l'Empereur de faire honneur à la lettre de change du Roi. D'aucuns qui l'approchaient nous ont témoigné de cette déclaration. M. de Saint-Simon est mort le 19 mars 1865, sans avoir, sans doute, mené à fin ces utiles démarches et ces tentatives qu'il avait annoncées. Il faut d'autant plus le regretter que personne n'ignore combien Napoléon III était de nature et d'esprit accessibles à la libéralité et à la justice dans les difficultés et dans les circonstances de cette sorte. Le goût si éprouvé qu'il avait de l'étude de l'histoire lui aurait aisément permis de comprendre que le succès de la demande de M. de Saint-Simon aurait nécessairement amené et complété la divulgation des œuvres de l'auteur des *Mémoires*, et il était homme, malgré toutes les notes qui seraient parties non pas directement du cabinet de son Ministre, mais indirectement et par façon de souterrains, du bureau de la direction des Archives du Ministère, à passer outre et à estimer que le mouvement de libéralité du Roi pouvait être suivi par l'Empereur (1). Quoi qu'il en ait été,

---

(1) Quelque parti que l'on soit prêt à servir, à quelque opinion politique qu'on appartienne, c'est une justice qu'il faudra toujours rendre à Napoléon III. Il était essentiellement libéral et avait le sens le plus pratique qui se puisse rencontrer chez un souverain pour le perfectionnement des vieux rouages. Dans la sphère des choses dont je fais ma seule occupation, il me serait difficile de dire combien je suis souvent porté à honorer son nom. C'est à son impulsion particulière que nous devons d'avoir le *Catalogue des Imprimés de la* Bibliothèque Nationale et celui des *Manuscrits* si utilement entrepris, catalogues propres au service journalier de tous les savants, érudits, curieux et lecteurs. Que ne dirai-je d'ailleurs de lui à ce propos, quand j'ai sous les yeux les sept volumes grand in-8°, de *Lettres, Instructions et Mémoires de* Colbert, publiés par ses ordres sur la proposition d'un ministre aussi judicieux que capable d'initiative : M. P. Magne. Quand trouverons-nous un ministre des Affaires Étrangères qui à propos de la mémoire des plus illustres de ses prédécesseurs dans l'ancienne diplomatie française, écrira au chef de l'État ce que M. Magne écrivait à l'Empereur le 11 août 1859, lui proposant la publication des *Lettres, Instructions et Mémoires de* Colbert :

« *Une pareille publication,* Sire, *faite sous les auspices de Votre Majesté, ne serait pas seulement un juste hommage à l'Administration française dans la personne d'un de ses plus illustres représentants ; elle aurait aussi, au double point de vue historique et administratif, une utilité incontestable. Elle ne pourrait enfin qu'honorer le Gouvernement qui l'aurait ordonnée.* »

Sans nos malheurs, habilement secondé et surtout utilement et véridiquement renseigné, il n'eût été réforme dans cette sphère si belle des études littéraires, que l'Empereur

41

après la restitution des manuscrits des *Mémoires*, il est démontré par l'inventaire que le Dépôt des Affaires Étrangères détenait encore prisonniers d'État, en fait d'œuvres propres ou de papiers personnels d'un intérêt plus ou moins grand pour l'histoire des règnes de Louis XIV et Louis XV, les articles suivants :

Mémoires sur les Ducs et Pairs. Trois volumes in-folio.

Des Pairies de France, d'Angleterre, et des Grands d'Espagne. Un volume in-folio.

Duchés et Comtés-Pairies. Un volume in-folio.

Les Notes et Réflexions écrites sur des feuillets joints aux trente-sept volumes in-folio des *Mémoires de Dangeau.*

Les Officiers de la Couronne. Un Portefeuille de neuf cahiers.

---

ne se fût plu à demander, et au besoin à imposer à des ministres à vues rétrospectives ou par trop faciles à trouver toujours bons les ordinaires propos de tel ou tel chef de division ou de direction, généralement inspiré à une source unique, fort douce d'ailleurs et commode, celle de l'habitude, revêche à toute réforme, si heureuse qu'elle pourrait être pour le service public.

Les Pairies. Quatre Portefeuilles de cent trente cahiers.

Les Érections des Pairies. Neuf Portefeuilles de deux cent soixante-neuf cahiers.

Les Régences. Un Portefeuille de vingt-deux cahiers.

La Dernière Régence. Un Portefeuille de vingt-sept cahiers.

Les Princes Étrangers. Un Portefeuille de trente-huit cahiers.

L'Érection des Duchés Étrangers. Un Portefeuille de cinq cahiers.

La Préséance entre MM. les ducs de Saint-Simon et de La Rochefoucauld. Quatre Portefeuilles de cent seize cahiers.

La Préséance entre les Ducs et Pairs et M. de Luxembourg. Un Portefeuille de vingt-six cahiers.

Les Duchez d'Aiguillon et d'Estouteville. Un Portefeuille de vingt-trois cahiers.

Le Duc d'Épernon. Un portefeuille de vingt-trois cahiers.

Les Princes légitimés. Trois Portefeuilles de cent quinze cahiers.

Les Duchés-Pairies. Un Portefeuille de douze cahiers.

Les Promotions de l'Ordre. Un volume in-folio.

L'Ambassade d'Espagne. Deux Portefeuilles in-folio de soixante-sept cahiers.

Mémoires faits et écrits par M. le duc de Saint-Simon, sur différentes matières, contenues en sept Portefeuilles de trois cent dix cahiers.

Table alphabétique générale des Mémoires de Saint-Simon. Un Portefeuille de onze cahiers.

Table particulière des manuscrits de Saint-Simon. Un Portefeuille de seize cahiers.

Parallèle (1). Un Portefeuille de seize cahiers.

---

(1) D'après M. Amédée Lefèvre-Pontalis, auteur de l'un des très-beaux discours sur la vie et les écrits du duc de Saint-Simon, qui ont remporté le prix d'éloquence décerné par l'Académie française en 1855, ce manuscrit serait non pas du duc *Louis* de Saint-Simon, auteur des Mémoires, mais du premier Duc de ce nom, de *Claude* de Saint-Simon, son père. M. Amédée Lefèvre-Pontalis dit :

« *Son père vivait, à cause de son grand âge, éloigné de la nouvelle Cour, et par un dépit auquel cèdent souvent les vieillards, il semblait tenir en mépris la gloire et la grandeur du jeune Roi. Il habitait tantôt son gouvernement de*

Mariage de Monsieur avec Mademoiselle de Montpensier. Un Portefeuille de quatorze cahiers.

Changement à la Dignité de Pair de France. Un Portefeuille de douze cahiers.

Nottes sur les Duchés et Comtés-Pairies. Un Portefeuille de quarante-cinq cahiers.

Abrégé de tous les Ducs et Pairs vérifiés. Un Portefeuille de trente-huit cahiers.

Autre Parallèle. Un Portefeuille de quatorze cahiers.

Procès du maréchal de Luxembourg. Portefeuille de quinze cahiers.

Pièces fugitives (1). Un Portefeuille de sept gros cahiers.

Blaye, tantôt son château de La Ferté, entouré des plus vertueux de ses contemporains, fuyant les hommes nouveaux et honorant la mémoire de Louis XIII, son bienfaiteur, dans un panégyrique resté inédit, au-dessus de Henri IV et de Louis XIV. »

Puis, en note, M. Lefèvre-Pontalis ajoute: « *Parallèle de Henri IV, Louis XIII et Louis XIV*, par le duc Claude de Saint-Simon. *Le manuscrit appartient aux Archives du Ministère des Affaires Étrangères.* » Voyez p. 107 du *Discours*.

(1) Il est à remarquer que ce titre de *Pièces fugitives* se trouve répété neuf fois comme formant neuf articles diffé-

Lettres de différents Ministres. Un Carton de trois liasses.

Lettres de différentes personnes (1). Un Portefeuille.

Huit Paquetz de Lettres. Un Portefeuille.

Catalogue des Manuscrits et Livres.

États des Mémoires et Écrits faits par Monseigneur sur différentes matières. Sept volumes.

Lettres trouvées dans les vingt-neuf paquets soumis à l'examen de M. le Lieutenant civil. Quatre cent quatre-vingt-treize pièces.

Il est admissible et croyable que tous ces Manuscrits ne doivent point s'égaler par la prise en considération qu'ils méritent, par la valeur, par l'intérêt, par l'importance en curiosité historique. La manie ducale, l'emportement pour la Pairie et la

---

rents d'un plus ou moins grand nombre de cahiers. Voyez notre chapitre XI (LES MANUSCRITS), et p. 140 et suivantes, les numéros 152, 155 et suivants de l'Inventaire. La communication des *pièces* pourrait seule établir leur nature, leur valeur et leur intérêt.

(1) La même remarque est à faire pour les « *Lettres* ». Voyez même chapitre et mêmes pages, les numéros 153, 159, 160, 166, 167, 168 et 169 de l'Inventaire.

fureur contre les Princes légitimés peuvent y faire beaucoup trop ample et non moins inutile figure. Ce serait d'ailleurs l'objet d'un examen qui aurait son prix. Mais les récits purement historiques, mais les correspondances, mais les différents écrits de « Monseigneur », — selon le terme de haut respect employé par son secrétaire, — sur différentes matières, contenus en sept volumes! Mais les lettres écrites au duc d'Orléans lorsqu'il était en Italie et en Espagne, puis à la Cour; mais les dépêches, n'est-ce rien que cela? N'y a-t-il pas là tout un Saint-Simon à révéler et à produire? Et quand on a savouré les pages des *Mémoires;* quand ce qu'il nous sera peut-être permis d'appeler « les passions de l'esprit » leur ont dû des délices et des joies, et des satisfactions égales à celles qu'on a rencontrées auprès des écrits d'un Cardinal de Retz, d'une Sévigné ou d'un La Bruyère, peut-on s'étonner de la chaleur qui vous enveloppe tout d'abord, et puis, après, vous incite à tenter tous les efforts pour percer l'obscurité incroyable dans sa durée qui nous prive d'une lecture aussi française?

Dans le cours de l'année 1843 se présente un fait nouveau pour la publicité donnée au nom et aux œuvres du duc de Saint-Simon. Il s'agit des *Additions,* ou *Annotations,* ou *Commentaires,* qu'il a dictés à son secrétaire pour être joints aux articles du *Journal du Marquis de Dangeau,* dont l'ouvrage est de la plus grande utilité pour qui veut arrêter son esprit, promener sa curiosité, diriger ses recherches sur le personnel et les menues circonstances de la Cour de Louis XIV, de 1684 à 1715. Il n'est personne qui ne sache que le duc de Saint-Simon s'était procuré une copie du volumineux *Journal* et qu'il l'avait annotée. Ces *Annotations* sont elles-mêmes une œuvre composée comme au courant des souvenirs et de la parole, et elles ne sont point une répétition (comme on l'avait pensé) ou un premier essai des *Mémoires.* Ce qu'on pourrait dire de plus juste pour les caractériser, c'est que ces *Commentaires* sont, à certains égards, les pièces de canevas de divers fragments des grands *Mémoires.* En un mot, c'est une œuvre à part dans les Œuvres de Saint-Simon, ayant un intérêt propre, et qu'il était utile de rendre publique en même temps que le texte même du *Journal* de l'excellent courtisan, guide si sûr, informateur si précis.

Or, en août 1840, peu de mois avant qu'il fît partie du nouveau Cabinet, M. Villemain, dans les notes qu'il ajouta à une édition nouvelle de son *Cours de Littérature française au dix-huitième siècle*, avait exprimé le vœu d'une publicité aussi étendue que possible à tout ce qu'avait écrit le Duc de Saint-Simon.

« Je n'ai pas voulu allonger ici, dit-il, mes anciennes observations sur Saint-Simon, de peur de répéter et d'affaiblir ce qu'a dit cette année un jeune et illustre professeur dans plusieurs de ses spirituelles et piquantes leçons. Je souhaite seulement de voir publier *toutes les notes* de Saint-Simon sur Dangeau, comme nous avons aujourd'hui *tous ses Mémoires*. Tout ce qu'a écrit Saint-Simon en fait de peinture de mœurs et d'anecdotes mérite également d'être connu. On peut négliger seulement quelques dissertations et considérations où son génie l'abandonne, où son expression s'embrouille et languit; car il est bien moins publiciste que peintre de mœurs et grand écrivain (1). »

---

(1) Voyez *Cours de littérature française*. Littérature au dix-huitième siècle, par Villemain. Tome Ier, page 242.

Devenu Ministre trois mois après avoir exprimé ce sentiment et ce désir, M. Villemain ne pouvait que bien accueillir la proposition que lui fit, dans des entretiens d'abord, puis dans une correspondance tantôt privée, tantôt officielle, M. Feuillet de Conches, qui, déjà à cette époque, avait le protocole aux Affaires Étrangères, et était fort connu dans les lettres, non-seulement par l'extrême curiosité littéraire dont il était doué (voir ses *Causeries d'un Curieux,* publiées depuis), mais encore par des publications de mérite, qu'il avait faites dans les Revues et les Journaux les plus accrédités de l'époque. M. Feuillet de Conches, par une lettre et un rapport du 5 avril 1843, proposa à M. Villemain, alors ministre, l'impression du Manuscrit du *Journal de Dangeau* avec les *Additions de Saint-Simon,* manuscrit qui existait au Ministère des Affaires Étrangères dans la collection reçue en 1760. L'approbation immédiate du Ministre de l'Instruction publique valut celle, non moins empressée, de son illustre collègue aux Affaires Étrangères et Président du Conseil, M. Guizot. Le Directeur des Archives était alors M. Mignet, et la nature de son esprit, aussi libérale qu'élevée, aussi pénétrée du véritable goût de l'histoire que du désir de sa vulgarisation, se fit un honneur de ne pas chercher dans les arcanes des cartons de l'administration quelque article propre à servir au Ministre pour modérer sa bonne grâce ou tempérer la libéralité de son esprit (1).

---

(1) Cet homme illustre (M. MIGNET) a été le seul des Gardes ou Chefs ou Directeurs du Dépôt des Archives des Affaires Étrangères qui ait honoré son poste et ses fonctions par des publications utiles à tous les historiens, et applaudies d'ailleurs par tous les curieux des choses de l'histoire; le seul, en un mot, qui ait bien voulu songer au public, dans la mesure légitime que lui permettait son honorable emploi. Comment, en effet, oublierait-on que c'est à l'heureuse résidence de M. MIGNET aux Archives du Ministère que nous avons dû cet excellent ouvrage, modèle parfait à suivre pour toute publication de Documents d'État, « *Négociations relatives à la Succession d'Espagne* », en quatre volumes grand in-quarto ? Deux autres volumes ont été annoncés pour compléter cette importante publication; c'est dire combien ils sont désirés. En émettant ce sentiment, il va de soi que je ne pense nullement à déprécier le mérite des honorables Premiers Commis, Gardes, Chefs ou Directeurs qui se sont succédé au Dépôt des Archives depuis 1710 jusqu'en 1873, pour les services qu'ils auront certainement rendus et les talents qu'ils auront indubitablement déployés à l'intérieur du Ministère. Je ne parle ici qu'au point de vue du public curieux d'histoire et d'études historiques auquel j'appartiens. Et c'est le désir où je suis de voir cette curiosité soutenue, appuyée, encouragée du côté où je crois qu'elle doit l'être, qui me fait rendre cet hommage. Je ne crains pas de déclarer que si l'honorable M. MIGNET fût de-

Le 9 mai 1843, M. le Ministre de l'Instruction publique adressait à M. Feuillet de Conches une lettre pour lui faire part du soin qu'il avait pris de communiquer au Comité des monuments écrits de l'histoire de France les renseignements qu'il lui avait procurés relativement au projet de la publication du *Journal de Dangeau*. Le Ministre et le Comité en avaient compris tout l'intérêt pour compléter les documents sur l'histoire anecdotique et biographique du règne de Louis XIV. Une commission venait d'être nommée en

---

meuré Chef de ce Dépôt, nous aurions aujourd'hui en cours de publication, d'après les papiers des Affaires étrangères, un *Inventaire analytique* de toutes les pièces des Négociations, réparties règne par règne, depuis 1662 jusqu'à 1789. Le Gouvernement de Sa Majesté Britannique, depuis quelques années, est admirablement entré dans cette voie d'innovation féconde et heureuse pour l'étude publique de l'histoire. Le MAÎTRE DES RÔLES (Master of the Rolls) a pris sous son patronage élevé la formation et l'impression de pareils Inventaires sous le titre de « *Calendars of State Papers* ». Le MINISTRE DU FOREING OFFICE s'est glorieusement joint à lui pour l'approuver et lui offrir la communication sans réserve de tous les Documents politiques et diplomatiques que possédait son Dépôt de *State Papers*, depuis l'époque de Henri VIII jusqu'à l'année 1783. De là des sources admirables en leur variété, fécondes en leur utilité, et que, pour l'accès qui en est rendu si facile, nous devons singulièrement envier. Nous en donnerons le détail dans notre prochaine publication sur les *Papiers d'État d'Angleterre* considérés sous le point de vue du service public et national.

conséquence (1). Quelques informations nouvelles étaient nécessaires (2). Le correspondant du Ministre lui répondit promptement par cette lettre, dont nous avons pris copie sur l'original :

« Paris, 14 mai 1843.

« Monsieur le Ministre,

« Les notes de Saint-Simon qui se trouvent sur le Manuscrit du Journal de Dangeau, appartenant au Ministère des Affaires Étrangères, ne sont point autographes, mais l'authenticité en est incontestable. Le Manuscrit provient de la succession de M. de Saint-Simon ; il porte encore la cote de son Inventaire, et c'est de l'héritière directe, Mademoiselle de Saint-Simon, que le Département des Affaires Étrangères en a fait l'acquisition, en même temps que celle des propres Mémoires du Duc, à côté desquels il était placé dans son Cabinet d'études. Les *Additions,* — car

---

(1) Cette commission fut composée de MM. le baron Walckenaër, Monmerqué et Paul Lacroix.
(2) Ministère de l'instruction publique. *Minute* de la lettre du Ministre du 9 mai 1843 à M. Feuillet de Conches. Ce m'est un devoir de remercier, à cette occasion, M. le baron de Watteville, chef de la division des Sciences et Lettres au ministère, pour l'empressement et l'obligeance qu'il a mis à me communiquer le dossier de la publication projetée en 1843 du *Journal de Dangeau.*

c'est ainsi que Saint-Simon les appelle, — sont de la main d'un des secrétaires auxquels il dictait le plus habituellement, et, d'ailleurs, Votre Excellence le sait mieux que personne, — le style, quand il y a un style, est un moyen de reconnaissance aussi sûr que l'écriture même. Or, ici, il n'y a point à s'y méprendre. Les *Additions* sont, comme j'ai déjà eu l'honneur de le dire à Votre Excellence, soit des notes neuves sur des personnages non cités dans les *Mémoires,* soit, le plus souvent, des résumés de détails épars dans le cours de ce livre immortel; et lors même qu'elles ne sont que la reproduction textuelle des *Mémoires* (ce qui, dans l'étendue de six volumes et demi de notes, arrive trois fois pour des articles importants), on y retrouve encore, de loin en loin, à la place de mots pittoresques du texte imprimé, quelque autre image non moins pittoresque : nouveau trait de pinceau qui exclut le copiste et révèle le maître. Cela suffit pour prouver l'authenticité, mais ne suffirait pas pour motiver la reproduction d'un texte connu. Les trois Additions dont il s'agit sont donc du nombre de celles qu'il y aurait à remplacer par un renvoi aux *Mémoires* imprimés.

« . . . . . .

« Feuillet de Conches (1). »

---

(1) A Son Excellence M. Villemain, *Pair de France, ministre de l'instruction publique.*

Les bureaux s'emparèrent momentanément du projet, qui, malgré l'activité et les bonnes dispositions de la commission, y demeura longtemps retenu. Cependant, la copie des *Notes, Additions* et *Commentaires* du duc de Saint-Simon ne s'en était pas moins effectuée par les soins de M. Feuillet de Conches, autorisé par le Président du Conseil, approuvé, encouragé, aidé par l'honorable Directeur des Archives, M. Mignet. Par suite de circonstances qui ont particulièrement tenu aux événements de la vie politique, le Ministre de l'Instruction publique a dû ensuite abandonner le projet de la publication qui avait été si heureusement présenté et qu'il avait adopté. Mais, ainsi que nous le verrons tout à l'heure, l'œuvre ne fut point perdue pour les curieux, puisque, dix ans plus tard, la maison Didot, se substituant au Ministère, entreprenait la publication du *Journal de Dangeau*, avec les *Additions* de Saint-Simon, copiées dix ans auparavant par M. Feuillet de Conches. Ce fait important, relatif à l'une des œuvres de l'auteur des Mémoires, est le dernier que nous ayons à mentionner comme s'étant passé au Dépôt des Affaires étrangères jusqu'à l'époque du nouveau déplacement, et, par contre, de l'installation nouvelle du Ministère, de ses bureaux et de ses archives.

Le projet d'un établissement définitif pour le ministère des Affaires Étrangères avec le Dépôt de ses Archives sur l'emplacement où nous les voyons aujourd'hui, entre le quai d'Orsay et la rue de l'Université, fut soumis aux Chambres, au mois de juin 1845, par M. Guizot, Président du Conseil des Ministres, et approuvé par elles. L'architecte Lacornée, chargé du soin d'élever cet édifice, termina les constructions sept ans après. M. Drouyn de Lhuys, Ministre Secrétaire d'État, en prit possession avec ses bureaux, sous l'Empire, le 5 septembre 1853 (1). Le Dépôt des Archives fut ensuite installé peu à peu dans la partie des bâtiments qui lui avait été destinée, en façade sur la rue de l'Université, par les soins particuliers de

---

(1) Ce jour-là, le Ministre des Affaires Étrangères signa pour la première fois au quai d'Orsay.

M. Dumont, sous-directeur, et de M. Tétot, commis principal sous la direction de M. Cintrat, devenu chef du Dépôt, peu de temps après l'heureuse et féconde direction et la très-honorable mais regrettable démission du savant Mignet, en 1848 (février) (1). Dans le nouveau bâtiment, une salle dite des *Manuscrits* y fut aussi ménagée pour être spécialement destinée à des séries de documents qui, selon le caprice et le vouloir du chef de service, sont estimés choses propres à être classées, rangées et conservées séparément des correspondances ordinaires. Celles-ci occupent les autres salles, remplies ainsi par les volumes des négociations, répartis en des armoires que distinguent les

---

(1) L'intérim qui eut lieu entre la démission de M. MIGNET le 24 février 1848, et la nomination de M. CINTRAT à la même direction, le 3 mars 1849, avait été rempli par M. Édouard Carteron, ancien préfet de l'Ain, envoyé ensuite consul à Stettin. M. CINTRAT, après avoir été rédacteur, sous-directeur et enfin directeur des Affaires Politiques, fut nommé aux Archives, qu'il dirigea jusqu'au 28 octobre 1866, époque à laquelle il fut admis à la retraite. Il a eu pour successeur M. PROSPER FAUGÈRE, qui occupait l'une des sous-directions des Affaires Politiques, et qui, en littérature, s'était particulièrement distingué par des publications relatives à l'incomparable auteur des *Lettres Provinciales*.

noms des États étrangers. Les traités originaux, les écrits particuliers à des questions d'État, les travaux commandés en divers temps aux rédacteurs de mémoires historiques et politiques, les documents d'un caractère diplomatique acquis au Ministère, les uns par des *ordres du Roi* avant 1789 ou par des *procédés révolutionnaires* entre 1792 et 1797, les autres par legs, dons ou achats, s'y trouvent réunis. C'est donc dans cette salle, dite des *Manuscrits*, que furent placés les *Papiers* de Saint-Simon, diminués des *onze Portefeuilles* de ses *Mémoires*, et ils doivent s'y trouver aujourd'hui encore, à moins qu'ils n'aient été disséminés et répartis, selon leur nature et leur objet, dans les volumes les plus variés des séries les plus diverses. Ce serait chose très-possible, depuis l'ouvrage entrepris et accompli, loin de tous les bruits du monde, par l'ancien sous-directeur, feu M. Dumont. Si les papiers de Saint-Simon, en effet, ont subi le sort de la dispersion et de la répartition, comme tant d'autres, sous le prédécesseur de M. Viennot, sous-directeur actuel, il n'y a plus de

« *papiers de Saint-Simon* » proprement dits, c'est-à-dire de série, de collection formant un ensemble. En un mot, s'il en est ainsi, le Cabinet de M. le Duc de Saint-Simon, reçu et inventorié caisse par caisse par Le Dran, en 1761, n'existe plus. Il est fondu dans la masse des papiers désignés soit *Négociations*, soit *Fonds de France*. Il est disparu comme unité, mais il n'en faut pas conclure qu'il le soit comme pièces et articles. Le reformer serait l'ouvrage d'un commis expert aidé de l'industrie du relieur. Un copiste d'élite, bien dirigé, suffirait d'ailleurs à reproduire ce qui serait nécessaire pour la publication des œuvres, jusqu'ici inédites, du célèbre auteur. M. le Directeur des Archives ne manquerait d'ailleurs d'aucun secours intelligent, méthodique, bien réglé, pour parfaire cette intéressante besogne, du jour où le Ministre des Affaires Étrangères aurait cette heureuse inspiration et cette bienfaisante volonté, de l'inviter à s'acquitter de ce soin avec célérité, bonne grâce, méthode et perfection.

Le nom, si justement honoré, de M. Drouyn de Lhuys, est le premier que nous ayons à mentionner à propos de celui du Duc de Saint-Simon, dans cette période nouvelle de l'installation des papiers des Affaires Étrangères. Ce Ministre éclairé, juste et bienveillant, renouvela en faveur de M. Feuillet de Conches la permission qu'il avait eue de livrer à la publicité les *Additions* et *Commentaires* du Duc de Saint-Simon aux trente-sept volumes du *Journal du Marquis de Dangeau*. Tels sont les termes honorables dont se sont servis les éditeurs du *Journal*, MM. Soulié, Dussieux, de Chennevières, Mantz et de Montaiglon, pour que le souvenir de la bienveillance de l'honorable ministre ne soit point oublié :

« M. Feuillet de Conches (disent-ils d'abord) nous a donné la copie des *Additions de Saint-Simon*, qu'il avait faite en 1848 pour une édition du *Journal de Dangeau* projetée par le Comité historique, et à laquelle M. Villemain, alors Ministre, s'intéressait vivement. S. E. le Ministre des Affaires Étrangères, M. Drouyn de Lhuys, dont l'esprit littéraire et élevé a compris l'importance de notre publication, a bien voulu l'encourager en autorisant M. Feuillet de Conches à publier les *Additions de Saint-Simon* et en nous communiquant le Manuscrit pour en faire la collation. Que M. le Ministre nous permette de lui témoigner notre profonde reconnaissance pour le service éminent qu'il a rendu aux lettres et à l'histoire par cette généreuse bienveillance (1). »

Le premier volume de l'ouvrage à la publication duquel le Ministre Drouyn de Lhuys donna son approbation et qu'il honora de ses encouragements, parut en 1854, sous ce titre, où Saint-Simon a sa juste part : « *Journal du Marquis de Dangeau, publié en entier pour la première fois avec les Additions inédites du Duc de Saint-Simon* » (2). Ainsi se trouve décrit le Manuscrit qui importe à cet historique :

« Les Archives du Ministère des Affaires Étrangères possèdent un Manuscrit du *Journal de Dangeau* en trente-sept volumes in-folio. Cette copie a été faite, sur le Manuscrit original même,

---

(1) Voyez l'*Avertissement* des éditeurs du *Journal* du marquis de Dangeau. Tome Ier, page 8.
(2) Dix-neuf volumes in-8°. Paris, Firmin Didot frères, libraires-imprimeurs de l'Institut de France, 1854.

pour Saint-Simon. Le texte de Dangeau occupe le verso ; le recto a été laissé en blanc par le copiste, de manière que Saint-Simon pût faire écrire sous sa dictée, par son secrétaire, telle *note*, ou, comme il le dit lui-même, telle *addition* qu'il jugerait à propos. Les volumes sont terminés par des tables faites par Saint-Simon lui-même et écrites par son secrétaire. Le texte des *Additions* est quelquefois raturé et surchargé : ces corrections sont de M. Le Dran (1).

Pendant le temps même qu'avait cours la belle publication du *Journal de Dangeau*, avec les *Additions* de Saint-Simon, par les lettrés distingués et méritants que nous avons nommés, parut un ouvrage utile qui, pour l'époque, fut le guide le plus sûr et le plus éclairé qu'il y eût encore en France en matière d'archives. L'honneur de l'avoir publié appartient à M. Henri Bordier. Nous voulons parler de son livre : « *Les Archives de la France, ou Histoire des Archives de l'Empire, des Archives des Ministères,*

---

(1) Voyez l'*Avertissement* des Éditeurs du *Journal du Marquis de Dangeau*, tome Ier, page 6. Sur Le Dran, voyez plus haut, pages 226 à 233 de notre livre.

des Départements, des Communes, des Hôpitaux, des Greffes, des Notaires (1), etc. » Le chapitre que M. Henri Bordier a consacré aux Archives du Ministère des Affaires Étrangères, dont la brièveté est expliquée par la pénurie des documents qu'il a pu obtenir et par la difficulté des informations qu'il a rencontrée devant ses louables efforts pour arriver à mieux, contient encore ce qui a été dit et écrit de plus exact et de plus circonstancié à cet égard (2). Et pour ce qui touche au

---

(1) Par M. HENRI BORDIER, ancien archiviste aux Archives de l'Empire, ancien membre de la Commission centrale des Archives départementales. Un volume in-8 de 412 pages. Paris, Dumoulin, 1855. L'Avant-propos est daté de « Maisons-sur-Seine, 1ᵉʳ novembre 1854 ».

(2) M. Henri Bordier définit ainsi les principales divisions des ARCHIVES DU MINISTÈRE DES AFFAIRES ÉTRANGÈRES :

Correspondances du Gouvernement français avec ses Ministres en pays étranger.
Traités.
Volumes Manuscrits, c'est-à-dire ceux spécialement classés dans une salle dite des « Manuscrits ».
Papiers des Limites.
Papiers de France. (Il y en a diverses séries.)
Papiers des Consulats.
Mémoires politiques, militaires, de commerce, concernant la France et les Pays étrangers.
Voyages des Princes Français et Étrangers : documents appartenant, avec beaucoup d'autres, de nature et

Cabinet du Duc de Saint-Simon, il nous sera permis de dire que les détails fournis par l'auteur sont les plus complets qui aient été produits avant ceux que nous avons révélés dans ce présent livre. Aussi trouvons-nous intéressant de rappeler ici cette page du travail de M. Bordier :

« Mais la plus intéressante de toutes les acquisitions du Dépôt est celle qu'il fit, en 1760, des papiers du Duc de Saint-Simon, qui furent cédés au Roi par la Comtesse de Valentinois, petite-fille du Duc, ou, suivant la famille de Saint-Simon, qui furent enlevés à cette Dame sous le prétexte que son illustre aïeul avait rempli une mission diplomatique en Espagne. Ces Papiers se composent des séries suivantes :

Quatre-vingt-dix-huit portefeuilles de Notes, Mémoires et Pièces diverses, en partie l'ouvrage de Saint-Simon, et rangés sous les titres suivants : *Sacres et Couronnements. — Entrées et Réceptions. — Mariages, Naissances et Festins. — Régence et Gouvernement du Royaume. — Lits de Justice. — Audiences. — Entrevues des*

---

d'objets différents, à des catégories diverses moins importantes que les divisions précédentes.
Dépôt de Géographie, etc., etc.
Voyez *Les Archives de la France*, pages 307 à 314; « *Archives du Ministère* DES AFFAIRES ÉTRANGÈRES ».

Papes. — Assemblées d'États. — Ambassadeurs. — Noblesse. — Conseils. — Secrétaires d'État. — Parlements. — Anecdotes. — Matières diverses et intéressantes.

Cent trente et un portefeuilles, volumes ou liasses contenant des *Pièces* ou *Notes sur diverses sortes de sujets*.

Trente-sept volumes in-folio des *Mémoires de Dangeau, annotés de la main* de Saint-Simon.

C'est donc au nombre de deux cent soixante et dix-sept Volumes, Liasses ou Portefeuilles, que s'élève la collection des Manuscrits du Duc de Saint-Simon, de ce grand écrivain, qui girait encore inconnu dans les catacombes du Ministère des Affaires Étrangères, si, par suite d'*abus* dont l'administration s'est amèrement plainte, on n'en avait arraché les *Mémoires* pour les livrer à l'admiration de tous ceux qui se plaisent à contempler les grandes époques de notre histoire et les ressources infinies de notre langue. »

Cette note de l'auteur des « *Archives de la France* », succinctement mais évidemment aussi bien informé à cet égard qu'il était possible de l'être, a sa valeur, car, pour nous, elle représente incontestablement l'état précis de la disposition, du nombre, du classement des volumes et portefeuilles que les archivistes des

Affaires Étrangères avaient admis et adopté pour les articles du Cabinet du Duc de Saint-Simon. Il y a donc lieu de croire que feu M. Dumont n'avait pas encore, à l'époque où ces renseignements ont été fournis à M. Henri Bordier, commencé l'œuvre de dispersion et de répartition qu'il a, depuis, entreprise et parachevée avec un labeur, une assiduité et une persévérance de tous les instants ; œuvre, d'ailleurs, qu'il ne nous appartient pas de discuter ou d'apprécier, car c'est chose et affaire de ménage.

Il est remarquable qu'après le succès des démarches des éditeurs du *Journal de Dangeau*, en 1854, le cercle se soit resserré autour des *Papiers* du Duc de Saint-Simon au point de permettre de croire que décision aurait été prise de former autour d'eux le vide le plus complet et d'imposer le silence le plus absolu. Il y eut là comme une sorte d'élément mystérieux, qui est demeuré inexplicable à tous. Cela rappelle ces livres sibyllins des temps antiques, dont le seul essai d'interprétation, au dehors, était réputé une violation des choses sacrées. Un jour, cependant, un curieux se rencontra qui, par ses relations dans les régions officielles, obtint la permission de connaître les *Lettres* et *Dépêches* écrites par le duc de Saint-Simon pendant son ambassade extraordinaire en Espagne. C'était M. Édouard de Barthélemy, alors auditeur au Conseil d'État. M. Baroche, président de ce Conseil, avait présenté la demande de M. de Barthélemy à M. Thouvenel (1), Ministre des Affaires Étrangères, qui avait trouvé que le désir seul de connaître ces papiers d'antique intérêt honorait celui qui l'avait exprimé. Le Ministre accorda donc à M. de Barthélemy l'entrée aux archives des Affaires Étrangères, pour y consulter les *Papiers d'Espagne* du duc de Saint-Simon. Cette permission avait été comme un événement dans l'intérieur du Dépôt, et on en avait pris de l'émotion. Mais la grâce ministérielle fut bientôt tempérée par la rigueur du règlement, qui la rendit même tout à fait nulle en ses effets.

---

(1) M. A. Ed. Thouvenel fut déclaré ministre secrétaire d'État, pour les Affaires Étrangères, le 4 janvier 1860. Sa démission fut acceptée le 15 octobre 1862.

A peu de temps de là, l'honorable et savant M. Chéruel était à la veille de terminer l'édition, en vingt volumes, des *Mémoires de Saint-Simon,* qui avait été confiée à ses soins. Jamais encore aucune édition des *Mémoires* n'était arrivée à offrir des garanties aussi certaines pour l'intégrité et pour l'exactitude du texte.

Être cet éditeur, ajouter à cette qualité celle d'Inspecteur général dans l'Université de France, avoir fait apprécier son nom et ses travaux dans le public des érudits et des lettrés, cela avait pu sembler de quelque raison et de quelque valeur pour avoir accès, en 1858, auprès des Papiers du Duc de Saint-Simon, reçus au Dépôt en 1760. M. Chéruel, qui aujourd'hui est recteur de l'Académie de Poitiers et éditeur de la curieuse *Correspondance politique du Cardinal Mazarin,* donnant alors ses soins aux vingt volumes des *Mémoires,* avait estimé que le public aurait intérêt à savoir si l'auteur avait réellement limité son œuvre aux événements de 1723, ou bien si, sous telle ou telle forme, en projet même, par fragments peut-être, il n'y aurait point trace d'une suite aux *Mémoires* depuis cette époque, parmi les papiers inédits et restés inconnus à tout le monde, sauf à M. l'abbé de Voisenon, mort en 1775. Mais il paraît que ces titres qui nous semblent si raisonnables, n'étaient, à les bien prendre, que songes et rêveries, car voici l'aveu que fait M. l'inspecteur général de l'Université de France, éditeur des vingt volumes des *Mémoires* collationnés par lui sur le manuscrit original :

« Saint-Simon a-t-il réellement écrit la suite de ses *Mémoires* jusqu'en 1743, époque de la mort du Cardinal de Fleury? On ne pourrait éclaircir ce doute que s'il était permis d'étudier les Papiers du Duc conservés au Ministère des Affaires Étrangères. Nous l'avons vainement tenté; nous ne pouvons que recommander cette recherche à d'autres qui seront plus heureux que nous (1) ».

Depuis, le voile semble n'avoir pas été levé, le mystère s'est maintenu. Nulle publicité à cet égard! Quelquefois seulement, un écho rapide, un témoignage donné comme par hasard! Ce mot, par

---

(1) Voyez la note de la page 94 du tome XX de l'édition Hachette. Paris, 1858.

exemple, de M. Francis Monnier, dans son livre sur « *La Conduite et les idées politiques du Chancelier d'Aguesseau* ». Parlant de Saint-Simon et de sa retraite de la Cour, l'auteur ajoute :

« Encore écrivit-il, dès lors, des *Lettres nombreuses* sur les principaux événements. Ces *Lettres* sont conservées, encore inédites, au Ministère des Affaires Étrangères. Saint-Simon y continue ses *Mémoires*, et, si nous en jugeons par les courts fragments que nous en avons vus, il y mettait autant de verve, de hardiesse et d'inépuisable fécondité que dans ses *Mémoires* (1). »

Appelé et souhaité par tous, bienvenu de tous sera celui à qui il sera donné de répandre une bienfaisante lumière sur l'obscurité qui enveloppe encore cette question toute littéraire. Tous ceux qui lisent, tous ceux qui connaissent le duc de Saint-Simon par ses œuvres, ou plutôt par son œuvre, tous ceux pour qui le goût et l'attrait des belles-lettres, la curio-

---

(1) Voyez « Le Chancelier d'Aguesseau. *Sa Conduite et ses Idées politiques* », par M. Francis Monnier. 1 volume in-8. Paris, Didier, 1860, p. 12 de l'Introduction.

sité et l'étude de l'histoire sont choses honorables et faites pour être encouragées, acclameront chaleureusement le révélateur encore attendu.

Ici sont nos limites pour l'historique des ·Manuscrits et Œuvres du Duc de Saint-Simon. Il nous reste à démontrer par des preuves (trop rares, hélas!) quel intérêt particulier auraient peut-être la révélation et la publication des écrits inédits de l'auteur des *Mémoires*.

XVIII

DE L'INTÉRÊT QUE POURRAIT OFFRIR LA PUBLICATION DES *Œuvres inédites* DU DUC DE SAINT-SIMON, PARTICULIÈREMENT DES PIÈCES DE SA *Correspondance*. — PREUVES A L'APPUI. — MORCEAUX INÉDITS TIRÉS DU CABINET D'UN CURIEUX. — MÉMOIRE ÉCRIT PAR LE DUC DE SAINT-SIMON POUR LE DUC D'ORLÉANS ET POUR ÊTRE PRÉSENTÉ AU ROI SUR LE FAIT DE MADAME DES URSINS. — CORRESPONDANCE DU DUC D'ORLÉANS AVEC LE DUC DE SAINT-SIMON. — RÉVÉLATIONS DE SAINT-SIMON A CET ÉGARD. — OU SONT LES LETTRES DE LA DUCHESSE DE SAINT-SIMON, ET DE L'ATTRAIT QU'IL EST PERMIS DE LEUR SUPPOSER D'APRÈS SON CARACTÈRE PERSONNEL, LA GRACE ET LA SURETÉ DE SON ESPRIT.

Il n'y a pas lieu de s'étonner que le duc de Saint-Simon ait beaucoup écrit. Il était de ceux qui aiment à écrire, et à écrire pour eux-mêmes, sans nulle arrière-pensée d'auteur et de public. Il confiait à sa plume le soin des expansions de son âme; il se débarrassait par elle du trop-plein de son esprit. Elle était l'amie de toutes les minutes, la confidente toujours prête à écouter. La vivacité des pensées, la chaleur des sentiments, le mouvement des passions entraînaient aisément sa plume, quelquefois même au préjudice de la clarté, de la précision, de la simplicité charmante dans l'expression. Mais par le peu que nous connaissons de ses écrits, hors le grand ouvrage des *Mémoires*, nous pouvons estimer qu'il y aurait sans doute un choix nécessaire à établir parmi les papiers qu'il a laissés, pour distinguer ceux qu'il serait intéressant de publier d'avec ceux qui, restant à l'état de manuscrits, pourraient toujours être consultés. Toute la *Correspondance*, sans exception, devrait être publiée, car c'est dans la *Correspondance* plus encore que dans les *Mémoires* que l'on retrouvera l'homme avec ses sentiments primesautiers, ses jugements soudains, ses actions plus ou moins concertées, et tout ce détail des pensées, des desseins, des projets, qui agitent au jour le jour l'esprit et l'âme d'un politique se croyant et voulant être un réformateur. Un

Saint-Simon épistolaire et primesautier est tout entier à révéler. Il peut se faire que dans ses *Lettres* nous rencontrions un autre Saint-Simon que celui des *Mémoires*, non moins étonnant, non moins unique, non moins plein de choses inattendues. On ne connaît qu'un fort petit nombre de ses lettres, mais il est certain qu'en dehors de celles que l'on pourrait appeler occasionnelles et que la vie politique, un haut rang dans le monde, des liaisons nombreuses, ont dû lui faire écrire, il a eu des correspondances régulières, suivies, par conséquent formant recueil, avec le duc d'Orléans pendant que Son Altesse Royale commandait en Italie et en Espagne; avec le nonce Gualterio après qu'il eut quitté la Cour, et avec divers autres personnages. Les preuves se trouvent dans les propres déclarations qu'il a faites en ses *Mémoires*, et dans les quelques fragments et morceaux détachés, qui sont de véritables raretés dans le cabinet des amateurs les plus heureux et des curieux les plus célèbres.

A côté des *Lettres* à reproduire, il y

aurait à faire le choix de « *Mémoires sur différents sujets* ». Le duc de Saint-Simon était aussi de ceux qui, avides de s'occuper, sans cesse échauffés par le mouvement et l'abondance d'idées qu'ils croient incomparables pour le bien de l'État, pour la chose publique, pour la grandeur du Prince, estimeraient qu'ils manqueraient au devoir de leur naissance et à la qualité de leur esprit, s'ils ne traitaient, au fond de leur cabinet, quelques questions de premier ordre. L'inventaire de ses manuscrits ne marque pas moins de sept volumes de « *Mémoires sur différents sujets* », écrits de la main de « Monseigneur », ainsi que le dit le sieur Laudier, celui qui avait soin de ses livres. Peut-être même toute son œuvre politique se trouve-t-elle réunie dans ces sept volumes, et comme il doit en exister aux Affaires Étrangères une table des matières fort développée, on pourrait aisément se rendre compte de la nature des sujets, si M. le Ministre voulait bien inviter Messieurs de la direction des Archives à lui en faire un rapport qu'il rendrait public. Il y a lieu de penser aussi qu'au Dépôt des Archives du ministère se rencontreraient ces fameuses *Notes* et *Instructions* que Saint-Simon avait fournies au Dauphin, tout à l'insu du Roi. La cassette qui les contenait, présentée à Sa Majesté pour qu'elle procédât en personne à l'ouverture, fut la cause d'une violente émotion et d'une redoutable crainte pour le conseiller secret. Le doute sur ces *divers Mémoires* n'est pas permis après le récit extraordinaire qu'a fait l'auteur, au lendemain de la mort du Dauphin, en 1712, dans le fragment intitulé : « *Cassette du Dauphin qui me met en grand péril* », et qui, s'il n'était si long, serait tout à citer. Nous nous limiterons au passage qui atteste l'existence de ces écrits :

« Il y avoit dans la cassette du Dauphin des *Mémoires* qu'il m'avoit demandés. Je les avois faits en toute confiance, lui les avoit gardés de même. J'y étois donc parfaitement reconnoissable. Il y en avoit même un fort long de ma main, qui seul eût suffi pour me perdre sans espérance de retour auprès du Roi. On n'imagine point de pareilles catastrophes. Le Roi connoissoit mon écriture ; il ne connaissoit pas de même ma façon de penser, mais il s'en doutoit à peu près. J'y avois donné lieu quelquefois, et de bons amis de Cour y avoient suppléé de leur mieux. Ce péril ne laissoit pas de regarder assez directement le duc de Beauvilliers, un peu plus au lointain le duc de Chevreuse. Le Roi, qui par ces *Mémoires* m'auroit aussitôt reconnu, y auroit en même temps découvert la plus libre et la plus entière confiance entre le Dauphin et moi, et sur des chapitres les plus importants, et qui lui auroient été les moins agréables, et il ne se doutoit seulement pas que j'approchasse de son petit-fils plus que tous les autres courtisans. Il n'eût pas pu croire, intimement lié comme il me savoit de tout temps avec le duc de Beauvilliers, que ce commerce intime et si secret d'affaires se fût établi entre le Dauphin et moi; et toutefois il falloit que lui-même portât au Roi la cassette de ce prince, à la mort duquel Duchesne en avoit sur-le-champ remis la clef au Roi. L'angoisse étoit donc cruelle, et il y avoit tout à parier que j'en serois perdu et chassé pour tout le règne du Roi (1). »

Il est permis de penser que l'un de ces Mémoires, peut-être de tous le plus étendu, était ce « *Projet de Gouvernement du duc de Bourgogne, Dauphin* »,

---

(1) *Mémoires complets et authentiques* du DUC DE SAINT-SIMON, etc. Tome X, chapitre v, pages 131, 132.

dont M. Mesnard a rencontré une copie parmi les manuscrits de la Bibliothèque Nationale, et qu'il a entièrement publié en 1865, avec des notes et des éclaircissements considérables (1). Il y est grandement question de ces fameux *Conseils* dont Saint-Simon avait dès longtemps médité l'établissement, et de la rédaction

---

(1) *Projet de Gouvernement du duc de Bourgogne, Dauphin.* Mémoire attribué au DUC DE SAINT-SIMON et publié pour la première fois d'après le manuscrit de la Bibliothèque Impériale, par M. Mesnard. (In-8°, 1859, Paris, librairie Hachette et Cie.) Ce livre est divisé en trois parties, dont une *Introduction* de 114 pages, le *Mémoire* de 157 pages et les *Notes* qui n'en ont pas moins de 124. J'extrais de l'*Introduction* ce curieux passage relativement au Dépôt des Affaires Étrangères :

« *Tout le monde a entendu dire que les Archives des Affaires Étrangères, qui ont été longtemps en possession du manuscrit des Mémoires de Saint-Simon, ont encore aujourd'hui beaucoup d'écrits du même auteur. C'est un bruit généralement répandu aussi, que l'accès de ces trésors n'est pas facile. Si tout le monde ne va pas à Corinthe, je ne suis pas de ceux qui pourraient avoir des facilités particulières pour y aborder. Cependant j'ai pu m'adresser pour avoir des informations à une personne très-obligeante, très-bien placée pour les obtenir complètes et sans réserve, et très-compétente dans tout ce qui a rapport aux ouvrages de Saint-Simon. Cette personne m'a fait savoir que parmi les écrits de Saint-Simon que l'on a au Ministère des Affaires Étrangères et qui sont toutes des Notes ou des Mémoires sur des questions de cérémonial, de préséance et autres semblables, il n'y a rien qui se rapporte aux projets de Gouvernement du duc de Bourgogne* ». Ainsi parlait M. Mesnard, en 1859, à la page 15 de son *Introduction* au *projet de Gouvernement,* etc.

du projet desquels il avait, en différentes occasions, tiré si particulière vanité auprès de ses graves et plus intimes confidents, les ducs de Chevreuse et de Beauvilliers. Rien d'intéressant, d'ailleurs, comme la lecture des pages où il se répand à cet égard, où il met tout en scène avec une vivacité de souvenir, un ton de sincérité, une représentation si fidèle du lieu même, des paroles échangées, des gestes faits, que le lecteur, oubliant l'espace des temps écoulés, s'imagine volontiers qu'il est lui-même de la compagnie et se dispose à prendre part à ces discussions. Saint-Simon appelait cela ses remèdes aux choses de l'État :

« J'en étois si rempli (dit-il), qu'il y avoit des années que je les avois jetés sur le papier, plutôt pour mon soulagement et pour me prouver à moi-même leur utilité et leur possibilité, que dans l'espérance qu'il en pût jamais rien réussir. Ils n'avoient jamais vu le jour, et je ne m'en étois laissé entendre à personne, lorsqu'une après-dînée, le duc de Chevreuse vint chez moi dans l'appartement de feu M. le maréchal de Lorges que j'occupois, et monta tout de suite dans un petit entre-sol à cheminée dont je faisois mon cabinet, et qu'il connaissoit fort. Il étoit plein de la situation présente, il m'en parla avec amertume; il me proposa de chercher des remèdes. A mon tour je l'en pressai..., ma surprise fut donc grande lorsque M. de Chevreuse, s'ouvrant de plus en plus avec moi, se mit à déployer les mêmes idées que j'avois eues. Il aimoit à parler et il parloit bien, avec justesse, précision et choix.... A la fin, il s'aperçut de mon extrême surprise; il voulut me faire parler à mon tour sur ce qu'il proposoit; et je ne répondois que par monosyllabes, absorbé que j'étois dans la singularité que j'éprouvois. A son tour la surprise le saisit, il étoit accoutumé à ma franchise, à m'entendre répondre avec lui.... il me voyoit morne, silencieux, concentré.

« *Mais parlez-moi donc, me dit-il enfin; à qui en avez-vous donc aujourd'hui? Franchement, est-ce que je dis des sottises?* »

« Alors, je n'y puis plus tenir, et sans répondre une parole je tire une clef de ma poche, j'ouvre une armoire qui étoit derrière moi, j'en tire trois fort petits cahiers écrits de ma main:

« *Tenez, Monsieur, lui dis-je, voyez d'où vient ma surprise et mon silence.* »

« Il lut, puis parcourut et trouva tout son plan; jamais je ne vis homme plus étonné, ou plutôt jamais deux hommes ne le furent l'un après l'autre davantage (1). »

---

(1) *Mémoires complets et authentiques,* etc. Tome VII, chapitre VII, pages 99, 100, 101. Le sommaire en tête

Mais quel intérêt ne révèlent pas pour certains de ces « *Mémoires sur différents sujets* », ces autres aveux résumés, à la date de 1711, sous le titre de « *Je vois souvent le Dauphin* »! Quelles notes piquantes, saisissantes peut-être de vérité, ne sont point là, dans ces papiers, que Saint-Simon assurément n'a jamais détruits, car il gardait tous ses écrits, même les plus menus!

« Je voyois souvent le Dauphin en particulier..., non-seulement il entra aisément et avec liberté dans tout ce que je mis souvent sur le tapis de choses et de personnes, mais il m'encouragea à le faire, et me chargea de lui rendre compte de beaucoup de choses et de gens. Il me donnoit des *Mémoires*, je les lui rendois avec le compte qu'il m'en avoit demandé; je lui en donnois d'autres qu'il gardoit et qu'il discutoit après avec moi en me les rendant. Je garnissois toutes mes poches de force papiers toutes les fois que j'allois à ces audiences, et je riois souvent en moi-même, passant dans le salon, d'y voir force gens qui se trouvoient actuellement dans mes poches, et qui

---

de pages porte : « *Rencontre en même pensée entre le duc de Chevreuse et moi.* » (Édition Hachette, in-8°, Paris, 1856.

étoient bien éloignés de se douter de l'importante discussion qui alloit se faire d'eux (1). »

Nous pensons que c'est pendant l'année 1711, précédant celle de la mort du Dauphin, que Saint-Simon a rédigé ses *Discours politiques*, dont çà et là, dans ses écrits connus, on retrouve la mention de différents titres, ainsi :

« *Le projet de restablissement des trois Estats du Royaume de France en particulier, de la Monarchie en général et d'une meilleure forme de Gouvernement en toutes ses parties.*
« *Mémoire historique du Gouvernement politique de France par les Conseils sous la troisième race.* »

Des fragments historiques, des choses de simple narration doivent aussi exister parmi les papiers divers de l'auteur. Et il est d'autant plus désirable de les connaître qu'à la vérité c'était en quoi il excellait. Saint-Simon avait le génie historique

---

(1) *Mémoires*, etc. Tome IX, chapitre xvi, pages 383-384.(Édition Hachette. Paris, 1856.) L'auteur revient encore sur ces écrits, qu'il rédigeait pour ses consultations d'État avec M. le duc de Bourgogne, au tome XII, chapitre viii, pages 174 et suivantes.

beaucoup plus que le génie politique. En histoire, sa plume était une maîtresse plume; en politique, sa pensée consistait beaucoup en rêveries, nous voulons dire en conceptions fort peu pratiques et par conséquent assez inutiles. Il existe quelques bons témoignages de ces fragments historiques dont nous parlons. Sous le titre de « *Louis XIII et Richelieu* », la *Revue des Deux-Mondes* a publié en 1834 deux morceaux d'histoire qui sont des impressions personnelles du duc de Saint-Simon, à la suite d'une lecture qu'il venait de faire des *Mémoires* de Fontenay-Mareuil. Plusieurs traits avaient éveillé ses souvenirs; il s'était aussitôt rappelé certains récits que lui avait faits son père sur l'affaire du *Pas de Suse* et sur la *Journée des Dupes*, et il les avait reproduits au courant de sa plume, toujours bien disposée, toujours propre à servir un si grand maître. Il y a dans ces deux fragments une simplicité de touche, un charme de conteur, une facilité de souvenir qui sont choses délicieuses (1).

---

(1) Voyez la *Revue des Deux-Mondes* du 15 novembre

Que ne révèle encore, dans un autre ordre d'idées et d'écrits, cet étrange titre rapporté par l'érudit M. Gallien : « *Cendres que j'ai vues à plusieurs depuis 1723 ou qui le seront bientôt* ». Ce titre, qui tout d'abord, si on ne le savait être de Saint-Simon, évoquerait plutôt le sourire que l'admiration, tant il est bizarre et de tournure peu commune, nous paraît couvrir un ensemble de notes fort particulières, qui ne seraient rien moins que cette fameuse suite aux *Mémoires* demeurée si incertaine dans l'esprit des curieux. Peut-être aussi, en réalité, ne couvre-t-il que peu de chose et des menues matières jetées sur le papier, selon que l'heure de la mort sonnait pour tel ou tel personnage de la Cour et dans les Affaires, où Saint-Simon les avait rencontrés. Mais que chaque lecteur attentif des *Mémoires* veuille bien porter son esprit et son souvenir vers l'avant-

---

1834. La Direction de la *Revue* a accompagné de la note suivante cette publication :

« *Nous devons communication de ces fragments à un jeune écrivain, M. A. Cochut, qui a l'original de ces pièces historiques entre les mains.* » (N. du D.)

dernier paragraphe du chapitre où l'auteur expose sa conclusion dans les termes qui suivent. Après l'avoir relu, saurait-on n'avoir pas une sorte de pressentiment sur ce titre ? N'est-on pas porté à penser que ce mot sommaire : « *Cendres que j'ai vues à plusieurs depuis 1723 ou qui le seront bientôt* », représente l'exécution de ce que le duc de Saint-Simon s'était proposé de faire pour les personnages de Cour et d'État depuis 1723 (époque où il a arrêté ses grands *Mémoires*) jusqu'à 1743, date de la mort du cardinal de Fleury :

« Un défaut (dit-il) qui m'a toujours déplu, entre autres, dans les *Mémoires*, c'est qu'en les finissant le lecteur perd de vue les personnages principaux dont il a été le plus parlé.... On voudroit voir tout de suite ce qu'ils sont devenus, sans aller chercher ailleurs avec une peine que la paresse arrête aux dépens de ce qu'on désireroit savoir. C'est ce que j'ai envie de prévenir ici, si Dieu m'en donne le temps. Ce ne sera pas avec la même exactitude que lorsque j'étois de tout. Quoique le cardinal Fleury ne m'ait rien caché de ce que j'avois envie de savoir des Affaires Étrangères, dont presque toujours il me parloit le premier, et aussi de quelques Affaires de la Cour, tout cela étoit si peu suivi de ma part et avec tant

FRAGMENTS HISTORIQUES. 367

d'indifférence, et encore plus de moi avec les Ministres ou d'autres gens instruits, interrompu encore de si vastes lacunes, que j'ai tout lieu de craindre que ce *Supplément* ou suite de mes *Mémoires* ne soit fort languissant, mal éclairé et fort différent de ce que j'ai écrit jusqu'ici ; mais au moins y verra-t-on ce que sont devenus les personnages qui ont paru dans les *Mémoires,* qui est tout ce que je me propose, jusqu'à la mort du cardinal Fleury. »

En un mot, ou ce titre : « *Cendres que j'ai vues à plusieurs depuis 1723...* », couvre l'espèce de « suite aux *Mémoires* » dont Saint-Simon parle ici, ou il ne couvre qu'un banal et presque inutile répertoire nécrologique de contemporains qui avaient eu quelque renom dans les affaires d'État, de Guerre, d'Administration et de Cour. C'en est assez pour ce que nous avions à dire touchant les « *Mémoires divers sur différents sujets* ». Venons aux détails sur la *Correspondance particulière* du Duc, et recherchons-en les époques principales.

---

(1) *Mémoires complets et authentiques,* etc. Tome XX et dernier, chapitre IV, page 93. (Édition Hachette, in-8°, Paris, 1856.)

L'abbé de Voisenon, nous l'avons dit, a connu les portefeuilles qui renfermaient cette Correspondance; mais s'il en fait la mention dans plusieurs de ses lettres, nulle part il ne la décrit par le menu et ne la juge en son ensemble. Un seul en a parlé pour la caractériser. Ce fut Lemontey, dans la très-bonne préface de son « *Histoire de la Régence et de la minorité de Louis XV* ». Il y revient à deux fois. Venant de parler des portefeuilles des *Mémoires* qu'il a vus, il dit qu'il y faut joindre « *une correspondance immense et variée, et de nombreux traités de politique et d'érudition sur diverses matières* ». Et plus loin :

« Sa Correspondance, qui dura toute sa vie, offre à l'historien un aliment plus pur et plus substantiel; quelquefois elle explique ou rectifie les injustices de ses *Mémoires*. Au lieu de réminiscences équivoques, on y entend, pour ainsi dire en présence des faits, le langage de l'homme vrai et du citoyen courageux (1). »

---

(1) *Histoire de la Régence et de la minorité de Louis XV jusqu'au ministère du cardinal de Fleury*, par P. E. Lemontey, de l'Académie française. Tome Ier, pages 3 et 4. Paris, Paulin, libraire-éditeur, 1832.

Nous croyons que la correspondance tenue par le duc de Saint-Simon avec ses contemporains a été conservée dans l'état le plus complet, et que ses portefeuilles devaient contenir non-seulement les originaux des lettres qu'il avait reçues, mais encore la plupart des copies ou minutes de celles qu'il avait écrites aux plus importants personnages. Il suffit de regarder à l'énoncé des derniers numéros de l'inventaire des *Manuscrits*, lors de la vacation du 2 juillet 1755, pour se convaincre du nombre de lettres, soit de sa main, soit d'autre main, qui remplissaient les portefeuilles désignés (1). Et qu'était-ce que le contenu des *vingt-neuf paquets* présentés le 30 juin à M. le Lieutenant Civil pour qu'il en fît ouverture et qu'il distinguât les *lettres* ne concernant ni les affaires ni la famille du Duc d'avec *celles* qui concernaient toutes autres choses et toutes autres personnes, les unes portées au rang des *papiers et titres de succession,* les autres

---

(1) Voyez notre chapitre xii, page 159, « numéros 172, 173, 174 et 175 » de l'inventaire des *Manuscrits* ne comprenant pas moins de *quatre cent quatre-vingt-treize pièces pour la Correspondance.*

assimilées aux *Manuscrits* que leur nature avait fait considérer comme matières d'État, propres à n'être pas encore divulguées? Or, pour qui s'intéresse au sort des documents historiques, pour qui cherche à les suivre en leurs évolutions, passant d'une collection dans une autre, selon les circonstances les plus diverses, il est notoire et remarquable combien il est peu de lettres ou de documents autographes du duc de Saint-Simon qui soient à signaler. Il en est si peu, que ce serait à croire, — ainsi qu'on en trouvera une preuve dans le *post-scriptum* de l'un des documents suivants, — qu'il prenait toujours le soin de se faire retourner ses lettres originales par ceux mêmes à qui il les adressait, lorsqu'elles contenaient quelques propos ou réflexions de nature délicate ou ayant odeur de mystère. Trente-quatre lettres à peine, dont la moitié sans importance, autant qu'on en peut juger par les catalogues imprimés, ont traversé les collections et subi le feu des enchères. Quelques pièces des plus curieuses et signalées comme se rapportant aux affaires d'Espagne, en 1714, ont été indiquées dans des collections particulières par l'honorable lauréat de l'Académie française en 1855, M. Amédée Lefèvre-Pontalis. Si ce sont celles que nous pensons, elles sont au nombre de huit, et ce sont les mêmes dont nous avons dû communication à la bienveillance parfaite non moins qu'à la libéralité de l'auteur des « *Causeries d'un Curieux* ».

Les lettres du duc de Saint-Simon rendues de notoriété publique par les catalogues français, nous paraissent se borner aux pièces suivantes :

1705. Mardi de Pâques. De la Ferté. (Sans suscription.)

1710, 25 juillet. *Au Chancelier*. Envoi d'un *Mémoire* qu'il le prie de lire. (Une page in-quarto.)

1712, 25 mars. De la Ferté. *A M. Desmaretz*. (Deux pages et demie.) (1).

1712, 9 mars. Paris. *A M. Desmaretz*.

1714, 14 avril. Paris. *A Son Altesse Royale*.

1716, 11 novembre. (Sans suscription.) Signée *S.S.*

---

(1) Catalogue Charron. 27 mars 1847.

1718, 29 mai. *A l'abbé de Thesu.*

1720, 24 janvier. (Sans suscription.)

1720, juin. (Trois lettres sans suscription, l'une de cinq pages, l'autre de quatre, et la troisième de trois.)

1720, 11 juin, Paris. *A M. de Valincourt.*

1720, juin. De la Trappe. *A M. le Duc* (1).

1720, 9 septembre. *Au maréchal de Berwick.* (Trois pages in-douze.)

1720, 12 septembre. Meudon. *Au maréchal de Berwick.* (Une page in-quarto.) (2).

1720, 2 décembre. (Sans suscription.)

1720, 2 décembre. Meudon. *Au maréchal de Berwick.* (Deux grandes pages pleines in-quarto.) (3).

1721, 4 août. *Au cardinal Gualterio.* (Une page trois quarts in-quarto.)

1722, 20 janvier. Près Lerma. *Au cardinal Gualterio.* Minute pour être chiffrée.

1722, 6 octobre. Meudon. *Au Contrôleur Général.*

1728, 10 janvier. Paris. *Au Garde des Sceaux.* (Une page pleine in-quarto.) Envoi

---

(1) Catalogue Amédée Renée. 6 février 1860.
(2) Catalogue Dolomieu. 1843.
(3) Catalogue Debure. 22 décembre 1853.

d'un *Mémoire* composé par ordre du Garde des Sceaux et sur lequel le duc de Saint-Simon désire avoir le sentiment du cardinal de Fleury et de M. de Maurepas.) (1).

1732, 2 mai. *Au cardinal de Fleury*.

1734, 28 mars. Paris. *A Madame Mol*.

1740, 1ᵉʳ février. (Sans suscription.)

1740, 16 février. *Au cardinal de Fleury*.

1740, 18 février. *Au cardinal de Fleury*.

1740, 25 mars. *Au cardinal de Fleury*.

1743, 17 juin. Paris. *A M. l'Évêque de Metz* (2). (Deux pages pleines et demie in-quarto.)

1744, 3 octobre. La Ferté. (Sans suscription.)

1747, 20 août. La Ferté. *A l'Évêque d'Auxerre*.

1750, 2 avril. *Au comte d'Argenson*.

---

(1) Catalogue d'Hunolstein. 7 avril 1864.
(2) Catalogue Baron de Trémont. 1852.
Voir pour l'exactitude de ces citations le « *Manuel de l'amateur d'autographes* », rédigé par les soins d'Étienne Charavay, d'après tous les catalogues d'autographes où se trouve l'indication des lettres du DUC DE SAINT-SIMON, qui ont passé de main en main depuis 1843. De toutes les lettres citées plus haut, nous ne connaissons que celles qui ont pris rang dans la collection si remarquable de M. Feuillet de Conches, et qu'il a bien voulu nous permettre de citer et même de reproduire. Voyez ci-dessous.

Si maintenant nous nous tournons vers les trésors manuscrits conservés dans les Dépôts publics en France, notre curiosité ne sera point récompensée, car nous aurons à constater la rareté extrême des lettres du duc de Saint-Simon. Pour notre part, nous ne connaissons que trois lettres au Département des *Manuscrits* de la Bibliothèque Nationale, dont deux au duc de Noailles (29 novembre 1716, 28 mars 1717), citées par M. Amédée Lefèvre-Pontalis, et une à la maréchale de Noailles (30 octobre 1729), citée et publiée par M. Francis Monnier, toutes trois reproduites par M. Chéruel dans l'ouvrage qu'il a publié sur « *Saint-Simon, considéré comme historien de Louis XIV* (1) ». Le directeur de l'*Amateur d'autographes* a analysé, pour les informations du *Manuel* qu'il publie depuis quelques années, les principales pièces qui ont paru en dehors des Dépôts depuis trente années environ; il est donc facile de s'en

---

(1) Voyez page 139 du chapitre « *Biographie de Saint-Simon* », et page 531 du chapitre « *Les maréchaux de Noailles* ». Un volume in-8° de 660 pages. Paris, Hachette et Cⁱᵉ, 1865.

référer à lui et de connaître ces rares passagers dans les ventes. Restent les documents qui appartiennent à l'un des plus intéressants portefeuilles du cabinet de M. Feuillet de Conches, et dont il en a détaché deux pour les joindre aux glorieuses pièces françaises qu'il a réunies sous une reliure unique couvrant ce qu'il appelle le *Livre d'or* de sa collection. En un mot, « le Saint-Simon inédit », malgré les recherches les plus actives, malgré les efforts les plus diversement tentés, est la rareté même dans tous les dépôts publics et dans tous les plus célèbres cabinets d'amateurs. Cependant, d'après des indices et des signes si sûrs, qu'ils sont, pour ainsi parler, des preuves, il en existe ailleurs en abondance, attendant la main bienfaisante et puissante qui portera vers ce trésor ignoré le flambeau révélateur.

Quel attrait n'aurait pas entre autres choses un recueil à part contenant la *Correspondance particulière* et secrète, échangée, à l'insu du Roi, entre le duc de Saint-Simon et le duc d'Orléans? Nous en avons fait la fréquente mention, mais nous ne l'avons pas caractérisée. A quelle époque, dans quelles circonstances se forma-t-elle et eut-elle cours?

C'était en l'année 1706. Nos armes n'étaient pas heureuses en Italie sous M. de Vendôme. Le Roi trouva bon d'envoyer le duc d'Orléans, son neveu, pour aller commander les troupes. On le savait propre à en être aimé; c'était déjà quelque chose. A cette époque, Saint-Simon voyait Son Altesse Royale presque tous les jours à Versailles, seul, dans son entre-sol. Il avait d'ailleurs fort vu ce prince dès sa petite jeunesse, et avait servi, pendant la campagne de 1693, dans la cavalerie de l'armée de M. de Luxembourg que commandait le duc d'Orléans, étant alors duc de Chartres. Mais sa véritable liaison intime avec Son Altesse Royale datait seulement de l'année 1702. Saint-Simon en a raconté le détail dans ses *Mémoires* (1). Il avait pris autant d'ascendant sur son esprit qu'il était possible à

---

(1) « *Je ne m'arréterois pas*, dit-il, *à la bagatelle que je vais raconter, si elle n'étoit une époque très-considérable dans ma vie, et ne marquoit de plus comment des riens ont quelquefois les plus grandes suites* », etc.

âme humaine d'en prendre un qui fût sage, réglé, de haute portée, auprès d'une nature aussi diverse et curieuse que l'était celle du fils de Monsieur. Il ne le voyait d'ailleurs qu'à Versailles et à Marly, c'est-à-dire à la Cour, et jamais à Paris. « Ses compagnies, ses parties, la vie qu'il menoit à Paris ne me convenoit point. Je m'étois mis tout d'abord sur le pied de n'avoir aucun commerce avec personne du Palais-Royal, ni de ses compagnies de plaisir, ni avec ses maîtresses. » M. de Saint-Simon était donc absolument et uniquement un conseiller presque austère pour Son Altesse Royale, et entre eux il n'était question des choses de la Cour que pour les voir par le côté des affaires. Le soir donc que le duc d'Orléans fut déclaré général pour l'Italie, son « Conseiller intime » le suivit du salon chez lui, où tous deux causèrent longtemps. Les considérations ne manquèrent pas du côté du Duc et Pair, qui volontiers était raisonneur et toujours tout plein d'arguments et de visées.

« Il reçut avec amitié et avec plaisir ces considérations, m'expliqua fort au long ses instructions et ses ordres, et *m'ordonna de lui écrire souvent et librement sur lui-même* (1). »

Son Altesse Royale partit le 1ᵉʳ juillet 1706, et la preuve de la correspondance qui s'établit à cette époque entre ces personnages se trouve dans cette phrase :

« J'étois allé passer un mois à la Ferté, j'y recevois les nouvelles d'Italie que M. le duc d'Orléans me faisoit envoyer avec soin, et *des lettres de sa main quand il ne vouloit pas que ce qu'il me mandoit passât par d'autres* (2). »

La première occasion de lui écrire librement sur lui-même se présenta à propos du voyage à Lyon, aussi inopportun que risqué, de Madame d'Argenton, en compagnie de Madame de Nancré, pour y rencontrer son amant. Ce voyage avait fait grand bruit, le public en avait murmuré.

« Quelque résolution que j'eusse prise de ne lui parler jamais de ses maîtresses, *il m'avoit écrit*

---

(1) *Mémoires complets et authentiques*, etc. Tome V, page 207.
(2) *Mémoires*, etc. Tome VI, page 247.

avec trop d'ouverture, dès que sa blessure le lui avoit permis, pour qu'il me le fût de demeurer dans le silence quand tout crioit si haut. Il reçut ma lettre en même temps qu'une autre que Chamillart lui écrivit de la part du Roi, qui par ménagement n'avoit pas voulu la faire lui-même, pour lui conseiller de renvoyer ces femmes et l'avertir du mauvais effet de leur voyage (1). »

Arrivé à la Cour le 8 novembre, le duc d'Orléans fut visité par Saint-Simon le jour même.

« Ce fut alors qu'il me remercia avec effusion de cœur de la franchise avec laquelle *je lui avois écrit* sur ce voyage. »

Nancré, qui était présent, sortit, et la porte fermée, Son Altesse Royale et le Duc son confident entrèrent bien avant en matière.

« Je le mis au fait des choses de la Cour qui le regardoient, et de l'état présent du reste, que *les Lettres, bien que chiffrées,* n'avoient pu comporter. »

---

(1) *Mémoires, etc.* Tome VI, page 353.

Voilà donc prouvé qu'entre les mois de juin et de novembre, il y eut entre M. le duc d'Orléans et le duc de Saint-Simon une correspondance en chiffres assez forte pour former ce qu'on pourrait appeler dans le recueil des lettres du dernier « *le paquet d'Italie* ». On nous dira, d'après une note manuscrite du cardinal Dubois, que Son Altesse Royale était un prudent brûleur de papiers personnels, que par conséquent nos réminiscences sur la conservation des lettres de son conseiller pourraient bien n'être que rêveries et vaines suppositions ; mais le duc de Saint-Simon, lui, brûlait-il ses papiers ? Non, bien loin de là. Au risque effroyable des plus grands périls, il conservait tout, et tenait les minutes de chacune de ses lettres importantes. Il faut donc croire qu'il ne s'en est rien perdu.

Passons au « *paquet d'Espagne.* »

Le commandement d'Italie de M. le duc d'Orléans sous les ordres d'un maréchal inexpert qui, a-t-il prétendu, l'avait gêné en toutes ses bonnes intentions et ses meilleurs mouvements, n'avait pas été heureux dans ses résultats. Au mois de février suivant, en 1707, voyant que la guerre d'Espagne se continuait, et ne voulant pas « demeurer sur sa bouche d'Italie, il désira d'aller en Espagne pour commander, non plus en figure, mais en effet ». Le Roi répondit à son désir, et Son Altesse Royale joignit, le 26 avril, le maréchal de Berwick et l'armée qui marchait à Valence.

« J'avois *un chiffre particulier,* que Monsieur le duc d'Orléans m'avoit donné en partant, et lui et moi nous chiffrions et déchiffrions nous-mêmes, et ne nous écrivions en chiffre que par des courriers (1). »

La campagne fut brillante pour le duc d'Orléans. La belle affaire de Lerida lui fit le plus grand honneur. Il revint un peu comme en vacance pour prendre l'air de la Cour à Versailles, et du Palais-Royal chez lui. Il repartit pour reprendre son

---

(1) *Mémoires, etc.* Tome VI, page 407.

commandement, dans les premiers jours du carême de l'année 1708. Le conseiller Saint-Simon paraît toujours auprès de lui pour recevoir les confidences et échanger ses visées dans ces moments de séparation. Il a soin de les rappeler. « M. le duc d'Orléans, qui étoit sur son départ pour l'Espagne, m'avoit donné rendez-vous pour le lendemain matin au Palais-Royal. Nous y fûmes renfermés longtemps tête à tête à discuter ses affaires... » Plus que jamais, promesses de lettres, d'informations, de correspondance suivie, pendant l'absence. Dans le libre cours du recueil de ses souvenirs, l'auteur des *Mémoires* signale, plus que nulle part il ne l'avait encore fait, l'abondance du contenu des lettres qu'il adressait à Son Altesse Royale. Nous reproduirons en entier le passage, qui est d'ailleurs empreint d'un charme tout particulier dans la narration. Madame de Pontchartrain venait de mourir; toute cette famille avait été fort éprouvée. Saint-Simon était de leurs plus intimes, et après avoir raconté ce malheur, il écrit :

« Quelque occupé que j'eusse été de cette perte

et de ses suites, je ne l'avois pas moins été d'être au fait de bien des choses considérables en leur moment, mais dont la plupart se fondent comme les morceaux de glace, quoique bien des choses importantes dépendent souvent de celles qui se fondent ainsi. J'étais dans l'intime confiance de M. le duc d'Orléans; et ses amis et sa position étoit telle qu'il n'y avoit que moi qui pusse y être pour tout ce qui concernoit la Cour. *J'avois grand soin de l'informer aussi de bien des choses qui le pouvoient guider ou qui lui pouvoient servir, et je lui écrivois en chiffres, mais par ses propres courriers quand ils s'en retournoient, et par-ci par-là, quelques lettres de paille, et en clair, pour amuser, par la poste ou par les courriers de la Cour.* J'étois demeuré un peu en arrière de choses dont il falloit pourtant l'informer, et j'étois si excédé de la vie dont je sortois, que je fus bien aise aussi d'un peu de dissipation. La Vrillière s'en allait presque seul à Châteauneuf, il me pressa de l'y aller voir. J'y consentis. *Je m'y enfermai une journée entière, matin et soir, à faire à M. le duc d'Orléans un volume en chiffres, que j'envoyai sûrement mettre à la poste d'Orléans, pour être à l'abri de l'ouverture.* De là, j'allai voir Cheverny et sa femme dans leur belle maison de Cheverny, Chambord qui en est tout contre, dont j'entendois toujours parler, et que je n'enviai pas. L'évêque de Blois, qui vint à Cheverny, m'engagea aisément d'aller voir Blois, où j'avois grande curiosité de voir la salle des derniers États, la prison du cardinal de Guise et de l'archevêque de Lyon, et le lieu où mourut Catherine de Médicis (1). »

Ainsi que l'année précédente, le duc d'Orléans quitta l'armée et Madrid au moment des quartiers d'hiver. Il arriva à la Cour le 6 décembre 1708, et fut aussi bien reçu « que le méritoit sa glorieuse et pénible campagne, qui ne le raccommoda pourtant pas avec madame des Ursins, ni avec madame de Maintenon ». Nous citons ces derniers mots, parce qu'ils ont beaucoup de rapport avec la vivacité des termes d'un certain *Mémoire* original que nous reproduirons tout à l'heure, et qui, présenté au Roi par le duc d'Orléans, avait été rédigé tout entier de la main de Saint-Simon. En somme, dans le recueil conservé de la correspondance, parmi ses papiers, doivent donc se retrouver deux *paquets d'Espagne*, l'un de février à décembre 1707, l'autre de mars à fin novembre 1708.

Depuis ce second retour du duc d'Or-

---

(1) *Mémoires, etc.* Tome VI, page 298.

léans à la Cour de France, Son Altesse Royale ne s'en éloigna plus. On sait quelles vicissitudes furent les siennes, à Versailles, pendant les six années qui séparent cette époque de celle de la mort du Roi; en quelle disgrâce il tomba; à quels soupçons effroyables il fut en butte, à la mort presque soudaine et précipitée du Grand Dauphin, du duc de Bourgogne, de la Dauphine; en quel isolement et délaissement il fut. Le duc de Saint-Simon, parmi les grands, seul, le fréquenta, le soutint, le raisonna et le conseilla. A peine était-il à la Ferté, selon l'usage qu'il tenait de son père d'aller y passer une partie du printemps et la saison d'automne, qu'il lui écrivait, argumentant, philosophant sur toutes choses, remplaçant par des lettres les habituelles et familières conversations des après-dînées, dans l'entre-sol de Son Altesse Royale. Il lui arrivait parfois, peut-être même souvent, de faire le grondeur; et le ton d'une de ses lettres, sous ce rapport, est vraiment curieux. C'est une pièce inédite. Certes, la vivacité du propos, l'allure libre, l'emportement dans le conseil, pour que le prince ne s'endorme pas sur les intrigues forcenées de madame des Ursins qui gouverne l'Espagne, et qui la voudrait gouverner plus encore, et même copier de tous points le rôle de madame de Maintenon en France, tout cela, disons-nous, n'y manque pas.

« Paris, le 14 avril 1714.

« Les limbes sont insuportables et je n'y puis plus résister, quelque fascheuse que vous soit la proposition d'escrire; un petit mot, Monseigneur, je vous en conjure? cela ne m'arrive pas souvent. Où en est V. A. R., a-t-elle parlé? a-t-elle ravallé? Si ravallé, est-ce sans retour et sans estouffer? si parlé, comment receu! Qu'est-ce que c'est donc que les amendes honorables faictes à d'Aubigny pour sa maistresse et pour Orry individuellement par le Berwick, jadis si roide, et chez le petit *pot a miel* (1), et l'audience si caressante du dit Aubigny dans le cabinet du Roy? Comment cela se lie-t-il avec le vray motif de l'envoy de cet Anglais? Et puis, autre contraste, tout cela demeure court. Ny troupes ni ambassadeur. M. de Brancas ne revient plus; on crie, on est mécontent d'Espagne, et sous le nom générique on fait tom-

---

(1) Je ne sais de quel personnage veut parler ici Saint-Simon, sous cette désignation du seigneur « *pot à miel* ». Le duc d'Orléans en parle aussi dans sa réponse.

ber la colère sur un zéro sans existance et sur une nation estrangere dans son propre païs, pour destourner tout de sur les seuls coupables. Qu'est-ce que tout cela? Ne profiteriez-vous point d'une réelle conjoncture pour mettre le doit sur la lettre et vous oster du pied une épine qui vous picque sans cesse en attendant pis? Mes ténèbres me font enrager icy, et je crains votre inaction dans des temps de crise ou les instants sont précieux. Je ne sçay combien durera mon exil de la Cour et ma séparation du monde, qui me tient à l'écart de tout (1). J'atrappe des faits secs et criés à travers les fentes des portes, et j'en demeure là en pétillant. Ainsy donc un mot qui pourtant ne soit pas monosyllabe. Le porteur ne sçait point ce dont il est question, mais je suis assez libre avec luy pour le prier de rendre ce mot à V. A. R. et de se charger de sa réponse avec laquelle je la supplie de me renvoyer cette epistre avec la liberté qu'elle me permet. C'en seroit trop prendre de vous supplier de faire ma cour à Madame la duchesse d'Orléans et d'en appeller à elle si vous ne tirés point quelque parti de tout cecy. En voilà assez pour un importun qui veut qu'on parle et qui désire qu'on escrive: deux choses qu'on n'aime guères, l'une indispensable en politique, l'autre charité, Monseigneur, que mérite un ténébreux serviteur aussy

---

(1) Voyez dans la réponse du duc d'Orléans l'explication de cette retraite momentanée, et qu'une maladie de la duchesse de Saint-Simon, atteinte de la rougeole, avait nécessitée.

respectueusement attaché et dévoué que je le suis à V. A. R. (1).

Le document suivant est la réponse : il est écrit entièrement de la main du duc d'Orléans. C'est la seule lettre que nous connaissions de lui à son conseiller. Fort curieuse d'ailleurs, elle montre, mieux que tout autre argument imaginable, à quel degré la confiance s'était établie entre eux. On remarquera de quelle façon pressante le prince appelle à lui son correspondant, pour raisonner ensemble, « *chose très-nécessaire* », dit Son Altesse Royale.

« Versailles, ce jeudy au soir, 5 avril.

« Vos limbes, Monsieur, me sont plus nuisibles qu'à vous, car outre le plaisir de vous voir vous m'avés bien fait faute pour estre informé de bien des choses que j'ay eu grand peine d'arracher à demy. Quant à moy j'avois parlé dès le jour que vous partistes. *On* me receut plus froidement que la première fois, mais pourtant bien (2). *On* me

---

(1) Pièce copiée sur le document original qui appartient à M. Feuillet de Conches, ainsi que la *réponse* de S. A. R.

(2) Le « *on* », répété ici plusieurs fois, n'est autre que le roi *Louis XIV*.

dit que le Barwick (1) ne trouveroit pas les choses bien disposées pour ce que je demandois; je repondis qu'il n'y avoit d'opposition que dans la personne qui en mettoit à toutes les volontés de celuy par le seul credit duquel elle se soutenoit. La conversation fut plus longue, mais toujours ne paroissant pas content de ladite Dame. Le Barwick à qui je parlay le mesme jour me parut bien disposé hors sur le principal article, à savoir l'expulsion totale, resolu pourtant de faire icy toutes les questions importantes et que de luy-mesme il avoit rangees par écrit tout comme j'aurois pu faire. Quand à l'audience du Roy et à l'entrevue chés le *pot à miel*, je croy que la cabale avantageuse a menty sur l'un et sur l'autre, mais non pas totalement. J'estois à celle du Roy, Ponchartrain estoit l'introducteur; presenté Torcy, elle fut courte. Le Barwick m'a dit sur la sienne que Dom Louis faisoit la charge de bon valet blasmant ce qu'il ne pouvoit excuser. Ce dernier courrier a tout changé sans que j'en aye pu de-mesler la vraye cause, seulement le Barwick m'a dit qu'il n'estoit pas juste que tous les efforts fussent de ce costé icy et rien de l'autre. C'est sur ce point important et cette circonstance peut-estre bonne peut-estre non, que je me suis desolé de ne vous point avoir pour raisonner et vous envoier un peu aux nouvelles; mais comme Madame

---

(1) Celui que le duc d'Orléans appelle le « *Barwick* » est le duc de Fitz-James, maréchal de Berwick.

d'Orleans à qui j'ay lu vostre lettre, ny moy ne craignons point la rougeolle, si vous vouliés bien vous transporter dimanche jusques à Saint-Cloud, nous irons tout deux seuls et nous pourrons raisonner avec vous, chose tres-necessaire. Je seray à Saint-Cloud entre 4 et 5 et peut-estre en pourrons-nous savoir davantage. »

A M. le duc de Saint-Simon, mon cousin (1).

A cette époque, le duc de Saint-Simon se trouvait dans le plein, sinon de la disgrâce, du moins du désenchantement, et en même temps à la veille de la plus grande faveur. Il avait conçu de grands chagrins et éprouvé d'âpres secousses depuis l'année 1712. Le Dauphin et la Dauphine, ses espérances les plus chères, n'étaient plus; le secrétaire d'État Chamillart était disgracié; le chancelier de Pontchartrain retiré; le maréchal de Boufflers, le duc de Chevreuse, le duc de Beauvilliers, ces hommes d'un commerce pour lui si sûr, morts; des dames très-

---

(1) Copié sur le document original, non signé, et conservé dans son enveloppe avec cachet aux armes de Son Altesse Royale.

importantes et très-instruites des choses de la Cour, dispersées; la colère de madame de Maintenon contre lui fort accrue. « *Je ne tenois plus à personne* », dit-il; et, de fait, il ne tenait plus qu'au duc d'Orléans, que, dans la plus grande disgrâce auprès de tous, il n'avait point déserté, et qui, plus que jamais, s'ouvrait à lui de toutes choses, en dehors de ses plaisirs et de ses déréglements. Son conseiller d'État, son confident d'État, son ami politique, était le duc de Saint-Simon. Par la lettre singulière que nous venons de reproduire, on voit que, tout grondeur et mécontent qu'il est à l'égard du prince, dont il a l'extrême confiance, il a avec lui une liberté sans pareille. Les circonstances étaient, en effet, inquiétantes pour l'avenir. Il y avait à la Cour non plus la cabale dite de Meudon, mais celle de M. Du Maine, de madame de Maintenon, et la grande affaire du testament du Roi était en train de réussir. C'étaient là de bien gros nuages pour le Prince et pour son familier. A ces cabales se rattachait celle de madame des Ursins. De Madrid, elle tenait l'œil singulièrement ouvert sur les choses de France. Le duc de Saint-Simon, froid avec la Cour, ne comprenait pas moins admirablement tout ce qui s'y passait. Il voyait les trames ourdies contre M. le duc d'Orléans, et il le pressait, l'enveloppait, le réveillait, il lui inspirait au cœur cette chaleur qui manquait trop à Son Altesse Royale, au milieu de ses embarras domestiques et de ses plaisirs dissolvants. Sans un homme à ses côtés comme était Saint-Simon, ce prince se serait infailliblement laissé choir. Chose très-particulière : le Roi, si entraîné qu'il fût à ne pas faire cas du duc d'Orléans, à le mépriser plutôt qu'à le craindre, éprouvait au fond de lui-même, pour son neveu, un de ces sentiments qui se comprennent mieux qu'ils ne s'expliquent. Il avait, malgré tout, une sorte de conscience de l'exagération des prétendus crimes dont les familiers de madame de Maintenon l'avaient accusé. De plus, chaque fois qu'il avait avec lui un entretien, il subissait une sorte d'influence dont il n'était pas maître, et qui tenait soit au sang dont était issu le duc d'Orléans, fils de Monsieur, son frère, soit à cette sorte de prestige qu'a toujours exercé sur qui l'écoutait celui qui fut le Régent.

Par le conseil de Saint-Simon, le duc d'Orléans écrivait beaucoup plus souvent au Roi qu'on ne le pensait à la Cour et surtout chez madame de Maintenon. Il avait ses moyens pour faire tenir à Sa Majesté ses écrits confidentiels, des sortes de « Mémoires » qui s'enfouissaient ensuite dans sa propre cassette, fermée pour tous. Or, dans les cas les plus urgents, dans les occasions les plus nécessaires, après conseil secret tenu avec Son Altesse Royale, c'était Saint-Simon qui, dans le fond de son cabinet, tenait la plume de M. le duc d'Orléans à l'adresse du Roi. Le confident, en un mot, rédigeait les lettres extraordinaires que le prince, après les avoir lues, discutées, approuvées, copiait et envoyait. Rien de plus curieux en ce genre que les deux écrits suivants, dont nous prenons copie sur les pièces originales. Quelques mots sont nécessaires pour en donner l'explication. Ils sont de l'année 1714, soit du mois de mars, soit de celui d'avril. La matière était d'Espagne. La princesse des Ursins fomentait de loin la cabale contre M. le duc d'Orléans (1). Elle pressentait ces choses va-

---

(1) La Princesse des Ursins (Anne-Marie de La Trémouille), fille de M. de Noirmoutiers, mariée en 1659 à Adrien-Blaise de Talleyrand, prince de Chalais, qui, forcé de quitter la France, en 1663, se retira en Espagne puis en Italie, où il mourut subitement, en 1670. Restée à Rome, madame de Chalais épousa le duc de Bracciano, de la maison des Ursins, en février 1675. « Elle étoit belle, jeune, de beaucoup d'esprit et de beaucoup de monde, de grâces et de langage »; avec cela, il lui fut facile de mettre le palais des Ursins fort à la mode. Devenue veuve, et sans enfants, elle fut désignée, en 1701, par le cardinal d'Estrées, au choix du Roi de France, pour être la *camarera mayor* de la future reine d'Espagne, princesse de Savoie, fiancée au duc d'Anjou, déclaré roi d'Espagne. De ce jour date l'extraordinaire carrière politique de madame des Ursins. Il lui fallut peu de temps à Madrid pour y devenir la souveraine des affaires et des grâces. Excessive en domination, elle se porta jusqu'à ne pas craindre de laisser connaître qu'elle ouvrait et lisait les dépêches de l'ambassadeur du Roi de France. Son rappel fut décidé et effectué. Ce fut un coup de foudre. Retirée à Bayonne puis à Toulouse, elle obtint, par l'entremise du maréchal de Tessé, de se rendre à la Cour à Versailles. Elle savait que madame de Maintenon serait femme à la bien entendre. Arrivée à la Cour le 4 janvier 1705, elle obtint du Roi, par quelques entretiens, de retourner en Espagne, après avoir traité à Marly, dans la chambre de madame de Maintenon, des conditions de son retour. Madame des Ursins reparut à Madrid, en août 1705. Depuis lors, jusqu'en 1714, elle fut, peut-on dire, Souveraine et Ministre. En 1714, son étoile commença de pâlir. Le duc d'Orléans combattit la dame avec une vigueur acharnée dans l'esprit de Louis XIV. L'excès des combinaisons machiavéliques de la Princesse, à la mort de la jeune reine Louise, pour le choix d'une nouvelle épouse destinée au Roi d'Espagne, la perdit. Elle trouva un maître et un exécuteur dans cette personne, qui fut Élisa-

gues et indéfinissables qu'inspirent à la fois le bonheur de posséder le pouvoir et la crainte de le perdre. Ayant vu partir soudainement de la Cour de Madrid M. de Brancas, l'ambassadeur de France, qu'elle n'aimait point, sous le prétexte frivole de n'aller passer à la Cour de Versailles que quinze jours, après en avoir reçu la permission du Roi, sans qu'elle eût su que l'ambassadeur en avait fait la demande, elle fit partir avec une rapidité surprenante, et avec ordre de le devancer, le

---

beth Farnèse, princesse de Parme, doublée d'Alberoni. On sait avec quelle violence inouïe celle-ci la fit arrêter, à sa première entrevue, puis conduire aux frontières, sans qu'il lui fût possible d'exprimer autre chose qu'un étonnement où se mêlait la stupeur. Ainsi chassée, elle ne fit que traverser la Cour de France, d'où voyant le Roi tirer vers sa fin, elle se retira à Gênes, puis à Rome, en 1716, « aimant mieux y gouverner la petite Cour d'Angleterre (en exil), que de ne gouverner rien du tout. » Elle mourut en 1722, à quatre-vingt-cinq ans, « la tête et l'esprit comme à cinquante. » Le plus curieux portrait qui ait été fait d'elle est assurément celui que Saint-Simon lui a consacré dans ses *Mémoires*. Elle y occupe une place telle par le nombre et le fini des détails, qu'on peut dire qu'elle en est l'une des héroïnes. Les ouvrages les plus intéressants à lire et à consulter sur ce personnage extraordinaire sont, l'un de M. F. Combes, *La Princesse des Ursins. Essai sur sa vie et sur son caractère politique*, d'après de nombreux documents inédits (un volume in-8°; Paris, Didier, 1855); l'autre de M. A. Geffroy, *Lettres inédites de la Princesse des Ursins*, avec une introduction et des notes. (Un volume in-8° avec *fac-simile*; Paris, Didier, 1859.)

cardinal del Giudice, grand inquisiteur et ministre d'État. Il avait pour instructions de prévenir l'arrivée de M. de Brancas à Versailles, de parler au Roi avant lui, de disposer Sa Majesté plus fortement que jamais pour elle, et de lui montrer, au besoin, quelles embûches dressait son neveu. Ce prince avait été prévenu. L'occasion était bonne, le cas urgent, pour écrire mystérieusement au Roi. Ce fut une terrible campagne, très-échauffée, et sans ménagement. Saint-Simon était là, — cela se peut dire, — en tout son élément. Voici comment il tint la plume pour M. le duc d'Orléans, s'adressant à Louis XIV, son oncle :

« SIRE,

« Je ne puis cacher plus longtemps à Votre Majesté mes inquiétudes sur le voyage bizarre et inopiné du cardinal del Giudice dans le mesme temps qu'il se peut dire que vostre Ambassadeur est chassé honteusement de Madrid et qu'on vous a refusé d'y recevoir celuy que Votre Majesté avoit résolu d'y envoyer. Il est public dans vostre cour que cette résolution si subite a esté prise sur les avis de la cabale d'icy de madame des Ursins justement allarmée de sa dernière démarche après

tant d'autres si étranges à l'égard de Votre Majesté,
à l'égard de la paix et à l'égard des Espagnols,
qu'elle achève de désespérer depuis la mort de la
Reyne.

Tant de choses mises ensemble ont fait vivement sentir à ses amis d'icy que Votre Majesté
cesseroit enfin de laisser écrire aux Espagnols
qu'Elle la protége, et que sa ruine suivroit nécessairement de là, qu'il n'y avoit qu'une démarche
également prompte, hardie et éclatante qui la
peust tirer d'un si grand danger en donnant à
Votre Majesté tout l'extérieur du respect par l'envoy d'un personnage dont le caractère le fera
escouter et considérer, et une satisfaction apparente en abandonnant Orry, tandis que ce respect mesme est bien affoibli, puisqu'ils vous envoyent ce Cardinal sans que vous en sçachiez
rien et aussitost après vous avoir refusé M. de
Berwick, et qu'en abandonnant Orry, ils vous
font un sacrifice également util et nécessaire pour
conserver celle à qui des Orris ne manqueront jamais, et qui n'ayant jamais cessé de s'opposer à
touttes vos volontées depuis que Votre Majesté l'a
affermie dans l'autorité pleine dont elle jouit, ne
changera pas, sans doutte, de conduitte dans un
temps ou, cecy sauvé, elle en aura moins besoin
que jamais.

C'est elle, Sire, qui enseigne au roy d'Espagne l'ingratitude envers Votre Majesté et qui luy
oste jusqu'aux mouvements de la nature par la
captivité où elle le retient, c'est elle qui à l'exception de deux dont l'un luy a obéi aveuglément

et l'autre en obtint, en arrivant, la grandesse, s'est brouillée avec tous ceux qu'à quelque titre que ce soit Vous avez envoyez en Espagne, et dont l'art est tellement fatal à vostre gloire, que toutte l'Europe met sur le compte de Votre Majesté tout ce qui se passe en Espagne, comme elle la veu lors de la paix, que l'Espagne en gémit jusqu'à jetter des pierres aux François et s'arreste dès que vostre ambassadeur parle publiquement en vostre nom, ce qui luy devient un crime envers le gouvernement, et que tandis que Votre Majesté porte cette iniquité, Elle éprouve au péril de son État et au manque de respect de sa personne, qui a mis, et plusieurs fois remis la couronne sur la teste de son petit-fils, et toutte puissance en main de Madame des Ursins, Vous éprouvez, dis-je, qu'il n'est souverain ny particulier qui ait moins non pas d'autorité mais de crédit en Espagne, que Vous y en avez en toutte espèce de choses (1).

Après cet intérest si sensible de vostre gloire, il y en a un autre qui me force à vous parler, non comme à mon souverain et à mon oncle, mais, s'il m'est permis de le dire, comme à mon père, qui m'a comblé de biens et de qui les biens ne me sont agreables qu'autant que je

---

(1) Le duc d'Orléans a quelquefois écrit de sa main au-dessus de telle ou telle phrase de son rédacteur, et sur la minute même du document, ces mots : « *Cecy est un peu obscur* ». Il aurait assurément pu faire la même remarque en cet endroit.

les tiens de luy. Et plust à Dieu, Sire, qu'aux dépends de mes jours, vostre personne sacrée fust immortelle comme vostre nom glorieux. Mais Vostre Majesté, ayant pensé à un avenir qui n'a rien de funeste que pour ceux qui le verront, est condescenduë pour le bien et la necessité de la paix d'accepter le parti des doubles renonciations qui excluent egalement et respectivement la branche d'Espagne en France et celles de Berry et d'Orléans de la couronne d'Espagne, à quoy le Roy vostre petit-fils s'est porté pendant le voyage de madame des Ursins à Barrége, avec une franchise dont sa lettre à M. le duc de Berry fait foy. Cependant, Sire, ce n'est pas le compte de Madame des Ursins ny de la cabale, qui luy est icy si unie et qui a la hardiesse de debiter que ce n'est pas aussy l'intention de Votre Majesté, avec tant d'art et de succès que chacun craint de paroistre attaché à M. le duc de Berry et à moy, et que cette contagion passe de la Cour dans les provinces et dans le reste de l'Europe. De plus, Sire, si les Espagnols, outrés au point qu'ils sont, et qu'il est peut estre de l'interest et des desseins de Madame des Ursins de continuer de pousser à bout, se portoient dans des temps où ils n'auroient plus rien à craindre à chasser un Roy que leur fidelité si mal reconnüe a retenu dans d'autres, Vostre Majesté n'ignore pas qu'un droit acquis quel qu'il soit sur une couronne ne se pardonne jamais, et que par conséquent M. le duc de Berry et moy et nos enfants serions reduits à une condition bien déplorable. C'est assez en dire à

Vostre Majesté pour luy faire envisager tout et toucher un cœur aussy grand et aussy bon que le vostre sur sa plus proche famille, qui n'avoit jamais imaginé rien d'approchant à l'evenement des doubles renonciations, qui n'y est entrée qu'en sujets obéissants et en tout soumis à vos ordres, et qui certainement privés de l'Espagne par l'horreur du païs pour un gouvernement qu'il auroit secoué, se trouveraient exposés icy aux plus redoutables malheurs et aux plus inévitables sans qu'il y eust de leur faute.

Le remède, Sire, est en vos mains puissantes et conforme a l'équité, à la bonté de vostre naturel, à la gloire de vostre nom et à la justice que Vostre Majesté se doit à elle-mesme, et aux Espagnols opprimés par une femme, qui a persécuté tous ceux qui ont eu part au testament du feu roy d'Espagne, qui n'a souffert dans le conseil que le seul homme qui s'y soit opposé, qui n'a mis dans tous les emplois que des estrangers et nuls François, qui a changé en entier toutes les constitutions du gouvernement d'Espagne, qui tient votre petit-fils dans une captivité également honteuse et périlleuse au milieu d'un tres petit nombre d'estrangers à elle, inaccessible à tout autre pour quy que ce puisse estre. Avec elle tombera la haine et le desespoir des Espagnols, qui ravis de posséder leur Roy et de revoir leur gouvernement entre leurs mains, ne se departiront jamais de la fidélité qui l'a deux fois conservé sur le throsne, avec elle tomberont tous les dangers de deçà et de delà les Pyrénées, et la crainte perpétuelle de ses cabales et d'un mariage dont M. le duc de Berry vous a représenté tous les inconvénients qui sont infinis et que Vostre Majesté a senti à merveille, mais qu'il est plus court de saper par les fondements que de se voir exposé sans cesse à lutter contre. Avec elle tombent touttes les difficultés du dedans et du dehors sur la paix, la honte de l'Estat qu'elle se vouloit faire donner et les tracasseries perpétuelles d'affaires de fortune et d'intrigues de Cour. Vostre Majesté se justifie de la seule maniere qui puisse luy convenir aux yeux de toutte l'Europe, et se regagnera ainsy le cœur de toutte l'Espagne délivrée par sa generosité, et bientost apres le Roy, son petit-fils, rendu à soy-mesme.

« Les moyens, Sire, sont aisés pour arriver à tant de fins si desirables : il n'y a qu'a estre sourd à la syrene, ne point agir et compter pour rien les souplesses d'un Cardinal italien le plus adroit et le plus rompu aux affaires de Cour qui, soit dans sa nation, dans sa fortune et celle de son frère, sont de bons garants puisqu'ils se sont elevez si tost et si haut d'une naissance plus qu'obscure. L'archevêché de Tolède est le prix de son voyage, et il a icy de puissants soustiens : ainsy au fait de tout et conduit à souhait, ses efforts ne seront pas mediocres. Mais si Votre Majesté tient ferme à delivrer son petit-fils et l'Espagne et à affranchir la France des malheurs qui la menacent, sa superiorité en tout genre deconcertera le Cardinal et toutte la cabale et la delivrera pour jamais d'une fatale importunité, en declarant que tant que Madame des Ursins et tous les estrangers qui ne tiennent point à la monarchie d'Espagne ne seront pas eloignés, et Madame des Ursins en Italie, Votre Majesté ne se meslera de quoy que ce soit, et laissera faire les Catalans en rapelant mesme ses sujets qui servent en Espagne. En faisant passer cette resolution à Madrid et s'y tenant entierement fermée, il faut que Madame des Ursins quitte la partie ou soit mise en pieces en Espagne, ce qu'elle n'hasardera pas.

« Si mon interest estoit different de celuy de la gloire et du repos de Votre Majesté, de l'interest si pressant de ses deux petits-fils, de celuy des deux monarchies, je serois, Sire, plus réservé à vous parler, mais les choses venües au point où elles sont, je croirois manquer à la fidelité, à la reconnoissance et à touttes sortes de devoirs, si apres avoir donné une si longue preuve de ma patience à l'egard de madame des Ursins, je ne rompois le silence, quand il s'agit de tout perdre pour la conserver, apres une si ample experience qu'il ne sert de rien de la laisser entierement la maistresse, sinon pour gaster entierement tout comme sans contradiction elle a fait, depuis qu'elle n'a plus eu de contradicteurs.

« Au nom de Dieu, Sire, que votre sang, que votre autorité, que votre gloire, que les monarchies qui vous sont commises vous soyent plus considerables que Madame des Ursins; il ne s'agit point de la perdre ny de la chatier selon ses merites, il n'est question que de delivrer le monde

UNE *LETTRE* AU ROI.

de ses enchantements et de l'envoyer jouïr à Rome des tresors qu'elle a amassés et l'empescher par une plus longue administration de devenir le fleau de votre plus proche famille et la destruction de la France et de l'Espagne.

« Pardonnez, Sire, à mon zele encore plus qu'à mon interest quelque pressant qu'il soit. Vous estes le seul à qui je puisse et me veuille adresser, comme vous estes le seul qui avez en main le remede et qui seul estes capable de rompre tous les filets qui de touttes parts vous sont tendus de loin et de près. Toutte ma confiance est en Vostre Majesté, et elle n'a jamais esté trompée.... »

Certes, il serait permis de croire que le Prince aurait trouvé suffisamment âpres le ton et la forme de ce message extraordinaire pour le Roi, son oncle! Il serait permis de croire qu'à cette lettre se serait arrêtée sa pression sur l'esprit de Louis XIV! Mais il n'en fut pas ainsi. Les coups de boutoir furent plus durement portés encore dans un message plus étendu et plus formel encore, remis secrètement au Roi. Ce n'est plus une lettre, c'est un énorme *memorandum* parti du cabinet de M. de Saint-Simon pour le compte de M. le duc d'Orléans.

MÉMOIRE.

« Des raisons tres-pressantes m'obligent d'informer Votre Majesté de ce que j'apprends avec certitude depuis que j'ay eu l'honneur de luy escrire, et de luy parler de Madame des Ursins, dont les faits seront tres-courtement éclaircis par ce petit Memoire.

« M. le cardinal del Giudice fait sonner fort haut qu'il a deffense de me voir et s'en explique de maniere à renouveller tout ce que Madame des Ursins fomente avec tant de soin dans l'esprit du monde pour me rendre odieux. Votre Majesté sçait avec quelles instances je l'ay conjurée de faire éclaircir tout ce qui s'est presenté, et avec quelle affectation de mystere on ne cesse de se conduire en Espagne pour entretenir les idées qui conviennent à Madame des Ursins, et qu'elle fait maintenant soustenir dans leur décadence par un personnage dont le poids et la nouveauté rendra l'un et l'autre à ces choses, qui sans cela tomboient enfin d'elles-mesmes. Tout ce qui forme icy la cabale de Madame des Ursins et qui conduit le cardinal del Giudice, tient le mesme langage sur moy avec une liberté que sa presence leur donne de pousser fort loin, et que le caractere ou les emplois de la plupart de ces gens fait recevoir avec consideration ce qu'ils avancent, et surtout avec crainte de paroistre n'estre pas de leurs sentiments. Mais ce qui me touche le plus vivement, c'est l'opinion que la place de quelqu'un d'eux donne de l'uniformité de leurs pensées avec les vostres, des apparences dont tout cela se couvre, et de l'impossibilité où je me trouve d'opposer aucune vérité à ces artifices que l'on seme avec une autorité qui achève de me perdre.

« Ce Cardinal compte de rester icy le plus longtemps qu'il pourra et compte publiquement de faire le voyage de Fontainebleau. Marly le tient un peu séparé de tout ce qui n'est point la cabale de celle qui l'envoye, Versailles sera peu suivi et ne le mettra pas encore au fil de l'eau, mais Fontainebleau le fera nager au milieu de la Cour ou sa cabale le faisant valoir à l'appuy de ce qu'il est, l'initiera dans tout et mettra un homme aussy adroit, aussy fin et aussy rompu qu'il l'est, à portée d'agir immédiatement par luy mesme, et de faire les intrigues par lesquelles il est venu.

« Vous le dirai-je, Sire, en vous aimant et vous respectant aussy parfaitement que je fais, seray-je toujours forcé par l'oppression estrangere à vous dire choses que je me cache à moy mesme, qui puissent devenir possibles mesme aux temps les plus reculés. Le projet de Madame des Ursins pour ces temps qu'on ne peut envisager sans horreur est de laisser une Régence à Madrid, et que le roy d'Espagne avancé dès lors sur la frontiere suivant la nouvelle de cette cabale, arrive en personne à Paris, pour y disputer à M. le duc de Berry ce qui luy devra appartenir alors. Depuis ce projet la Reine est morte, et comme son nom et l'appuy de sa maison n'estoient pas un petit objet, il ne faut pas moins qu'un Cardinal aussi délié et aussy abandonné à Madame des Ursins, pour remettre les choses en ordre, s'informer de tout, prendre des mesures de toute espece, en un mot, pour ne rien obmettre de tout ce qui est possible pour l'execution d'un tel projet. S'il l'execute, Sire, où en sommes-nous, M. le duc de Berry et moy? que deviennent les renonciations, les traités, les serments, quel sera le sort de vos volontés sur vos enfants, sur vostre famille, sur vos sujets? et tout cela par l'ambition demesurée et sans exemple d'une femme qui ne se soucie de regner despotiquement en Espagne que pour se fraier un chemin de domination en son païs, au mepris de touttes les loix divines et humaines? Ce n'est pas d'aujourd'huy que ces desseins me sont connus, et je suis demeuré dans le silence, mais comment me taire dans ces extremités, et tandis que je vois avec quel concert, quelle suite et quel succez tout s'arrange, se prepare et se conduit pour une execution certaine, parce que vous l'ignorés et que vous seul y pouvés ajuster le remede.

« Le plus promt, Sire, c'est de vous defaire de ce dangereux Cardinal, de delivrer vostre Cour de cet espion, et vos sujets d'un suborneur qui ne peut estre autre chose. Il n'est venu, disent ses émissaires (qui en cela se donnent pour repeter le langage qu'il vous a tenu), il n'est venu que pour vous demander vos ordres sur le gouvernement d'Espagne, et supplie Vostre Majesté de luy permettre une explication de diverses choses avant que de donner ses ordres, qui seront les loix du Roy son petit-fils. Cette explication sera bientost faitte et vos ordres donnés ainsy, tout pretexte de sejour épuisé, apres quoy le premier roy de l'Europe peut bien envoyer le ministre d'un autre Roy, quand cet autre Roy est son petit-fils nommé par luy plus d'une fois, qui cependant vient de chasser son ambassadeur et l'a traitté avec opprobre par l'avis de ce mesme Cardinal, et qui a refusé de recevoir le marechal de Berwick, tandis qu'il envoie son ministre sans sçavoir si Vostre Majesté, justement indignée, le voudra bien recevoir.

« Deux mots, Sire, finiront ce Mémoire, mais qu'il me soit permis d'espérer que Votre Majesté les lira, et que la conduitte de Madame des Ursins luy sera ainsy fidelement retracée depuis douze ans, que par Votre Majesté seule elle est montée au point de fortune sous lequel je suis pres d'estre accablé avec M. le duc de Berry et toutte la France, si Votre Majesté ne daigne nous secourir, ou plustost, si je l'ose dire, se secourir elle-mesme.

« Madame des Ursins (1), tirée de Rome pour estre mise aupres de la reyne d'Espagne à son ma-

---

(1) Depuis cet endroit, l'auteur donne à son « *Mémoire* » le ton et le tour d'un « historique » rapide de l'accueil fait par MADAME DES URSINS aux ambassadeurs et personnages divers que LOUIS XIV avait envoyés successivement à la Cour de PHILIPPE V son petit-fils.

riage, n'a jamais veu M. *d'Harcourt* en Espagne, et leur liaison ne s'est formée que de loin. *M. de Marsin,* qu'elle trouva à son arrivée en Catalogne, suivit le roy d'Espagne en Italie, et n'a eu le temps ny l'occasion d'avoir rien à demesler avec elle, sa fonction d'ambassadeur ayant fini sans retourner en Espagne.

« Le *Pere d'Aubenton,* choisi par Vostre Majesté pour confesseur du roy d'Espagne, a esté sa premiere victime pour s'estre acquitté de vos ordres et proposé de vostre part au Roy vostre petit-fils de ne communiquer pas tout ce qui se passoit de Vostre Majesté à luy, à la Reyne qui estoit un enfant et à Madame des Ursins. Elle ne se cacha point du sujet de sa disgrâce pour epouventer tous ceux qui approchoient du roy d'Espagne, et le Pere d'Aubenton fut chassé avec ignominie. Il faut pourtant que ce soit un homme d'un merite peu ordinaire, puisqu'apres cet affront il a esté elevé sans contredit à la premiere place de sa nation dans sa compagnie qui asseurement ne se meprend pas en sujets.

« *M. le cardinal d'Estrées,* choisi comme le meilleur et le plus ancien ami de cette dame, comment en a-t-il été traitté, et *M. l'abbé d'Estrées,* ensuitte jusque-là que Votre Majesté s'y crut interessée, et que malgré la Reyne il fallut que Madame des Ursins quittast l'Espagne. Elle le fit tout le plus tard qu'elle put et n'eut garde de prendre le chemin d'Italie et un estat de consistance. L'insolence n'ayant pas réussi, elle eut recours à tout le contraire et triompha enfin à force de soumissions au delà de touttes ses esperances, tant pour elle que pour ses deux freres en puissance, honneurs et argent. Le premier des deux seuls hommes avec qui elle se soit accomodée, fut le *maréchal de Tessé,* qui allant à Madrid de votre part fit le crochet de Tolose pour l'y voir en son exil, et en fut faist grand d'Espagne le soir mesme qu'il arriva à Madrid.

« Le *duc de Grammont,* vostre ambassadeur, n'a receu que des affronts d'elle et de la Reyne. Elle l'appaisa en partant par une toison, et depuis son retour, leur reunion n'a pas été difficile.

« *M. Amelot,* convenu avec elle à condition de luy estre tout soumis, a si bien executé ses ordres, que c'est le second avec qui elle ne soit pas brouillée, luy et le maréchal de Tessé, les deux seuls.

« *M. de Berwick* qui paroist maintenant si modeste et qui en a de bonnes raisons, a esté continuellement brouillé avec elle et outré contre tous ceux dont elle s'est servie. Touttes les deux fois qu'il a esté en Espagne, *M. le maréchal de Besons* en a essuyé les contre-temps les plus fascheux et n'en a tiré aucun secours pour vostre service et pour vos trouppes.

« A l'égard de *Puysegur,* d'*Hasfeld,* de *Renaud* et d'autres gens de confiance sans caractere, ils ont tous été les objets de sa constante persecution.

« *M. de Vendosme* n'a cessé d'estre brouillé avec elle que lorsque par un interest commun d'autorité auquel celuy du traittement leur fit ouvrir les yeux, ils se reconcilierent fort peu de temps avant sa mort.

« Le *duc de Noailles*, que ses services étant de raisons, devoient luy rendre considerable, en a plus éprouvé qu'il n'en a dit en touttes les façons possibles et les plus prejudiciables au service des deux couronnes.

« De *moy*, Sire, je m'en tais, et que n'aurois-je pas à en dire ! A l'égard de *M. de Brancas,* la chose est si recente et si estonnante d'un bout à l'autre, comme tout ce qui a suivi sur le refus de M. de Berwick et l'envoy de M. le cardinal del Giudice, qu'il est plus digne encore d'en taire et de le laisser aux reflections de Votre Majesté.

Voilà, Sire, de tant de gens de toutte espèce et portant tous en caracteres différents la recommandation de vostre nom et de vos affaires, deux hommes qui n'ont pas eu lieu de rien avec madame des Ursins : deux, l'un payé d'avance, l'autre uniquement chargé de soumission, qui sont les deux seuls qui ont esté bien avec elle, tous les autres douze ou quatorze, ambassadeurs, généraux, confesseurs, gens de confiance, tous en ont esté maltraités jusqu'aux opprobres. Voyons maintenant les Espagnols (1).

---

(1) Le duc d'Orléans était, comme on le sait, allé en Espagne. Il avait séjourné à Madrid et il avait pu être très au fait de ce qui s'était passé, ou de ce que l'on disait s'y être passé, à l'égard de tous les personnages espagnols dont il énumère ici les noms. Il y a donc lieu de penser qu'il avait fourni les *Notes* au duc de Saint-Simon qui, malgré toute sa curiosité pour les choses politiques de son temps, n'aurait pu être aussi particulièrement instruit de faits tout personnels, arrivés à la Cour de Madrid avant 1714.

« De tous ceux qui composoient le Conseil d'Estat du feu roy d'Espagne et qui ont fait faire ou fait accepter son testament en faveur du Roy vostre petit-fils, aucun n'a échappé à madame des Ursins.

« Le *cardinal Portocarrero* fut reduit à quitter les Conseils à force de mauvais traittements et en est plus tost mort de douleur que de vieillesse, car il n'estoit pas extremement aagé. Votre Majesté peut se souvenir de tout ce qu'il fit pour le Testament et par le for de la conscience et par son autorité, et de tous ses autres services, tant le Roy present que pendant ses deux Regences.

« *Don Arias*, le premier homme de la monarchie en capacité et par sa place, qui fut l'instrument principal du testament et de la jonte ensuite, a esté des premiers chassé, son exil fut couvert de la prelature de Seville et pallié de la nomination au chapeau.

« *Rivas*, qui eut tout le secret du testament et le minuta de sa main, a eu le mesme sort. Ces trois ont pourtant mis la couronne sur la teste au roy d'Espagne, et nul depuis leur disgrâce ne les a soubçonnés mesme de quoy que ce soit.

« Le *duc de Medina Sidonia,* Grand Escuyer, et le *cardinal de Benevente,* somelier du corps du mesme Conseil d'Estat et d'un attachement inviolable et universellement reconnu, en ont esté exclus dès que madame des Ursins a esté la maistresse, et l'extresme vieillesse du celebre *marquis de Maniera* a esté le pretexte du mesme traittement.

« Le seul marquis de Frigillane y fut conservé et y est encore. Ce fut aussy le seul de tout le Conseil d'Estat qui s'opposa au Testament et qui le fit avec tant d'emportement qu'il mit l'espee a la main pendant ce debat pour charger les autres.

« Le *duc de Veraguas,* rapellé de sa vice-royauté de Sicile pour avoir esté convaincu par un traitté écrit de l'avoir voulu livrer, fut fait en arrivant Conseiller d'Estat, et le *marquis de la Jamaïque* son fils dont la friponnerie de bleds a cousté la Catalogne et la Sardaigne, a eu aussy tost apres une place au Conseil d'Estat.

« Ceux-cy sont les plus aisés à retenir d'une foule d'autres.

« La *duchesse de Bejar* ayant esté faitte dame d'honneur lorsque madame des Ursins vint en France, elle a persecuté à son retour cette maison avec tant d'estendue et de fureur que la dispersion y est générale, et que cette dame en est morte de douleur.

« L'exil tout nouveau de *don Pedro Ronquillo* et de plusieurs autres suit de près le changement de plusieurs ministres, et madame des Ursins ayant osté touttes les dames et femmes espagnoles d'aupres de la Reyne, pour n'y mettre que des estrangeres excepté des Françoises, vient d'en user de mesme aupres du Roy depuis qu'il est veuf, tant pour les affaires que pour sa privance, et pour empescher que personne n'en puisse approcher ; voicy les noms des courtisans mis de sa main qui ont ordre de se relever les uns les autres pour ne laisser jamais le Roy en d'autres mains.

« Le *duc d'Havré*, Flamand, neveu par sa femme de madame des Ursins, et colonel des gardes wallonnes.

« Le *duc d'Atri,* Napolitain.

« Le *prince Pio,* autre Italien, fait, depuis le mary de la Reyne, gouverneur de Madrid et de sa province, et commandant des armes qui s'y trouvent.

« Le *prince de Robec,* Flamant, qui vient d'espouser mademoiselle de Solve.

« Le *marquis de Crevecœur,* Italien, fils d'un légitimé de Savoie.

« Le *prince de Cellamare,* qui est aussi dans le Ministere et qui a accompagné icy le cardinal del Giudice, son oncle.

« Le *comte de Montijo,* sans pere ni mere, et qui a environ vingt ans, est le seul Espagnol admis, pour qu'on ne dise pas qu'il n'y en ait aucun, mais les Espagnols blessés au dernier point l'ont obligé à s'en retirer.

« La personne du Roy ainsi gardée par tous estrangers, l'administration des affaires est egalement derobée aux Espagnols et à luy.

« *Orry* est le maistre de tout et le montre sans mesure. Ses ordres sont les seuls executés et respectés en affaires, il attire par son insolence la haine la plus violente au gouvernement, et par sa nation tout retombe sur Vostre Majesté. Leur projet est de vous faire trouver bon qu'il demeure encore un an, parce que dans un an touttes les paix d'Espagne seront signees et peut estre le roy d'Espagne remarié; alors, tranquile dedans et dehors, ils auront moins besoin de Vostre Majesté et se passeront de son attache pour leurs affaires, qu'Orry gouvernera sans se plus mettre en peine de vostre permission. Si ce personnage n'estoit suffisamment connu à Vostre Majesté, je m'y estendrois davantage.

« Tous les autres qui se meslent d'affaires ne sont que sous luy en effet. *M. de Bergheick* lassé de n'avoir d'employ que celuy de revestir Orry dans touttes ses demarches sans estre consulté sur pas une, n'a pu souffrir davantage d'estre le protecteur malgré luy de touttes les choses qu'il deteste, et revient, après avoir tout risqué pour obtenir la liberté de se retirer sans recompense et sans retour.

« Le *cardinal del Giudice,* moins delicat, preste à Orry son nom et son manteau pour avoir part aux affaires et y mettre son neveu et se souffriront ainsy tant qu'ils auront besoin du crédit et de l'autorité de l'un de l'autre (1).

« Le *duc de Popoli* est à la teste des armées et

---

(1) A cet endroit de la minute du «Mémoire» qui est, nous le répétons, tout entier de la main du duc de SAINT-SIMON, suit une phrase fort embourbée. On lit : « Un grand inquisiteur et une manière de premier ministre de nom ou d'effet n'ont guères esté estrangers en Espagne bien moins estrangers plus sujets comme celuy-cy ; s'il ajoute Toledo au reste, quel traitement pour les Espagnols. » Le duc d'Orléans a écrit de sa main : « *Cela est un peu obscur* », au-dessus des mots « *plus sujets comme celuy-cy* ». C'était bien de la complaisance ou de l'extrême politesse, car cela n'est aucunement compréhensible. Il se peut que Saint-Simon ait oublié un mot ou un membre de phrase.

y monstre bien qu'il n'a jamais servi qu'un an ou deux capitaine de cavalerie, par le danger où il a mis quatre ou cinq fois les affaires en Catalogne. Mais il est Napolitain et favori, quand à present, de Madame des Ursins, qui luy a donné un autre estranger pour conducteur qui n'en sçait pas plus que luy. Les emplois de guerre ne sont remplis que d'estrangers de touttes nations. Ce sont les seuls ou elle souffre des François. Le regiment du prince des Asturies, elle l'a donné au marquis de Crevecœur, et la charge de grand maistre de l'artillerie au duc de Popoli. C'est encore luy qu'elle se destine pour lieutenant aupres des enfants du roy d'Espagne à qui elle a donné pour sous-gouverneur, un nommé *Don Fernando* (1), Espagnol à la verité, mais qu'elle tient de la main de Madame de Vaudemont, dont il a été longtemps capitaine des gardes et qui est dévoüé à luy.

« Que ne fourniroient pas les details apres une chaisne continuelle de choses de cet eclat et que ne vous en pourroit-on pas dire, si on respectoit moins vostre temps? Telle est pourtant, Sire, cette femme qu'on dit toujours qui fera si bien lorsqu'elle sera la maistresse, et qui depuis qu'elle l'est, fait detester le roy d'Espagne, l'expose à une revolution par le desespoir des Espagnols, et la France à en sentir tout le contre-coup, fait blas-

---

(1) Le mot « *Don Fernando* » est écrit de la main du duc d'Orléans au-dessus d'un autre nom que Saint-Simon avait, sans doute, indiqué par erreur.

phemer vostre nom dans toutte l'Europe, compte pour rien la prolongation de ses malheurs, la dignité des deux couronnes, ny la parole des deux Rois qu'elle fait dementir pour avoir une souveraineté par la paix avec despends de l'honneur du roy d'Espagne, et machine sans cesse au milieu de vostre Cour, où elle fait accroire à force d'artifices, qu'il faut bien compter avec elle, puisqu'il est impossible de la déplacer.

« Vostre Majesté voit par le desespoir des Espagnols et par ce qui est arrivé à M. de Brancas, avec quelle horreur ils subissent le joug et avec quelle joye ils s'en verroient delivrés. Vostre seul nom la protege et il n'y a qu'à tenir bon à renvoyer le cardinal del Giudice et à refuser tout secours et tout commerce au roy d'Espagne, jusqu'à ce que Madame des Ursins soit effectivement abordée en Italie, et vous verrez combien promptement elle succombera sous sa propre foiblesse, au milieu des acclamations qne vous recevrés dans toutte l'Espagne où elle ne se soutient qu'à l'ombre de Vostre Majesté. Quiconque s'emparera ensuitte du roy d'Espagne craindra par cet exemple de vous deplaire et d'irriter trop les Espagnols. Quoy qu'il en arrive, ce futur ministre a bien du chemin à faire pour resister douze ans durant à vos interests, à cause du roy d'Espagne, et à touttes vos volontés, pour flestrir votre famille des crimes les plus noirs, pour preparer les avenirs les plus funestes et pour avoir l'adresse de vous faire paroistre vous-mesme complice par toutte l'Europe de tous ces desseins. C'est ce qu'a fait

Madame des Ursins en attendant pis. Il y a douze ans, Sire, que vous en essayez avec une perseverance que rien ne rebutte, essayez d'un abandon plus seur et Vostre Majesté mesme sera surprise de la facilité du succès d'une cheutte qu'elle ne peut pas ne point desirer, puisque sa gloire ny sa maison ne peuvent avoir une plus dangereuse ny une plus ingratte ennemie, et comprendra à peine la seduction de ses artifices. Le plus grand de tous est de persuader qu'elle est invulnerable dans le temps mesme qu'elle monstre toutte sa foiblesse par l'envoy du cardinal del Giudice faire touttes les soumissions les plus eloignées de son caractère, et ou elle ne se porte que par l'extremité de son besoin qu'elle sent d'autant plus qu'elle le cache, et de joindre à cette adresse l'art de faire croire l'intelligence parfaitte à toutte l'Europe attentive à cette singuliere demarche, et de charger par consequent Vostre Majesté de ces fautes de plus en plus, tandis que pour troisième et principale fonction, ce Cardinal vient icy sonder chacun et fortifier la cabale contre M. le duc de Berry pour le grand dessein que j'ay eu l'honneur de vous expliquer d'abord.

« En voilà trop, Sire, de touttes les façons pour vous montrer la necessité pressante et la facilité de la justice que vous devez à vous mesme et à toutte l'Europe, d'une femme qui se croit tout permis par des attentats toujours croissants et toujours impunis. Rome et ses richesses immenses ne doivent pas sembler un grand chastiment. Mais quel qu'elle se trouve, j'espere que vos enfants et vostre Estat, que vostre gloire mesme, et si j'ose le dire, vostre conscience, vous determineront a un parti si facile et si perilleux à ne pas prendre ou à trop differer (1).

De quelle influence fut sur l'esprit de Louis XIV ce souffle presque enragé du duc d'Orléans, son neveu? Nul ne le peut savoir. Mais si on rapproche les dates, en regardant au détail et au mouvement de la Cour à cette époque; si on constate le peu de cas réellement fait de la personne du cardinal del Giudice, — apparences et dehors honorifiques réservés; — si on considère avec quelle extraordinaire froideur, malgré l'aimable billet de condoléance de madame de Maintenon, le Roi apprit ou feignit d'apprendre l'inconcevable éclat de l'expulsion de madame des Ursins par la nouvelle Reine d'Espagne, on est bien tenté de croire que les messages secrets du neveu n'avaient pas été sans action sur l'esprit, sur l'humeur,

---

(1) Copié sur l'original écrit entièrement de la main du duc de Saint-Simon, et qui appartient au recueil formé par M. Feuillet de Conches. De même pour les trois pièces suivantes.

sur les sentiments de l'oncle. Le plaisant est de penser que le grand Roi ignorait absolument quelle était la plume dont se servait M. le duc d'Orléans.

On sait ce qui advint à la mort du Roi. Malgré le testament, malgré tous les grands efforts d'une intrigue si audacieusement ourdie pour surprendre les volontés et la signature royales en faveur de la faction des princes légitimés, le duc d'Orléans domina la situation si fausse qui, sans de grandes résolutions et sans quelque prudence tout à la fois, l'aurait enveloppé. C'est alors surtout que la correspondance de son conseiller mériterait sans doute d'être recherchée et mise au jour, et c'est de celle-là principalement que l'historien de la Régence, Lemontey, a voulu parler quand il en a mis en relief l'utilité et qu'il en a fait l'éloge. Les preuves nous font absolument défaut pour les premières années. Vers 1718, on voit par quelques traces, répandues en divers recueils, que le conseiller des jeunes années du Prince qui était devenu le Régent, avait conservé encore quelque autorité et une part d'influence sur l'esprit du maître. Dubois lui-même, étant encore à Londres et veillant de loin au salut de sa faveur pour s'en ménager l'éclat à son retour, faisait grand cas encore, à cette époque, de l'importance du familier. Le 22 juin 1718, il écrivait à M. de Chavigny, son confident et son messager à la Cour :

« Si vous voyés M. le duc de Saint-Simon, je vous prie de lui dire que dans cette occasion il devroit être un peu plus assidu auprès de Son Altesse Royale, que je l'en conjure, et que s'il a quelque doute, j'auray l'honneur de lui envoyer les éclaircissements qu'il souhaitera. »

Il y aurait des chapitres à écrire sur le rôle de ces personnages, un jour unis, un autre jour en froid, puis en querelle ouverte, puis réunis encore. Mais c'est l'affaire d'un historien des choses de la Régence. Les pièces que nous avons à produire sont d'une date à laquelle appartient la brouille du duc de Saint-Simon et de l'abbé Dubois, devenu l'archevêque de Cambrai et à la veille du cardinalat (1).

---

(1) SAINT-SIMON ne se lassait pas de conseiller, et je pense que ce fut par l'excès même des conseils qu'il finit

LETTRES PARTICULIÈRES. 421

Ce sont trois lettres de l'année 1720, et toutes trois relatives aux affaires qui rendirent le mois de juin de cette année si rempli pour le duc d'Orléans et si préoccupant pour le conseiller de Régence. A qui sont-elles adressées ? Nous l'ignorons. Avec qui Saint-Simon entrait-il dans des détails aussi particuliers et aussi importants pour le temps ? Nous n'avons pu le découvrir. Fut-ce à M. de Valincour (1),

---

par user son influence auprès du Régent. Son Altesse Royale se plut toujours à le voir, mais elle se fatigua de l'écouter, et les entretiens politiques de l'un et de l'autre tournèrent, peut-on dire, à n'être plus que choses platoniques, se formulant souvent, de la part du conseiller, par des écrits toujours sous forme de questions à traiter, du genre de ces deux *Mémoires*, par exemple, publiés en 1834 dans la *Revue Rétrospective*, tome II, page 44 : « *Deux Mémoires remis au Régent pour le détourner de faire des Ducs* ». La *Revue* les donne comme tirés du *Ministère des Affaires Étrangères*. On y retrouve le philosophe, même à propos des Ducs, et il y parle « de l'humeur des hommes plus propres à être attachés par l'espérance que par la reconnaissance, et à se remercier eux-mêmes, leurs qualités, leur industrie, de ce qu'ils ont obtenu, qu'à en savoir gré à qui leur a donné, duquel souvent ils ne considèrent les présents que comme des choses dues à eux ou aux exemples des grâces pareilles ».

(1) « *Valincour, homme du monde, écrivain amateur, esprit délicat* », a dit Sainte-Beuve. Il fut de l'Académie. Saint-Simon a fait de lui un portrait sous les plus belles couleurs. « *Un répertoire d'anecdotes de Cour... solidement vertueux et modeste, toujours dans sa place et jamais gâté par les confiances les plus importantes et les plus flatteuses...* » Voici une lettre de M. de Valincour au duc de

secrétaire général de la marine, attaché à M. le comte de Toulouse, et avec qui il paraît avoir eu de grands échanges de lettres au sujet des intérêts de son maître ? Fut-ce à un personnage qui était à M. le duc de Bourbon ? On le pourrait croire, d'après quelques détails, sans toutefois être à même de rien affirmer. On retrouve dans ces lettres comme le canevas, comme le précis des *Mémoires ;* ce sont les faits à l'heure même où ils se passent ; mais pour

---

Saint-Simon lorsque le Régent rétablit le grand Daguesseau dans la charge de Chancelier de France :

« *Saint-Cloud, 9 juin 1720.*

« *Vous avez bien la mine, Monseigneur, d'avoir fait quelque tour de vostre métier dans ce qui vient d'arriver à M. le Chancelier comme dans le payement qui lui fust fait il y a quelque temps. Je say bien que vous navez garde de vous en vanter, mais si je pouvois estre à Paris jen verrois bien la vérité dans vos yeux malgré vous. Quoy qu'il en soit il me semble que cet evénement devroit rapprocher et réunir pour jamais deux personnes qui se conviennent si fort lune à lautre par leur vertu, leurs manieres de penser et leurs sentimens pour le bien de l'Estat. Je souhaite que cela soit deja fait, mais s'il restoit quelque chose à faire je me tiendrois bien heureux dy pouvoir contribuer.*

« *Je suis avec le plus profond respect que je dois,*

« *Monseigneur*

« *Votre tres humble et tres obéissant serviteur*

« DE VALINCOUR. »

bien comprendre ces lettres par le menu et l'ensemble, ainsi isolées de beaucoup d'autres qui les ont précédées ou suivies, il faudrait, sous forme de notes, des éclaircissements qui, par leur nombre, risqueraient d'ôter l'intérêt même au document. Nous citerons ceux des passages de ces lettres qui nous ont paru le mieux caractériser la façon épistolaire du duc de Saint-Simon, en matières assez graves et secrètes :

« 15 juin 1720.

« Il faudroit, Monsieur, une conversation avec vous, pour vous mettre au fait de ce que je sçay sur l'abbé du Bois et le garde des sceaux, mais au moins vous aurez pu rendre compte, jeudy, de ce que je vous dis ce jour-là de mes deux dernieres audiences. M. le Regent me dit nettement que le garde des sceaux ne viendroit plus au conseil, que S. A. R. et le garde des sceaux luy-mesme sçavoient bien que les Ducs ne lui cederoient pas, ce neantmoins, je declaray à S. A. R., que quoy que je comptasse sur ce qu'elle me disoit, elle pouvoit compter que si le garde des sceaux se presentoit, eut-il mesme les sceaux, le chancelier présent, nous le precederions, ou nous sortirions du conseil. Je ne croy donc pas qu'il y vienne, mais comme on ne peut compter sur rien, il ne seroit pas mal à propos que M. le Duc en touchast un mot à M. le Regent demain matin, assés legerement pour ne le pas embarrasser sans plus de fondement, mais neantmoins de maniere à le faire expliquer, et si, contre toute attente, il se trouvoit quelque chose de vray, appuyer alors fortement contre et me le faire savoir à temps, de preparer avant le conseil MM. les Ducs à me suivre dans le discours fort et succinct que je ferois comme l'ancien, et à me suivre encore en sortant du conseil, ce qui empescheroit bien nos Marechaux Ducs de la cabale, qui n'oseroient ne nous pas suivre et qui ne s'attendroient pas à cette aventure. Mais encore une fois autant qu'on peut croire quelque chose, je crois que le garde des sceaux ne sera plus du conseil, surtout avec un mot de M. le Duc demain matin, qui asseurera tout.

« J'ay vu l'abbé du Bois perdu l'autre semaine, et je l'ay sceu encore perdu au commencement de celle-cy. Vous sçavés la force et le peu de succès de mon audience de mercredy. Jay sceu depuis qu'ils ont infatué M. le Regent de faire peur à M. le Chancelier de M. le Garde des Sceaux pour tenir l'un en bride et l'autre comme en reserve, et ce pauvre Prince à qui les fourbes imposent a cru celle-cy excellente pour tenir ces deux hommes dans la volte... Je n'ay jamais mieux vu de mes yeux à quel point l'ancienne Cour est maintenant liée au Garde des Sceaux et à l'abbé du Bois et eux consequemment aux bastards qui est l'angle qui les unit, et je sçay sur cela des choses dont je feray usage demain, selon la mine que S. A. R. me fera apres ce qui se passa mercredy et que je l'en verray susceptible, sinon, ce qui sera différé ne sera pas perdu. Le point des points est d'oster l'abbé du Bois : avec luy perit le Garde des Sceaux, avec luy touttes les escabelles des bastards et de la caballe de la vieille Cour sont entierement derangées s'il est renvoyé, comme aussy il ne faut compter sur rien si cet homme demeure. On peut compter que le fort et le doux y seront employés de ma part sous touttes sortes de faces, mais qui peut repondre de quoy que ce soit... Je vis hier longtemps M. le chevalier. Je n'ay pas le temps de vous en dire davantage...

SS.

« Je suis fort frappé, apres avoir fermé ma lettre, de voir entrer l'abbé du Bois. Cela ne change rien entre nous, Monsieur. Il aura mauvais succes s'il fait mine de toucher quelque chose de la question.

« Le Duc de S. Simon. »

La lettre suivante est de « dimanche au soir », sans indication d'autre date, mais évidemment de la même année, peut-être de la même semaine, et écrite dans les mêmes circonstances.

« Dimanche au soir.

« Je n'ay trouvé rien moins, Monsieur, que ce

que j'avois cru, mon audience (1) que je nay pas attendüe un moment a esté mieux s'il se peut qu'à l'ordinaire. Elle a esté longue, moy montrant la vouloir abreger, et j'y ai receu des marques de confiance. Cela est inconcevable et inaliable avec ce que je vous ay mandé, mais la chose est telle. J'en ay profité et voicy la substance... J'ay representé l'impossibilité des operations meditées et du retour de la confiance, tant qu'on verra une cabale organisée, nombreuse, puissante, favorite, par M. de Cambray, dangereuse à Paris, par le lieutenant de police et son père, dangereuse dans les provinces, par les secretaires d'Estat qui les ont touttes dans leurs departements; l'etranger en force contre par le seul ministre des estrangers, l'union intime de tout cela à la cabale de la vieille Cour et des bastards, la grossiere dupperie de croire tenir le chancelier par le garde des sceaux... Tout cela au moins a esté ecouté attentivement avec des interruptions de questions et de surprises qui m'ont bien laissé sentir qu'il ne m'escoutoit, ny en insensible ny comme un importun... Apres quoy je luy ai dit que j'avois trop d'amitié pour luy pour ne luy pas faire un reproche, et je luy ai dit le fait de M. de Cambray et ses menaces. Son embarras extreme a dementi sa negation et je luy ai veu un depit sur le visage qui n'ayant en rien changé la douceur et l'air d'amitié de la con-

---

(1) Il s'agit de l'audience du Régent. Et quand Saint-Simon dit « *Il* » ou « *Luy* », c'est du Régent qu'il parle.

versation, n'a pu estre que contre l'archeveque d'avoir parlé. Je ne me suis ny faché ny n'ay receu sa negative..., et tout de suitte toujours en amitié, j'ay dit pis que mercredy et plus en detail dans lequel il est entré de questions et de courts propos (1) faisant à la chose sans rien laisser voir contre l'archeveque, mais contestant ou convenant ou avoüant simplement. J'ay voulu voir s'il me diroit quelque chose sur le petit conseil, et pour cela j'ay glissé qu'il n'en auroit jamais tant qu'il auroit vu M. de Cambray. Il n'a pas repondu un mot, et comme nous nous promenions dans sa petite galerie, j'ay veu dans le miroir du bout qu'il rioit en baissant les yeux comme un homme qui se plaisoit à me laisser dire pour me surprendre... Content d'avoir vu sa mine et senti son silence, je n'ay fait que glisser là dessus... De là pour ne luy pas paroistre toujours acharné sur la mesme chose, je luy ay parlé de sa mauvaise conduite aupres du Roy et peu à peu sur la mauvaise education du Roy, sur la frequence et le danger de son habitude de frapper, et je luy ai proposé de mander M. le Duc avec le Marechal de Villeroy et M. de Fréjus pour leur en parler ensemble, ce qu'il n'a point rebutté, mais il y a moins pris qu'au reste, aussy estoit-ce à la fin de trois quarts d'heure d'une conversation qui ne devoit pas l'avoir diverti. Elle a esté de sa part lardée d'amitiés

---

(1) C'est-à-dire, « *par des questions et par des courts propos* ».

et de façons que je connois bien, qu'il prend quand il veut estre avec moy et qu'il est bien aise que je m'ouvre à luy. Voilà à peu pres ce qu'il y a eu de plus important. J'en conclus que le pis de tout est de se rebutter, que puisqu'il me paroist sans mefiance de M. le Duc, qu'il faut que M. le Duc lui parle là-dessus et dans le sens du danger des operations et de celuy de la reunion des cabales, et qu'il l'ebranle par la hardiesse, l'affectation et l'etude que M. le prince de Conti etale à chaque conseil, en quoy il est sifflé par la cabale et pressé par son union avec les bastards. Cela fera peur et consequemment de l'impression. Il faut que Law parle fortement, tesmoigne estre à bout par le discredit et les obstacles que M. de Cambray luy cause au dedans et au dehors, que luy et M. Le Blanc épient touttes les occasions ou la police et touttes ses appartenances peuvent estre en faute pour s'en plaindre, et de mesme de ce qui arrive dans les provinces par rapport aux secretaires d'Estat. Il faut que M. le Duc fasse sentir à S. A. R. ce que c'est que n'avoir à Rome que ce Laffiteau, valet de M. de Cambray, avec lequel on hasarde tout comme cette insulte des armes du Roy et l'affaire de Saint-Dié, que l'esperance du Cardinalat fera tout passer à M. de Cambray, au lieu que la seule présence d'un Ambassadeur retiendroit la cour de Rome, ce que M. de Cambray ne veut ny à Rome ny nulle part pour estre le maistre de toutte affaire et ne craindre pas que S. A. R. y puisse que ce qui luy plaira. M. de la Force n'a pas assés d'accès pour y compter. Je viens d'instruire M. de Chaulnes pour demain et je feray en sorte d'encourager le Chancelier à porter des bottes. Les meilleures viendront des decouvertes des conciliabules et d'intrigues. M. des Faures y seroit important acteur en se plaignant d'estre arresté dans ses operations, mais je ne puis m'en ouvrir encore à luy, je le sonderoy par gens seurs et ses amis intimes. Voila la reponse, je croy, qu'on attendoit de moy. S'il me vient quelque expedient ou quelque idée nouvelle, je vous la communiqueray, cependant j'ay disposé un homme à tomber sur l'abbé du Bois en qui S. A. R. a confiance et contre lequel il ne peut estre en garde là dessus, là question est qu'il en puisse approcher bientost et en cadence...

« Le temps est si mauvais que malgré l'estat de ce logis nous differons d'aller à Meudon. Faittes usage de ma lettre et me la renvoyés après. Mandés moy aussy de vos nouvelles, Monsieur, dont je suis en peine avec toutte l'estime et l'amitié que vous merités.

« Le Duc de Saint-Simon. »

Au fond, — et c'est en quoi il faut rendre justice au duc de Saint-Simon, — il ne se faisait pas de bien grandes illusions, sinon sur la force des conseils qu'il donnait, du moins sur leur résultat. Le duc d'Orléans, devenu Régent, lui avait assurément gardé toute confiance, puisque, dans ces mêmes temps, il lui avait offert les sceaux d'abord, puis le gouvernement de la personne du jeune Roi; mais cette confiance était passée à l'état platonique, c'est-à-dire que s'il la lui maintenait, c'était sous cette réserve intérieure d'écouter cette voix sage, courageuse, sans en suivre fidèlement les avis. La vie politique a ses grands écueils pour les esprits les mieux doués et les plus sages, et il est ordinaire et naturel que les plus habiles y soient de plus grands seigneurs que les plus moralistes. Il n'y a point à douter que pour les idées du Régent sur les affaires extérieures et pour sa volonté de l'alliance anglaise, Dubois, avec tous ses écarts, était plus utile au Prince que Saint-Simon avec tous ses raisonnements. A quelques mois des mouvements et des tentatives dont les deux lettres précédentes sont la fidèle image, le duc de Saint-Simon terminait par cet aveu une lettre au maréchal de Berwick :

« A mon égard, croyez, Monsieur, que je vous dis vrai quand je vous assure que je serai celui de tous qui ferai le moins d'impression sur S. A. R., elle ne me craint en rien, et est trop accoutumée à moi. La facilité d'accès me donnera bien à la vérité plus qu'à un autre de lui bien expliquer mes raisons; mais encore une fois avec elle il faut une autre protection que la bonté et les éclaircissements... »

On ne saurait être plus franc et plus vrai, et mieux peindre une faveur, bonne pour l'amitié et les relations familières, mais inutile et usée pour l'intérêt et l'influence.

Cependant, l'année suivante, le Régent marqua à son ancien conseiller une faveur autre que celle d'entendre avec complaisance ses grands sermons, et sous le ministère même de l'abbé devenu cardinal et presque maître des affaires, il lui offrit, dans l'occasion éclatante du mariage de France et d'Espagne, l'ambassade extraordinaire auprès du Roi Catholique. Le duc de Saint-Simon l'accepta. Tout le récit triomphant qu'il en a fait dans ses *Mémoires* est trop connu pour prendre la peine d'y revenir. Disons seulement que nous connaissons une lettre fort curieuse, inédite aussi, qui se rapporte à cette ambassade, et qui montre quelle nature prodigieusement douée pour le travail du cabinet, pour l'aptitude à écrire, était la sienne, puisqu'au milieu de tous ses soins diplomatiques, de tout le mouvement d'une ambassade de courte durée, dans l'éclat et le nombre des cérémonies absorbantes, il se prend à écrire, entre autres lettres de caractère privé, celle dont nous reproduisons ici quelques fragments et qui n'a pas moins de onze pages de grand format, d'une écriture fine et condensée, de près de trente lignes pleines à la page, pour être chiffrée à l'adresse de M. le cardinal Gualterio, en Cour de Rome :

« Près Lerma, le 20 janvier 1722.

« Je dois rendre compte à Vostre Éminence de mon long silence et luy en demander pardon, quoy que tres involontaire, et l'asseurer en mesme temps que touttes ses lettres m'ont esté fidelement rendues soit par ce banquier, soit par M. le nonce luy mesme, ainsy que les deux lettres dont le Roy d'Angleterre (1) m'a honoré.

---

(1) C'est-à-dire Jacques Stuart (roi d'Angleterre, en exil), le même qui a tant occupé nos affaires sous le nom de « Le Prétendant ».

« J'ay fait le voyage avec des fatigues et une précipitation extresme, et quatre courriers que je receus du Roy d'Espagne depuis Bayonne pour me presser d'arriver, dont le dernier fut à Burgos, m'obligerent à aller de cette ville jusqu'à Madrid jour et nuit et faute de mieux d'achever la course en poste à cheval. J'arrivay à minuit et j'eus dès le lendemain matin le marquis de Grimaldo chés moy, qui est comme l'unique ministre, et l'honneur de saluer Leurs Majestés Catholiques, dont je fus receu avec les plus grands temoignages de bonté dont jusqu'à cette heure elles n'ont cessé de me combler en tout de la maniere la plus marquée, ainsy que toutte leur cour, dont les plus grands et les plus distingués ont bien voulu s'empresser les premiers chés moy en l'honneur de mon employ et m'ont marqué touttes sortes de bontés personnelles. En sept jours de temps ce n'a esté que fonctions tellement entassées les unes sur les autres que je n'ay eu que les nuits pour escrire à la Cour, sans un instant pour aucune autre lettre, au bout desquels la passion de la chasse fit partir Leurs Majestés Catholiques pour Lerma ou elles esperoient en trouver beaucoup ainsy que sur leur routte. Je restay encore cinq jours apres elles à Madrid ou les visittes actives et passives ne me laisserent pas plus de loisir avec lesquels je fus passer deux jours à voir l'Escurial, et de là icy comptant me trouver le lendemain à Lerma, qui n'en est qu'à un tres petit quart de lieue, à la descente du carrosse du Roy et de la Reyne d'Espagne, et accompagner deux jours après l'Infante à sa premiere entrée, quoyque je fusse arrivé icy epuisé de touttes ces fatigues au dela de tout ce que je puis exprimer et plus encore d'inquietude de mon fils aisné que j'avois laissé assés malade à Burgos... Je ne tardai pas à payer touttes ces peines de corps et d'esprit; dès la premiere nuit de mon arrivée, je me trouvay fort mal, et le lendemain la fièvre m'obligea d'envoyer faire mes excuses à Lerma. Aussy tost le Roy d'Espagne me fit la grace de m'envoyer M. Higgins, son premier medecin. Je fus tres mal les trois premiers Mais jours... les soins, la capacité et l'assiduité de M. Higgins previnrent tous les accidents et m'ont remis avec promptitude et un bonheur extreme. C'est un des premiers hommes de l'Europe pour son art et son experience, duquel d'ailleurs on ne peut dire trop de bien pour son esprit tres orné et tres agreable, sa pieté, sa bonté et sa modestie. Il est infiniment attaché au Roy d'Angleterre et fort ami du duc d'Ormond, comme vous le verrés dans ce que j'ay l'honneur d'escrire à ce prince et que je joins icy... De tout cela joint à l'accablement de tout ce qui s'est accumulé dans ma secretairerie pendant ma maladie, et qu'il m'a fallu vuider, Vostre Eminence voit quelle a esté mon impossibilité de lui escrire et d'avoir l'honneur de repondre au roy d'Angleterre auquel je la supplie de le vouloir bien representer ainsy que mon attention juste et respectueuse pour la Reyne et le prince de Galles... Nous allons maintenant estre dans un tourbillon de nopces et de ces accompagnemens dans la precipitation du depart pour Madrid, aussy grande qu'elle a esté pour venir en ce lieu. J'y suivray Leurs Majestés Catholiques par respect et par reconnoissance, mes fonctions estant remplies et ayant mes lettres de recreance et carte blanche pour partir d'icy mesme pour France, le lendemain du mariage, ou demeurer autant que je voudray. Je compte de passer le mois prochain à Madrid et d'en partir les derniers jours de mars pour Paris et d'estre un mois sur cette routte...

« Je suis penetré des bontés et de la confiance qu'il plaist au roy d'Angleterre de me faire l'honneur de me tesmoigner par celuy de ses deux lettres et de la plus ardente passion d'y repondre par les plus vrais services. Vostre Eminence verra par ce que j'ay l'honneur de luy repondre, l'embarras ou je suis là dessus, et pour la maniere et pour le fonds infiniment plus grand que je n'ose le marquer a S. M. B. Si M. Dillon, qui luy a rendu compte, à ce qu'elle me marque, de la derniere conversation que j'ay eue avec luy en partant de Paris, l'a osé faire avec exactitude, et que ce compte ait esté communiqué à Vostre Eminence, Sa Majesté Britannique et Vostre Eminence auront veu la precision de mes ordres sur ce qui la regarde et combien je m'exposerays en les oultrepassant. Je ne laisseray pas de le faire par l'expedient qu'elle verra dans ma lettre au roy d'Angleterre pour entretenir M. le duc d'Ormond, du resultat de quoy je rendray compte à Vostre Eminence et à Sa Majesté Britannique s'il est necessaire. Mais de faire aucune demarche, je me perdrois inutilement pour la cause, et si le roy d'Espagne m'ordonnoit quelque chose là dessus, l'execution en seroit bien delicate ; ce qui m'a surpris au dernier point, c'est que Leurs Majestés Catholiques et les plus instruits de leur cour m'ont sceu jacobite longtems avant mon arrivée, et comme tous leurs cœurs sont tournés de ce costé, je ne doute pas qu'ils ne s'ouvrent plus volontiers à moy que à aucun autre ministre de France s'ils trouvent quelque chose à proposer. Pour le fonds, l'autorité sans bornes de M. le cardinal du Bois, surtout en affaires estrangeres, son goût, son attachement, son interest pecuniaire peut-estre, ses préjugés, les voyes dont il s'est servi pour entrer en quelque chose, puis pour cheminer à pas de geant, les traittés peu ordinaires tout recents qui en ont esté les fruits et qui sont son ouvrage favori, tout cela le lie tellement à Londres, qu'il ne faut pas avoir la moindre notion de luy pour l'en detacher. Et à l'egard de Son Altesse Royale, je diray d'icy à Votre Eminence, ce que je n'oserois luy mander de France dans la crainte de l'ouverture des lettres et ce que je ne luy ay jamais dit, c'est que ce qui le rend aussi hanovrien que son ministre, c'est que ce ministre, pour qui, au commencement la base de la fortune estoit la liaison de Londres avec son ministre, a eu l'art de luy inculquer profondement que leurs droits et leurs interests estoient communs et partant necessités d'estre intimement unis et de l'asseurer et proteger reciproquement. En vain ai-je representé à M. le duc d'Orléans que le vray roy d'Angleterre n'a jamais renoncé à la succession de cette couronne par la possession actuelle d'un autre trosne comme le roy d'Espagne, et qu'il ne peut y avoir de parité, ny Son Altesse Royale en reconnoistre du roy Georges à luy, le cas avenant en France, sans se faire un tort extresme et se traitter luy mesme d'usurpateur, rien n'a pu luy oster de la teste cet interest si pressant que celuy de son ministre y avoit enfoncé si avant et par lequel il a cheminé si loin, tellement que voila un double empeschement aux affaires du roy d'Angleterre que nos derniers traittés avec Georges achevent de rendre impossibles maintenant. Tout attaché qu'est le chancelier Tobie du Burgk à son Roy legitime, son bon sens l'en fait convenir encore qu'il ne sache pas le fond de notre Cour à cet egard, de sorte que je ne voy qu'une union bien cimentée des deux couronnes, qui puisse operer en faveur du roy d'Angleterre, comme j'ay l'honneur de le luy mander, et c'est se tromper volontairement qu'esperer mieux et plus tost. Je ne laisseray pas d'ecouter et d'entendre de toutte mon application M. le duc d'Ormond et de me porter à un service qui m'est si cher autant que devoir et prudence me le pourront permettre. Je conjure Vostre Eminence d'en vouloir repondre pour moy à S. M. B., mais de garder pour elle seule cette fatale parité avec George si avant imprimée dans l'esprit du Regent. Vostre Eminence m'a fait beaucoup de grace de *garder les lettres de la main du roy d'Angleterre pour moy et de me les envoyer en chiffre.* Il n'y a point à en user autrement à cause de la seureté. »

Ces curieuses révélations de la vie politique augmentent ici d'intérêt avec la bienveillante communication qui nous est faite des deux principales lettres de la main de ce Roi sans trône et aspirant à le recouvrer en se ménageant le bon vouloir du Régent. Ces deux lettres, de la main du Prétendant au duc de Saint-Simon, et dont celui-ci n'a jamais connu les originaux, — le cardinal Gualterio lui en ayant envoyé à Madrid les seules copies en chiffre, — existent, en effet, dans les collections manuscrites du *British Museum* (1). L'une est du 14 et l'autre du 20 octobre de l'année 1721. Il n'est pas indifférent de voir comment celui qui signait encore dans l'exil du trône « *Jacques Roi* », écrivait au duc de Saint-Simon, l'appelant « *mon cousin* », en vertu de cette prérogative qui, dans les anciennes coutumes monarchiques, rendait un Duc et Pair cousin du Roi :

---

(1) J'ai dû l'indication de ces documents et l'envoi de la copie de ces pièces au très-obligeant M. E. Thompson, du département des *Manuscrits* au British Museum. Je le prie d'agréer ici l'expression de ma très-vive gratitude.

« D'Albano, ce 14 oct. 1721.

« Je vous fais mes compliments de bien bon cœur sur l'honorable et agreable employ dont vous venés d'estre revetu ; vous allez mettre la derniere main à ce qui doit servir plus que jamais une union que touts les honnetes gens doiuent souhaitter de voir durer à jamais. Vous jugerés aisement combien cet euenement m'a causé de joye, elle est sincere, mais je vous avoue quelle n'est pas entierement desinterréssée, non plus que la satisfaction que je ressens de vostre mission. Je suis si persuadé de la sincerité de vostre amitié, que je ne doute nullement que vous laissiés echapper les occasions de me la temoignér, et je rend trop de justice à vostre penetration et à vos lumieres pour vous proposer rien en particulier à cette egard. Mais j'espere que des conjunctures pourront naistre, qui vous faciliteront les moyens de me servir essentiellement. Vous devés connoistre mieux que moy les dispositions de vostre Cour, elle ne paroit plus si eloignée qu'autrefois de mes interests, et l'alliance quelle vient de faire est une preuve manifeste quelle a changé de systeme. Celle ou vous allés est certainement toute portée en ma faveur, de cœur et d'inclination, mais elle ne sçauroit faire de certaines demarches sans s'estre auparavant assurée d'un appuy certain en cas de besoin. Vous y trouverés le duc d'Ormonde qui y est beaucoup considéré et son attachement singulier à moy, sa probité reconnue et son merite personnelle vous doiuent repondre pour luy qu'il n'abusera jamais d'aucune confiance que vous luy fairés et vous pouvés certainement vous y fier en toute sureté.

« Je souhaite que vous trouviés dans ce voyage tout les agreements que vous pouués desirer et que vous ayés des occasions pour montrer auec eclat vostre zele pour les deux couronnes. Il me paroit qu'il ne manque plus qu'une seule chose pour rendre leur union asseurée et durable, et c'est à quoy je suis bien seur que vous trauaillerés de bon cœur si vous y trouvés jour, car l'Angleterre gouvernée par des Allemands en sera toujours jalouse, mais estant une fois soumise à moy, elle y trouvera la gloire et la seurté.

« Soyés, je vous prie, persuadé que l'estendue de ma confiance et de mon amitié pour vous, repond à la haute et juste estime que je conserve pour vostre personne et à l'envie que vous avés bien voulu temoignér, de contribuer à l'avancement de mes interests, et que la gratitude dont je suis penetré à vostre egard n'aura jamais de fin.

« Jacques R. »

A mon cousin le duc de Saint-Simon.

Un Roi qui n'a plus son trône et qui le veut recouvrer ne pouvait mieux parler. C'est une lettre d'une politesse exquise fort honorable pour la main royale qui l'a écrite. Mais elle n'est pas un document historique dans le sens propre du mot, comme est la lettre qui suit. Dans celle-ci, la politique du Prince y est exposée : c'est comme une profession de foi, une déclaration de principes et un appel de secours où ne manquent ni le talent de persuasion, ni la dignité, ni le bon sens.

« D'Albano, ce 20 octo. 1721.

« Par la derniere poste de France, M. de Dillon m'a informé de ce qui s'etoit passé entre vous et luy, et je ferays tort aux sentiments que j'ay à vostre egard si je differays de vous temoigner jusqu'à quel point j'en suis penetré de reconnoissance; mon estime pour votre merite ne sçauroit augmentér, mais votre conduite envers moy demande que je agisse avec vous avec franchise et confiance, et c'est ce que je feray dans cette lettre, bien persuadé que vous etes aussi porté à en faire le meilleur usage qu'incapable d'en abusér.

« Il me paroit que le grand obstacle à present qui empeche la France et l'Espagne d'entrér ouvertement dans mes interets, est leur nouvelle et etroite alliance avec l'Angleterre, qu'ils craignent d'irriter, ne voulant plus s'exposer à une nouvelle guerre, et il n'est pas à doutér que le cardinal du Bois, outre les raisons particulieres qu'il peut avoir pour soutenir cette alliance, ne soit fortement prevenu en sa faveur par des raisons politiques, soit bonnes soit mauvaises, de sorte qu'il n'est pas possible d'esperér qu'aucune des deux couronnes puisse rien entreprendre pour moy, à moins qu'elles ne soyent convaincues que l'interest de leurs États demande plutôt qu'elles s'attachent à moy qu'à l'Electeur d'Hannover, et à moins que le cardinal du Bois revienne de ces anciens prejugés, ou qu'il trouve son conte à changér de conduite, on doit certainement faire peu de fond sur les paroles et les compliments de sa part. Il est donc principallement question de trouvér les moyens de faire changér de sentiments et de systeme au Regent et au Cardinal, et je ne croyray pas que cela fut du tout impossible si quelques personnes de poids et de consideration s'unissoient à representér au Regent le veritable interest de la Nation, le peu de fond qu'il doit faire sur une alliance avec l'Electeur d'Hannover, et de quel appuy et conséquence la mienne luy seroit si j'etois remis sur le throne de mes ancestres ; comme vous etes, je suis sure, pleinement convaincu de ces vérités et des raisons qui les appuyent, je ne vous fatigueré pas en les deduisant icy en detail, mais je reviens à dire que si elles etoient representées au Regent avec toute la force, toute la clarté et toute la franchise convenable, il ne me paroit pas qu'il y peut resister, et quand il verroit que plusieurs personnes qu'il estime et qui aiment veritablement leur patrie, luy tiennent le meme langage, il ouvrira certainement les yeux, et son ministre, quand meme il ne seroit pas convaincu, n'oseroit plus soutenir des maximes si fortement opposées par d'autres plus aimés et respectés que luy. Voici mes idées generalles. Pour venir aux details qui vous regardent, tout ce que j'aurois à vous proposér ce seroit de prendre les occasions les plus à propos pour insinuer au Regent et au Cardinal vos sentiments sur le veritable interest de la Nation par rapport à l'Electeur ou à moy, mais sans jamais montrér trop d'attachement personnel pour moy, et si pendant votre sejour à Madrid vous pouviés faire entrer le Pere d'Aubanton dans vos sentiments, luy faisant envisagér mon retablissement comme necessaire pour maintenir l'union presente entre la France et l'Espagne, ce seroit à mon avis d'une tres-bonne consequence. Le duc d'Ormonde luy a parlé quelques fois sur mon chapitre, mais ce qui viendra d'un ministre françois feroit tout une autre impression, ce Duc vous informera de ce qu'il doit proposér au roy d'Espagne en ma faveur, et ce que vous pourriés dire au confesseur facilitera beaucoup l'accord de ce que l'on doit demandér au Roy, et si il fait tant que d'y consentir et d'ecrire ou d'envoyer par votre canal quelques propositions en ma faveur au Regent, je commenceroi a esperér beaucoup pour l'avancement de mes interets. Vous voulés bien les avoir tant à cœur que je n'ay pu me dispensér de vous ecrire aussi longuement et naïvement mes sentiments sur ces chefs; c'est à vous à en faire l'usage que vous croirés le plus convenable, je ne prescris rien, mais me contentant de vous exposer le tout, je suis pleinement persuadé que vous en tirerés tout le bon et laisserés le mauvais, car mon eloignement et mon ignorance sur bien des matieres de la politique presente peuvent faire que je me trompe en bien des choses, je ne crains pas de l'etre dans la haute idée que j'ay conçue de vous, ny dans la confiance entiere que j'ay en votre amitié, à laquelle je reponds avec toute la sincerité de mon cœur.

« Jacques R. »

A mon cousin le duc de Saint-Simon.

Le duc de Saint-Simon, ainsi qu'il l'avait annoncé à son correspondant le cardinal Gualterio, quitta la Cour d'Espagne au mois de mars 1722. Malgré le vivace et long récit qu'il a fait de son ambassade, dans les *Mémoires*, toute sa correspondance, depuis la première lettre qu'il adressa de Couhé, terre de M. de Vérac, où il s'était arrêté, se rendant de Paris à Madrid, en octobre 1721, jusqu'à la dernière, mérite sans doute d'être publiée. Autre chose sont les lettres écrites au jour le jour, et les pages de *Mémoires* rédigées vingt ans après. L'attrait des unes ne fait qu'accroître l'intérêt des autres. L'inclination, l'entraînement, le goût pour écrire ne firent pas défaut à l'ambassadeur, même en route, et presque sur le chemin, peut-on dire, car arrivé à Loches, après avoir couru les postes du midi de la France, à la veille même de rentrer à Paris, il se souvint du voisinage où il était, en ce lieu, de la veuve du duc de Beauvilliers, l'ami et l'ancien gouverneur du Dauphin, le conseiller le plus sûr qu'il avait eu à la Cour du feu Roi.

« J'arrivai le 13 avril à Loches (dit-il), sur les cinq heures du soir, j'y couchai parce que je voulus écrire *un volume de détail* à la duchesse de Beauvilliers qui estoit à six lieues de là, dans une de ses terres, que je luy envoyai par un exprès, et je pus de la sorte lui escrire à découvert sans rien craindre de l'ouverture des lettres. »

Sa vie politique était alors à la veille de s'éteindre, sans qu'il le pût du tout prévoir. On sait avec quelle foudroyante rapidité mourut le duc d'Orléans, son maître, le 21 décembre 1722. Ce même jour, il était demeuré seul avec lui trois quarts d'heure dans son cabinet, se promenant de long en large, et parlant d'affaires dont S. A. R. se disposait à aller rendre compte au Roi. Elles furent, à vraiment parler, les dernières où fut personnellement mêlé le duc de Saint-Simon. Au lendemain de la mort de ce Prince, en effet, ce fut à sa maison intérieure, à la retraite auprès de la Duchesse sa femme, amie si certaine et conseillère si parfaite, à son château, ses bois et ses chasses de la Ferté-Vidame, à ses lectures abondantes et à l'œuvre de ses *Mémoires*, qu'il appartint tout entier.

Il est une lettre de lui au cardinal Gualterio, écrite le lendemain de la perte qu'il venait de faire. Elle montre qu'il avait bientôt compris que l'heure de la retraite, si anticipée qu'elle pût être, avait sonné pour lui. Il ne fait que glisser sur ce sentiment, mais l'aveu s'y rencontre.

« De Paris, le 10 janvier 1723.

« Je suis extremement sensible aux bontés dont Vostre Eminence m'honore sur la perte de Son Altesse Royale, qui en est une pour moy, *irrepa-*

rable en tout genre. Le bon cœur de Votre Eminence, plus capable qu'un autre des effets d'une longue amitié et des motifs d'une rare reconnaissance sont bien ce que le mien doit souffrir, indépendamment des reflections qui luy appartiennent moins qu'à l'esprit de cour et du monde. Si quelqu'une de ces dernieres se pouvoit faire jjour en moy à travers les premieres, ce seroit pour m'affliger de ne pouvoir plus offrir à Vostre Eminence *qu'un attachement sterile et d'inutiles desirs* (1) ».

A de rares moments, — mais si rares qu'on aurait peine à en préciser l'occasion, — pendant le cours des trente-trois années qu'il devait survivre au duc d'Orléans, son nom est prononcé quelquefois, son souvenir rappelé, sa personne mise en relief, mais tout cela sans nul éclat. Quelquefois il est consulté dans les conversations chez le ministre laborieux qui, laissé par lui Évêque de Fréjus, devait devenir, en si peu de temps et pour de longues années, le gouverneur des affaires de la France, sous le nom de Cardinal de Fleury. Ce furent ses derniers honneurs. « Il avait toujours admiré avec passion les

---

(1) Collections *manuscrites* du British Museum.

hommes grands par la vertu qui avaient mis, comme il le dit, un intervalle entre leur vie et leur mort. A ce compte, il faut aussi lui appliquer cette admiration, car de 1723, époque de sa retraite, à 1755, époque de sa fin, il vécut plus au village qu'à la ville. Ses lettres privées, pendant ce long intervalle, nous sont à peu près inconnues. C'est par elles seules que l'on pourra connaître ce qu'il fut, loin des affaires, loin de la Cour, presque solitaire en son château dans la province du Perche, accablé d'ailleurs des plus vifs chagrins intérieurs, voyant successivement périr presque tous les siens.

Quel fut son caractère ? Quelle sa nature, depuis que, en dehors de toute arène, il n'avait plus à combattre pour un duc d'Orléans et contre un cardinal Dubois ? Ce sont ses lettres, absolument elles, qu'il faudrait consulter pour le bien voir, pour l'étudier, et vivre un peu de sa vie. Nous n'en connaissons que deux (l'une publiée, l'autre inédite jusqu'à présent), qui aient uniquement la forme et le ton que peut avoir une plume délivrée de toutes les aigreurs politiques et de tous les tourments que les approches seules du pouvoir procurent ordinairement aux esprits même les mieux trempés et les plus affermis. Mais qu'est-ce que deux lettres, écrites à de longs intervalles, quand il y en a peut-être des centaines, dans des Portefeuilles dérobés à la curiosité, se suivant les unes les autres, représentant les pensées, les actions de chaque jour pendant la plus importante période de la vie? La lettre inédite, toute familière, dont nous parlons, est fort à l'avantage de l'écrivain et de l'homme (1). C'est

---

(1) SAINT-SIMON adresse cette lettre à une dame, sans doute parente ou amie d'un savant fort connu, répandu et honoré alors, le savant Du Gué ou Duguet, auquel il a consacré plusieurs pages d'un si vif et si attrayant coloris dans la première partie de ses *Mémoires* (tome III, page 78). M. Du Gué venait de mourir, et il y a lieu de penser, d'après cette lettre, que la dame à laquelle répond Saint-Simon lui avait fait part de certains bruits malveillants pour la personne ou pour l'esprit de ce savant homme. La lettre originale appartient à la collection de M. Feuillet de Conches :

« *Paris, 28 mars 1734.*

« *Vous me surprenés étrangement, Madame, par ce que vous m'asseurés qui se répand sur M. Du Gué. Je vous avoüe que j'aurois besoin de le voir pour le croire. Tant de gens ont eu un accès facile chés luy dans le peu de tems qu'il a vescu depuis son retour à Paris, que ce sont autant de tesmoignages certains qui démentiroient des fables aussy grossières. Je me souviendray toujours avec un plaisir singulier*

peut-être après l'avoir lue, ou d'autres de même nature, que l'auteur de l'un des *Discours sur la vie et les écrits du duc de Saint-Simon*, applaudi par l'Académie en 1855, a pu dire, sans même émettre de doute, que si l'on voulait « rechercher dans des documents inédits les qualités ignorées

---

et en mesme temps avec toutte l'amertume que cause sa perte à tout ce qui pense et sent quand on l'a connu, de la visitte que je luy rendis quelque tems après son retour, où je le retrouvay dans toutte l'estendue d'une assés longue conversation, de plus d'une heure et demie, que je trouvay courte, et dans toutes les parties de cette conversation, non-seulement tel que je l'avois laissé autrefois pour le solide, mais tel encore pour cette politesse et tout ce qui n'appartenoit qu'à luy, cette guayeté si fine mais si sage et si retenue qu'elle se contentoit de se faire sentir, cette justesse, cette clarté d'expression qui luy étoit propre, en un mot, ce tour particulier qui l'a toujours distingué, soit en parlant, soit en écrivant, à ne s'y pouvoir méprendre. Je regretteray toujours que mon voyage de la Ferté m'ait privé de l'honneur et du plaisir qu'il me voulut bien promettre de si bonne grâce de venir disner chés moy à mon retour avec une ou deux personnes de ses amis, et je m'assure que si on ne vous a point trompée sur ce qui vous est revenu qui se dit et s'écrit de son esprit dans ce dernier séjour à Paris, ces calomnies, destituées des plus légères apparences, ne trouverront partout que le mépris et l'indignation qu'elles méritent. C'est à quoy il faut les abandonner, si tant est qu'elles existent. Je regretteray toutte ma vie un si utile et si sçavant ouvrier et un homme aussy grand, aussy saint et aussy aimable que celui ci l'a esté jusqu'au dernier bout de sa course, et je seray ravy, Madame, d'avoir des occasions de vous tesmoigner personnellement combien j'aimeray toujours ce qu'il a aimé et combien je vous suis parfaitement acquis.

« Le Duc de Saint-Simon. »

du caractère de Saint-Simon, *sa correspondance laisserait voir une grâce et une aménité qu'on soupçonnerait difficilement en lisant ses Mémoires* (1). » D'ailleurs, s'il faut croire Saint-Simon lui-même, malgré ses jugements les plus emportés et malgré ses souvenirs tracés comme dans le marbre avec un feu si nourri et une passion si vive, son esprit était calme et son âme sans colère. Au déclin de ses ans, il a écrit, au courant de sa plume expansive, sans doute dans un moment de tristesse profonde et à une époque malheureuse pour la gloire française, cet aveu pour des lecteurs posthumes :

« Le fil des choses m'a naturellement emporté à cette digression, et la douleur de la situation présente de la France à n'en pas taire les causes. A mon âge, et dans l'état où est ma famille, on peut juger que les vérités que j'explique ne sont mêlées d'aucun intérêt. Je serois bien à plaindre si c'étoit par regret d'être demeuré oisif depuis la mort de M. le duc d'Orléans. *J'ai appris dans les affaires que s'en mêler n'est beau et agréable qu'au dehors,* et de plus, si j'y étois resté..., à quelles conditions? Et il seroit temps de m'en retirer à

---

(1) M. Amédée Lefèvre-Pontalis.

présent où je n'aurois plus à envisager le compte que j'aurois à en rendre à celui qui domine le temps et l'éternité, et qu'il demandera bien plus rigoureusement aux grands effectifs et aux puissants de ce monde, qu'à ceux qui se sont mêlés de peu ou de rien.... »

Et à propos de cette grâce et de cette aménité qu'on soupçonnerait difficilement, et qu'en effet nous n'avons que peu ou point rencontrées dans les fragments connus de la correspondance du duc de Saint-Simon, quel désir ne doit-on pas former de retrouver, de connaître et de publier la correspondance qui a existé entre lui et la duchesse sa femme? Où est passée, qu'est devenue, où se trouve présentement celle dont nous avons signalé, reproduit et précisé les dates? Par ce compte si exact, le nombre des lettres de la Duchesse à son mari est considérable (1). Des mains de la

---

(1) Voyez notre chapitre xiv, page 185. D'après l'Inventaire, il y avait, parmi les *Papiers* regardant la famille du Duc, trois cent soixante-dix-huit lettres de la duchesse de Saint-Simon à son mari. Ces lettres ne furent pas comprises parmi les *Manuscrits* déposés chez le notaire Delaleu, qui plus tard furent enlevés par Ordre du Roi. Ce n'est donc pas du côté du Dépôt des *Archives des Affaires Étrangères* qu'il faut les chercher. Ces lettres-là n'y ont jamais été.

comtesse de Valentinois, qui en fut la dépositaire, en quelles mains sont-elles passées et quelles mains les ont conservées? Tout est doute à cet égard. Avec quelle complaisance, justifiée cependant, le souvenir et l'intérêt du lecteur des *Mémoires* se peuvent arrêter sur l'agréable et heureuse figure de cette femme faite pour charmer et plaire! Quel repos, quelle quiétude, quel agrément n'inspire point son image, dans cette galerie des *Mémoires* où les passions humaines sont si souvent en jeu, en mouvement, en action par des côtés contraires à ce qui n'est que grâce, douceur, joie tranquille, bonheur intime! Elle était mademoiselle de Lorges et avait une sœur qu'on appelait mademoiselle de Quintin, qui depuis fut madame de Lauzun. Saint-Simon, parlant des deux sœurs, dit :

« Celle-ci était une brune avec de beaux yeux, l'autre est blonde avec un teint et une taille parfaite, un visage fort aimable, l'air extrêmement noble et modeste, et je ne sais quoi de majestueux par un air de vertu et de douceur naturelle; ce fut aussi celle que j'aimai le mieux, dès que je les vis l'une et l'autre, sans aucune comparaison, et avec qui j'espérai le bonheur de ma vie, qui depuis l'a fait uniquement et tout entier. Comme elle est devenue ma femme, je m'abstiendrai ici d'en dire davantage, sinon qu'elle a tenu infiniment au delà de ce qu'on m'en avoit promis, par tout ce qui m'étoit revenu d'elle et de tout ce que j'en avois moi-même espéré.... Le mariage s'accomplit à l'hôtel de Lorges, le 8 avril 1695, que j'ai toujours regardé avec grande raison comme le plus heureux jour de ma vie (1). »

Mais le plus bel éloge qu'il en ait fait dans tout le cours de ses *Mémoires*, éloge qui, généralement, a passé inaperçu, est le souvenir qu'il lui consacra dans l'une des pages qui se rapportent à l'année 1706, et dans les circonstances qui ont présidé au choix que le Roi fit un instant de lui pour l'ambassade de Rome. Il avait été hésitant sur l'acceptation. Le duc de Beauvilliers, les ministres Torcy et Chamillart avaient pris à part madame de Saint-Simon pour la convaincre que la fortune du duc en dépendrait.

« Vaincu enfin, j'acceptai, c'est-à-dire j'en pris

---

(1) *Mémoires*, tome Ier, chapitre xv; pages 249 et suivantes (édition Hachette, Paris, 1856).

la résolution, et j'avoue que ce fut avec plaisir. Madame de Saint-Simon, plus sage et plus prudente, peinée aussi de quitter sa famille, demeura persuadée mais peinée. Je ne puis me refuser au plaisir de raconter ici ce que ces trois ministres, et tous trois séparément, et tous trois sans que je leur en parlasse, me dirent sur une femme de vingt-sept ans (qu'elle avoit alors), mais qu'une longue habitude, et souvent d'affaires de Cour et de famille (car c'étoient nos conseils pour tout), et en dernier lieu celle-ci, leur avoit bien fait connaître. Ils me conseillèrent tous trois et tous trois avec force, de n'avoir rien de secret pour elle dans toutes les affaires de l'ambassade, de l'avoir au bout de ma table quand je lirois et ferois mes dépêches, et de la consulter surtout avec déférence. J'ai rarement goûté aucun conseil avec tant de douceur, et je tiens le mérite égal de l'avoir mérité, et d'avoir toujours vécu depuis comme si elle l'eût ignoré ; car elle le sut, et par moi, et après d'eux-mêmes.

« Je n'eus pas lieu de le suivre à Rome, où je ne fus point, mais je l'avois exécuté d'avance depuis longtemps et je continuai toute ma vie à ne lui rien cacher. Il faut encore me passer ce mot. Je ne trouvai jamais de conseil si sage, si judicieux, si utile, et j'avoue avec plaisir qu'elle m'a paré beaucoup de petits et de grands inconvénients. Je m'en suis aidé en tout sans réserve, et le secours que j'y ai trouvé a été infini pour ma conduite et pour les affaires, qui ne furent pas médiocres dans les derniers temps de la vie du Roi et pendant toute la Régence. C'est un bien doux et bien rare contraste de ces femmes inutiles ou qui gâtent tout, qu'on détourne les ambassadeurs de mener avec eux, et à qui on défend toujours de rien communiquer à leurs femmes, dont l'occupation est de faire la dépense et les honneurs, contraste encore plus grand de ces rares capacités qui font sentir leur poids, d'avec la perfection d'un sens exquis et juste en tout, mais doux et tranquille, et qui loin de faire apercevoir ce qu'il veut, semble toujours l'ignorer soi-même avec une uniformité de toute la vie, de modestie, d'agrément et de vertu (1). »

Tant de vertus intellectuelles, d'aussi grands dons naturels, une si particulière grâce, un jugement si sûr ne peuvent-ils pas avoir eu pour interprète heureux une plume charmante, piquante et ingénieuse, jusqu'ici demeurée inconnue? Et, devant ces mérites si pleins d'attraits, notre curiosité pourrait-elle se défendre de vouloir éveiller celle des possesseurs de l'importante série des lettres de la duchesse de Saint-Simon? Elles avaient été conservées par le Duc, son mari, comme

---

(1) *Mémoires*, tome V, p. 108 (édition Hachette, 1856).

un souvenir précieux dans l'une des pièces du manoir de la Ferté, d'où elles furent rapportées à Paris par les officiers chargés du soin de l'Inventaire de ses biens et maisons. N'est-il pas permis de croire que, de tous les documents propres à compléter l'histoire de la vie de l'auteur des *Mémoires*, aucun ne pourrait être plus utile en renseignements, plus intéressant par la forme, plus nouveau par l'inattendu, le nombre et le piquant des détails? Ces femmes des bonnes compagnies de la fin du dix-septième siècle et de la plus grande partie du dix-huitième écrivaient si bien! Elles répandaient tant de grâce dans leurs observations! Quelles expressions heureuses! Quel heureux tour! Peut-être la duchesse de Saint-Simon méritait-elle de prendre rang dans la compagnie charmante des plus agréables esprits du temps. C'est par le ton, l'allure et le style de ses lettres qu'on pourrait s'en assurer, et c'est à ceux qui les possèdent de prendre le soin, d'ailleurs fort honorable, de les révéler.

APPENDICE

LETTRE
ADRESSÉE A L'AUTEUR

PAR

M. ERNEST GALLIEN

Nous avons annoncé, dans la dernière partie de notre *Préface*, cette intéressante lettre de M. le Bibliothécaire de la Cour de cassation, et nous avons expliqué dans quelles circonstances il a bien voulu répondre à l'appel que nous lui avions fait. A. B.

Paris, 20 juin 1873.

Monsieur,

Vous m'avez prié de vous donner un exposé de mes divers travaux sur le duc de Saint-Simon, le célèbre auteur des *Mémoires*. Je m'empresse de satisfaire votre désir.

J'ai rendu compte, en 1856 et en 1858, dans la *Gazette des Tribunaux* (dont j'étais alors rédacteur principal), de la nouvelle édition des *Mémoires de Saint-Simon,* publiée au courant de ces années, avec le concours et les soins de M. Chéruel. Ce compte rendu se compose de six articles, insérés, les quatre premiers en septembre et octobre 1856, et les deux derniers en octobre 1858. Ces dates correspondent à celles de l'apparition des premiers et des derniers volumes de cette édition.

Dans cette étude, j'ai placé une courte biographie de Saint-Simon. Je me suis préoccupé surtout de rechercher et de réunir les documents inédits pouvant servir à compléter certains passages de ses *Mémoires*. C'est ainsi que j'ai publié le texte authentique de *l'acte de son baptême,* signé du roi Louis XIV, son parrain, et de la reine Marie-Thérèse, sa marraine. J'ai démontré, en même temps (ce que l'on ne savait pas), qu'il est né à Paris, dans l'hôtel appartenant à son père, le duc Claude de Saint-Simon, et situé rue des Saints-Pères, en face de la rue Taranne, au numéro 48 actuel. J'ai donné aussi le texte *inédit* de *l'acte de son mariage* avec la fille du maréchal de Lorges et le *procès-verbal de sa réception au Parlement* comme Duc et Pair.

En 1856, M. le général duc de Saint-Simon, sénateur, possesseur du manuscrit des *Mémoires sur le siècle de Louis XIV et la Régence,* et publicateur de cette œuvre posthume, avait intenté un procès au libraire Barba qui en avait fait imprimer une édition. Je suivis au palais ce procès intéressant dont la *Gazette des Tribunaux* rendit compte, et j'eus occasion de voir plusieurs fois le général de Saint-Simon. Nous causâmes de l'affaire, et je lui demandai s'il lui serait possible de me laisser examiner le manuscrit des *Mémoires.* Il me dit que le Tribunal avait désiré le voir et que ce manuscrit avait été déposé dans le cabinet du président; mais qu'après le jugement il prierait son avocat de me le montrer, chez lui. J'allai un jour chez mon honorable et aimable confrère M⁰ Thureau, qui me le communiqua pour quelques instants seulement. Je le parcourus, et je pris çà et là quelques notes.

Le tribunal civil de la Seine avait rendu, le 3 juin 1856, un jugement qui rejetait la demande du général de Saint-Simon contre Barba. (Voyez la *Gazette des Tribunaux* des 22, 28 mai, 4 et 6 juin 1856.) — Le 7 octobre suivant, rendant compte dans ce journal de la nouvelle édition des *Mémoires de Saint-Simon,* à l'occasion de laquelle ce jugement était intervenu, voici ce que je disais :

« Le manuscrit n'est guère connu du public. Le rapide examen qu'il m'a été possible d'en faire me permet de donner à ce sujet des détails qu'on ne trouvera peut-être pas dépourvus d'intérêt. Le manuscrit définitif des *Mémoires* a été écrit par son auteur, de 1740 à 1751. Voici comment a procédé Saint-Simon : de 1694 à 1723, il a chaque jour jeté sur le papier ses notes, ses impressions, ses pensées sur les événements et les hommes. Quand il quitta la cour, en 1723, cette masse considérable de notes constituait un ensemble de véritables Mémoires, comprenant le récit de plus de trente années. Mais une rédaction forcément si rapide et faite au jour le jour exigeait une révision, un remaniement. C'est ce travail que le duc de Saint-Simon a laborieusement accompli, d'abord avec des intervalles, de 1723 à 1740, et ensuite d'une manière plus assidue et tout à fait suivie, de 1740 à 1751. Une fois la rédaction dernière et définitive de ses Mémoires complétement arrêtée, il les a patiemment recopiés tout entiers de sa main. Ces Mémoires sont écrits sur de grands cahiers in-folio d'une dizaine de feuilles. Chaque page in-folio contient près de quatre-vingts lignes d'une écriture fine et serrée. Chacun des onze volumes du manuscrit n'est autre chose qu'un portefeuille, relié en veau écaille, portant les armes du Duc timbrées en or sur les plats, et dans l'intérieur duquel sont retenus par des cordonnets verts plusieurs de ces cahiers in-folio. Il y a, pour tous ces cahiers répartis dans ces onze portefeuilles, une pagination qui va de *un* jusqu'à près de *trois mille*. Le duc de Saint-Simon a écrit ses *Mémoires*, depuis la première page jusqu'à la dernière, sans division de volumes ni de chapitres. Il n'a indiqué aucune interruption, aucun repos ni section dans son énorme récit. Il a disposé sa matière d'une façon que Buffon aurait approuvée. Celui-ci a dit en effet : « Tout sujet est un, et quelque vaste qu'il soit, il peut être enfermé dans un seul discours. Les interruptions, les repos, les sections, ne devraient être d'usage que quand on traite des sujets différents... » Ainsi avait procédé Bossuet en écrivant son *Discours sur l'Histoire universelle*. La première édition de ce discours, publiée en 1681, ne contient pas de chapitres; tout marche d'un seul courant, sans suspension ni division. C'est dans les éditions postérieures qu'on a imaginé de couper ce discours en chapitres, à l'aide des indications marginales qu'on a fait passer dans le texte. Saint-Simon a fait comme Bossuet. Ses *Mémoires* sont un vaste discours sur le siècle de Louis XIV et la Régence, et le sujet immense se déroule de 1691 à 1723, sans que ce discours, de près de trois mille pages, soit à aucun endroit coupé ni suspendu.

« Son œuvre ne se compose donc pas en réalité de *onze volumes* manuscrits, mais de près de trois mille pages écrites de sa main et réparties dans onze portefeuilles. Ce sont les éditeurs de 1829 qui, pour la commodité des lecteurs, ont fait des chapitres, des volumes, des sommaires. Saint-Simon s'était borné à indiquer sur les marges les dates, les événements. Dans l'édition Hachette, on a composé les sommaires des chapitres avec ces indications marginales, et on

APPENDICE.

les a répétées en haut de chaque page pour faciliter les recherches. Cette édition porte, comme celle de 1829, un titre ainsi conçu : *Mémoires complets et authentiques du duc de Saint-Simon sur le siècle de Louis XIV et la Régence.* — Ce titre a été imaginé par les éditeurs en 1829, et il était nécessaire pour indiquer au public quelle époque historique comprennent ces Mémoires. Le duc de Saint-Simon n'a rien mis de pareil en tête de son œuvre ; il a simplement écrit en lettres majuscules, sur la première page de son manuscrit, les mots que voici : MÉMOIRES DE SAINCT SIMON (1).

« L'écriture du manuscrit est fine et serrée, les abréviations y sont nombreuses, les ratures fort rares. Saint-Simon a lui-même très-exactement défini, dans un passage de ses Mémoires, le caractère de son écriture. Parlant du duc d'Orléans, auquel il avait soumis un travail manuscrit, il dit : « Ses yeux « ne pouvoient lire ma petite écriture courante et « pleine d'abréviations, quoique fort peu sujette aux « ratures et aux renvois (2). »

---

(1) Depuis que cet article a été inséré dans la *Gazette des Tribunaux*, la librairie Hachette a commencé la publication d'une nouvelle édition du livre de Saint-Simon. Le premier volume a paru en 1873. On a tenu compte de mon observation. En effet, le titre ne porte plus que cette indication : *Mémoires du duc de Saint-Simon*, et en tête du chapitre premier on lit ces mots : *Mémoires de Saint-Simon*, avec cette note au bas de la page : « Saint-Simon a écrit lui-même ce titre en tête de son manuscrit. » — C'est précisément ce que j'avais dit et imprimé dès le mois d'octobre 1856.

(2) Le duc de Saint-Simon avait rédigé les *tables* de ses *Mémoires* en trois volumes. Ces tables, qui sont aux Archives des Affaires Étrangères, doivent contenir une foule de détails très-intéressants.

Dans un autre passage du même article, j'ajoutais ce qui suit :

« En terminant ce que je voulais dire sur l'œuvre de Saint-Simon, j'arrive à cette conclusion, c'est que la rédaction de ces *Mémoires* est quelque chose d'étrange. Saint-Simon a noté jour par jour, de 1694 à 1723, tout ce qui s'est passé sous ses yeux pendant près de trente ans. Il a consacré cinquante-sept ans à la composition et à la révision de ces vastes annales. Il s'est imposé ainsi le travail le plus long, le plus minutieux, le plus fatigant, et cela sans résultat immédiat. Il ne voulait, ou pour mieux dire, il ne pouvait rien publier de son vivant. Il destinait ce manuscrit à la postérité, mais il ne savait pas si son œuvre parviendrait jusqu'à elle. L'oubli, la négligence, un accident, un incendie, pouvaient, après sa mort, faire à jamais disparaître ce monument de son esprit. Quel pouvait être le stimulant qui poussait un tel homme à continuer si persévéramment un ouvrage dont la divulgation était si profondément incertaine? Lui qui doutait si visiblement de la publication de ses Mémoires, comment a-t-il eu la patience de les écrire? C'est qu'il les écrivait principalement pour lui, pour se soulager, pour se satisfaire. C'était comme un exutoire où se dégorgeaient chaque jour la raillerie, l'indignation, la colère qu'excitait dans son âme le spectacle des choses humaines. Il y trouvait encore un autre attrait. Écrire l'histoire des jours qu'on a vécus, c'est presque les revivre. Saint-Simon devait goûter un singulier plaisir à rédiger, de 1723 à 1751, dans la retraite et dans la solitude, l'histoire de ses années évanouies. Il devait se complaire à retracer tant de scènes dans lesquelles sa personnalité joue un rôle si actif. Si la lecture de ses *Mémoires* nous transporte en plein règne de Louis XIV et nous fait assister à tout ce qui s'y passe, cela devait, à bien plus forte raison, lui produire le même effet. Ce travail l'arrachait évidemment au sentiment de son abandon, à la conscience des tristes temps au milieu desquels il achevait de vivre, pour le placer de nouveau dans l'époque animée et brillante où s'était écoulée la première partie de sa vie. Voilà ce qui donne du charme à la composition des Mémoires, dussent-ils même n'être jamais publiés. Celui qui les écrit y voit renaître ses anciens jours et recommence son existence écoulée. Saint-Simon a donc cherché, dans la rédaction de ses vastes *Mémoires*, une distraction, une occupation, un soulagement. De ce côté, il a trouvé ce qu'il cherchait. En même temps, et cela est certain, il voulait éclairer la postérité, lui faire connaître, dans leur vérité, les hommes et les choses de son temps. De ce côté encore, il a touché le but. Sans doute, lui qui nous instruit et nous charme, il n'a pas reçu de son vivant la récompense de son admirable travail. La gloire rejaillit sur son nom; lui ne l'a pas connue. On peut lui appliquer ce vers d'un grand poëte :

« *Et son laurier tardif n'ombrage que sa tombe!*

« Mais, à vrai dire, la renommée littéraire n'était pas celle qu'il ambitionnait. Il se jugeait homme d'État et ne se croyait pas homme de lettres. Il se considérait plutôt comme un personnage politique, en situation de transmettre les renseignements les plus précieux sur les affaires de son temps, que comme un écrivain doué de talent et d'éloquence. Il est le premier à signaler toutes les imperfections de son style. En réalité, ce grand seigneur a été un grand écrivain, sinon sans le vouloir, du moins sans le savoir et sans que personne lui ait jamais révélé son génie! Chose singulière! Il y a des hommes qui se croient des écrivains de premier ordre, à qui beaucoup de gens l'affirment, et qui pourtant ne le sont pas. D'autres, au contraire, possèdent le génie sans même s'en douter. Les premiers manquent la gloire après l'avoir cherchée toute leur vie, les seconds la rencontrent sans paraître y songer. Le duc de Saint-Simon l'a conquise sans avoir peut-être jamais cru qu'il pût la mériter. »

Voilà ce que j'écrivais en octobre 1856, au cours de la publication de l'édition Hachette et lorsque le procès sur la propriété des *Mémoires* était encore pendant. Le général de Saint-Simon ayant interjeté appel du jugement rendu contre lui, l'affaire vint devant la première chambre de la Cour, présidée par M. le premier président Delangle, à l'audience du 21 janvier 1857. Les débats de ce procès se prolongèrent pendant plusieurs jours, et à l'audience du 3 février 1857, M. Sallé, substitut du procureur général à la Cour impériale de Paris, donna des conclusions conformément auxquelles la Cour impériale réforma la décision des premiers juges et consacra le droit exclusif du général.

Cet arrêt fut l'objet d'un pourvoi de la part de M. Barba. Mais, à l'audience du 31 mars 1858, la Cour de cassation (chambre des Requêtes) rejeta ce pourvoi, sur les conclusions de M. l'avocat général de Raynal. Vous trouverez dans Dalloz

(*Recueil périodique de Jurisprudence*, année 1858, 1re partie, p. 145 et suiv.) le précis de tous les faits de cette cause importante, l'exposé des moyens développés par Me Paul Fabre, avocat de M. Barba, le rapport de M. Bayle-Mouillard, conseiller à la Cour de cassation, et le texte de l'arrêt de rejet, rendu sous la présidence de M. Nicias Gaillard.

Au mois d'octobre 1858, je publiai, sur les derniers volumes de l'édition nouvelle des *Mémoires de Saint-Simon,* deux articles dont je vous ai déjà signalé quelques fragments. Dans celui du 20 octobre, je m'attachai à établir, comme dernier détail biographique, les domiciles divers de Saint-Simon. En général, tout ce qu'il dit sur les différents hôtels qu'il a successivement habités est vague et peu précis. Plus d'un lecteur désirerait sur ce point des renseignements positifs. M. le comte de Montalembert, dans une remarquable étude publiée par lui dans le *Correspondant,* disait à ce sujet :

« Il est un autre genre de notes que l'on regrette
« en lisant Saint-Simon : ce sont les notes que j'ap-
« pellerai topographiques. J'ai besoin de connaître
« l'emplacement des lieux où se passent les scènes
« qu'il fait revivre devant moi. Je vois bien encore
« sur le quai de la Tournelle l'hôtel de Nesmond...
« Mais quand il nous parle de l'hôtel de Mayenne,
« de l'hôtel de Duras, de l'hôtel de Lorges et de tant
« d'autres, je ne sais plus où j'en suis. J'aimerais sur-
« tout qu'on voulût bien me dire où demeurait

« Saint-Simon lui-même. Je vois bien que c'était *à
« deux pas de Saint-Germain des Prés;* mais dans
« quelle rue, et, si c'est possible, dans quelle mai-
« son? M. Cousin ne me le dira pas, quoique per-
« sonne ne connaisse mieux que lui le Paris du dix-
« septième siècle; mais il dédaignerait d'être au
« courant des affaires du grand règne. Je le demande
« donc à M. Chéruel, et il faut qu'il me le dise avant
« d'achever son édition. »

L'édition donnée par M. Chéruel a été terminée en 1858, et l'on y chercherait vainement les renseignements que demandait M. de Montalembert. Bien avant que l'illustre écrivain eût publié son article, j'avais moi-même fait des recherches et trouvé des indications sur les différents domiciles de Saint-Simon. J'étais parvenu à les constater tous, depuis l'hôtel où il est né, rue des Saints-Pères, jusqu'à celui où il est mort, rue de Grenelle-Saint-Germain, près de l'église Penthemont. J'ai publié tous ces renseignements dans la *Gazette des Tribunaux* du 20 octobre 1858, et j'y ai inséré aussi le texte de l'acte de décès du duc de Saint-Simon.

Je disais dans le même numéro de ce journal :

« Il est souvent question de pièces justificatives dans le corps des *Mémoires sur le règne de Louis XIV et la Régence.* L'auteur y renvoie souvent et cite les pages de ce recueil... Saint-Simon a donc laissé, outre ses Mémoires publiés, un travail qui en est le complément, auquel il a donné le nom de *Pièces* et qui est rédigé et paginé. Ce travail se trouve probablement au Ministère des Affaires Étrangères (1).

« Dans le dernier volume de la nouvelle édition l'on a imprimé un passage du manuscrit qui avait été supprimé par les anciens éditeurs, et duquel il résulte que le duc de Saint-Simon avait l'intention de rédiger une suite à ses *Mémoires*. A-t-il eu le temps et la force de réaliser cette intention ? Le doute à cet égard ne pourrait être éclairci que s'il était permis d'étudier les papiers du Duc conservés au Ministère des Affaires Étrangères. M. Chéruel déclare qu'il l'a vainement tenté, et ne peut que recommander cette recherche à d'autres plus heureux que lui.

« Quoi qu'il en soit, avec ou sans *Pièces justificatives*, avec ou sans *additions* à ses *Mémoires*, Saint-Simon n'en reste pas moins un écrivain incomparable. La publication des manuscrits qu'il a pu laisser ajouterait sans doute à nos plaisirs, elle n'ajouterait rien à sa renommée. Il demeure à jamais le peintre par excellence du siècle de Louis XIV.

« Quand on contemple ce Versailles si somptueux, si splendide, et en même temps si vide et si désert, on est saisi tout à la fois d'admiration et de tristesse. En présence de ce palais magnifique et de cette solitude profonde, on a, malgré soi, le sentiment du néant et de la mort. Où est ce monde étincelant, toute cette élite de beauté, de grandeur et de génie qui animait, sous le grand Roi, ces salles, ces appartements, ces galeries ? Hélas ! il n'en reste plus rien.

---

(1) Dans l'édition du *Journal* de Dangeau avec les additions inédites de Saint-Simon publiées par M. Feuillet de Conches en 1854, on lit une note ainsi conçue : « Tous les papiers et toutes les notes de toute espèce du duc de Saint-Simon sont conservés aux Archives du Ministère des Affaires Étrangères ; il y en a une quantité extraordinaire. »

Un homme, cependant, a fait revivre cette foule évanouie. L'enchanteur qui repeuple Versailles, qui fait passer sous nos yeux tous les personnages de la cour merveilleuse de Louis XIV, ce magicien qui nous éblouit, nous charme et nous entraîne, c'est le duc de Saint-Simon. Lui seul a su ressusciter le siècle le plus brillant de notre histoire. Voilà qui suffit pour donner à son nom la gloire et l'immortalité. »

Je vous ai dit, dans une conversation précédente, que j'avais cru devoir communiquer mes deux articles d'octobre 1858 aux trois membres de l'Académie française qui, ayant toujours montré la plus grande admiration pour Saint-Simon, me semblaient devoir les lire avec le plus d'intérêt. C'étaient M. Villemain, M. Sainte-Beuve et M. de Montalembert. Vous avez insisté auprès de moi pour me déterminer à vous donner quelques détails sur mes relations avec ces trois hommes célèbres. — Bien qu'il me répugne de me mettre en scène et de citer des écrits et des paroles que ma modestie me conseillerait de ne pas reproduire, je vais essayer de vous satisfaire.

M. Villemain et M. Sainte-Beuve firent à mon travail un accueil extrêmement favorable, et je reçus d'eux les lettres les plus flatteuses (1). Sainte-Beuve me félicita vivement d'avoir ajouté des particularités inconnues à la biographie de Saint-Simon. Quant à M. le comte de Montalem-

---

(1) Malheureusement pour moi, ces lettres ont été brûlées pendant la Commune.

bert, il m'écrivit dans des termes et au milieu de circonstances que je vous demande la permission de rappeler.

Je lui avais adressé mes articles le 21 octobre 1858, puis j'étais parti pour la Bretagne. Peu de jours après, un numéro du *Correspondant,* contenant une étude de lui, intitulée : « *Un débat sur l'Inde au Parlement anglais* », fut saisi par ordre du procureur impérial près le tribunal de la Seine. L'éditeur de la Revue et M. le comte de Montalembert étaient inculpés d'attaque contre le principe du suffrage universel, d'attaque contre le respect dû aux lois, d'excitation à la haine et au mépris du gouvernement, etc.

A mon retour à Paris, vers les premiers jours de novembre, je trouvai chez moi une lettre dans laquelle M. le comte de Montalembert, m'écrivant de son château de la Roche-en-Brénil (Côte-d'Or), me remerciait chaleureusement de l'envoi de mes articles. Il me disait :

« J'ai pris le plus grand plaisir à les lire. Vous avez
« répondu à mes questions sur Saint-Simon avec au-
« tant de précision que de détail. Je vous en ai une
« extrême obligation. Vous m'avez rendu un service
« que je n'oublierai jamais. Recevez la sincère ex-
« pression de toute ma gratitude. — Je vais être bien-
« tôt condamné à plusieurs mois de prison. Ne vien-
« drez-vous pas me visiter dans la nouvelle résidence
« qui doit m'être prochainement assignée ? Je serais
« bien heureux de vous voir et de causer avec
« vous... »

Notez qu'au moment où M. de Montalembert m'annonçait sa future condamnation, l'instruction commencée contre lui venait à peine de s'ouvrir. — Je lui répondis pour le remercier et lui promettre ma visite, puis j'attendis les événements.

Le 24 novembre 1858, les débats de ce procès, qui faisait très-grand bruit, s'engagèrent devant le tribunal de police correctionnelle, au milieu d'une énorme affluence de curieux. M. le procureur impérial Cordoën soutint la prévention; Me Berryer présenta la défense de M. de Montalembert, Me Dufaure plaida pour M. Douniol, gérant du *Correspondant*. La sixième chambre rendit un jugement qui reconnut M. de Montalembert coupable des délits relevés contre lui et le condamna à six mois de prison et 3,000 francs d'amende. — La prédiction contenue dans la lettre qu'il m'avait écrite se trouvait ainsi réalisée.

Huit jours s'écoulèrent et l'affaire semblait terminée, lorsque, le 2 décembre 1858, le *Moniteur* publia dans sa partie non officielle l'entrefilet suivant :

« L'Empereur, à l'occasion de l'anniversaire
« du 2 décembre, a fait grâce à M. le comte de
« Montalembert de la peine prononcée contre
« lui. »

Cette courte phrase produisit dans le public une vive sensation. — Je me trouvais au Palais de justice ce jour-là. Toute la salle des Pas-Perdus était en ébullition. Les avocats, formés en pelotons (comme Saint-Simon aurait dit), se livraient à des discussions passionnées sur l'entrefilet du *Moniteur*. Je fus abordé par un de mes confrères du Barreau, qui me dit : « M. de Montalembert est ici, il vous cherche partout et voudrait vous parler. » — Je m'approchai d'un groupe au milieu duquel j'aperçus M. Berryer, M. Dufaure et M. de Montalembert. Je fus présenté à ce dernier par mon confrère, et la conversation s'engagea immédiatement entre l'illustre orateur catholique et moi. — Après quelques mots sur l'incident du jour, il me dit : « Je tenais à vous remercier personnellement de vos articles. Ils m'ont fait, je vous le répète, un plaisir extrême. Tous ces renseignements si nouveaux, si précieux, que vous donnez sur Saint-Simon, méritent de ne pas rester dans les colonnes d'un journal. Il faut faire de cela une publication à part. — Dans tous les cas, et en attendant, ayez la bonté de me remettre deux autres exemplaires de vos articles : je tiens beaucoup à les conserver. Soyez assez aimable pour me les apporter demain. Je vous attendrai chez moi vers une heure. » — Je lui répondis que je m'empresserais de lui faire la visite qu'il voulait bien solliciter de moi, et je pris respectueusement congé.

Le lendemain, 3 décembre 1858, le *Moniteur* publiait une lettre de M. de Montalembert, dans laquelle il déclarait qu'il avait interjeté appel du jugement du 24 novembre, et qu'il n'acceptait pas de grâce.

Ce jour-là même, vers une heure, je me présentai chez lui. Il demeurait rue du Bac, n° 40;

son appartement était situé au premier étage. Un domestique m'introduisit dans un petit salon d'entrée. Je fis passer ma carte et j'attendis. Dans la pièce où je me trouvais, j'aperçus des statues de saints et de saintes, en plâtre colorié et doré, comme on en voit dans certaines chapelles. Au bout d'un moment, une porte s'ouvrit. C'était celle de la salle à manger ; le couvert était encore mis et les réchauds d'argent brillaient sur la table. Bientôt le domestique revint et me pria de le suivre. Il me conduisit dans le cabinet du Comte, grande pièce simplement meublée, dont les murs, depuis le plancher jusqu'au plafond, étaient garnis de rayons de bois de chêne, entièrement remplis de volumes reliés. Près de la fenêtre, en face de moi, M. de Montalembert était assis devant son bureau. Il se leva en m'apercevant, s'avança vers moi, me tendit la main, me remercia d'avoir pris la peine de venir, et me pria de m'asseoir. Lorsque nous fûmes installés près de sa cheminée, lui dans son fauteuil de velours et moi sur une chaise, vis-à-vis de lui, il me dit vivement : *Eh bien! que pense-t-on de ma lettre, au Palais?* — Je lui rendis compte en quelques mots de l'impression qu'elle avait produite, puis la conversation s'engagea sur Saint-Simon. Pendant que M. de Montalembert parlait, je le regardais attentivement. Il était vêtu d'une grande robe de chambre qui me parut être de cachemire violet. Elle serrait la taille et fermait sur la poitrine. Ses longs cheveux, séparés par une raie, encadraient son front et venaient s'enrouler sur ses tempes et sur son cou. Avec cette coiffure et ce vêtement d'apparence épiscopale, il me faisait l'effet d'un prélat romain, de quelque prince de l'Église, donnant audience à un laïque. Nous causâmes longtemps. « *Avez-vous eu,* me dit-il, *la bonté de m'apporter les numéros de la Gazette des Tribunaux que je vous ai demandés?* — *Certainement, Monsieur le Comte, les voici.* — *Je vous en suis très-obligé,* me répondit-il, *je vais les joindre à mon exemplaire des Mémoires. Il me sera ainsi plus facile de les consulter aussitôt que j'en aurai besoin.* » — Je lui présentai alors des copies (faites par moi, sur les registres de la paroisse Saint-Roch pour 1695) de l'*acte de mariage* du duc de Saint-Simon avec mademoiselle Marie-Gabrielle de Durfort de Lorges et de l'*acte de mariage* du fameux duc de Lauzun avec la seconde fille du Maréchal de Lorges, mademoiselle Geneviève de Durfort. Il les examina avec beaucoup d'attention. La signature *LOUIS, DUC DE SAINT-SIMON,* reproduite par moi en *fac-simile,* le frappa beaucoup. Remarquant la hauteur des lettres, il me dit : On croirait voir une ligne d'un modèle d'écriture. A propos des signatures de deux jeunes mariées : *marie gabriele de durfort; G. de Durfort,* il ajouta : Cela ressemble aux caractères tracés par de petites écolières. Il regarda ensuite les noms des grands personnages qui avaient signé ces actes, puis il me rendit mes copies, en me disant : « *Je suis très-satisfait d'avoir vu ces pièces, et je vous remercie infiniment de* me les avoir apportées. Tout ce que vous avez réuni et publié sur Saint-Simon est très-intéressant. La connaissance des précieux détails que vous avez donnés le premier est indispensable à tous ceux qui aiment à lire ses Mémoires, et le nombre en est grand. Il ne faut pas laisser de telles choses se perdre. Réimprimez vos articles, formez-en un petit volume, et publiez-le dans une des bonnes librairies de Paris. Faites cela, croyez-moi. — Je ne demanderais pas mieux, Monsieur le Comte, mais ce qui m'arrête, c'est le désir de compléter mes recherches. Je suis sur la trace de documents inédits ; je voudrais surtout pouvoir étudier les papiers de Saint-Simon qui sont aux Affaires Étrangères, ces Pièces, partie intégrante de son œuvre et auxquelles il renvoie sans cesse, la suite de ses Mémoires jusqu'à la mort du cardinal de Fleury, ses lettres... — Vous avez raison, me dit M. de Montalembert, c'est là une très-bonne pensée. Je voudrais, comme vous, connaître tout ce qu'a écrit Saint-Simon. Il faudra bien qu'un jour ou l'autre cet admirable historien soit donné tout entier au public. On n'a pas le droit de confisquer ni de mutiler un si grand écrivain. Continuez vos recherches, mais hâtez-vous. N'oubliez pas ce précepte, cette excellente règle de conduite que je recommande à votre attention : Il ne faut jamais remettre au lendemain ce qu'on peut faire le jour même. »

Nous nous entretînmes encore de différentes choses. M. de Montalembert se leva, me montra plusieurs de ses livres, me parla de diverses publications, notamment d'un volume intitulé, je crois : *Saint-Simon catholique,* et me donna des conseils pour le classement d'une bibliothèque, tout cela avec une bonté et une affabilité charmantes. Puis, lorsque, craignant d'être indiscret, je lui demandai la permission de me retirer, il me serra cordialement la main et me dit : « *Je suis très-content de vous avoir vu, d'avoir causé avec vous ; je vous renouvelle l'expression de toute ma reconnaissance pour vos communications. Lorsque vous pourrez disposer de quelques moments, venez chez moi, je serai toujours heureux de vous recevoir.* » — Je le remerciai de son accueil si aimable, de ses paroles si obligeantes ; j'échangeai avec lui une dernière poignée de main et je le quittai.

L'année suivante, au mois de mars 1859, me trouvant un soir à une grande réception chez M. le procureur général Dupin, j'entendis un des huissiers annoncer M. Sainte-Beuve. Je vis entrer, dans le magnifique salon où je causais avec quelques personnes, un petit homme un peu replet, d'une mise correcte et même élégante, ayant un vaste front, un crâne presque entièrement dénudé, des sourcils épais ombrageant de petits yeux vifs, un nez fort et aquilin, une bouche arquée et malicieuse, des joues pleines, un visage entièrement rasé. Je n'avais jamais vu l'illustre critique. Je demandai à l'un de mes voisins si le personnage qu'on venait d'annoncer était M. Sainte-Beuve, de l'Académie française. Sur la réponse affirmative qui me fut faite, je m'approchai d'un de mes amis et je le priai de me mettre en relation avec le célèbre auteur de *Joseph Delorme* et des *Causeries du lundi.* J'attendis un moment opportun, et lorsque M. Sainte-Beuve se leva du canapé où il était allé s'asseoir à côté d'un de ses collègues de l'Institut et se trouva seul au milieu du salon, je me fis présenter à lui. Il m'accueillit de la façon la plus gracieuse. Nous nous approchâmes d'une des cheminées et nous causâmes debout. Je le remerciai de la lettre si bienveillante qu'il m'avait écrite. « *J'ai lu,* me dit-il, *vos articles avec un grand intérêt. Je les ai mis de côté et je les conserve. Vous nous avez appris sur le duc de Saint-Simon beaucoup de choses très-curieuses. C'est à vous que nous devons de savoir exactement le lieu de sa naissance. Depuis que je vous ai lu, chaque fois que je passe rue Taranne, je regarde cette maison de la rue des Saints-Pères dont vous avez indiqué l'emplacement, et je me dis : C'est là qu'est né Saint-Simon. — M. le comte de Montalembert est enchanté de vos articles, il en parle souvent et toujours avec éloge.* — Il me conseille, lui dis-je, *de les faire réimprimer et de les publier en volume. Mais je voudrais y joindre quelques nouveaux documents que je recherche, je désirerais surtout examiner les papiers de Saint-Simon qui sont au Ministère des Affaires Étrangères.* — *C'est une entreprise difficile,* me répondit M. Sainte-Beuve, *vous ferez bien néanmoins de la tenter. Il est très-désirable que tous les écrits inédits de Saint-Simon soient connus et puissent être librement consultés.* —

Dans le courant de la conversation je rappelai les reproches faits à l'auteur des *Mémoires* au sujet de ses erreurs et de ses inexactitudes. — « *Sans doute,* me dit Sainte-Beuve, *le duc de Saint-Simon s'est trompé quelquefois; il ne pouvait pas tout vérifier par lui-même. Mais en général il est exact, il est vrai. Lorsqu'il juge les hommes de son temps il descend jusqu'au fond de leur âme. Il pénètre dans les replis les plus secrets de leur conscience. Il a un flair et un instinct qui lui font découvrir, sous les dehors de la probité et de la vertu, le vice et la malhonnêteté. Il est comme ces chiens qui, dans un appartement, devinent et signalent, sans le voir, un voleur caché sous un meuble.* »

Nous continuâmes à causer pendant quelques moments. En terminant cet entretien, M. Sainte-Beuve m'engagea vivement à poursuivre mes recherches sur Saint-Simon et à faire porter mes investigations sur les papiers conservés au Ministère des Affaires Étrangères.

Depuis, dans un article sur le livre de M. Chéruel, il a manifesté de nouveau le désir que ces papiers soient publiés, ou du moins communiqués à tous ceux qui ont besoin de les connaître. Voici en effet ce qu'il a écrit dans le *Constitutionnel* du lundi 2 octobre 1865 :

« Il reste à Saint-Simon une dernière épreuve à traverser, une dernière confrontation à subir : *c'est lorsqu'on publiera ses lettres.* Elles existent, elles étaient recueillies à la suite de ses *Mémoires.* Lorsqu'en vertu d'un don obtenu du roi Charles X par le marquis, depuis duc de Saint-Simon, les *Mémoires* furent, pour ainsi dire, arrachés volume par volume du Dépôt des Affaires Étrangères où ils étaient jalousement conservés ; les *Lettres* et *Pièces* attenant aux *Mémoires,* mais qui n'étaient pas formellement comprises dans le don royal, furent retenues. Espérons que communication au moins en pourra être faite un jour aux travailleurs dans l'intérêt de l'histoire. M. Chéruel, à l'aide du peu qu'il a eu, a fort bien indiqué de quelle utilité seraient les lettres pour contrôler les *Mémoires*. »

M. Villemain, dans un entretien que j'eus un jour avec lui, me rappela en termes des plus obligeants mes articles sur Saint-Simon et m'exprima la pensée que les papiers inédits du célèbre Duc et Pair, complément nécessaire de ses *Mémoires,* ne pouvaient demeurer plus longtemps ignorés du public.

Quant au général duc de Saint-Simon, je le rencontrais quelquefois à l'Opéra, au Théâtre-Italien ou dans le monde, portant toujours les plaques de ses ordres et le grand cordon de la Légion d'honneur. C'était un homme de taille moyenne, dont les cheveux tiraient sur le rouge. Avec sa barbe d'un ton ardent, taillée en éventail, et ses moustaches retroussées, il ressemblait un peu aux portraits de Henri IV. Nous causions. Ancien gouverneur général des possessions françaises dans les Indes, il me racontait de curieuses anecdotes sur ce pays. Nous parlions aussi des *Mémoires* de Saint-Simon et de leurs annexes. Il me disait : « *Tous les manuscrits inédits, laissés par le duc de Saint-Simon et déposés après sa mort au Ministère des Affaires Étrangères, auraient dû m'être remis; je les aurais publiés. Je demanderai une audience à l'Empereur pour obtenir de lui qu'il me fasse mettre en possession de ces papiers. Vous connaissez très-bien les Mémoires et tout ce qui concerne leur auteur; je serai heureux d'avoir recours à vous pour la publication de ses œuvres inédites si je parviens à me les faire restituer.* »

L'audience, dont me parlait le général, fut-elle demandée par lui à l'Empereur? Je l'ignore. Ce qu'il y a de certain, c'est que les papiers de Saint-Simon sont encore au Ministère des Affaires Étrangères. J'ai fait des démarches pour arriver à les étudier, mais sans pouvoir y réussir.

Jamais je n'ai cessé de rassembler des documents sur le duc de Saint-Simon. En faisant des recherches sur une question de *majorat*, j'avais été amené à découvrir un testament de lui qui est encore inconnu et qui porte la date de 1751. Ce testament, fort intéressant dans sa teneur, donna lieu en 1776 et en 1777 à un important procès, examiné successivement par le Châtelet et par le Parlement de Paris. Ce procès fut jugé définitivement le jeudi 15 mai 1777, dans une audience solennelle du Parlement à laquelle assista l'Empereur Joseph II, frère de la reine Marie-Antoinette. J'avais pris copie du mémoire rédigé par Hardoin, avocat d'une des parties en cause, mémoire qui renfermait l'analyse du testament du duc de Saint-Simon.

Il y a quelques années, un de mes amis m'avait donné communication de l'*Annuaire d'Eure-et-Loir* pour 1851, contenant une notice sur le château de La Ferté-Vidame où Saint-Simon résida si longtemps et où il rédigea ses *Mémoires*. Dans ce volume, qui renfermait des vues lithographiées de l'ancien château et de l'église de La Ferté, je trouvai la preuve d'un fait bien triste. Les cercueils du duc et de la duchesse de Saint-Simon, placés l'un à côté de l'autre depuis 1755, dans un caveau de l'église de La Ferté-Vidame, en furent extraits par la populace en 1794. Ces deux cercueils, devenus l'objet d'une profanation odieuse, furent violemment ouverts, et, comme le disait plus tard un témoin oculaire, « on vit le corps du vieux Duc et celui de la Duchesse *qui nageaient dans la saumure.* » Une grande fosse avait été creusée d'avance dans le cimetière. Les restes illustres et vénérés du duc Louis de Saint-Simon et de sa femme (ces deux bienfaiteurs des indigents, ces deux fondateurs et donateurs de l'hospice destiné aux pauvres du pays) furent jetés dans ce trou, pêle-mêle avec les cadavres de plusieurs membres de la famille de la Borde. Ainsi le fier Duc et Pair, si préoccupé de son rang, de sa haute dignité, de sa noblesse, et qui s'était réservé une sépulture seigneuriale au milieu de la crypte de l'église de son château, fut précipité dans la fosse commune! Il y est probablement encore.

J'avais réuni beaucoup de particularités inconnues sur la famille de Frémont, sur le Maréchal de Lorges, sur un premier fils du duc Claude de Saint-Simon (né en 1650, mort en décembre 1651, enterré dans l'église cathédrale de Senlis, au tombeau de ses ancêtres); sur la duchesse de Brissac, sur une belle-sœur de Saint-Simon, supérieure du couvent des Dames de Sainte-Marie de Chaillot. En un mot, je possédais un dossier des plus intéressants sur le duc de Saint-Simon. J'y avais noté qu'aux Archives des Affaires Étrangères devaient se trouver les preuves généalogiques rassemblées par lui pour établir l'ancienneté de sa noblesse, les écrits de sa main faisant suite à ses Mémoires, et entre autres, celui auquel il a donné ce titre singulier : *Cendres que j'ai vues à plusieurs depuis 1723 ou qui le seront bientôt à leur tour.* — J'attendais, pour publier, qu'on m'eût donné certaines lettres inédites qui m'avaient été promises. Sur ces entrefaites éclata dans Paris la formidable insurrection du 18 mars. En ma qualité de conservateur-adjoint de la bibliothèque de la Cour de cassation, j'étais logé au Palais de Justice. Le parquet du procureur de la Commune s'y était installé. Le 13 mai, au moment où j'allais être arrêté par les insurgés, je parvins à m'échapper et, un peu plus tard, à sortir de Paris. Le 24 mai 1871, le palais fut incendié par les hommes de la Commune; mon appartement fut entièrement détruit et tous mes meubles, tous mes effets personnels, mes papiers de famille, mes livres, mes tableaux, mes estampes, mes lettres; mes documents, mes notes, mes manuscrits, résultat de vingt ans de recherches, de travaux et d'études, furent réduits en cendres!

Plus heureux que moi, vous avez en main les éléments nécessaires pour entreprendre les investigations que j'avais le projet de faire moi-même et qui m'avaient été conseillées par ces trois grands amis de Saint-Simon : Villemain, Sainte-Beuve et Montalembert. Quelle perte, Monsieur, que celle de ces trois fervents admirateurs du célèbre historien! Il me semble qu'ils vous auraient aidé dans votre campagne pour la publication de ces papiers. Par leur situation dans le monde et dans les lettres, ils auraient pu vous prêter un concours inappréciable. Dans tous les cas, leur souvenir vous soutient et vous protége. En invoquant leurs écrits et leurs paroles, leur passion si vive et si profonde pour celui qu'ils considéraient comme l'unique rival de Tacite et de Bossuet, vous serez certainement bien fort. On vous écoutera nécessairement quand vous demanderez en leur nom qu'on ne retienne pas plus longtemps dans l'ombre les œuvres inédites d'un des génies les plus originaux de notre littérature!

Je souhaite, Monsieur, que les renseignements consignés par moi dans cette lettre puissent vous être de quelque utilité, et je vous prie d'agréer l'expression de mes sentiments les plus distingués.

Ernest Gallien.

ADDITIONS ET CORRECTIONS

Chapitre ii.

Page 12. Saint-Simon dit qu'il lègue à sa fille la princess de Chimay ce qu'il a de miniatures peintes par sa mère. Dans l'Inventaire, en effet, qui fut fait à la mort de son père, le duc Claude de Saint-Simon, par Le Roy le jeune, notaire au Châtelet, en l'hôtel de la rue Taranne, le 4 mai 1693, on remarque l'indication de douze petits tableaux *mignatures* et « *beaucoup de miniatures peintes à la main de la Duchesse* », née Charlotte de Laubespine de Chasteauneuf.

Idem. Ibidem. Il laisse à sa petite-fille, madame de Valentinois, ses *tapisseries*, la priant de les tendre. On voit dans le même inventaire la tenture de tapisserie de haute lisse à grands personnages, « *l'histoire d'Esther relevée d'or de soie* », plus les tapisseries de Flandre, de haute lisse, représentant une « *histoire profane* », plus cinq pièces de tapisserie représentant une « *histoire* » faisant le tour de la chambre de la Duchesse, plus encore de « *grandes tapisseries* » dans le grand cabinet de ladite dame, plus cinq pièces de tapisseries de *verdure* de Flandre, dans la chambre du vidame de Chartres.

Chapitre iii.

Pages 15 à 23. Rien n'explique mieux les embarras de la fortune personnelle du duc de Saint-Simon que l'aveu qu'il rapporte avoir fait au duc d'Orléans, lorsqu'à la mort du Roi le Régent lui proposa l'administration des Finances.

« *Je le remerciai de l'honneur et de la confiance et je le refusai respectueusement...* M. *le duc d'Orléans fut fort étonné, et se mit sur son bien dire pour me persuader. Je lui répondis que je n'avois nulle aptitude pour les finances, que c'étoit un détail devenu science et grimoire qui me passoit ; que le commerce, les monnoies, le change, la circulation, toutes choses essentielles à la gestion des finances, je n'en connoissois que les noms; que je ne savois pas les premières règles de l'arithmétique; que je ne m'étois jamais mêlé de l'administration de mon bien, ni de ma dépense domestique, parce que je m'en sentois incapable; combien plus des finances de tout un royaume et embarrassées comme elles l'étoient...* » (Voyez les *Mémoires*, tome XII, page 193.) Ces lignes donnent une grande force à l'observation faite par le duc de Luynes et que nous avons rappelée.

Chapitre IV.

Page 27. Au lieu de « testament déposé *à* M⁕ Delaleu », lisez « testament déposé *chez*... »

Chapitre V.

Page 41. A propos du tableau « *Vertumne et Pomone* » que l'Inventaire porte comme étant de Melzius ou du Vinci, l'erreur est flagrante, car Saint-Simon dit, dans les premières pages de ses *Mémoires*, que le duc de Montmorency « *allant à l'échafaud avec le courage et la piété qui l'ont fait tant admirer, fit deux présents bien différents, de deux tableaux d'un grand prix du même maître (Le Carrache) et uniques de lui en France : un saint Sébastien percé de flèches, au cardinal de Richelieu; et une Pomone et Vertumne (Pomone la plus belle et la plus agréable qu'on saurait voir, de grandeur naturelle), à mon père. Je l'ai encore et je la garde précieusement.* » (Tome I⁰ʳ, page 54.) Édition Hachette, in-8⁰. Paris, 1856.)

Plusieurs des tableaux indiqués ici dans cet Inventaire se trouvent déjà dans celui du duc Claude de Saint-Simon en 1693; ainsi le grand tableau sur toile représentant la *Mort de Sénèque* était dans la chambre du vidame de Chartres; *la Madeleine, Jésus-Christ flagellé dans le prétoire, la Vierge tenant le Sauveur*, etc., étaient dans la chambre de la Duchesse, mère du vidame, qui depuis fut l'auteur des *Mémoires*.

ADDITIONS ET CORRECTIONS. 489

Chapitre ix.

Page 75. Dans le titre, au lieu de « du samedi *10 avril* », lisez « du samedi *10 mai* ».

Page 77. Au lieu de « pour prévenir *le* péril », lisez « pour prévenir *tout* péril ».

Chapitre xii.

Page 136. Pour le numéro 131 des *manuscrits* inventoriés, qui est le manuscrit original des *Mémoires*, voyez la description qu'en fait M. Gallien dans sa lettre publiée ci-dessus à l'*Appendice*, page 463.

Page 139. C'est évidemment au sujet du numéro 144 des *manuscrits*, « *Extraits de lettres de M. de Torcy en 1718* », que Saint-Simon dit dans ses *Mémoires*, tome XVI, page 240 :

« *Torcy m'a prêté ses extraits : c'est d'où j'ai puisé le détail du récit que j'ai donné depuis la mort du Roi, de la suite et du détail des Affaires Étrangères. Je les ai abrégées et n'ai rapporté que le nécessaire. Mais ce qui s'est passé en 1718 m'a paru si curieux et si important que j'ai cru devoir non pas abréger ni extraire, mais m'astreindre à copier fidèlement tout et n'en pas omettre un mot... J'ai conservé la copie exacte et entière de tous les extraits des lettres que M. de Torcy m'a prêtés, et qu'il a faits, dans lesquels on pourra justifier tout ce que je rapporte des Affaires Étrangères.* »

Page 161. Pour la date de l'*Ordre du Roi*, au lieu de « 26 décembre 1760 », lisez « 21 décembre 1760 ».

Chapitre xiii.

Page 167. Le sieur Laudier, secrétaire du duc de Saint-Simon, parle, dans son témoignage, de *deux petits volumes in-quarto concernant l'abbé et l'abbaye de la Trappe.* Il y a toute apparence que ces deux volumes écrits à la main et tirés de la bibliothèque du Duc avaient été remis au nombre des manuscrits pour être inventoriés, et qu'ils y figuraient sous l'un des numéros 118 et 119, un volume in-4º : « *Réflexions de l'abbé de la Trappe* », puis cinq volumes in-8º : « *Réflexions pieuses et instructions de l'abbé de la Trappe.* » Voyez ci-dessus, page 154. Il se pourrait aussi que le secrétaire du feu Duc voulût parler d'un travail tout spécial de son maître sur l'homme illustre, sur l'abbé de Rancé, réformateur de l'abbaye de la Trappe, que le duc de Saint-Simon avait tant chéri et honoré. Avec quelle grâce de style l'auteur des *Mémoires* a rappelé les impressions heureuses que lui avait causées sa première visite à l'abbaye! Il était alors à la Ferté-Vidame :

« *C'était*, dit-il, *ma seule terre bâtie où mon père passoit les automnes. Il avoit fort connu M. de la Trappe dans le monde. Il y étoit son ami particulier, et cette liaison se resserra de plus en plus depuis sa retraite si voisine de chez mon père qui l'y alloit voir tous les ans : il m'y avoit mené. Quoique enfant, pour ainsi dire encore, M. de la Trappe eut pour moi des charmes qui m'attachèrent à lui, et la sainteté du lieu m'enchanta. Je désirai toujours d'y retourner, et je me satisfis toutes les années et souvent plusieurs fois, et souvent des huitaines de suite : je ne pouvais me lasser d'un spectacle si grand et si touchant, ni d'admirer tout ce que je remarquois dans celui qui l'avoit dressé pour la gloire de Dieu... Il vit avec bonté ces sentiments dans le fils de son ami; il m'aima comme son propre enfant, et je le respectai avec la même tendresse que si je l'eusse été.* » (*Mémoires*, tome I*er*, page 126.)

Chapitre xiv.

Page 192. A la note sur la seigneurie de Ruffec passée de la famille de Saint-Simon dans celle de Broglie, au lieu de « *1867* » pour la date des articles publiés par l'actuel duc de Broglie dans la *Revue des Deux Mondes*, lisez « *1870* », numéros des 15 mai, 15 juin et 15 juillet. Le titre est : « *La Diplomatie secrète de Louis XV.* »

Chapitre xv.

Page 200. Dans le titre en haut de page, au lieu de « Remise des *deux* caisses », lisez « Remise des *cinq* caisses ».

Page 209, ligne 8, au lieu de « lorsqu'ils *étendent* », lisez « lorsqu'ils *étendaient.* »

Chapitre xvi.

Page 225. Voir le texte du même *titre* de chapitre, à la table sommaire des matières de ce volume, où il est établi tel qu'il doit être.

ADDITIONS ET CORRECTIONS.

Page 241, ligne 5, au lieu de « Et c'est *en* la vérité », lisez « Et c'est, *à* la vérité... »

Page 232. En note, au lieu de « Voyez le chapitre xvii », lisez « Voyez le chapitre xviii, pages 377 à 390. »

Chapitre XVII.

Page 263. Dans le titre du chapitre, au lieu de « Édition *falsifiée* de 1818, » lisez « Édition *travestie*... »

Chapitre XVIII.

Page 373. J'ai fait ici une omission bien involontaire qu'il m'importe de réparer. Je n'ai pas cité dans la liste des lettres connues du duc de Saint-Simon que j'ai la prétention de présenter exacte, les lettres que MM. L. Dussieux et E. Soulié, les érudits et les vigilants éditeurs des « *Mémoires du duc de Luynes* » ont publiées en 1860, aux *Appendices* du tome Ier, pages 448 à 458. Elles sont les suivantes :

Paris, 1er janvier 1734. *Saint-Simon au duc de Luynes.*
La Ferté, 18 avril 1746.   id.   id.
La Ferté, 24 octobre 1746.   id.   id.
Paris, le jour de Noël, 1752. id.   id.
(Sans date, sans suscription.)
(Lettre des plus curieuses où le duc de Saint-Simon raconte ce qui s'était passé entre l'abbé réformateur de l'abbaye de la Trappe et lui, touchant le jansénisme.)

Ce serait à quarante lettres environ (sauf erreur de notre part, bien entendu) que l'on pourrait porter le nombre des lettres du duc de Saint-Simon connues en France, en dehors de celles qui doivent se trouver répandues dans divers volumes manuscrits appartenant aux divers fonds des Archives des Affaires Étrangères.

Page 380. Au lieu de « Paris le *14* avril... » lisez « Paris le *4* avril 1714. »

INDEX ANALYTIQUE

TABLE ALPHABÉTIQUE
DES PRINCIPAUX NOMS
CITÉS DANS L'OUVRAGE

A

Agde (l'Évêque d'), né Saint-Simon-Sandricourt, réclame auprès de M. de Vergennes, Secrétaire d'État des Affaires Étrangères, les *Manuscrits* du duc de Saint-Simon, *page* 261.

Aiguillon (le duc d'), secrétaire d'État des Affaires Étrangères, accueille l'abbé de Voisenon, 254. Fait nommer Marmontel historiographe du Roi et lui communique le manuscrit des *Mémoires* de Saint-Simon, 255.

Amelot (marquis de Gournay), ambassadeur du Roi en Espagne. Cité, 409.

Anquetil (Pierre-Louis), historien. A connu une copie des *Mémoires* de Saint-Simon d'après les extraits faits par l'abbé de Voisenon sur l'original, 279. Ses nombreux travaux sur des documents diplomatiques, 278. Rédacteur de Mémoires politiques au Dépôt des Affaires Étrangères, 282.

Aubenton (le Père d'), confesseur du roi d'Espagne. Cité, 408.

B

Baron (Maître), l'un des Notaires au Châtelet chargé de procéder à l'Inventaire des biens meubles du duc de Saint-Simon, 29. — A paraphé avec M⁰ Delaleu, son confrère, tous les *Manuscrits* inventoriés, 121 *et passim*.

Barthélemy (Édouard de) obtient de M. Thouvenel la permission de consulter les papiers du duc de Saint-Simon relatifs à *l'ambassade d'Espagne*, 347.

Beauvilliers (duc de). Cité, 390.

Beauvilliers (duchesse de). Saint-Simon lui écrit au retour de son ambassade, 445.

Belle-Isle (Maréchal de) et autres personnages cités en même temps au sujet de leurs papiers enlevés par *Ordre du Roi*, 213.

Berwick (duc de Fitz-James, maréchal de). Indication des lettres que lui écrit Saint-Simon, 372. Cité, 389, 409.

Boislile (A. M. de). Cité, 228.

Bordier (Henri). Son livre « *Les Archives de la France,* » etc., 342. — Sa description des Archives des Affaires Étrangères, 343. — Indication qu'il donne des *Manuscrits* de Saint-Simon, 344.

Bourgogne (le duc de), Dauphin, petit-fils de Louis XIV. Instructions politiques, *Memoranda* que Saint-Simon écrit pour lui, 357.

BOUTARIC (E.). Chef de section aux Archives Nationales, sa publication de la *Correspondance secrète de Louis XV,* 192.

BRANCAS (Louis, marquis de), Ambassadeur du Roi en Espagne. Cité, 410.

BROGLIE (Charles-François, comte de), acquéreur de la terre de Ruffec, qui était au duc de Saint-Simon, 191. — *Note* le concernant. Il a dirigé l'*Affaire secrète.* Publication du présent duc Albert de Broglie relative au rôle diplomatique rempli par le comte de Broglie sous Louis XV. *Idem* et 490.

C

CASTRIES (marquis de). Cité, 257.

CHAVIGNY (M. de). Billet que lui écrit l'abbé Dubois, 420.

CHÉRUEL (A.). A publié le Testament olographe du feu duc de Saint-Simon, 9. — A collationné le manuscrit original des *Mémoires* pour l'édition de 1856 en vingt volumes in-octavo, 348. — Déclare n'avoir pas été admis à consulter les papiers inédits de l'auteur aux Archives des Affaires Étrangères, 349. — Auteur du livre « *Saint-Simon considéré comme historien de Louis XIV* », 374.

CHEVREUSE (duc de). Sa conversation avec Saint-Simon à propos de *plans de gouvernement,* 361.

CHIMAY (Charlotte de Rouvroy de Saint-Simon, princesse de), fille du duc de Saint-Simon, 5, 12. — Renonce à la succession de son père, 170.

CHOISEUL (le duc de) contre-signe l'*Ordre du Roi* pour enlever les Manuscrits du « feu duc de Saint-Simon » déposés chez le notaire Delaleu, 198. — Sa lettre au S^r Le Dran, chef du Dépôt des Affaires Étrangères, 199. — Sa convention tacite avec la maréchale de Montmorency, née Marie-Élisabeth de Saint-Simon, 215. — Désigne l'abbé de Voisenon pour prendre connaissance du manuscrit des *Mémoires* et autres *Papiers* de Saint-Simon, et le charge du soin d'en faire des extraits, 233. — *Note* le concernant, 246.

CHOISEUL (la duchesse de) demande des couplets à l'abbé de Voisenon pour être offerts à Madame de Pompadour, 240.

CHOISEUL (comte de), Secrétaire d'État des Affaires Étrangères, autorise Duclos à consulter le manuscrit des *Mémoires*, 246.

CINTRAT (M.), Directeur des Archives des Affaires Étrangères, cité, 337.

COMBES (Francis), auteur d'un ouvrage relatif à la princesse des Ursins, cité, 395.

D

DAGUESSEAU DE FRESNES (Jean-Baptiste-Paulin), fils du Chancelier, exécuteur testamentaire du duc de Saint-Simon, 15 et 16. — Adresse une requête au Lieutenant Civil pour la levée des scellés apposés après le décès, 26. — Est présent à l'Intitulé de l'Inventaire général, 28. — Requiert la levée des scellés mis sur les *Manuscrits*, selon l'arrêt prononcé en Cour de Parlement, et assiste à la confection de l'inventaire qui en est fait article par

article, 119. — Refuse d'en être le dépositaire, 151.
— Reçoit une clef de chacune des caisses contenant les *Manuscrits* déposés ehez M⁰ Delaleu par ordonnance du Lieutenant Civil, 155 et 161. — Fait appeler en témoignage, sur l'intégrité du nombre des *Manuscrits*, le Sr Laudier, secrétaire du feu Duc, 165.

Dangeau (marquis de). Son *Journal* en trente-sept volumes cité en l'inventaire des *Manuscrits* du duc de Saint-Simon, 126. — Projet de publication du *Journal de Dangeau* avec les *Annotations* de Saint-Simon, 329. — Publication effectuée, 341.

Dargouges (Jérôme), Lieutenant Civil de la ville, prévôté et vicomté de Paris, fait l'ouverture du Testament du duc de Saint-Simon, 7. — Autorise la levée des scellés, 26. — Son ordonnance en référé concernant les *Manuscrits* du Duc, 88. — Autre ordonnance relative à *vingt-neuf paquets de lettres* qui lui sont portés et dont il fait l'ouverture, 153 *et suiv*. — *Note* le concernant, 155.

Delaleu (Guillaume-Claude), Notaire au Châtelet de Paris, porte au Lieutenant Civil le Testament olographe du duc de Saint-Simon, 7. — Chargé de ses intérêts et affaires, 19. — Procède à la confection de l'Inventaire général, à Paris, des biens meubles du défunt, 29. — Se rend au château de la Ferté-Vidame et en fait l'inventaire, 55 *et suiv*. — Paraphe avec son confrère, M⁰ Baron, les *cent soixante et onze manuscrits* inventoriés, 121, puis les quatre liasses de *Lettres qui ne regardaient ni la famille, ni la maison et les affaires* du duc de Saint-Simon, 159. — Est désigné par le Lieutenant Civil pour être dépositaire des cinq caisses contenant les *Ma-*

63

nuscrits et *Lettres*, 155 et 161. — Il les garde ainsi closes pendant cinq années et les remet au S^r Le Dran sur la présentation d'un *Ordre du Roi* contre-signé « *Choiseul* », 197.

Desjardins (Gustave), Archiviste du département de Seine-et-Oise, cité paragraphe v de la *Préface*.

Desmaretz (l'abbé), propriétaire de l'hôtel de la rue de Grenelle où mourut le duc de Saint-Simon. Articles de son bail, 32. — Fait sommation pour que les meubles, *livres* et *papiers* du défunt soient portés ailleurs, 148.

Dessoles (marquis), Ministre des Affaires Étrangères, ordonne au Garde des Archives du Ministère de remettre au général marquis de Saint-Simon quatre portefeuilles des *Mémoires* du Duc, 299.

Drouyn de Lhuys, Ministre des Affaires Étrangères, cité, 336. — Autorise la publication des *Annotations* du duc de Saint-Simon au *Journal* de Dangeau, 340.

Dubois (le cardinal). Étrange place que Saint-Simon avait donnée au portrait de ce personnage à la Ferté-Vidame, 64. Cité diverses fois dans les lettres de Saint-Simon ici publiées, 419 *et suiv*.

Duclos, historiographe du Roi, a communication du manuscrit original des *Mémoires*, 245. — *Note* le concernant, 247.

Du Deffand (Madame) a eu en main une copie de l'extrait des *Mémoires*, 250. — Ce qu'elle en écrit à Walpole, 251.

Du Gué (ou Duguet), savant écrivain, auteur de l'*Institution d'un prince*. Lettre du duc de Saint-Simon le concernant, 449.

Dumont, sous-directeur des Archives des Affaires Étrangères, cité, 337, 338.

Durand (de |Diedstroff), garde du Dépôt des Affaires Étrangères à Versailles, cité, 249.

Dussieux (L.), éditeur avec M. E. Soulié des *Mémoires du duc de Luynes sur la cour de Louis XV*, en 17 volumes in-8º. Indication des *Lettres* de Saint-Simon qu'ils ont publiées, 491.

E

Estrées (Cardinal d'), ambassadeur en Espagne, cité, 408.

Estrées (abbé d'), ambassadeur en Espagne, cité, 408.

F

Faugère (Prosper), directeur des Archives du ministère des Affaires Étrangères, cité, 337.

Favart (madame), comédienne, correspondante de l'abbé de Voisenon qui lui adresse des billets charmants et lui parle des travaux historiques dont il est chargé, 239, 241. — Couplets que l'abbé de Voisenon demande au mari de Madame Favart, 240.

Feuillet de Conches, auteur des *Causeries d'un curieux*. Éloge qu'il fait de Lemontey, 287. — A permission, en 1843, de prendre copie des *Anno-*

tations de Saint-Simon jointes à un manuscrit du *Journal de Dangeau* au ministère des Affaires Étrangères, 330. — Sa lettre à M. Villemain, ministre de l'Instruction publique, 333. — Publie les *Annotations*, 341. — Me communique des pièces et lettres inédites de Saint-Simon, appartenant à sa collection, 371, et paragraphe.v de la *Préface*.

Fleury (Cardinal de), cité, 366, 447.

G

Gallien (Ernest), Bibliothécaire de la Cour de cassation. Ses recherches pour servir à l'histoire de la vie du duc de Saint-Simon, 33. — Cité, 365. — Lettre que je lui demande relativement aux recherches qu'il a faites sur la personne du duc de Saint-Simon : paragraphe v de la *Préface*. Texte de sa lettre à l'*Appendice,* 462 à 486.

Gauzen des Artaux, fondé de pouvoir de la comtesse de Valentinois, petite-fille et héritière du duc de Saint-Simon, 47 et *passim*.

Geffroy (M. A.), auteur d'un ouvrage relatif à *la princesse des Ursins,* cité, 395.

Geofroy, Chef du Dépôt des Archives des Affaires Étrangères, cité, 283.

Gérardin (Maître François), « Procureur des directeurs et syndics des créanciers du feu duc de Saint-Simon », 37. — Ses répliques aux réquisitoires de l'Évêque de Metz au sujet des *Manuscrits et Lettres* laissés par le duc de Saint-Simon, 48 *et suivantes* et 79. — Consent à la levée des scellés, 119. — Ses diverses requêtes sur le même sujet, 149 *et suiv.*

Giudice (Cardinal del). Envoyé à Louis XIV par la princesse des Ursins. *Mémoire* dressé contre lui par Saint-Simon pour le duc d'Orléans, 396, 401, 404 *et suiv.*

Gramont (duc de), Ambassadeur du Roi à la Cour d'Espagne, cité, 409.

Gramont (la duchesse de), sœur du duc de Choiseul, citée, 254.

Grimperel (Maître Michel-Martin), avocat au Parlement, commissaire au Châtelet de Paris, chargé d'apposer les scellés en l'hôtel où était décédé le duc de Saint-Simon, 1 *et suivantes.* — Nombreux et intéressants extraits de son procès-verbal de l'apposition et de la levée des scellés, dont l'original est aux Archives nationales, de la page 1 à 193, *passim.*

Guizot, Ministre des Affaires Étrangères. Cité, 330.

Gualterio (Cardinal). Lettre que lui écrit le duc de Saint-Simon, alors en Espagne, 432. — Autre lettre datée de Paris, 10 janvier 1724, 446.

H

Harcourt (marquis d'), ambassadeur du Roi à la Cour d'Espagne, cité, 408.

Hauterive (Maurice-Alexandre Blanc, comte d'), Garde du Dépôt des Archives des Affaires Étrangères; ses efforts pour empêcher la restitution du manuscrit original des *Mémoires* de Saint-Simon, 298. — *Note* le concernant, *idem.* — Ordres que lui donnent les ministres marquis Dessoles et comte de la Ferronays, 299 et 306.

Higgins, médecin anglais qui a soigné Saint-Simon en Espagne, cité, 434.

Hivert, libraire; publie une édition prétendue exacte des *Mémoires*; son étrange réclame, 308.

J

Jacques, Roi d'Angleterre (c'est-à-dire *le Prétendant*). Lettres qu'il écrit de sa main au duc de Saint-Simon pour lui demander son intervention auprès du Régent, 437 à 444.

Jal (A.), auteur du *Dictionnaire critique de biographie et d'histoire*, cité, 26.

Joly de Fleury, Avocat général au Parlement de Paris. *Note* le concernant, 92.

L

Laborde (marquis de), Directeur des Archives de l'Empire, cité paragraphe v de la *Préface*.

Laborde (Joseph de), acquéreur du château et domaine de la Ferté-Vidame, 58 et 193.

La Ferronays (comte de), Ministre des Affaires Étrangères. Ses deux lettres au comte d'Hauterive, 305.

La Trappe (l'abbé de). *Manuscrits* le concernant parmi ceux du duc de Saint-Simon, 134, 490. — Son portrait cité dans l'Inventaire, 62.

Laudier (E.), secrétaire du duc de Saint-Simon, 15. — Sa comparution à la requête de M. Daguesseau de Fresne pour témoigner à propos des *Manuscrits* du feu Duc, 164.

Laurent (M. F.), éditeur inexact des *Mémoires de Saint-Simon* en 1818, 294.

Le Dran (Nicolas-Louis), Premier Commis et Garde des Archives des Affaires Étrangères, porteur d'un *Ordre du Roi* pour prendre possession des *Manuscrits* de Saint-Simon, 197 *et suivantes*. — Détails le concernant à propos du Dépôt des Archives, 226 *et suiv*. — Le duc de Choiseul lui retire les Archives, 233.

Le Fèvre (E.), auteur d'un *Mémoire* sur la Ferté-Vidame, publié dans l'*Annuaire d'Eure-et-Loir*, cité, 26, 58.

Le Fèvre-Pontalis (Amédée), auteur d'un *Discours sur la vie et les écrits du duc de Saint-Simon*, qui a reçu le prix d'éloquence décerné par l'Institut, en 1855, cité page xviii de la *Préface*, 315, 324.

Legrand (l'abbé), auteur de *Mémoires Politiques* pour les Affaires Étrangères; *note* le concernant, 226.

Lemontey (Pierre-Édouard) consulte les Papiers des Affaires Étrangères, 285 *et suivantes;* a publié le premier des *Annotations* de Saint-Simon au *Journal de Dangeau*, 288. — Auteur d'une « *Histoire de la Régence* », veut la publier, mais en est empêché par le Garde des Archives des Affaires Étrangères, 290, 291. — Il a connu et consulté la nombreuse *Correspondance originale* du duc de Saint-Simon, 368.

Louis XIII. Ses nombreux portraits dans les pièces du château de la Ferté-Vidame, 59, 60, 61, 62, 64, 65. — Fragments historiques le concernant, cités, 364.

Louis XVIII. Reçoit en audience le général marquis de Saint-Simon, qui lui demande la libération des *Manuscrits* du Duc, prisonniers d'Etat aux Affaires Étrangères depuis le 21 décembre 1760, 297.

M

Magne (P.). A proposé la publication des *Lettres, Instructions* et *Mémoires* de Colbert, 321.

Marigny (Abel Poisson, marquis de), Directeur général des Bâtiments du Roi, chargé de faire exécuter le portrait de Louis XV pour la maréchale de Montmorency-Laval, née de Saint-Simon, 215. — Rédige le *Bon* du Roi, 217. — Lettre de lui au Garde des Tableaux de la Couronne, 218. — Lettre que lui adresse le comte de Saint-Simon, 219.

Marmontel, Historiographe du Roi, 255. — Ses recherches historiques dans les papiers particuliers d'hommes d'État, 256. — A communication du manuscrit original des *Mémoires*, 257. — Comment il a jugé le duc de Saint-Simon dans son *Histoire de la Régence*, 258.

Maury (A.). Cité paragraphe v de la *Préface*.

Mesnard (M.), a publié le « *Projet de Gouvernement du duc de Bourgogne, Dauphin* », qu'il attribue au duc de Saint-Simon, 359. — Extrait de l'*Introduction* de son livre relatif aux papiers de Saint-Simon aux Affaires Étrangères, *idem*.

Metz (l'Évêque de), né Claude de Saint-Simon, légataire universel de tous les Manuscrits du duc de Saint-Simon, son cousin, 14. — *Note* le concernant, *idem*. — Ses contestations, réquisitoires, dires et répliques dans l'affaire de la levée des scellés sur les armoires renfermant les *Manuscrits*, 46 à 52, 70, 78. — Porte l'affaire devant le Lieutenant Civil, 80, — puis au Parlement, 81. — Curieux *Mémoire* qu'il présente à Messieurs du Parlement, 85 à 92. — « Arrest de Nos Seigneurs du Parlement, » sur sa requête, 93 à 99. — Assiste à la levée des scellés apposés sur les armoires contenant les *Manuscrits* et à l'inventaire qui en est fait, 120. — Conjectures à faire sur les Instructions qu'il aura laissées à la maréchale de Montmorency, sa sœur, à l'égard des *Manuscrits*, 203 à 207. — Documents à ce sujet inventoriés après son décès, 206.

MIGNET, Directeur des Archives des Affaires Étrangères, cité, 292. — *Note* consacrée à son éloge, 331. — Cité, 337.

MOLLARD (Joseph) a gravé à l'eau-forte l'estampe placée en tête de cet ouvrage, représentant le château de la Ferté-Vidame au temps où l'habitait le duc de Saint-Simon ; cité 193, et paragraphe v de la *Préface*.

MONNIER (Francis), auteur d'un ouvrage relatif au *Chancelier Daguesseau;* fait mention de lettres nombreuses du duc de Saint-Simon qui se trouvent aux Archives des Affaires Étrangères, 350.

MONTALEMBERT (comte de). Cité page 1 de la *Préface*. — Son entretien avec M. Gallien, relativement au duc de Saint-Simon, 473 *et suivantes*.

MONTMORENCY (la maréchale de), née Marie-Élisabeth de Rouvroy de Saint-Simon, l'une des légataires du Duc, 11. — Son portrait, 201. — Son testament, 203. — Comment elle intervient dans l'affaire des

Manuscrits, 202 à 215 *passim*. — Son pacte probable avec le duc de Choiseul, *idem*. — Un portrait du Roi lui est offert, 216. — Sort de ce portrait, 216 à 222 *passim*.

Moreau, Avocat au Parlement, plaide pour l'Évêque de Metz dans l'affaire des *Manuscrits*, 85 à 92. — Signataire du *Mémoire* présenté au Parlement, 92. — *Note* le concernant, 93.

N

Napoléon III. Cité, 320. — Justice à rendre à sa libéralité pour encourager les ouvrages pratiques et utiles. A fait publier les *Lettres, Instructions* et *Mémoires* de Colbert, 321.

Noailles (maréchal duc de), cité, 374.

O

Orléans (Philippe, duc d'), a correspondu secrètement avec le duc de Saint-Simon; à quelles époques et en quelles circonstances, 375 à 387. — Sa lettre du 15 avril 1714, 388. — *Mémoire* pour être présenté au Roi, qu'il fait rédiger par Saint-Simon, contre le gouvernement de Madame des Ursins en Espagne, 404 à 418.

Orry, dévoué à la princesse des Ursins, venu de France en Espagne, cité, 386, 397 *et suiv., passim*.

P

Place (le sieur de la), éditeur de pièces intéressantes et peu connues, dont le recueil contient le premier fragment imprimé des *Mémoires* du duc de Saint-Simon, 264.

Poisson (Louis Huet), Chef intérimaire du Dépôt des Archives des Affaires Étrangères à Versailles, 284.

Pompadour (Madame de), citée, 219, 220. — Recherche les Papiers d'Etat, 236. — Pourquoi nommée à propos des *Mémoires* de Saint-Simon, 236, 243. — A eu communication des extraits faits par l'abbé de Voisenon, *idem*.

Portocarrero (le cardinal) et autres Espagnols disgraciés par la princesse des Ursins, cités dans le *Mémoire* écrit pour le duc d'Orléans par Saint-Simon, 411.

R

Richelieu (maréchal duc de), cité à propos des *Manuscrits* de Saint-Simon, 167. — Cité par Marmontel, 257.

Roquelaure (Jean-Armand de), Évêque de Senlis, avait une copie de l'extrait des *Mémoires*, 231.

Rouget (Louis-Edmond), notaire à Paris, successeur médiat de Me Delaleu, notaire au Châtelet, dépositaire du Testament olographe du duc de Saint-Simon, ainsi que de la minute de l'Inventaire de ses biens meubles, cité paragraphe v de la *Préface* et page 8.

Rozière (E. de), membre de l'Institut, cité paragraphe v de la *Préface*, et page 33.

S

Saint-Prez (le sieur de), Commis à la formation et à la garde du Dépôt des Affaires Étrangères au Vieux Louvre, 226.

Saint-Simon (Louis de Rouvroy, duc de), auteur des *Mémoires*. Apposition des scellés en son hôtel, le jour de son décès, 1. — Meubles de la salle du Daiz où son corps fut exposé, 3 et 4. — Procès-verbal de l'ouverture de son testament olographe par le Lieutenant Civil, 7. — Ses legs particuliers, 9 à 16. — Ses embarras financiers, 17. — Sa lettre aux Commissaires du Conseil, 19. — Exhumation de son corps à la Ferté-Vidame, 25. — Inventaire de ses biens meubles, 26 *et suivantes*. — Son bail à loyer de l'hôtel où il mourut, 32. — Ses diverses demeures. — Inventaire de ses tableaux, 39 à 43. — Ses *Papiers* réunis par le Commissaire Enquêteur dans la *Salle de compagnie*, 46. — Prisée de sa vaisselle d'argent, 52. — Inventaire au château de la Ferté-Vidame : la salle à manger; les divers cabinets de travail; pièces diverses du château; le *Chartrier*, 55 à 67. — Suite de l'inventaire en son hôtel à Paris : son cabinet; chambre où il décéda, 69 à 74. — Incident relatif à ses *Papiers* apportés de la Ferté-Vidame, 75 à 77. — Difficultés au sujet du legs de ses *Manuscrits* présentées au Parlement, 78 à 96. — Où il est fait mention de ses *Mémoires* pour la première fois, 88. — Inventaire détaillé de sa Bibliothèque, 98 à 116. — Inventaire détaillé de ses *Manuscrits* et *Lettres*, article par article, 117 à 146. — Ses *Lettres missives* portées en vingt-neuf paquets au Lieutenant Civil, 153. — Leur Inven-

INDEX ANALYTIQUE.

taire, 159. — Dépôt de tous les *Manuscrits* et *Lettres* ne concernant ni ses affaires, ni sa famille, chez le notaire Delaleu, 161. — Avait-on distrait de son cabinet d'autres manuscrits? 166. — Papiers de sa *succession* et de ses *affaires*. Titres de sa maison, 169 à 185. — Inventaire de sa *correspondance* de famille, 185 à 188. — Fin de l'Inventaire général, 189. — Ses biens, terres et châtellenies, 190. — L'*Ordre du Roi* relatif à ses *Manuscrits*, 195 à 223. — Ils sont portés au Dépôt des Archives du Ministère des Affaires Étrangères, 200 et 226 *et suivantes*. — Le sieur Le Dran, Premier commis, les examine, 231. — Ils sont confiés à l'abbé de Voisenon pour qu'il en fasse des extraits, etc., 233 à 244. — Autres personnes qui les consultent, 245 à 262. — Ses *Mémoires* publiés par fragments, 264 *et suivantes*. — Historique complet de leur publicité, 264 à 318. — Quels sont ses autres *Manuscrits* restés inédits, 322 à 326. — Publication de ses *Annotations* au *Journal* du marquis *de Dangeau*, 328 *et suiv*. — Ses *Manuscrits* transportés de Paris à Versailles, au nouveau Dépôt des Affaires Étrangères, 247, — rapportés à Paris, à l'hôtel du Ministère, 283, — déplacés de nouveau avec le département des Affaires Etrangères, 302, — déplacés encore et installés au Dépôt actuel des Archives du Ministère, 336. — Ses « *Notes et Mémoires* » sur différents sujets, 356 à 368. — Rareté des *lettres* que l'on connaît de lui : leur indication, 371. — Sa *Correspondance particulière* et ses relations avec le duc d'Orléans, 375. — Ses révélations à ce sujet, 378. — *Lettres* et *Mémoires* qu'il rédige pour Son Altesse Royale, 396 à 418. — Sa retraite de toutes les affaires, 446. — Ses lettres privées à rechercher, 448.

SAINT-SIMON (la duchesse de), née Marie-Gabrielle de Durfort de Lorges, épouse du duc Louis de Saint-Simon, citée, 18. — Inventaire de ses lettres adressées au Duc son époux, 185. — En quels termes charmants le duc de Saint-Simon a célébré sa grâce et son jugement, 452. — Intérêt que pourrait avoir sa correspondance, 456.

SAINT-SIMON (Claude de Rouvroy de). Voyez « *Evêque de Metz* ».

SAINT-SIMON (Marie-Élisabeth de). Voyez « *La maréchale de Montmorency* ».

SAINT-SIMON (Claude de), premier Duc et Pair du nom, cité au chapitre des « *Papiers, Titres et Affaires* de succession, 171 et *suivantes*. — Cité comme auteur d'un *Mémoire parallèle sur Henri IV, Louis XIII et Louis XIV*, 324.

SAINT-SIMON-SANDRICOURT (Charles-François-Siméon). Voyez « *Evêque d'Agde* ».

SAINT-SIMON (Balthazar-Henri de Rouvroy, comte de). Sa lettre au marquis de Marigny à l'occasion du « Portrait du Roi » donné pour la cession des *Manuscrits* du Duc, 217.

SAINTE-BEUVE. Auteur des *Causeries du lundi*, cité paragraphes I et IV de la *Préface*. — Son entretien avec M. Gallien au sujet de recherches et d'articles concernant Saint-Simon, 480, 481.

SALABERRY (l'abbé de), Conseiller en la Grand'Chambre du Parlement, désigné pour être rapporteur dans l'affaire des *Manuscrits* du duc de Saint-Simon, présentée au Parlement, 81.

Sémonin, Garde du Dépôt des Affaires Étrangères, cité, 283.

Soulavie (Jean-Louis-Giraud), éditeur de « *l'Observateur véridique* ou *Mémoires de Saint-Simon* », 257, — puis des prétendues « *Œuvres complètes* ». — Énormité de ses allégations, 273. — Documents véritables qu'il a publiés comme appendices, 275.

Soulié (Eud.) a publié le « *Journal* du marquis *de Dangeau* », augmenté des « *Annotations* » du duc de Saint-Simon, en collaboration avec MM. Dussieux, de Chennevières, Paul Mantz, A. de Montaiglon et Feuillet de Conches, 340.

T

Taine (H.). Cité paragraphe i de la *Préface*.

Taschereau, administrateur de la Bibliothèque Nationale, cité paragraphe v de la *Préface*.

Terresse (Emmanuel-Jacques), Avocat au Parlement, cité à propos des papiers de l'abbé de Voisenon, 253.

Thouvenel (E. M.), Ministre des Affaires Étrangères, cité, 347.

Torcy (marquis de), Secrétaire d'État des Affaires Étrangères. Quels extraits de ses Papiers figurent dans l'inventaire des *Manuscrits* de Saint-Simon, 139. — Établit et augmente le Dépôt des Archives des Affaires Étrangères, protége les érudits, etc., 226.

Turpin (Madame de), éditeur des œuvres complètes de l'abbé de Voisenon, 241.

U

Ursins (Anne-Marie de la Trémoille, princesse des). *Note* la concernant, 394. — *Lettre* et *Mémoire* du duc d'Orléans, rédigés par Saint-Simon, pour être secrètement présentés au Roi et pour le persuader d'expulser d'Espagne la princesse des Ursins, 396 à 418.

V

Valentinois (comtesse de), née Marie-Christine-Chrétienne de Rouvroy de Saint-Simon de Ruffec, petite-fille du duc de Saint-Simon et son unique héritière, 12. — *Note* la concernant, *idem*. — Quelles conjectures à son propos dans l'affaire des *Manuscrits* enlevés par un *Ordre du Roi*, 209 *et suivantes*. — Reçoit du Roi une tabatière en laque garnie de diamants, 215. — Son testament, cité, 216.

Valentinois (Charles-Maurice Grimaldi de Monaco, comte de), mari de Mademoiselle de Ruffec de Saint-Simon, présent à l'intitulé de l'Inventaire, 31.

Valincour (M. de). Cité, 421. — *Note* le concernant, *idem*. — Sa lettre au duc de Saint-Simon, 422.

Vergennes (comte de), Secrétaire d'État des Affaires Étrangères, cité, 254, 262.

Villemain. En quels termes admirables il a parlé en Sorbonne de la personne et de l'œuvre du duc de Saint-Simon, 314. — Désir qu'il exprime dans son livre sur la *Littérature française au dix-huitième siècle* de voir publier le *Journal* du marquis *de*

INDEX ANALYTIQUE. 513

Dangeau avec les *Annotations* du duc de Saint-Simon, 329. — Ministre de l'Instruction publique, il se prononce pour cette entreprise; sa correspondance avec M. Feuillet de Conches à ce sujet, 330 et 333. Cité, paragraphe iv de la *Préface*.

Voisenon (Claude-Henri de Fusée, abbé de), désigné par le duc de Choiseul pour examiner les *Papiers* du duc de Saint-Simon et en faire des extraits, 233. — Raisons du choix de cet abbé, cependant si frivole et volage, pour un travail aussi sérieux, 236. — Son portrait; ses ouvrages précédents, 237. — Curieux détails le concernant; son voyage avec la duchesse de Choiseul; a la faveur de Madame de Pompadour; ses petites lettres et billets à Madame Favart la comédienne, 235 à 244. — Travaille, en qualité de rédacteur de *Mémoires historiques,* aux Affaires Étrangères, 238. — *Note* sur ses papiers disparus, 253. — Encore cité, 254.

Voltaire. Nulle preuve positive qu'il ait eu communication des *Mémoires de Saint-Simon*, 259.

W

Walpole (Horace). Lettres que lui adresse la marquise du Deffand, au sujet de la lecture qu'elle fait d'un manuscrit des *Mémoires* de Saint-Simon, 250.

SOMMAIRE

DES CHAPITRES

Préface. v

I

L'apposition des scellés en l'hôtel, à Paris, de feu
« Monseigneur » le duc de Saint-Simon, par
le Commissaire au Châtelet, et l'ouverture de
son testament, par M. le Lieutenant Civil.
Pages . . . . 1 à 8

II

Legs particuliers du duc de Saint-Simon à divers
personnages qui se trouvent parties intéressées dans l'*Historique* de ses *Manuscrits* :
La maréchale de Montmorency, — Charlotte
de Saint-Simon, princesse de Chimay, — la
comtesse de Valentinois, — M. l'Évêque de
Metz, — Le sieur Laudier, — M. Daguesseau
de Fresne. . . . . 9 à 16

III

Embarras financiers . . . .   17 à 25

IV

La première vacation. Intitulé de l'Inventaire en l'hôtel de la rue de Grenelle, où était mort « Mgr » le duc de Saint-Simon. . .   26 à 38

V

Suite de la description de l'Inventaire en l'hôtel de la rue de Grenelle. Les Tableaux.   39 à 43

VI

Incidents de la dix-huitième et de la dix-neuvième vacation. — Déplacement des Papiers. — Comparution et réquisitoire de M. l'Évêque de Metz, légataire des *Manuscrits* et *Lettres* du duc de Saint-Simon. . . . .   45 à 54

VII

L'Inventaire au château de la Ferté-Vidame, résidence et seigneurie de « Mgr » le duc de Saint-Simon au pays du Perche. . . . . .   55 à 68

VIII

Continuation de l'Inventaire en l'hôtel de la rue de Grenelle où était mort « Mgr » le duc de Saint-Simon. . . . . 69 à 75

IX

Épisode du transport des Papiers du château de la Ferté-Vidame à Paris. — Incidents nouveaux produits par M. l'Évêque de Metz au sujet des *Manuscrits* et *Lettres*. — Ordonnance en référé, du 15 avril 1755, de M. le Lieutenant Civil. — La cause est portée au Parlement. — Arrêt de la Cour du Parlement, du mercredi 16 avril, pour que « les choses restent en l'estat ». — Production d'un Mémoire ou Consultation pour M. l'Évêque de Metz. — « Arrest de Nos Seigneurs de la Cour de Parlement », du samedi 10 mai, qui ordonne la continuation de la levée et de la reprise de reconnaissance des scellés et l'Inventaire . . . . 76 à 96

X

Reprise et continuation de l'Inventaire en l'hôtel de la rue de Grenelle. — Bibliothèque du duc de Saint-Simon. — Indication sommaire des deux cent soixante-trois lots des livres classés par le libraire expert. . . . . 97 à 116

XI

« Ensuivent les *Manuscrits* dudit feu seigneur duc de Saint-Simon, tant ceux de sa main que autres. » — Inventaire et description des Portefeuilles. . . . . 117 à 146

XII

Autre ordonnance de M. le Lieutenant Civil relative aux *Manuscrits* du duc de Saint-Simon. — Ouverture qu'il fait de vingt-neuf paquets de Lettres qui se sont trouvées être *Lettres Missives*. — Destination provisoire de tous les *Manuscrits*. — Cinq caisses fermées chacune à une serrure et deux cadenas, avec clefs différentes. . . . . 147 à 162

XIII

Curieux incident de la comparution du sieur E. Laudier, secrétaire du « feu duc de Saint-Simon », appelé en témoignage au sujet de l'intégrité du nombre des *Manuscrits* présentés à l'Inventaire. — Déclarations intéressantes dudit Secrétaire. . . . . 163 à 168

XIV

Papiers dits de la *Succession* et des *Affaires* « du feu duc de Saint-Simon ». — L'extrait particulier des vingt-neuf paquets de *Lettres* présentés à M. le Lieutenant Civil. — Indication d'une correspondance de la duchesse de Saint-Simon jusqu'à présent inconnue. — Deux cent cinquante-sixième et dernière vacation. . . . . 169 à 194

XV

« Par Ordre du Roi ». — Le 21 décembre 1760. . . . . 195 à 224

XVI

Les *Manuscrits* du duc de Saint-Simon au Dépôt des Archives des Affaires Étrangères; à Paris, au vieux Louvre; à Versailles ensuite, et de nouveau à Paris. — Personnages à qui les portefeuilles contenant les *Mémoires* ou autres Papiers ont été communiqués. — Rôle et figure de l'abbé de Voisenon, serviteur de Madame de Pompadour et de M. le duc de Choiseul. — Duclos et Marmontel, historiographes du Roi. — Madame du Deffand. . . . . . 225 à 262

XVII

L'*Historique* complet de la publication des *Mémoires,* depuis 1781 jusqu'à 1873. — Leur publicité. — Soulavie, singulier éditeur. — Louis-Pierre Anquetil. — Nouveaux déplacements des *Manuscrits* du Dépôt des Affaires Étrangères. — Pierre-Édouard Lemontey. — Édition travestie de 1818. — Le général marquis de Saint-Simon. — Restitution du manuscrit original des *Mémoires*. — Éditions nouvelles et véritables.— Publication projetée, puis exécutée, du *Journal du marquis de Dangeau*, avec les *Annotations* du duc de Saint-Simon. — Quels Papiers sont restés inédits. . . . . 263 à 352

XVIII

De l'intérêt que pourrait offrir la publication des *Œuvres inédites* du duc de Saint-Simon, particulièrement des pièces de sa *Correspondance*.— Preuves à l'appui. — Morceaux inédits tirés du cabinet d'un curieux. — *Mémoire* écrit par le duc de Saint-Simon pour le duc d'Orléans et pour être présenté secrètement au Roi sur le fait de la princesse des Ursins. — Correspondance du duc d'Orléans avec le duc de Saint-Simon. — Révélations de Saint-Simon à cet égard. — Où sont les lettres de la duchesse de Saint-Simon, et de l'attrait qu'il est permis de leur supposer d'après son caractère personnel, la grâce et la sûreté de son esprit.   353 à 457

APPENDICE. — Lettre de M. Ernest Gallien adressée à l'auteur, 459 à 486.

ADDITIONS ET CORRECTIONS, 487.

INDEX ANALYTIQUE. — TABLE ALPHABÉTIQUE, 493.

SOMMAIRE DES CHAPITRES, 515.

FIN.

www.ingramcontent.com/pod-product-compliance
Lightning Source LLC
Chambersburg PA
CBHW060751230426
43667CB00010B/1531